Die Konzernmutter als Mitarbeitgeberin im französischen Recht

Schriften zum Arbeitsrecht und Wirtschaftsrecht

Herausgegeben von Abbo Junker

Band 87

PL ACADEMIC RESEARCH

Marie-Theres Boetzkes

Die Konzernmutter als Mitarbeitgeberin im französischen Recht

PL ACADEMIC RESEARCH

Bibliografische Information der Deutschen Nationalbibliothek
Die Deutsche Nationalbibliothek verzeichnet diese Publikation in der DeutschenNationalbibliografie; detaillierte bibliografische Daten sind im Internet über http://dnb.d-nb.de abrufbar.

Zugl.: München, Univ., Diss., 2014

Gedruckt auf alterungsbeständigem,
säurefreiem Papier.

D 19
ISSN 1433-4666
ISBN 978-3-631-66026-3 (Print)
E-ISBN 978-3-653-05277-0 (E-Book)
DOI 10.3726/978-3-653-05277-0

PL Academic Research ist ein Imprint der Peter Lang GmbH.

Peter Lang – Frankfurt am Main · Bern · Bruxelles · New York · Oxford · Warszawa · Wien

Diese Publikation wurde begutachtet.

www.peterlang.com

Für Johannes

Vorwort

Die vorliegende Arbeit wurde im Sommersemester 2014 von der Juristischen Fakultät der Ludwig-Maximilians-Universität in München als Dissertation angenommen. Gesetzgebung, Rechtsprechung und Literatur wurden bis Mai 2014 berücksichtigt.

Danken möchte ich zunächst meinem Doktorvater Herrn Professor Dr. Abbo Junker, der den Anreiz zu dem Dissertationsvorhaben gegeben hat. Die idealen Forschungsbedingungen am ZAAR und die zügige Erstellung der Gutachten durch Professor Junker und Professor Dr. Volker Rieble ermöglichten einen reibungslosen und schnellen Abschluss des Vorhabens. Dafür bin ich zu großem Dank verpflichtet.

Einen maßgeblichen, wenn nicht sogar ausschlaggebenden, Anteil am Gelingen dieser Arbeit hat aus inhaltlicher Sicht Frau Bénédicte Querenet-Hahn, Rechtsanwältin in der Kanzlei Grützmacher, Gravert und Viegener, Paris, Frankreich. Selbst Expertin in der Thematik „co-employeur", interessierte sie sich von Beginn an sehr für das Forschungsvorhaben. Sie ermöglichte zwei Forschungsaufenthalte in ihrer Kanzlei und stellte den Kontakt zu Pierre Bailly her, Richter am Kassationshof. Durch zahlreiche Aufsatzhinweise und Diskussionen mit ihr trug sie zur tiefen Durchdringung des Themas bei.

Auch eben genanntem Richter Pierre Bailly, der die Rechtsprechung zum „co-emploi" maßgeblich entwickelt und geprägt hat, gebührt mein ganz besonderer Dank. Er stellte sich bereits nach meiner ersten Anfrage für ein Interview zur Verfügung und lud mich dazu in den französischen Kassationshof in Paris ein.

Besonders freue ich mich, dass ich im Rahmen der Promotion auch zwei neue Freunde hinzugewonnen habe. Herrn Achim Engel und Herrn Dr. Clemens Latzel danke ich für die wunderbare Zeit am ZAAR.

Zutiefst dankbar bin ich meinem Vater Professor Dr. Claus-Erich Boetzkes, der mich während der gesamten Promotionszeit intensiv begleitet hat. Mit seiner unermüdlichen journalistischen Neugier war er mir dabei stets Vorbild. Zahlreiche anregende Diskussionen und vielfältige Verbesserungsvorschläge haben maßgeblich zum Gelingen dieser Arbeit beigetragen.

Von ganzem Herzen danke ich meiner Mutter Carmen Boetzkes und meinen Großeltern Irmgard und Jürgen Zipprich für ihre uneingeschränkte Förderung und liebevolle Unterstützung bis zum heutigen Tage und in wirklich allen Lebenslagen sowie meinem Onkel Dr. Christian Boetzkes für den vielen guten Zuspruch in den teils mühsamen Studienzeiten.

Diese Arbeit widme ich meinem geliebten Ehemann Johannes Schmid. Er war mir in der Zeit meiner gesamten Ausbildung zur Juristin immer eine große Stütze und ist mein Fels in der Brandung.

München im November 2014

Marie-Theres Boetzkes

Gliederung

Inhaltsverzeichnis

Abkürzungsverzeichnis

Abs.	Absatz
AEUV	Vertrag über die Arbeitsweise der Europäischen Union
a.F.	alte Fassung
AG	Aktiengesellschaft
AktG	Aktiengesetz
al.	Alinéa (Absatz)
Anh.	Anhang
Art.	Artikel
Aufl.	Auflage
BAG	Bundesarbeitsgericht
BB	Betriebs-Berater
BGB	Bürgerliches Gesetzbuch
BGH	Bundesgerichtshof
BGHZ	Entscheidungen des Bundesgerichtshofs in Zivilsachen
BJEED	Bulletin Joly Entreprises en Difficulté (Zeitschrift)
BJS	Bulletin Joly Sociétés (Zeitschrift)
CA	Cour d'appel (Berufungsgericht)
Cass.civ.	Cour de cassation chambre civile (Zivilkammer des Kassationshofs)
Cass.com.	Cour de cassation chambre commerciale (Handelskammer des Kassationshofs)
Cass.soc.	Cour de cassation chambre sociale (Sozialkammer des Kassationshofs)
C.const.	Conseil constitutionnel (Verfassungsrat)
CE	Conseil d'Etat (Staatsrat)
CPH	Conseil de prud'hommes (Arbeitsgericht)
ders.	derselbe
dies.	dieselbe(n)
DO	Le Droit Ouvrier (Zeitschrift)
DS	Droit social (Zeitschrift)
EGMR	Europäischer Gerichtshof für Menschenrechte
EMRK	Europäische Menschenrechts-Konvention

et al.	und andere
EU	Europäische Union
EuGH	Europäischer Gerichtshof
EuGVVO	Verordnung über die gerichtliche Zuständigkeit und die Anerkennung und Vollstreckung von Entscheidungen in Zivil- und Handelssachen
EuR	Europarecht (Zeitschrift)
EUV	Vertrag über die Europäische Union
EuZA	Europäische Zeitschrift für Arbeitsrecht (Zeitschrift)
EuZW	Europäische Zeitschrift für Wirtschaftsrecht (Zeitschrift)
EWiR	Entscheidungen zum Wirtschaftsrecht (Loseblattsammlung)
f.	folgende
ff.	fortfolgende
FAZ	Frankfurter Allgemeine Zeitung
Fn.	Fußnote
GADT	Grands arrêts du droit de travail
GmBH	Gesellschaft mit beschränkter Haftung
GRCh	Charta der Grundrechte der Europäischen Union
Hrsg.	Herausgeber
JCPE	La semaine juridique entreprise et affaire (Zeitschrift)
JCPG	La semaine juridique générale (Zeitschrift)
JCPS	La semaine juridique sociale (Zeitschrift)
JSL	Jurisprudence Sociale Lamy (Zeitschrift)
KG	Kammergericht
KSchG	Kündigungsschutzgesetz
n°	Nummer
NJOZ	Neue Juristische Online-Zeitschrift
NJW	Neue Juristische Wochenschrift (Zeitschrift)
NZA	Neue Zeitschrift für Arbeitsrecht (Zeitschrift)
NZG	Neue Zeitschrift für Gesellschaftsrecht (Zeitschrift)
NZI	Neue Zeitschrift für das Recht der Insolvenz und Sanierung (Zeitschrift)
O.V.	ohne Verfasser
PSE	Plan de sauvegarde de l'emploi (Beschäftigungssicherungsplan)
RDS	Revue de Droit Social (Zeitschrift)
RDT	Revue de Droit du Travail (Zeitschrift)
RIW	Recht der internationalen Wirtschaft (Zeitschrift)
RJS	Revue de jurisprudence sociale (Zeitschrift)

RLDA	Revue Lamy droit des affaires (Zeitschrift)
Rn.	Randnummer(n)
RPC	Revue de procédures collectives (Zeitschrift)
RPDS	Revue Pratique de Droit Social (Zeitschrift)
S.	Seite(n)
Slg.	Sammlung der Entscheidungen des Europäischen Gerichtshofs
SSL	Semaine Sociale Lamy (Zeitschrift)
TGI	Tribunal de grande instance (Großinstanzgericht)
Urt.v.	Urteil vom
VO	Verordnung
ZfA	Zeitschrift für Arbeitsrecht
ZGR	Zeitschrift für Unternehmens- und Gesellschaftsrecht
ZinsO	Zeitschrift für das gesamte Insolvenzrecht

Einleitung

Beginnend mit dem 18. Januar 2011 ergingen in Frankreich eine Reihe bedeutsamer Urteile im Konzernarbeitsrecht. Die Sozialkammer des Kassationshofs (*Cour de cassation*), und damit das höchste französische Arbeitsgericht, hat dabei zum Teil eherne Grundsätze des französischen Rechts außer Kraft gesetzt. Sogar klare Verstöße gegen Europarecht wurden offenbar billigend in Kauf genommen.

Konkret geht es um die Theorie des Mitarbeitgebers (*co-employeur*). Sie wurde bereits 1965 begründet. Danach kann jemand unter bestimmten Voraussetzungen juristisch als Mitarbeitgeber qualifiziert werden, auch wenn er keine arbeitsvertragliche Partei ist. In der Folge wird er wie ein vertraglicher Arbeitgeber behandelt und muss vor allem, was teuer und unangenehm werden kann, wie ein vertraglicher Arbeitgeber haften. So wurde etwa in der Entscheidung *Jungheinrich I* vom 18. Januar 2011[1] eine französische Konzernobergesellschaft als Mitarbeitgeberin der gesamten Belegschaft ihrer französischen Tochter in Anspruch genommen und musste den Arbeitnehmern Entschädigungen wegen ungerechtfertigter Kündigung zahlen.

Inzwischen wenden vor allem die französischen Instanzgerichte das Rechtskonstrukt des Mitarbeitgebers bei Konzernen so häufig und extensiv an, dass daraus ein handfestes Investitionshindernis erwachsen könnte mit erheblichen Folgen für den Wirtschaftsstandort Frankreich.

In Deutschland erregte vor allem das zweite Urteil des Kassationshofs in Sachen *Jungheinrich* vom 30. November 2011[2] großes Aufsehen. Darin wurde nämlich zum ersten Mal die deutsche Konzernmutter, und nicht mehr nur die französische Obergesellschaft, als Mitarbeitgeberin qualifiziert und musste Entschädigungen in Millionenhöhe leisten.

Mit dieser Entscheidung hat die *Cour de cassation* Gemeinschaftsrecht höchst eigenwillig ausgelegt, um es freundlich zu formulieren. Sie hat sich nämlich die Regelungen zur Gerichtszuständigkeit, insbesondere den Arbeitgeber-Begriff der EuGVVO, so hingebogen, dass mit einem Mal französische Gerichte autorisiert sind, auch ausländische Konzernmütter als Mitarbeitgeber heranzuziehen.

---

1 Cass.soc., Urt. v. 18. 01. 2011 – n° 09–69199, Bulletin civil V n° 23.

2 Cass.soc., Urt. v. 30. 11. 2011 – n° 10–22964, Bulletin civil V n° 284.

Da sich der EuGH zu einem solchen Sachverhalt bislang nicht geäußert hat, wäre die *Cour de cassation* verpflichtet gewesen, ein Vorabentscheidungsverfahren anzustrengen. Gegen diese Pflicht hat sie offenkundig verstoßen.

Die vorliegende Arbeit untersucht, welchen Gefahren deutsche Konzernmütter französischer Töchter hierdurch ausgesetzt sind und wie sie diesen begegnen können.

In Teil 1 wird dargestellt, wer nach allgemeinem juristischem Verständnis Arbeitgeber im Konzern ist. Dafür werden sowohl der Arbeitgeber-Begriff als auch Grundsätze des Gesellschafts- und Konzernrechts in Frankreich zusammengeführt.

Ausgehend vom Grundsätzlichen wird dann im zweiten Teil die französische Rechtsprechung zur Theorie des Mitarbeitgebers erläutert. Der Schwerpunkt liegt dabei auf der Rechtsprechung seit Januar 2011. Die Arbeit geht in diesem Teil auch der Frage nach, welche Folgen diese Rechtsprechung hat und warum französische Gerichte inzwischen so häufig auf dieses Rechtskonstrukt zurückgreifen.

Teil 3 befasst sich damit, wie sich deutsche Konzernmütter im Falle eines Mitarbeitgeber-Verfahrens vor französischen Gerichten verhalten sollten. Außerdem werden Handlungsempfehlungen gegeben, mit deren Hilfe eine Qualifizierung als Mitarbeitgeber durch französische Gerichte vermieden werden kann.

Da die Theorie zum Mitarbeitgeber große Schwächen aufweist und zu erheblicher Rechtsunsicherheit führt, werden im vierten Teil juristische Alternativen zu diesem Ansatz aufgezeigt.

In Teil 5 wird schließlich das französische mit dem deutschen Recht verglichen. Außerdem wird untersucht, ob das deutsche Recht in diesem Bereich Anleihen beim französischen nehmen könnte.

Ergänzt wird die Arbeit durch ein Interview mit *Pierre Bailly*. Er war als Richter am französischen Kassationshof an den wichtigsten Entscheidungen zur Mitarbeitgeberschaft maßgeblich beteiligt.

Teil 1: Der Arbeitgeber im Konzern nach französischem Recht

§ 1 Der Arbeitgeber

Der Arbeitgeber ist in Frankreich, wie auch in Deutschland, nicht gesetzlich definiert.[3] Auch Rechtsprechung und Rechtslehre haben bislang keine gängige Definition für ihn gefunden, obwohl mit der Arbeitgeberstellung zahlreiche Rechte und Pflichten verbunden sind. Fest steht jedoch: Im juristischen Sinne ist derjenige Arbeitgeber, der *vertraglicher* Gegenspieler zum Arbeitnehmer ist.[4] Anknüpfung für die Ermittlung des Arbeitgebers ist insofern das Vorliegen eines Arbeitsvertrages.

A. Der Arbeitsvertrag

Art. L. 1221–1[5] des französischen Arbeitsgesetzbuches (*Code du travail*) unterstellt den Arbeitsvertrag dem allgemeinen Recht (*droit commun*).[6] Damit sind diejenigen Normen gemeint, die auf Grund fehlender besonderer Vorschriften Anwendung finden. Das allgemeine Recht für den Arbeitsvertrag findet sich im *Code civil* (Bürgerliches Gesetzbuch) und nicht, wie man vermuten könnte, im *Code du travail.* Grund dafür ist, dass der Arbeitsvertrag mit Inkrafttreten des *Code civil* im Jahre 1804 als Dienstvertrag verstanden wurde (*contrat de louage des services*).[7] Der Dienstvertrag, der wiederum ein Unterfall des Mietvertrages ist, hat seine rechtlichen Grundlagen im Zivil- und nicht im Arbeitsgesetzbuch.

---

3 *Preis,* in: *Müller-Glöge/ Preis/ Schmidt,* 14. Aufl., 2014, § 611 BGB, S. 1433, Rn. 183.

4 *Auzero/Dockès:* Droit du travail, 28. Aufl., 2014, S. 736; So auch im deutschen Recht. Auch dort wird der Arbeitgeber mittelbar über den Arbeitnehmer-Begriff definiert: „Arbeitgeber ist, wer mindestens einen Arbeitnehmer beschäftigt." BAG, Urt. v. 21.01. 1999 - 2 AZR 648/97, NZA 1999, 539; *Preis,* in: *Müller-Glöge/ Preis/ Schmidt,* 14. Aufl., 2014, § 611 BGB, S. 1433, Rn. 183.

5 In Art. L. 1221-1 Code du travail heißt es: „Le contrat de travail est soumis aux règles du droit commun. Il peut être établi selon les formes que les parties contractantes décident d'adopter".

6 *Miné/Marchand:* Le droit du travail en pratique, 24. Aufl., 2012, S. 145.

7 *Radé:* Droit du travail, 5. Aufl., 2011, S. 62 ff.; auch im deutschen Recht wird der Arbeitsvertrag als Unterfall des Dienstvertrags verstanden, *Preis,* in: *Müller-Glöge/ Preis/ Schmidt,* 14. Aufl., 2014, § 611 BGB, S. 1396, Rn. 1.

Weder im allgemeinen Recht zum Arbeitsvertrag, noch im zweiten Buch des *Code du travail*, das sich ausschließlich mit dem Arbeitsvertrag beschäftigt, ist definiert, ab wann ein Arbeitsvertrag anzunehmen ist.[8]

Die französische Rechtsprechung musste deshalb selbst eine Definition des Arbeitsvertrages entwickeln:[9] „Der Arbeitsvertrag ist ein Vertrag, durch den sich eine natürliche Person (der Arbeitnehmer) verpflichtet, die Arbeitsleistung unter der Leitung einer anderen natürlichen oder juristischen Person (der Arbeitgeber) als Gegenleistung für ein Entgelt zu erbringen".[10] Diese Definition ist nahezu identisch mit dem deutschen Verständnis vom Arbeitsvertrag.[11]

Aus ihr ergeben sich drei Elemente, die für die Qualifizierung eines Vertrages als Arbeitsvertrag maßgeblich sind: Die Verpflichtung zur persönlichen Erbringung einer Arbeitsleistung, die Vergütung der Leistung als Gegenleistung und die juristische Weisungsgebundenheit des Arbeitnehmers gegenüber dem Arbeitgeber (*subordination juridique*).[12]

I. Die persönliche Arbeitsleistung

Der Arbeitnehmer muss seine Arbeitsleistung persönlich erbringen. Anders als beim Werkvertrag verspricht er aber keinen Erfolg. Vielmehr stellt er seinem Vertragspartner lediglich seine Arbeitskraft und seine Fähigkeiten zur Verfügung.[13] Bei der Erfüllung seiner Aufgaben hat der Arbeitnehmer eine Treuepflicht und muss berufstypische Sorgfalt walten lassen.[14]

II. Die Leistungsvergütung

Die Leistungsvergütung ist eine der Hauptleistungspflichten des Arbeitgebers. Diese Pflicht ist ein entscheidendes Element des Arbeitsvertrages, weil der Arbeitsvertrag ein entgeltlicher Vertrag ist und die Arbeitsleistung nicht aus reiner

---

8 *Favennec-Hery/Verkindt:* Droit du travail, 3. Aufl., 2011, S. 387.

9 *Querenet-Hahn*, BB 2012, S. 2246 ff. (2246).

10 „Le contrat par lequel une personne physique (le salarié) s'engage à exécuter un travail sous la subordination d'une personne physique ou morale (l'employeur), en échange d'une rémunération." *Auzero/Dockès:* Droit du travail, 28. Aufl., 2014, S. 225.

11 Nach deutschem Recht wird „durch den Arbeitsvertrag derjenige, welcher Dienste nach Weisungen zusagt, zur Leistung der versprochenen Dienste, der andere Teil zur Gewährung der vereinbarten Vergütung verpflichtet." *Hromadka/Maschmann:* Arbeitsrecht Band 1, 2012, S. 9.

12 *Lefebvre:* Mémento social, 2013, S. 276.

13 *Pélissier/Auzero/Dockès:* Droit du travail, 27. Aufl., 2012, S. 233.

14 *Großerichter*, in: *Sonnenberger/Classen*, 2012a, S. 379.

Wohltätigkeit erbracht wird.[15] Die Art und Weise der Leistungsvergütung ist unerheblich für die Qualifizierung eines Vertrages als Arbeitsvertrag. Die Bezahlung kann sowohl in Geld als auch in Form von Naturalien erbracht werden. Sie kann sich auf einen bestimmten Zeitraum beziehen oder für eine bestimmte Aufgabe geleistet werden.[16] Die Tatsache, dass ein Arbeitnehmer kein Gehalt erhalten hat, selbst über einen längeren Zeitraum hinweg, schließt die Qualifizierung als Arbeitsvertrag jedoch nicht aus.[17]

III. Die juristische Weisungsgebundenheit

Die juristische Weisungsgebundenheit ist, wie im deutschen Recht,[18] das Element des Arbeitsvertrages, das eine Unterscheidung zu allen anderen Verträgen und insbesondere zum Werkvertrag ermöglicht. Es findet sich in Art. L. 8221-6 II. al. 1 des Arbeitsgesetzbuches wieder und wurde durch drei wesentliche Entscheidungen des französischen Kassationshofs geprägt.

Die Entscheidung der *Cour de cassation* vom 06.07.1931 (Entscheidung „*Bardou*") betrachtet die Weisungsgebundenheit erstmals als maßgebliches Kriterium eines Arbeitsvertrages.[19] In dieser Entscheidung stellt die *Cour de cassation* Folgendes fest: „Die rechtliche Stellung eines Beschäftigten bemisst sich nicht danach, ob er sich gegenüber einer Person, für die er arbeitet, in einer schwächeren Position befindet oder wirtschaftlich von ihr abhängig ist, sondern nur nach dem zwischen den Parteien geschlossenen Vertrag."[20] Die Arbeitnehmereigenschaft wird notwendigerweise durch ein juristisches Weisungsverhältnis zwischen dem Arbeitnehmer und der Person, die ihn beschäftigt, begründet.[21]

In einer Entscheidung vom 13.11.1996[22] (Entscheidung „*Société Générale*") definiert der Kassationshof präzise, was unter juristischer Weisungsgebundenheit zu verstehen ist: Sie ist dadurch „gekennzeichnet, dass die Arbeit unter einem Arbeitgeber ausgeübt wird, der die Befugnis hat, Anordnungen und

---

15 *Radé:* Droit du travail, 5. Aufl., 2011, S. 68.

16 *Pélissier/Auzero/Dockès:* Droit du travail, 27. Aufl., 2012, S. 234.

17 *Radé:* Droit du travail, 5. Aufl., 2011, S. 68.

18 *Hromadka/Maschmann:* Arbeitsrecht Band 1, 2012, S. 9.

19 Cass.civ., Urt. v. 6. 07. 1931, GADT n° 1.

20 „La condition juridique d'un travailleur à l'égard de la personne pour laquelle il travaille ne saurait être déterminée par la faiblesse ou la dépendance économique dudit travailleur et ne peut résulter que du contrat conclu entre les parties".

21 „La qualité de salarié implique nécessairement l'existence d'un lien juridique de subordination du travailleur à la personne qui l'emploie".

22 Cass.soc., Urt. v. 13. 11. 1996, GADT n° 2.

Weisungen zu erteilen, deren Befolgung zu kontrollieren und Fehlverhalten zu sanktionieren".[23]

In einer dritten Entscheidung vom 19.12.2000[24] (Entscheidung „*Labbane*") erklärt die *Cour de cassation*, dass es nicht von den Willensäußerungen der Parteien abhängt, ob ein Vertrag ein Arbeitsvertrag ist, sondern von den tatsächlichen Umständen, unter denen die Arbeitnehmer beschäftigt werden.[25]

Aus diesen drei Entscheidungen ergibt sich Folgendes:

Das Unterordnungsverhältnis zwischen Arbeitnehmer und Arbeitgeber muss juristischer und nicht wirtschaftlicher Natur sein. Der Ansatz der wirtschaftlichen Abhängigkeit wurde früher von einem Großteil der französischen Rechtslehre vertreten. Danach impliziere die wirtschaftliche Abhängigkeit einer Person von einer anderen ein Unterordnungsverhältnis. Deshalb soll der wirtschaftlich Abhängige in den Genuss des Arbeitsrechts und seiner Vorschriften gelangen.[26]

Die *Cour de cassation* ist diesem Ansatz nicht gefolgt, weil sie befürchtete, allein wirtschaftliche Umstände heranziehen zu müssen, um eine Weisungsgebundenheit zu ermitteln.[27] Das Kriterium der wirtschaftlichen Abhängigkeit war ihr zu unpräzise und vage.[28] In einer Entscheidung vom 28.09.2005[29] hat der Kassationshof noch einmal ausdrücklich bestätigt, dass es sich um ein juristisches Unterordnungsverhältnis handeln muss.[30] Das Adjektiv „juristisch" zeigt in diesem Zusammenhang, dass es sich um Vertragsinhalt handeln soll. Die Weisungsbefugnis ist danach ein Recht, das dem Arbeitgeber aufgrund des Arbeitsvertrages zusteht.[31]

---

23 Celui est „caractérisé par l'exécution d'un travail sous l'autorité d'un employeur qui a le pouvoir de donner des ordres et des directives, d'en contrôler l'exécution et de sanctionner les manquements de son subordonné".

24 Cass.soc., Urt. v. 19. 12. 2000, GADT n° 3.

25 La qualification de contrat du travail ne résulte pas „de la volonté exprimée par les parties" mais „des conditions de fait dans lesquelles est exercée l'activité des travailleurs".

26 *Peskine/Wolmark:* Droit du travail, 8. Aufl., 2013, S. 28.

27 Auch das Bundesarbeitsgericht hält die wirtschaftliche Abhängigkeit nicht für eine ausreichende Bedingung des Arbeitsverhältnisses, ausschlaggebend ist vielmehr die persönliche Abhängigkeit, BAG, Urt. v. 9. 06. 1993 – 5 AZR 123/92, Der Betrieb 1994, 787; *Hromadka/Maschmann:* Arbeitsrecht Band 1, 2012, S. 14.

28 *Peskine/Wolmark:* Droit du travail, 8. Aufl., 2013, S. 28.

29 Cass.soc., Urt. v. 28. 09. 2005 – n° 04-60517, nicht veröffentlicht.

30 *Verdier/Coeuret/Rotschild-Souriac:* Droit du travail, 16. Aufl., 2011, S. 38.

31 *Peskine/Wolmark:* Droit du travail, 8. Aufl., 2013, S. 29.

Dieses juristische Element wird meist auf Tatsachen basierend ermittelt, weil ein direkter Beweis für das Bestehen eines Unterordnungsverhältnisses oftmals schwer zu erbringen ist. In einem ersten Schritt betrachtet die Rechtsprechung die tatsächlichen Gegebenheiten der Arbeitsausübung und stellt anhand eines Indizienbündels fest, ob eine Weisungshörigkeit seitens des Arbeitnehmers gegeben ist. Ist dies der Fall, leitet sie daraus das Vorhandensein einer vertraglichen und deshalb juristischen Weisungsgebundenheit ab, die wiederum kennzeichnend für den Arbeitsvertrag ist. Der geäußerte Wille der Parteien und die Bezeichnung des Vertrages sind hingegen für das Unterordnungsverhältnis und die Qualifizierung eines Vertrages als Arbeitsvertrag irrelevant.[32]

Die Liste mit möglichen Indizien, die für ein Unterordnungsverhältnis sprechen, ist lang und unbegrenzt. Kein Indiz ist allein derart maßgeblich, dass sein Vorhandensein bereits für eine Weisungsgebundenheit des Arbeitnehmers spräche. Nur die Gesamtbetrachtung mehrerer Indizien kann im Einzelfall die Annahme eines Unterordnungsverhältnisses begründen.[33]

Überprüft werden insbesondere das Verhalten der Parteien, der Arbeitsort, die Arbeitszeit, auch die Frage, in wessen Eigentum die Betriebsanlagen und Rohstoffe stehen sowie die Zahlung der Vergütung und ihre Modalitäten.[34] Weiteres wichtiges Indiz für die Annahme eines Arbeitsvertrages ist, ob die Person, die von der Arbeitsleistung profitiert, Weisungen erteilt und deren Einhaltung kontrolliert.[35]

Die Kontrolle der Arbeitsausführung ist von entscheidender Bedeutung, weil ein hohes Maß an Kontrollmöglichkeiten Rückschlüsse auf die Einflussmöglichkeiten des Arbeitgebers auf den Arbeitnehmer zulässt. Die Kontrollmöglichkeit des Arbeitgebers kann sich in der Pflicht des Arbeitnehmers niederschlagen, dem Arbeitgeber über seine Tätigkeit Bericht zu erstatten. In Zeiten, in denen moderne Managementformen Einzug gefunden haben und der Arbeitnehmer bei der Erreichung seiner Arbeitsziele oft weitestgehend autonom agieren kann, ist die Verpflichtung zur Berichterstattung unausweichlich, weil eine selbständige Kontrolle durch den Arbeitgeber meist nicht mehr möglich ist.[36]

Eine weitere Kontrollmöglichkeit des Arbeitgebers besteht darin, über die Vergütungsmodalität Einfluss auszuüben. Die Vergütung nach Zeiteinheiten

32 *Lefebvre:* Mémento social, 2013, S. 100.

33 *Peskine/Wolmark:* Droit du travail, 8. Aufl., 2013, S. 29.

34 *Radé:* Droit du travail, 5. Aufl., 2011, S. 66.

35 *Pélissier/Auzero/Dockès:* Droit du travail, 27. Aufl., 2012, S. 2417.

36 Cass.soc., Urt. v. 22. 02. 1996 – n° 93–40523, Bulletin civil V n° 65.

spricht regelmäßig für die Annahme eines Arbeitsvertrages, weil der Arbeitgeber dadurch langsames Arbeiten unterbinden kann.[37]

B. Die Identifizierung des Arbeitgebers

Sobald ein Arbeitsvertrag aufgrund der oben genannten Elemente ermittelt werden konnte, geht es daran, den Arbeitgeber zu identifizieren. Die einfachste Methode besteht wohl darin, in die Vertragsurkunde zu sehen und so zu ermitteln, wer als Arbeitgeber genannt ist. Denn in den meisten Fällen stellt derjenige, der auch formell den Arbeitsvertrag geschlossen hat, dem Arbeitnehmer die Arbeit zur Verfügung und besitzt ihm gegenüber Weisungsbefugnis.[38]

Das ist jedoch nicht zwangsläufig. Längst sieht sich die Rechtsprechung bei der Identifizierung des Arbeitgebers nicht mehr durch die offizielle Bezeichnung einer Person als „Arbeitgeber" in der Vertragsurkunde gebunden.[39] Die Ermittlung des Arbeitgebers muss sich deshalb auf jene Person konzentrieren, die in der Praxis tatsächlich weisungsbefugt ist – unabhängig davon, was formelle Aspekte insinuieren. Grund dafür ist, dass es, ebenso wie bei der Identifizierung eines Vertrages als Arbeitsvertrag, letztlich nicht vom Willen der Vertragsparteien abhängen soll, ob eine Person Arbeitgeber ist oder nicht.[40]

Grundsätzlich ist deshalb nur derjenige Arbeitgeber, der dem Arbeitnehmer Anweisungen erteilt und aus dessen Arbeit Nutzen zieht, unabhängig davon, ob er in der Vertragsurkunde genannt ist oder nicht.[41] Die Ermittlung erfolgt danach, ob Indizien Rückschlusse auf die Eigenschaft als Arbeitgeber zulassen oder nicht. In Betracht gezogen werden dabei insbesondere: die Rekrutierung der Arbeitnehmer, das Einstellungsschreiben, die Bezahlung der Arbeitnehmer und die Ausstellung des Gehaltsabrechnung sowie die Aushändigung der Entlassungspapiere.[42]

---

37 *Auzero/Dockès:* Droit du travail, 28. Aufl., 2014, S. 240.

38 *Auzero/Dockès:* Droit du travail, 28. Aufl., 2014, S. 736.

39 Cass.soc., Urt. v. 9. 11. 1978, Bulletin civil V n° 760; *Vigouroux*, Chroniques du Bulletin d'actualités Lamy Social 2011, n° 262, S. 1 ff. (1).

40 *Peskine/Wolmark:* Droit du travail, 8. Aufl., 2013, S. 23.

41 *Mouly:* Droit du travail, 6. Aufl., 2012, S. 40.

42 *Radé:* Droit du travail, 5. Aufl., 2011, S. 65.

Arbeitgeber kann, wie im deutschen Recht,[43] sowohl eine natürliche als auch eine juristische Person,[44] also eine Gesellschaft mit eigener Rechtspersönlichkeit, sein.[45] Die Qualität einer juristischen Person erlangen alle Gesellschaften ausnahmslos mit Eintragung ins Handelsregister, Art. 1842 Code civil und Art. L. 210-6 Code de commerce (Handelsgesetzbuch).[46]

Die Gesellschaft ist, sobald sie eine eigene Rechtspersönlichkeit besitzt, geschäftsfähig und Trägerin von eigenen Rechten und Pflichten.[47] Sie ist rechtlich selbständig und kann im eigenen Namen beispielsweise Verträge schließen oder vor Gericht ziehen (Grundsatz der Selbständigkeit juristischer Personen). Als juristische Person ist es ihr möglich, eigenes Vermögen zu bilden oder sich zu verschulden.[48] Das Gesellschaftsvermögen ist vom Vermögen der Gesellschafter und der Geschäftsführer streng zu unterscheiden. Gläubiger der Gesellschaft können deshalb in der Regel nur auf das Vermögen der Gesellschaft zugreifen und nicht auf das der Gesellschafter oder Geschäftsführer.[49]

Wichtigste Gesellschaftsformen sind in Frankreich die Aktiengesellschaft (*société anonyme - SA*), die GmbH (*société à responsabilité limitée - SARL*) und die Genossenschaft. Die handelsrechtlichen Personengesellschaften spielen im Wirtschaftsleben eher eine untergeordnete Rolle.[50]

Die eingetragene Gesellschaft bleibt wie im deutschen Recht[51] auch rechtlich selbständig, wenn sie einem Konzern zugehört, selbst wenn sie dann nicht mehr

43 *Röller*, in: *Röller*, 2013, S. 156, Rn. 4.

44 Der deutsche Begriff der "juristischen Person" ist nicht deckungsgleich mit dem der französischen „personne morale". Das französische Recht kennt nicht die Teilrechtsfähigkeit von Gesellschaften und versteht deshalb die „personne morale" weiter als das deutsche Recht die „juristische Person". Die „personne morale" umfasst je nach Gesellschaftsform einen mehr oder weniger weit reichenden Personalitätsgehalt, wohingegen im deutschen Recht im Wesentlichen nur körperschaftlich organisierte Personen juristische Personen sind. *Peifer:* Das Recht der Kapitalgesellschaften in Frankreich, 2009, S. 67; *Roth*, in: *Baumbach/ Hopt*, 36. Aufl., 2014, Einleitung vor § 105, S. 550, Rn. 1.

45 *Dupays:* Lamy social, 2013, S. 178.

46 *Cozian/Viandier/Deboissy:* Droit des sociétés, 25. Aufl., 2012, S. 106.

47 *Constantin:* Droit des sociétés, 5. Aufl., 2012, S. 39.

48 *Chaput:* Droit des sociétés, 1. Aufl., 1993, S. 39.

49 *Merle:* Sociétés commerciales, 16. Aufl., 2012, S. 109.

50 *Süß*, in: *Leible/Reichert*, 2013, S. 957.

51 Im deutschen Recht sogenanntes *Trennungsprinzip*; BAG, Urt. v. 19. 11. 1992 - 10 AZR 290/91, Der Betrieb 1993, S. 843 ff.

nur in ihrem eigenen Interesse, sondern vor allem im wirtschaftlichen Interesse des Konzerns handelt respektive von der Konzernleitung kontrolliert wird.[52]

Im französischen Recht ist, anders als im deutschen, nicht gesetzlich definiert, was ein Konzern ist.[53] Unter einem Konzern wird aber auch in Frankreich regelmäßig eine Gesamtheit an juristisch verselbständigten Gesellschaften verstanden, die in Form unterschiedlicher finanzieller Beziehungen miteinander verbunden sind. An deren Spitze steht eine Gesellschaft, die für gewöhnlich als Konzernmutter bezeichnet wird. Die Konzernmutter kontrolliert die Gesamtheit der Gesellschaften und gewährleistet dadurch einheitliche wirtschaftliche Entscheidungen.[54] Verwaltet die Konzernmutter lediglich die Beteiligungen an den Konzerntöchtern, so nennt sie sich „Holding".[55]

Der Konzern selbst ist lediglich ein wirtschaftliches Konstrukt und besitzt, wie im deutschen Recht, keine eigene Rechtspersönlichkeit.[56]

Eine Konzernstruktur hat eine Reihe von Vorteilen:

Erstens können Geschäftsaktivitäten besser zusammengeführt werden.[57] Dies kann in vertikaler Form geschehen, wobei dann durch den Konzern alle Produktionsphasen eines Produktes kontrolliert werden. Der Konzern ist somit, entsprechende Fertigungstiefe vorausgesetzt, nicht mehr oder nur in geringem Maße auf externe Lieferanten angewiesen. Erfolgt eine horizontale Konzentration, kann der Konzern zum Quasimonopolisten werden. Er kontrolliert dabei mehrere Einheiten, die ähnliche oder identische Produkte herstellen. Als Mischkonzern hingegen ist er vergleichsweise krisensicher, weil er verschiedene Geschäftsfelder in sich vereint und ein unrentables Geschäftsfeld im Zweifel abstoßen kann.[58]

Zweitens hat ein Konzern die Möglichkeit, Synergieeffekte zu nutzen: Das Management wird optimiert, strategische Entscheidungen werden nur noch

---

52 *Fishelson*, Juriste International 2012, S. 52 ff. (52); Cass.soc., Urt. v. 26. 06. 2008 – n° 07–41294, unveröffentlicht.

53 Die Definition des Konzerns findet sich in § 18 AktG wieder.

54 *Mestre/Velardocchio-Flores/Mestre-Chami:* Lamy sociétés commerciales, 2013, S. 987.

55 *Bonnard:* Droit des sociétés, 9. Aufl., 2012, S. 149.

56 *Wiederkehr/Henry/Tisserand-Martin/Venandet/Jacob:* Code civil, 113. Aufl., 2013, S. 2298; *Dondero*, DO 2013, n°776, S. 151 ff. (153); Cass.com., Urt. v. 2. 04. 1996 – n° 94–16380, Bulletin civil V n° 113.

57 *Dondero:* Droit des sociétés, 2. Aufl., 2011, S. 525.

58 *Desoutter:* La responsabilité civile de la société mère vis-à-vis de sa filiale, 2012, S. 29.

durch die Konzernleitung getroffen.[59] Dadurch gelingt es dem Konzern als wirtschaftliche Einheit aufzutreten.

Drittens erlaubt es die Konzernstruktur, sich mit relativ geringem Aufwand an gleich mehreren Gesellschaften zu beteiligen. Ist beispielsweise die Konzernmutter an zwei Konzerntöchtern Anteilseignerin und sind diese wiederum Anteilseigner an weiteren Unternehmen, so ermöglicht die bloße Beteiligung Mutter-Tochter auch die mittelbare Beteiligung an diesen weiteren Unternehmen. Diese Struktur nennt sich pyramidal und wird von Konzernen präferiert.[60]

Viertens lassen sich mit Hilfe einer Konzernstruktur Risiken begrenzen. Dieser Aspekt ist nicht selten ausschlaggebend für die Bildung eines Konzerns.[61] So kann der Konzern beispielsweise riskante Geschäfte über Konzerntöchter abwickeln. Aufgrund der rechtlichen Selbständigkeit müssen die Konzernunternehmen nicht für die Verluste einer anderen konzernzugehörigen Gesellschaft einstehen.[62] Nur diese ist ihren Gläubigern aufgrund ihrer rechtlichen Selbständigkeit verpflichtet.[63]

Die Besonderheit des Konzerns besteht somit darin, dass es eine gemeinsame Unternehmenspolitik und Managementstruktur für die zugehörigen Gesellschaften gibt, die von der Konzernleitung vorgegeben wird. Die Gesellschaften sind jedoch für sich betrachtet rechtlich selbständige Einheiten mit eigenem Vermögen und eigenen Vertragsverhältnissen.[64]

§ 3 Der Arbeitgeber im Konzern

Die rechtliche Selbständigkeit der konzernzugehörigen Gesellschaften hat zur Folge, dass grundsätzlich nur die einzelnen Gesellschaften Arbeitgeber sein können.[65]

Arbeitgeberin ist entweder die Gesellschaft, die den Arbeitsvertrag mit dem Arbeitnehmer geschlossen hat (rechtlicher Arbeitgeber) oder diejenige, die tatsächlich die Dienste des Beschäftigten nutzt und ihm Weisungen erteilt im

---

59 *Dondero:* Droit des sociétés, 2. Aufl., 2011, S. 525.

60 *Desoutter:* La responsabilité civile de la société mère vis-à-vis de sa filiale, 2012, S. 30.

61 *Leroy*, DO 2013, n°779, S. 374 ff. (375).

62 *Wiederkehr/Henry/Tisserand-Martin/Venandet/Jacob:* Code civil, 113. Aufl., 2013; Cass.com., Urt. v. 12. 02. 1980 – n° 78–12872, Bulletin civil V n° 73.

63 *Leroy*, DO 2013, n°779, S. 374 ff. (375); Cass.com., Urt. v. 24. 05. 1982 – n° 81–11268, Bulletin civil V n° 195.

64 *Fishelson*, Juriste International 2012, S. 52 ff. (52).

65 *Loiseau*, JCPS 2011, n°1528, S. 8 ff. (9).

Sinne eines Unterordnungsverhältnisses (tatsächlicher Arbeitgeber).[66] Andere Gesellschaften können hingegen nicht Teil des Arbeitsverhältnisses werden. Sie sind aufgrund ihrer juristischen Selbständigkeit und wegen des Grundsatzes der Relativität der Schuldverhältnisse nur „Dritte“, Art. 1165 Code civil.[67] Dieser Grundsatz besagt, dass nur die direkten Vertragsparteien aufgrund des Vertrages berechtigt und verpflichtet werden. Dritten können daraus keine Rechte und Pflichten erwachsen.

Der Konzern selbst als rein wirtschaftliches Konstrukt kann zudem schon deswegen nicht Arbeitgeber sein, weil er selbst nicht rechtsfähig ist.[68]

66 *Dupays:* Lamy social, 2013.

67 *Leroy,* DO 2013, n°779, S. 374 ff. (375); In Art. 1165 Code civil heißt es wie folgt: „Les conventions n'ont d'effet qu'entre les parties contractantes; elles ne nuisent point au tiers, et elles ne lui profitent que dans le cas prévu par l'article 1121“.

68 *Dupays:* Lamy social, 2013, S. 178.

Teil 2: Die Konzernmutter als Mitarbeitgeberin

Die Theorie des *co-employeur* missachtet den Grundsatz der Relativität der Schuldverhältnisse. Personen, die nicht unmittelbar Partei eines Arbeitsvertrags sind, können danach unter bestimmten Voraussetzungen gerichtlich als Mitarbeitgeber qualifiziert werden.[69] Durch eine solche Qualifizierung erhält der Arbeitnehmer neben seinem direkten Vertragspartner noch einen weiteren Schuldner,[70] der dann die gleichen Verpflichtungen hat wie der vertragliche Arbeitgeber.[71]

Besondere Bedeutung hat die Rechtsprechung zum Mitarbeitgeber bei Konzernstrukturen in folgender Konstellation erlangt: Eine konzernzugehörige Kapitalgesellschaft gerät in wirtschaftliche Schwierigkeiten, bisweilen wurde bereits ein Insolvenzverfahren eingeleitet.[72] Die Arbeitnehmer werden deshalb aus wirtschaftlichem Grund (*motif économique*)[73] gekündigt und machen Entschädigungsansprüche wegen unwirksamer Kündigung gegen ihren Arbeitgeber und die Konzernmutter als Mitarbeitgeberin geltend.

Wegen des Grundsatzes der Relativität der Schuldverhältnisse und der rechtlichen Selbständigkeit von Gesellschaften könnten solche Ansprüche eigentlich gar nicht erhoben werden. Doch inzwischen gilt etwas anderes, da nun ein Gericht die Gesellschaft ohne Rücksicht auf diese Grundsätze als Mitarbeitgeberin qualifizieren kann.

Für Arbeitnehmer innerhalb von Konzerngesellschaften ist die Theorie des Mitarbeitgebers in solchen Fällen von entscheidendem Vorteil: Gilt die Konzernmutter nämlich als Mitarbeitgeberin, muss sich der Arbeitnehmer im Streitfalle nicht um eventuell bestehende Liquiditätsprobleme der Tochtergesellschaft kümmern. Mit der Konzernmutter als Mitarbeitgeberin und damit gleichberechtigter

69 *Cesaro*, RJS 2013, S. 3 ff. (3).

70 *Tissandier*, RJS 2010, S. 251 ff. (251).

71 *D'Ornano*, JCPS 2010, n°1533, S. 14 ff. (14).

72 *Auzero*, Lexbase Hebdo édition sociale 2011, n°426, S. 1 ff. (1).

73 Die Kündigung aus wirtschaftlichem Grund entspricht im Deutschen in etwa der betriebsbedingten Kündigung.

Schuldnerin hinsichtlich arbeitgeberrechtlicher Verpflichtungen ist in den meisten Fällen ein solventer Schuldner gefunden.[74]

§ 4 Die Rechtsprechung zum Mitarbeitgeber in Konzerngesellschaften

A. Der Mitarbeitgeber vor der Jungheinrich I-Entscheidung

Schon 1961[75] befand der französische Kassationshof, es entspreche praktischen Erwägungen, dass der Arbeitnehmer im Konzern mehrere Arbeitgeber, (*employeurs conjoints*), haben könne.[76] Seitdem entwickelten sich innerhalb der Rechtsprechung drei Ansätze zu der Frage, unter welchen Voraussetzungen ein Mitarbeitgeber anzunehmen ist – der juristische, der wirtschaftliche und der Kombinationsansatz.

I. Der juristische Ansatz

Dieser Ansatz orientiert sich streng am Begriff des vertraglichen Arbeitgebers. Maßgebliches Kriterium für die Qualifizierung als *co-employeur* ist das juristische Subordinationsverhältnis zwischen Arbeitnehmer und Mitarbeitgeber.[77] Im Streitfalle ging es darum, wer tatsächlich weisungsbefugt war, Kontrolle über die Belegschaft ausübte und Sanktionen verhängte.[78] So nahm der Kassationshof in einer Entscheidung vom 13.05.1969[79] die Mitarbeitgeber-Eigenschaft einer italienischen Konzernmutter an, weil der Arbeitnehmer, der ein arbeitsvertragliches Verhältnis mit der französischen Tochtergesellschaft hatte, ebenso die Anweisungen der Konzernmutter befolgen und ihr gegenüber auch Rechenschaft über seine Tätigkeiten ablegen musste.

---

74 *Jault-Seseke*, RDT 2007, S. 543 ff. (546).

75 Cass.soc., Urt. v. 1. 02. 1961, Bulletin civil IV n° 146.

76 „Des considérations d'ordre pratique (...) ont conduit la jurisprudence à décider que, dans le groupe, le salarié pouvait avoir plusieurs employeurs"; *Olivier*, JCPS 2010, n°1225, S. 13 ff. (15).

77 *Morvan*, JCPS 2010, n°1407, S. 15 ff. (17).

78 So zum Beispiel Cass.soc., Urt. v. 12. 07. 2005 – n° 03–45394, Bulletin civil V n° 244 oder Cass.soc., Urt. v. 1. 06. 2004 – n° 01–47165, unveröffentlicht; *Arseguel*, RPC 2012, S. 62 ff. (63); *Reynès*, JCPS 2012, n°1292, S. 8 ff. (9).

79 Cass.soc., Urt. v. 13. 05. 1969 – n° 68–40415, unveröffentlicht.

Die Konzernmutter aus Italien hatte somit Weisungsbefugnis, was sie zur Mitarbeitgeberin machte.[80] Auch noch im Jahre 2008[81] äußerte sich der Kassationshof in diesem Sinne. Er lehnte die Qualifizierung einer Gesellschaft als Mitarbeitgeberin ab, weil die Arbeitnehmer nicht der Weisung und Kontrolle des Konzerns unterlagen.[82]

Auch *Pierre Bailly* bekräftigt diesen juristischen Ansatz im Interview. Nach seinen Worten ist eine Mitarbeitgeberschaft auch immer dann gegeben, wenn eine Drittgesellschaft jenseits des Arbeitsvertrages ein individuelles Weisungsverhältnis zu den Arbeitnehmern unterhält.[83]

II. Der wirtschaftliche Ansatz

Dieser Ansatz geht zurück auf eine Entscheidung der *Cour de cassation* von 1966.[84] Darin wurde erstmals eine Konzernmutter als *employeur conjoint* bezeichnet, weil zwischen Konzernmutter und Tochtergesellschaft eine tatsächliche Vermischung bestand und sich beide Gesellschaften wie Arbeitgeber verhielten.[85] Diese tatsächliche Vermischung wurde in der Folgerechtsprechung weiterentwickelt zum Kriterium der „Vermischung von Interessen, Tätigkeit und Geschäftsleitung“[86] zwischen Konzernmutter und Tochtergesellschaft.[87] Im Vordergrund steht dabei allein eine wirtschaftliche Betrachtung der Beziehungen zwischen Tochter- und Muttergesellschaft.

Der Begriff der Vermischung von Interessen, Tätigkeit und Geschäftsleitung diente zunächst nur als subsidiäres Kriterium, um ein juristisches Subordinationsverhältnis zwischen Arbeitnehmer und Mitarbeitgeber zu ermitteln.[88] Nach und nach nutzte der französische Kassationsgerichtshof diesen Begriff aber auch

80 *Jault-Seseke*, RDT 2007, S. 543 ff. (545).

81 Cass.soc., Urt. v. 26. 06. 2008 – n° 07–41294 – 07–41316, RJS 10/2008 n° 955.

82 „(…) Les salariés n'étaient pas soumis dans leur activité à la direction et au contrôle du groupe“; *Tissandier*, RJS 2010, S. 251 ff. (251).

83 Antwort auf Frage 1, Interview vom 12.02.2014.

84 Cass.soc., Urt. v. 15. 06. 1966 – n° 65–40384, Bulletin civil V n° 587.

85 „Confusion de fait entre les deux entreprises“ lorsque les „deux sociétés qui les exploitaient s'étaient comportées pratiquement toutes deux comme les employeurs“.

86 „Confusion d'intérêts, d'activité et de direction“.

87 Dieses Kriterium wurde erstmals so genutzt in Cass.soc., Urt. v. 26. 06. 1997 – n° 94–45173, unveröffentlicht.

88 Cass.soc., Urt. v. 15. 06. 1966 – n° 65–40384, Bulletin civil V n° 587; Cass.soc., Urt. v. 10. 04. 1975, Bulletin civil V n° 188; Cass.soc., Urt. v. 14. 03. 2001 – n° 99–40889, unveröffentlicht; Cass.soc., Urt. v. 9. 06. 2004 – n° 01–43802, unveröffentlicht.

als autonomes Kriterium, um allein damit die Eigenschaft als Mitarbeitgeber zu bestimmen.[89]

In einer Entscheidung vom 19.06.2008[90] wies er beispielsweise eine Revision zurück, die dem Berufungsgericht vorwarf, es habe kein Subordinationsverhältnis zwischen den Arbeitnehmern und einer anderen als der Arbeitgeber-Gesellschaft festgestellt und diese Gesellschaft trotzdem als Mitarbeitgeberin qualifiziert. Der Kassationshof war der Ansicht, bereits aus der Vermischung von Interessen, Tätigkeiten und Geschäftsführung könne die Eigenschaft als Mitarbeitgeberin abgeleitet werden.[91]

1. Die confusion d'intérêts, d'activité et de direction in der Instanzrechtsprechung

Ob eine derartige *confusion* zwischen Konzerngesellschaften vorliegt, ermittelten die Instanzgerichte[92] anhand mehrerer Indizien. Dabei waren insbesondere zwei Indizienkategorien ausschlaggebend:[93]

Zum einen überprüften die Instanzgerichte, ob es zwischen den betroffenen Gesellschaften eine enge Kapitalverflechtung gab und ob darüber hinaus eine gemeinsame Geschäftsleitung existierte.[94] Soweit diese Indizien nicht ausreichten, um eine Gesellschaft als Mitarbeitgeberin ansehen zu können, befassten sich die Gerichte mit dem operativen Betrieb der Gesellschaften. Dabei bildeten sich innerhalb der Instanzrechtsprechung zwei unterschiedliche Strömungen heraus:[95]

In einer Reihe von Entscheidungen prüften die Richter, ob sich die Konzernmutter in das Management der Tochtergesellschaft einmischte. Diese Einmischung in das Management[96] sollte ausreichen, um besagte *confusion* auszumachen. Wann

---

89 Cass.soc., Urt. v. 26. 06. 1997 – n° 94-45173, unveröffentlicht; Cass.soc., Urt. v. 11. 07. 2000 – n° 98-40146, unveröffentlicht; *Morelli*, JCPE 2009, n°2173, S. 29 ff. (29).

90 Cass.soc., Urt. v. 19. 06. 2008 – n° 07-42547, unveröffentlicht.

91 *Tissandier*, RJS 2010, S. 251 ff. (251).

92 Instanzgerichte in Frankreich sind im Arbeitsrecht der *Conseil de prud'hommes* als erstinstanzliches Arbeitsgericht und die *Cour d'appel* als zweitinstanzliches Berufungsgericht.

93 *Morelli*, JCPE 2009, n°2173, S. 29 ff., (30).

94 CA Rouen, Urt. v. 22. 03. 2005 – n° 04-02545; CA Bordeaux, Urt. v. 1. 07. 2008 – n° 06-05137; CA Lyon, Urt. v. 18. 12. 2006 – n° 06-07912; CA Versailles, Urt. v. 26. 07. 2007 – n° 06-03812; CPH Lens, Urt. v. 27. 06. 2008 – Cahiers sociaux 2009, n° 210, S. 110; CA Lyon, Urt. v. 6. 02. 2008 – n° 06-06013; *Morelli*, JCPE 2009, n° 2173, S. 29 ff., (30).

95 *Morelli*, JCPE 2009, n°2173, S. 29 ff., (31).

96 „Immixtion dans la gestion".

eine solche Einmischung in das Management anzunehmen war, sahen die Gerichte aber wiederum unterschiedlich:[97] In einigen Fällen wurde die Vermischung der Interessen, Tätigkeit und Geschäftsleitung und die Einmischung in das Management hauptsächlich von vier Aspekten abhängig gemacht:

- Eine intensive Kontrolle des Finanzgebarens durch die Konzernmutter.
- Eine gemeinsame Geschäftsführung der Gesellschaften.
- Eine starke finanzielle Abhängigkeit der Tochtergesellschaft von der Konzernmutter, die sich aus einer hohen Verschuldung ihr gegenüber ergibt.
- Die Tatsache, dass die Konzernmutter die Geschäftstätigkeit der Tochtergesellschaft nicht mehr weiter finanzierte.[98]

In anderen Entscheidungen war für die Einmischung in das Management der Tochtergesellschaft ausschlaggebend, welche Rolle die Konzernmutter bei Managemententscheidungen ihrer Tochtergesellschaft tatsächlich spielte.[99]

Die zweite Strömung befasste sich weniger mit der Einmischung in das Management der Tochtergesellschaft als vielmehr mit deren wirtschaftlicher Eigenständigkeit. Am 18. Dezember 2006 entschied das Berufungsgericht (*Cour d'appel*) von Lyon[100] über Forderungen von Arbeitnehmern der Fluggesellschaft *Aerolyon*, die diese gegen die Gesellschaft *Nouvelles Frontières* als Mitarbeitgeberin erhoben. Die Gesellschaft *Nouvelles Frontières* war hundertprozentige Anteilseignerin der Gesellschaft *Aerolyon*. Die *Cour d'appel* stellte fest, dass die Verflechtungen auf der Leitungsebene und die wirtschaftliche Abhängigkeit allein nicht ausreichten, um eine Verquickung der Interessen zu identifizieren.[101] Vielmehr konnte das Berufungsgericht auch schon deshalb keine Vermischung der Interessen oder Geschäftstätigkeit annehmen, weil die Tochtergesellschaft autonom war, was sich in einem eigenen Kundenstamm manifestierte: Die Gesellschaft *Nouvelles Frontières* machte nur 59,4 % aller Geschäftsbeziehungen der Tochtergesellschaft aus.[102]

---

97 *Morelli*, JCPE 2009, n°2173, S. 29 ff., (31).

98 CA Bordeaux, Urt. v. 1. 07. 2008 – n° 06-05137; CA Rouen, Urt. v. 22. 03. 2005 – n° 04-02545; CPH Lens, Urt. v. 27. 06. 2008 – Cahiers sociaux 2009, n° 210, S. 110; *Morelli*, JCPE 2009, n°2173, S. 29 ff., (31).

99 CA Versailles, Urt. v. 26. 07. 2007 – n° 06-03812; *Morelli*, JCPE 2009, n°2173, S. 29 ff., (31).

100 CA Lyon, Urt. v. 18. 12. 2006 – n° 06-07912.

101 „L'interdépendance des organes de direction et la seule dépendance économique ne suffisent pas à caractériser une confusion d'intérêts".

102 *Morelli*, JCPE 2009, n°2173, S. 29 ff., (31).

2. Die confusion d'intérêts, d'activité et de direction nach Ansicht des Kassationshofs

Der Kassationshof verhielt sich hinsichtlich des Kriteriums der Vermischung von Interessen, Tätigkeit und Geschäftsleitung in seiner Rolle als Rechtsprüfungsinstanz[103] zurückhaltend. Vielmehr überließ er die Qualifizierung der *confusion* bisweilen ganz den Instanzgerichten[104] oder übte eine nur sehr milde Kontrolle aus, was dieses Kriterium anging.[105]

Erst im Jahre 2008 begann der Kassationshof, die grundlegenden Fakten, die aus juristischer Sicht eine dreifache Vermischung begründeten, systematisch herauszuarbeiten. Zwar lieferte der Kassationshof keine klare Definition der *confusion d'intérêts, d'activité* et de direction.[106] Doch insbesondere aus zwei Entscheidungen wurde halbwegs klar, was der Kassationshof unter dem Kriterium der dreifachen Vermischung versteht:

So bestätigte er die bereits zitierte Entscheidung des Berufungsgerichts Lyon in Sachen *Nouvelles Frontières*[107], in der eine *confusion* trotz gemeinsamer wirtschaftlicher Interessen und einer Verflechtung des Managements abgelehnt worden war. Insbesondere wies er die Revision deshalb zurück, weil die Tochtergesellschaft *Aerolyon* über einen eigenen Kundenstamm verfügte, selbständig ihre Belegschaft sowie die Organisation der Flüge[108] verwaltete und ihre Arbeitnehmer weder den Weisungen noch der Kontrolle des Konzerns *Nouvelles Frontières* unterlagen.[109] Außerdem stellte der Kassationshof in einem anderen Verfahren am 22.10.2008[110] fest, dass die bloße Existenz einer Konzernkultur,

---

103 *Ferrand*, in: *Sonnenberger/Classen*, 2012, S. 449.

104 Cass.soc., Urt. v. 19. 06. 2007 - n° 05-42570, DO 2007, 522 ff.; Cass.soc., Urt. v. 27. 03. 2008 - n° 07-40229, unveröffentlicht.

105 Cass.soc., Urt. v. 25. 01. 2006 - n° 04-45341, unveröffentlicht; Cass.soc., Urt. v. 4. 10. 2007 - n° 06-44486, unveröffentlicht; Cass.soc., Urt. v. 28. 05. 2008 - n° 06-45395, unveröffentlicht; Cass.soc., Urt. v. 19. 06. 2008 - n° 07-42547, unveröffentlicht; Cass.soc., Urt. v. 26. 06. 2008 - n° 07-41294 - 07-41316, RJS 10/2008 n° 955.

106 *Morelli*, JCPE 2009, n°2173, S. 29 ff., (32).

107 CA Lyon, Urt. v. 18. 12. 2006 - n° 06-07912.

108 Bei der Gesellschaft Aerolyon handelte es sich um eine französische Fluggesellschaft.

109 „(...) Disposait d'une clientèle propre et d'une autonomie de gestion à l'égard de son personnel et de l'organisation de ses vols et que ses salariés n'étaient pas soumis dans leur activité à la direction et au contrôle du groupe Nouvelles Frontières" Cass.soc., Urt. v. 26. 06. 2008 - n° 07-41294 - 07-41316, RJS 10/2008 n° 955; *Géa/Fabre*, RDT 2010, S. 230 ff. (233).

110 Cass.soc., Urt. v. 22. 10. 2008 - n° 07-42230, unveröffentlicht.

die den Arbeitnehmern Vorteile und Erleichterungen gewährt, noch nicht für die Annahme einer dreifachen Vermischung genügt und bestätigte damit die vorinstanzliche Entscheidung, diesmal des Berufungsgerichts Paris.[111]

Aus diesen beiden Entscheidungen lässt sich folgern, dass die gerichtliche Qualifizierung einer Vermischung der Interessen, Tätigkeit und Geschäftsleitung insbesondere anhand einer Überprüfung der Eigenständigkeit der Tochtergesellschaft stattfinden muss oder – anders gewendet – anhand einer Überprüfung der Abhängigkeit der Tochtergesellschaft vom Mutterkonzern.[112]

III. Der Kombinationsansatz

Der dritte Ansatz, der sich innerhalb der Rechtsprechung zum Mitarbeitgeber entwickelte, ist eine Kombination aus juristischem und wirtschaftlichem Ansatz. Danach kann eine Gesellschaft nur unter zwei Voraussetzungen als *co-employeur* qualifiziert werden: Zwischen Tochtergesellschaft und der als Mitarbeitgeberin zu qualifizierenden Gesellschaft muss eine *confusion d'intér*êts, d'activité et de direction bestehen. Gleichzeitig muss ein Weisungsverhältnis zwischen den jeweiligen Arbeitnehmern und jeder dieser Gesellschaften gegeben sein.[113] Dieser Ansatz verpflichtete die Richter, sowohl das Verhältnis zwischen den Gesellschaften zu betrachten als auch die Beziehung zwischen den Arbeitnehmern und der am Arbeitsvertrag unbeteiligten Gesellschaft zu analysieren.[114]

Ein *co-emploi*[115] lag entsprechend dann vor, wenn ein Arbeitnehmer seine Arbeit auf Weisung und zum Nutzen mehrerer Gesellschaften verrichtete, deren Interessen, Tätigkeiten und Geschäftsleitung miteinander vermischt waren.[116] Ausgangspunkt dieses Ansatzes war, dass der *co-employeur* dem vertraglichen Arbeitgebers juristisch ähnlich sein sollte.[117] Zentraler Punkt war dabei, ob sich der Mitarbeitgeber die Weisungsmacht mit dem vertraglichen Arbeitgeber teilt.[118]

---

111 „(…) Culture de groupe se traduisant par des avantages et facilités de mobilité pour les salariés".

112 *Morelli*, JCPE 2009, n°2173, S. 29 ff., (32).

113 Cass.soc., Urt. v. 9. 06. 2004 – n° 01–43802, unveröffentlicht.

114 *D'Ornano*, JCPS 2010, n°1533, S. 14 ff. (14).

115 Das französische Wort *co-emploi* hat in der deutschen Sprache kein Äquivalent, wird aber sinngemäß mit „Mitarbeitgeberschaft in Konzernstrukturen" übersetzt.

116 Cass.soc., Urt. v. 19. 06. 2007 – n° 05–42570, DO 2007, 522 ff.

117 Cass.soc., Urt. v. 12. 07. 2005 – n° 03–45394, Bulletin civil V n° 244.

118 CPH Aubenas, Urt. v. 15. 04. 2008, DO 2008, S. 478.

Die Qualifizierung der Vermischung der Interessen, Tätigkeit und Geschäftsleitung zwischen zwei Gesellschaften führte nach dem Kombinationsansatz regelmäßig zu dem Schluss, dass sich die Gesellschaften absprachen, was das Weisungsrecht anging, oder dass sogar die am Vertrag unbeteiligte Gesellschaft die eigentliche Arbeitgeber-Gesellschaft in ihrer Funktion als Arbeitgeber ersetzte.[119]

Bis zum Jahre 2011 vertrat die *Cour de cassation* in der Mehrzahl ihrer Entscheidungen zum *co-employeur* den Kombinationsansatz und bestand darauf, dass ein juristisches Weisungsverhältnis auch zwischen Arbeitnehmer und Mitarbeitgeber vorliegen musste.

Beispielsweise nahm der Kassationshof in einer Entscheidung vom 03.02.1983[120] erst dann die Mitarbeitgeberschaft dreier Gesellschaften an, nachdem festgestellt worden war, dass sich ihre Geschäftstätigkeiten ergänzten, sie eine gemeinsame Geschäftsleitung hatten und dass jede von ihnen dem Arbeitnehmer Anweisungen erteilte und dieser ihnen Bericht erstatten musste.[121]

Auch noch kurz vor der *Jungheinrich* Entscheidung im Jahre 2011 qualifizierte die *Cour de cassation* am 28.09.2010[122] in ihrer *Briffaz I* – Entscheidung eine Gesellschaft als Mitarbeitgeberin. Der eigentliche Arbeitgeber war nach Ansicht des Kassationshofs nicht mehr als eine Betriebsstätte des Mitarbeitgebers ohne finanzielle und administrative Selbständigkeit. Außerdem erhielt der einzige leitende Angestellte der Arbeitgeber-Gesellschaft seine Anweisungen vom Mitarbeitgeber und gab diese direkt an seine Teamleiter weiter. Der leitende Angestellte hatte keinerlei eigenständige Weisungsbefugnis; auch die gesamte Personalverwaltung wurde vom Mitarbeitgeber durchgeführt.[123] Daraus leitete der Kassationshof ab, dass die Mitarbeitgeber-Gesellschaft Weisungsmacht und Kontrolle über die Arbeitnehmer ausübte und dass diese deshalb auch der Mitarbeitgeber-Gesellschaft gegenüber weisungsgebunden waren.[124]

Der Rechtsprechung genügte es zumeist nicht, wenn sich eine Gesellschaft in die Geschäfte einer anderen einmischte, um einen *co-emploi* anzunehmen. Tatsächlich wurde es als legitim angesehen, wenn eine Konzernmutter strategische Entscheidungen traf, Vorgänge koordinierte und Verfahrensschritte vereinheitlichte und all dies die Gesellschaften umsetzten, die von ihr kontrolliert

---

119 *D'Ornano*, JCPS 2010, n°1533, S. 14 ff. (14); *Morvan*, JCPS 2010, n°1407, S. 15 ff. (17).

120 Cass.soc., Urt. v. 3. 02. 1983 – n° 80–41819, Bulletin civil V n° 760.

121 *D'Ornano*, JCPS 2010, n°1533, S. 14 ff. (15).

122 Cass.soc., Urt. v. 28. 09. 2010 – n° 09–41243, BJS 2010, 995 ff. (998).

123 *Morelli*, BJS 2010, n°217, S. 997 ff. (998)

124 *Brissy*, JCPS 2010, n°1518, S. 46 ff. (48).

wurden.[125] Auch die Mehrheit der Instanzgerichte hielt ein geordnetes Eingreifen einer Konzernmutter für völlig gerechtfertigt.[126]

Um eine Gesellschaft als Mitarbeitgeberin zu identifizieren, musste bewiesen werden, dass die Konzernmutter Weisungsmacht über die Arbeitnehmer der Tochtergesellschaft ausübte und aktiv am Arbeitsverhältnis beteiligt war. Die Gerichtsentscheidungen im Sinne des Kombinationsansatzes zeigen, dass der Mitarbeitgeber weit mehr sein sollte als nur eine Gesellschaft, die aus der Ferne die Arbeitsverhältnisse beeinflusst.[127]

IV. Die Entscheidung Aspocomp

Die Entscheidung *Aspocomp* vom 19.06.2007,[128] ebenso Ausfluss des Kombinationsansatzes, stellte einen Wendepunkt dar. Sie ist in doppelter Hinsicht von Bedeutung: Der Kassationshof äußerte sich darin zum ersten Mal zur Gerichtszuständigkeit im Rahmen der Theorie des Mitarbeitgebers. Außerdem ging es erstmals um eine größere Zahl von Arbeitnehmern, die dadurch in toto Gläubiger einer anderen Gesellschaft wurden. In den bis dahin entschiedenen Fällen handelte es sich hingegen meist um einzelne Arbeitnehmer.[129]

1. Sachverhalt

Im Jahre 1998 kaufte der Konzern *Aspocomp* die französische Gesellschaft *Philips circuits imprimés*, die daraufhin zur französischen Tochtergesellschaft *Aspocomp SAS* wurde und im französischen Évreux 550 Leute beschäftigte. Die Gesellschaft wurde zu 99 % von der finnischen Holding *Aspocomp Group OYJ* gehalten.[130] In den Jahren 2000 und 2001 kam es zu zahlreichen Umstrukturierungen,

125 *D'Ornano*, JCPS 2010, n°1533, S. 14 ff. (16).

126 CA Paris, Urt. v. 25. 11. 2008 – n° 08-01336; CA Lyon, Urt. v. 6. 02. 2008 – n° 06-06013.

127 *D'Ornano*, JCPS 2010, n°1533, S. 14 ff.

128 Cass.soc., Urt. v. 19. 06. 2007 – n° 05-42570, DO 2007, 522 ff.; Tatsächlich handelt es sich um zwei identische Entscheidungen, die am 19.06.2007 in Sachen „Aspocomp" ergingen: in der Entscheidung Cass.soc., Urt. v. 19. 06. 2007 – n° 05-42551, Bulletin civil V n° 109 ging es im Ausgangsfall um eine einzelne Arbeitnehmerin, die geklagt hatte; in Cass.soc., Urt. v. 19. 06. 2007 – n° 05-42570, DO 2007, 522 ff. waren es 328 Arbeitnehmer der SAS Aspocomp, die vor Gericht zogen.

129 *Cesaro*, RJS 2013, S. 3 ff. (5).

130 Das Urteil des Kassationshofs drückt sich ungenau aus, indem es davon spricht, dass der gesamte *Aspocomp* Konzern zu 99 % Anteilseigner der *Aspocomp SAS* war. Der Konzern ohne eigene Rechtspersönlichkeit kann gerade nicht eigenständiger Anteilseigner sein.

insbesondere zu Verlagerungen der Produktion des Konzerns nach Asien.[131] Betroffen davon war auch die *Aspocomp SAS*, die daraufhin Personal entlassen wollte. Es wurde ein Sozialplan[132] aufgestellt, in welchem sich die *Aspocomp SAS* zu Ausgleichszahlungen verpflichtete, und eine Betriebsvereinbarung[133] über Begleitmaßnahmen geschlossen.[134] Daraufhin entschieden sich mehrere Arbeitnehmer, freiwillig das Unternehmen zu verlassen. Diesen wurde Ende Januar 2002 aus wirtschaftlichem Grund gekündigt.[135]

Inzwischen aber beschloss die wirtschaftlich erfolgreiche Konzernmutter *Aspocomp Group OYJ*, die französische Tochtergesellschaft nicht mehr weiter finanziell zu unterstützen.[136] Die *Aspocomp SAS* musste daraufhin ihre Zahlungen einstellen und konnte die Abfindungen, zu denen sie sich im Sozialplan verpflichtet hatte, nicht mehr zahlen.[137] Sie befand sich ab dem 26.06.2002 in der Liquidation[138]. Der Insolvenzverwalter[139] der *Aspocomp SAS* kündigte am 28.06.2002 auch der übrigen Belegschaft. Mehrere hundert Arbeitnehmer erhoben daraufhin Klage beim Arbeitsgericht von Évreux gegen *Aspocomp SAS* sowie gegen *Aspocomp Group OYJ* und bezweifelten die Rechtmäßigkeit der Kündigungen.[140]

Das Arbeitsgericht Évreux qualifizierte die Konzernmutter als Mitarbeitgeberin und verurteilte sie mangels wirksamer Kündigungen zu empfindlichen Entschädigungszahlungen.[141] Die Entschädigungen erhielten sowohl jene

---

131 CA Rouen, Urt. v. 22. 03. 2005 – n° 04–02545.

132 Der *„plan social“*, seit 2002 *„plan des sauvegarde de l'emploi“* (Art. L.1233–61 Code du travail) soll anders als der Sozialplan im deutschen Recht Kündigungen vermeiden und die weitere Beschäftigung der Arbeitnehmer im Unternehmen oder außerhalb des Unternehmens ermöglichen. Im deutschen Recht wäre der „plan de sauvegarde de l'emploi“ eine Mischung aus Interessenausgleich und Sozialplan, *Aldea:* Das französische Kündigungsrecht im Spannungsfeld von Abfindungen und Bestandsschutz, 2010, S. 215–216.

133 Der „accord d'entreprise“ wird zwischen dem Arbeitgeber und den Gewerkschaftsvertretern abgeschlossen und ist eine Kollektivvereinbarung, die sozialrechtliche Belange der Arbeitnehmer zum Gegenstand haben kann. Im Unterschied zum Tarifvertrag hat die Betriebsvereinbarung nur Einzelpunkte zum Gegenstand *Kaufmann:* Wörterbuch Arbeits- und Sozialrecht, 2004 S. 1–2.

134 CA Rouen, Urt. v. 22. 03. 2005 – n° 04–02545.

135 Cass.soc., Urt. v. 19. 06. 2007 – n° 05–42570, DO 2007, 522 ff.

136 *Mir/Brihi/Lacomble*, JCPS 2013, n°1082, S. 47 ff. (49).

137 *Morvan*, JCPS 2010, n°1407, S. 15 ff. (16).

138 „Liquidation judiciaire“ *Fleck:* Wörterbuch Recht, 2. Aufl., 2013, S. 155.

139 „Mandataire-liquidateur“ *Fleck:* Wörterbuch Recht, 2. Aufl., 2013, S. 160.

140 *Jault-Seseke*, RDT 2007, S. 543 ff. (543).

141 *Jault-Seseke*, RDT 2007, S. 543 ff. (543).

Arbeitnehmer, die zuerst von *Aspocomp SAS* gekündigt worden waren als auch diejenigen, die später vom Insolvenzverwalter entlassen wurden.[142] Die Entscheidung wurde durch das Berufungsgericht in Rouen[143] bestätigt. Dieses warf der Konzernmutter vor, sich illoyal verhalten sowie mit einer beschämenden Leichtfertigkeit gehandelt zu haben.[144] Die finnische Konzernmutter legte daraufhin beim französischen Kassationshof Revision ein. In ihrer Revisionsbegründung verwehrte sie sich gegen die Qualifizierung als Mitarbeitgeberin und gegen den Vorwurf ungerechtfertigter Kündigungen. Außerdem machte sie geltend, die französischen Gerichte seien gar nicht zuständig.[145]

2. Entscheidung des Kassationshofs

Die *Cour de cassation* wies die Revision in allen Punkten zurück und bestätigte das Berufungsurteil. Nach Ansicht des französischen Kassationshofs war die finnische Konzernmutter *co-employeur*, weil – so hatte die Vorinstanz festgestellt – „die Arbeitnehmer ihre Arbeit auf Weisung und zu Gunsten der Gesellschaften *Aspocomp SAS* und *Aspocomp Group OYJ* verrichteten und die Interessen, Tätigkeit und Geschäftsleitung beider Gesellschaften untrennbar miteinander verwoben waren".[146] Die Annahme der Vermischung der Interessen, Tätigkeit und Geschäftsleitung durch das Berufungsgericht Rouen hielt die *Cour de cassation* aufgrund folgender Feststellungen für zutreffend: Alle strategischen Entscheidungen – auch die, viele Mitarbeiter zu entlassen – hatte die Konzernmutter getroffen. In Sitzungen, die mit dem Unternehmensausschuss wegen der Kündigungen abgehalten worden waren, hatte ein Manager der Konzernmutter den Vorsitz geführt. Außerdem hatte sich auch die Konzernmutter zu Abfindungen gegenüber den Arbeitnehmern der Tochtergesellschaft im Sozialplan verpflichtet. Aus arbeitsrechtlicher Sicht machte die französische Tochtergesellschaft den Eindruck, sie sei lediglich eine eigenständige Betriebsstätte der Konzernmutter

---

142 *Morvan*, JCPS 2010, n°1407, S. 15 ff. (16).

143 CA Rouen, Urt. v. 22. 03. 2005 – n° 04–02545.

144 *Danis/Szekely*, http://www.lesechos.fr/26/05/2005/LesEchos/19421-59-ECH_le-role-de-la-societe-mere-en-cas-de-defaillance.htm; so auch *Morvan*, JCPS 2010, n° 1407, S. 15 ff. (16) und *Adam-Caumeil*, RIW 2012, S. 832 ff. (832) .

145 *Lacoste-Mary*, DO 2007, S. 523 ff. (523).

146 „Les salariés avaient accompli leur travail sous la direction et au profit des sociétés *Aspocomp* et *Aspocomp Group OYJ*, dont les intérêts, les activités et la direction étaient confondus"; *Morvan*, JCPS 2010, n°1407, S. 15 ff. (17); *Cordier/d'Heilly/Pantais*, Droit&Expertise 2011, S. 10 ff. (11).

und weniger eine vollwertige Tochtergesellschaft.[147] Die intensive Einmischung von Seiten der finnischen Muttergesellschaft wurde als eindeutiges Zeichen für die Verflechtung beider Gesellschaften gewertet.[148]

In einem weiteren Schritt nahm der Kassationshof an, dass die Konzernmutter ihre Pflichten als Mitarbeitgeberin verletzt hatte: Die Konzernmutter „hatte weder bewiesen, dass sie ernsthaft nach einer freien Position gesucht, noch dass sie alle Alternativen zu einer Kündigung aus wirtschaftlichem Grund in Betracht gezogen hatte".[149] Die Kündigungen waren aus diesem Grund ungerechtfertigt (*sans cause réelle et sérieuse*)[150], den Arbeitnehmern standen deshalb Entschädigungen zu.[151]

Außerdem bestätigte die *Cour de cassation* das Berufungsurteil, wonach französische Gerichte zuständig sind. Die Konzernmutter *Aspocomp Group OYJ* hatte in ihrer Revisionsbegründung ausgeführt, dass sich Arbeits- und Berufungsgericht in unzulässiger Weise nach französischem Recht für zuständig erklärt hatten. Vorrangig hätte die Verordnung n° 44/2001/EG vom 22.12.2000[152], auch bekannt als Verordnung über die gerichtliche Zuständigkeit und die Anerkennung und Vollstreckung von Entscheidungen in Zivil- und Handelssachen (EuGVVO), angewendet werden müssen.[153] Explizit bezog sich die Konzernmutter auf Art. 19 dieser Verordnung, in dem es heißt:[154]

---

147 O.V., RJS 2007, n°1105, S. 859 ff. (860).

148 *Lacoste-Mary*, DO 2007, S. 523 ff. (524).

149 „Ne démontrait pas avoir procédé à une recherche sérieuse de reclassement ni avoir envisagé toutes les solutions alternatives aux licenciements économiques." *Olivier*, JCPS 2010, n°1225, S. 13 ff. (15).

150 *Aldea:* Das französische Kündigungsrecht im Spannungsfeld von Abfindungen und Bestandsschutz, 2010, S. 117.

151 Den Arbeitgeber trifft vor jeder arbeitgeberseitigen Kündigung aus wirtschaftlichem Grund „*licenciement pour motif/ cause économique*" nach Art. L. 1233–4 ff. Code du travail die Pflicht, dem Arbeitnehmer eine gegebenenfalls vorhandene freie Stelle im Konzern anzubieten „*obligation de reclassement*" *Großerichter*, in: *Sonnenberger/ Classen*, 2012a, S. 382; Verletzt er diese Pflicht, ist die Kündigung ungerechtfertigt („*sans cause réelle et sérieuse*"), *Münch:* Der Sozialplan im französischen Arbeitsrecht, 2006, S. 129.

152 Die EuGVVO ist die Nachfolgeverordnung zum Brüsseler Übereinkommen vom 27.09.1968, das die gerichtliche Zuständigkeit in Zivil- und Handelssachen sowie die Anerkennung und Vollstreckung zivil- und handelsrechtlicher Entscheidungen regelte („EuGVÜ").

153 *Coursier*, JCPS 2007, n°1618, S. 32 ff. (33).

154 O.V., RJS 2007, n°1105, S. 859 ff. (860).

„Ein Arbeitgeber, der seinen Wohnsitz im Hoheitsgebiet eines Mitgliedstaates hat, kann vor den Gerichten des Mitgliedstaates verklagt werden, in dem er seinen Wohnsitz hat oder in einem anderen Mitgliedsstaat vor dem Gericht des Ortes, an dem der Beschäftigte gewöhnlich seine Arbeit verrichtet oder zuletzt gewöhnlich verrichtet hat (…)".

Aspocomp Group OYJ, die sich selbst nicht für einen Arbeitgeber im Sinne dieser Vorschrift hielt, forderte den französischen Kassationshof dazu auf, den EuGH im Wege eines Vorabentscheidungsverfahren klären zu lassen, ob und unter welchen Voraussetzungen der Arbeitnehmer, der durch einen Arbeitsvertrag an eine Tochtergesellschaft gebunden ist und seine Arbeit in einem europäischen Mitgliedstaat unter deren Weisungsmacht verrichtet, in Anwendung des Art. 19 EuGVVO die Konzernmutter, die in einem anderen Mitgliedsstaat niedergelassen ist, vor den Arbeitsgerichten des Ortes verklagen kann, an dem er seine Arbeit verrichtet.[155]

Die *Cour de cassation* wies auch diesen Revisionsgrund zurück, indem sie die Zuständigkeit der französischen Arbeitsgerichte damit begründete, dass auch die finnische Konzernmutter Arbeitgeber im Sinne des Art. 19 EuGVVO war. Dafür griff sie auf eine Entscheidung des EuGH vom 03.07.1986[156] zurück, in der er den Arbeitgeber definiert hatte „(…) als die Person, auf deren Rechnung und zu deren Gunsten sowie unter deren Leitung der Beschäftigte seine Leistungen während einer bestimmten Zeit erbringt und für die dieser einen Lohn als Gegenleistung erhält."[157]

Nach Ansicht des Kassationshofs war die finnische Konzernmutter nach dieser Definition Arbeitgeber im Sinne des Art. 19 EuGVVO, weil die Arbeitnehmer nach den Feststellungen des Berufungsgerichts ihre Arbeit unter der Leitung und zu Gunsten jener beiden Gesellschaften verrichteten, deren „Interessen, Tätigkeiten und Geschäftsleitung miteinander verwoben" waren.[158] Die Muttergesellschaft konnte somit in Frankreich verklagt werden, weil dort die klagenden Arbeitnehmer für gewöhnlich ihre Arbeit ausgeübt hatten.[159]

---

155 Cass.soc., Urt. v. 19. 06. 2007 – n° 05–42570, DO 2007, 522 ff.

156 EuGH, Urt. v. 3. 07. 1986 – C-66/85 Lawrie Blum, Slg. 1986, 2121, 2144, Rn.17.

157 „(…) L'employeur est défini comme la personne pour le compte de laquelle le travailleur accomplit pendant un certain temps, en sa faveur et sous sa direction, des prestations en contrepartie desquelles elle verse une rémunération".

158 *Arseguel*, RPC 2012, S. 62 ff. (64).

159 *Jault-Seseke*, RDT 2007, S. 543 ff. (544).

B. Die Entscheidung Jungheinrich-I

Am 18.01.2011 setzte die *Cour de cassation* mit ihrer *Jungheinrich-I*-Entscheidung neue Maßstäbe im französischen Konzernarbeitsrecht. Der Kassationshof sprach sich darin klar für den wirtschaftlichen Ansatz aus und bildete das französische Kündigungsrecht erstmals im Zusammenhang mit der Theorie des Mitarbeitgebers richterrechtlich fort.

I. Sachverhalt

Der in Hamburg ansässige Konzern *Jungheinrich* produziert und vertreibt vor allem Gabelstapler und Hubwagen. Konzernmutter ist die deutsche *Jungheinrich AG*, die mittels der deutschen *Jungheinrich Beteiligungsgesellschaft* die französische Tochtergesellschaft *Jungheinrich Finance Holding SAS*[160] kontrolliert.[161]

Jungheinrich Finance wiederum war Hauptaktionärin zweier weiterer Gesellschaften, die sich in Frankreich niedergelassen hatten: nämlich der *Jungheinrich France* und der *Mécanique Industrie Chimie* (*MIC*).

Jungheinrich France – 1962 gegründet – war zuständig, die Produkte der gesamten *Jungheinrich* Gruppe in Frankreich zu vertreiben. Die Gesellschaft *MIC* hatte sich dem *Jungheinrich* Konzern 1974 angeschlossen und produzierte seitdem für *Jungheinrich* in der französischen Stadt Argentan. Ihren Firmensitz hatte die Gesellschaft *MIC* in Rungis, Frankreich, wo sich auch ihre Verwaltungs- und Vertriebsabteilungen befanden. Die *MIC* beschäftigte allein in Rungis 237 Arbeitnehmer.[162]

Im Jahre 2002 entschied sich die deutsche *Jungheinrich AG*, den Konzern umzustrukturieren. Das Ziel war, den Vertrieb einheitlich zu gestalten, nach dem Motto „eine Marke, ein Netzwerk".[163] Am 29.10.2002 übertrug deshalb die Gesellschaft *MIC* sämtliche in Rungis ansässigen Abteilungen an die Schwestergesellschaft *Jungheinrich France*. Dies hatte zur Folge, dass die gesamte Belegschaft, die bislang in Rungis beschäftigt worden war, der Weisungsmacht von *Jungheinrich France* unterstellt wurde.[164]

160 Im Folgenden wird diese Gesellschaft mit *Jungheinrich Finance* bezeichnet.
161 *Bailly*, SSL 2011, n°1476, S. 6 ff. (6).
162 *Bailly*, SSL 2011, n°1476, S. 6 ff. (6).
163 *Géa*, RDT 2011, S. 168 ff. (168).
164 *Bailly*, SSL 2011, n°1476, S. 6 ff. (6).

Sowohl der Gesamtunternehmensausschuss (*comité central d'entreprise*)[165] als auch die Gewerkschaften wehrten sich gegen diesen Arbeitgeberwechsel. Das französische Großinstanzgericht[166] von Créteil entschied daraufhin am 01.04.2003, dass Art. L. 1224–1 Code du travail[167] keine Anwendung findet und in der Konsequenz auch die Arbeitsverträge der Arbeitnehmer von Rungis aufgrund dieses Artikels nicht auf die *Jungheinrich France* übergegangen sind.

Die Gesellschaft *MIC* schlug daraufhin den 237 Arbeitnehmern vor, Art. L. 1224–1 Code du travail auf freiwilliger Basis anzuwenden, um so einen Übergang der Arbeitsverträge auf die *Jungheinrich France* doch noch zu ermöglichen.[168] Diesen Vorschlag lehnten 61 Arbeitnehmer ab. Sie blieben aufgrund dessen der *MIC* unterstellt. Diese zahlte den Arbeitnehmern weiterhin Gehalt, ohne sie jedoch mit Arbeit zu versorgen.[169]

Im Jahre 2004 entschied *MIC*, die beiden Betriebe in Argentan und Rungis aufzugeben.[170] Der gesamten *MIC*-Belegschaft wurde daraufhin aus wirtschaftlichem Grund gekündigt, darunter auch den Arbeitnehmern, die offiziell immer noch in Rungis angestellt waren. Einige der Arbeitnehmer gingen gerichtlich gegen diese Kündigungen vor. Vor dem Arbeitsgericht wollten sie festgestellt wissen, dass *Jungheinrich Finance* Mitarbeitgeberin war und forderten Schadensersatz wegen ungerechtfertigter Kündigung.[171] Sie richteten ihre Forderungen

---

165 Der *comité d'entreprise* ist die zentrale Arbeitnehmereinrichtung in Betrieben und Unternehmen. Er wird in Unternehmen eingerichtet, die mindestens 50 Arbeitnehmer beschäftigen und besitzt Rechtspersönlichkeit. Er ist kein Mitbestimmungsorgan. Wenn das Unternehmen aus mehreren Betrieben besteht, wird ein Gesamtbetriebsrat eingerichtet *comité central d'entreprise, Kaufmann:* Wörterbuch Arbeits- und Sozialrecht, 2004, S. 25.

166 „*Tribunal de grande instance*", im Folgenden abgekürzt als „TGI" *Fleck:* Wörterbuch Recht, 2. Aufl., 2013, S. 265.

167 Art. L. 1224–1 Code du travail (früher L.122–12) ist die französische Regelung zum Betriebsübergang und hat folgenden Wortlaut: „Lorsque suivent une modification dans la situation juridique de l'employeur, notamment par succession, vente, fusion, transformation du fonds, mise en société de l'entreprise, tous les contrats de travail en cours aux jours de la modification subsistent entre le nouvel employeur et le personnel de l'entreprise".

168 *Couret*, RDS 2011, S. 154 ff. (157).

169 *Géa*, RDT 2011, S. 168 ff. (168); *Bailly*, SSL 2011, n°1476, S. 6 ff. (6).

170 *Bailly*, SSL 2011, n°1476, S. 6 ff. (6).

171 *Bailly*, SSL 2011, n°1476, S. 6 ff. (6).

sowohl gegen die Gesellschaft *MIC*, die sich ab dem 14.12.2005 im Insolvenzverfahren befand, als auch gegen die Gesellschaft *Jungheinrich Finance*.[172]

Das Arbeitsgericht gab den Klägern zwar hinsichtlich ihrer Ansprüche gegen die *MIC* Recht, wies jedoch Schadensersatzforderungen gegen *Jungheinrich Finance* ab.[173] Ganz anders das Berufungsgericht Paris. In ihrer Entscheidung vom 25.06.2009 qualifizierte die *Cour d'appel* die Gesellschaft *Jungheinrich Finance* als *co-employeur* und verurteilte sie und die *MIC* zu Schadensersatzzahlungen.[174]

II. Entscheidung des Kassationshofs

Der Kassationshof bestätigte dieses Berufungsurteil. Nach seiner Auffassung hatte das Berufungsgericht die Gesellschaft *Jungheinrich Finance* zu Recht als Mitarbeitgeberin qualifiziert, denn:[175]

- Die Gesellschaft *MIC* war wirtschaftlich vom *Jungheinrich* Konzern abhängig. Der Konzern war mit über 80 % der Produktion Hauptabnehmer der *MIC* und diktierte deshalb auch die Preise.
- *Jungheinrich Finance* hielt praktisch das gesamte Kapital der *MIC*.
- Die Belegschaften von *MIC* und von *Jungheinrich France* wurden unter der Leitung der *Jungheinrich Finance* gemeinsam verwaltet.
- Die *Jungheinrich Finance* traf Grundsatzentscheidungen für die *MIC*, insbesondere die Entscheidung, die Geschäftstätigkeit in Rungis an die *Jungheinrich France* zu übertragen.
- *Jungheinrich Finance* mischte sich fortwährend in die Finanz- und Personalverwaltung ein, vor allem auch, was die Geschäftsaufgabe der *MIC* und die Kündigung der Belegschaft betraf.
- *Jungheinrich Finance* übernahm die operative Geschäftsleitung und die Verwaltung der *MIC*, die deshalb über keinerlei Autonomie mehr verfügte.[176]

---

172 *Morvan*, JCPS 2011, n°1065, S. 33 ff. (34); So auch *Kosal*, http://www.webcitation.org/6Phu9pEgV.

173 *Bon*, JSL 2011, n°294, S. 14 ff. (14).

174 *Auzero*, Lexbase Hebdo édition sociale 2011, n°426, S. 1 ff. (3).

175 *Couturier*, DS 2011, S. 372 ff. (375); *Dedessus-le-Moustier*, JCPG 2011, n°149, S. 269 ff. (269).

176 „Mais attendu qu'appréciant souverainement les éléments de fait qui lui étaient soumis, la cour d'appel a retenu, sans se contredire, que l'activité économique de la société *MIC* était entièrement sous la dépendance du groupe *Jungheinrich*, qui absorbait 80 % de sa production et fixait les prix, que la société *Jungheinrich Finance* détenait la quasi-totalité de son capital, le reste étant détenu par le dirigeant de la société holding, qu'il existait une gestion commune du personnel des sociétés *MIC*

Dies alles ließ nach Meinung der *Cour d'appel* den Schluss zu, dass zwischen den Gesellschaften *Jungheinrich Finance* und *MIC* eine *confusion d'intérêts, d'activités et de direction* bestand. Diese Verquickung begründete in der Konsequenz die Mitarbeitgeberstellung der *Jungheinrich Finance* gegenüber der Belegschaft von *MIC*.[177]

Jungheinrich Finance und *MIC* versuchten in ihrer Revisionsbegründung, die Qualifizierung der *Jungheinrich Finance* als Mitarbeitgeberin zu entkräften:[178] Sie hielten dem Berufungsgericht entgegen, es habe den Grundsatz der Selbständigkeit juristischer Personen missachtet, indem es die *Jungheinrich Finance* als *co-employeur* qualifizierte.[179] Dadurch hätte das Berufungsgericht gegen die Vorschriften des Art. L. 1221–1 Code du travail sowie Art. 1165 Code civil verstoßen, wonach Dritte nicht ohne Weiteres an einem Vertragsverhältnis beteiligt werden können.

Nur weil eine Holding in ihrer Eigenschaft als Hauptaktionärin strategische Entscheidungen treffe, die sich auf den gesamten Konzern beziehen und deshalb eventuell auch Konsequenzen für die Arbeitsverträge bei Tochtergesellschaften haben können, reiche dies noch nicht aus, eine Mitarbeitgeberstellung der Holding anzunehmen.[180] Außerdem setze die Feststellung einer Dualität von Arbeitgebern voraus, dass ein Arbeitnehmer seine Arbeit unter gemeinsamer Weisung und zugunsten beider Gesellschaften verrichte. Diese Gesellschaften müssten dabei miteinander durch eine Vermischung von Interessen, Tätigkeiten und Geschäftsleitung verbunden sein. Da das Berufungsgericht Derartiges nicht konstatiert habe, entbehre seine Entscheidung der gesetzlichen Grundlage.[181]

Die Beschwerdeführer drangen jedoch vor dem Kassationshof mit dieser Argumentation nicht durch. Ihm genügte die gerichtliche Feststellung der

---

et *Jungheinrich France*, sous l'autorité de la société *Jungheinrich Finance*, que celle-ci dictait à la société *MIC* ses choix stratégiques, notamment la décision de transférer l'activité de Rungis à la société *Jungheinrich France*, que la société *Jungheinrich Finance* intervenait de manière constante dans les décisions concernant la gestion financière et sociale de la cessation d'activité de la société *MIC* et le licenciement de son personnel, et qu'elle assurait ainsi la direction opérationnelle et la gestion administrative de sa filiale, qui ne disposait d'aucune autonomie (...)" *Aubonnet*, JCPE 2011, n°1291, S. 45 ff. (45); So auch *Querenet-Hahn*, BB 2012, S. 2246 ff. (2246).

177 *Dedessus-le-Moustier*, JCPG 2011, n°149, S. 269 ff. (269); So auch *Wider*, http://www.webcitation.org/6PhvGob7G.

178 *Aubonnet*, JCPE 2011, n°1291, S. 45 ff. (45).

179 *Bon*, JSL 2011, n°294, S. 14 ff. (14).

180 *Bailly*, SSL 2011, n°1476, S. 6 ff. (7).

181 *Aubonnet*, JCPE 2011, n°1291, S. 45 ff. (45).

Vermischung von Interessen, Tätigkeiten und Geschäftsleitung zwischen Konzerngesellschaften anhand der genannten Indizien für die Qualifizierung als *co-employeur.*[182] Die *Cour de cassation* sprach sich deshalb eindeutig für den wirtschaftlichen Ansatz aus und forderte keine Konstatierung eines juristischen Subordinationsverhältnisses zwischen *Jungheinrich Finance* und den Arbeitnehmern der *MIC.*[183]

Auch die Ausführungen des Berufungsgerichts zu den Schadensersatzansprüchen der Arbeitnehmer wegen ungerechtfertigter Kündigung bestätigte die *Cour de cassation* im Ergebnis. Die *Cour d'appel* hatte sich dazu wie folgt eingelassen:

Die Geschäftsaufgabe der *MIC* war Konsequenz zweier konzerninterner strategischer Entscheidungen gewesen. Zum einen die Entscheidung aus dem Jahre 2002, ohne wirtschaftliche Notwendigkeit die Vertriebs- und Verwaltungsabteilungen in der Gesellschaft *Jungheinrich France* zusammenzufassen, zum anderen die Entscheidung, die Belegschaft in Rungis, die einen Übergang zu *Jungheinrich France* verweigert hatte, zu erhalten, ohne sie mit Arbeit zu versorgen. Die *Cour d'appel* folgerte daraus, dass hinsichtlich der Arbeitnehmer von Rungis die Kündigungen ungerechtfertigt waren.[184]

Die Beschwerdeführer erinnerten in ihrer Revisionsbegründung daran, in welchem Zusammenhang den Arbeitnehmern der *MIC* gekündigt worden war: Da die Kündigungen im Rahmen einer finalen und vollumfänglichen Geschäftsaufgabe der Gesellschaft *MIC* ergangen seien, dürfe der Arbeitsrichter weder über den Grund der Geschäftsaufgabe, noch über ihre Rechtmäßigkeit befinden.

Der Kassationshof folgte dieser Argumentation nicht, sondern bestätigte das Urteil des Berufungsgerichts.

Bis dahin war die Geschäftsaufgabe einer Gesellschaft in konstanter Rechtsprechung als Erweiterung des nicht abschließend formulierten Art. L. 1233–3 Code du travail[185] angesehen worden. Unabhängig davon, ob die Gesellschaft

---

182 *Couret*, RDS 2011, S. 154 ff. (158).

183 „(…) Qu'elle a pu en déduire qu'il existait entre la société JFH et la société MIC une confusion d'intérêts, d'activité et de direction et qu'en conséquence la société JFH avait la qualité de co-employeur à l'égard du personnel de la société MIC", *Darves-Bornoz*, DO 2011, S. 273 ff. (276).

184 *Auzero*, Lexbase Hebdo édition sociale 2011, n°426, S. 1 ff. (4).

185 In diesem ist unter anderem geregelt: „Constitue un licenciement pour motif économique le licenciement effectué par un employeur pour un ou plusieurs motifs non inhérents à la personne du salarié résultant d'une suppression ou transformation d'emploi ou d'une modification, refusée par le salarié, d'un élément essentiel

einem Konzern angehörte oder nicht, wurde die Geschäftsaufgabe als Ausfluss unternehmerischer Freiheit und deshalb als autonomer Kündigungsgrund betrachtet.[186]

Die Geschäftsaufgabe musste nicht eigens nach Maßgabe des Art. L. 1233-3 Code du travail gerechtfertigt sein durch wirtschaftliche Schwierigkeiten, technische Veränderungen oder um die Wettbewerbsfähigkeit des Tätigkeitsbereichs zu erhalten. Dieser Grundsatz wurde bis dahin nur eingeschränkt, wenn das Geschäft nicht ganz, sondern nur teilweise aufgegeben wurde oder wenn Verschulden (*faute*) oder beschämende Leichtfertigkeit (*légèreté blâmable*)zur Geschäftsaufgabe geführt hatte.[187] Erst im Falle einer dieser Ausnahmetatbestände sollten Kündigungen nicht mehr allein wegen der Geschäftsaufgabe materiell gerechtfertigt sein.

Durch das *Jungheinrich-I*-Urteil wurde nun eine zusätzliche Hürde für den Fall der Geschäftsaufgabe geschaffen: Sobald innerhalb eines Konzerns zwei Gesellschaften als Mitarbeitgeber qualifiziert werden, muss die Geschäftsaufgabe einer der Gesellschaften doch auf einem der in Art. L. 1233-3 Code du travail genannten Gründe beruhen.[188] Diese Gründe müssen jeweils in dem Geschäftsbereich vorliegen, in welchem die betroffene Konzerntochter und die Konzernmutter tätig sind. Andernfalls sind Kündigungen wegen Geschäftsaufgabe ungerechtfertigt.[189]

Diese vom Kassationshof neu errichtete Hürde war im zu entscheidenden Fall nicht erfüllt: Der Tätigkeitsbereich befand sich bei Konzernmutter und Konzerntochter nicht, wie es nach Meinung der *Cour de cassation* erforderlich gewesen wäre, in wirtschaftlichen Schwierigkeiten. Die Geschäftsaufgabe war vielmehr Folge konzerninterner strategischer Entscheidungen gewesen.[190]

C. Die Rechtsprechung nach Jungheinrich-I

Im Urteil *Jungheinrich-I* blieben die Voraussetzungen, unter denen eine „Vermischung der Interessen, Aktivitäten und Geschäftsleitung" anzunehmen ist, nicht präzise benannt. In weiteren Entscheidungen zum *co-employeur* versuchten die

du contrat de travail, consécutives notamment à des difficultés économiques ou à des mutations technologiques".

186 O.V., RJS 2011, n°207, S. 199 ff. (200).

187 *Morvan*, BJS 2011, n°117, S. 215 ff. (218).

188 *Morvan*, JCPG 2011, n°254, S. 458 ff. (458).

189 *Arseguel*, RPC 2012, S. 62 ff. (63).

190 *Aubonnet*, JCPE 2011, n°1291, S. 45 ff. (45).

Gerichte nach und nach Klarheit zu schaffen. Auch zu den Konsequenzen, die eine Qualifizierung als Mitarbeitgeber nach sich zieht, bezogen einige dieser Urteile Stellung.

I. Die Entscheidung Novoceram

In der Entscheidung *Novoceram*[191] fasste der Kassationshof den Begriff der Vermischung der Interessen, Tätigkeiten und der Geschäftsleitung genauer und urteilte erstmals, inwiefern sich die Annahme einer Mitarbeitgeberschaft auf die Pflicht zur Aufstellung eines Beschäftigungssicherungsplans (*plan de sauvegarde de l'emploi*)[192] auswirkt.

1. Sachverhalt

Die Gesellschaft *BSA Produits* céramiques[193] unterhielt in der französischen Stadt Bourg-Saint-Andéol eine Produktions- und Vertriebsstätte für Sandsteinfließen.[194] 1989 war die *BSA* von der Gesellschaft *Novoceram* übernommen worden und hatte mit dieser eine Vereinbarung geschlossen, in welcher *Novoceram* der Gesellschaft *BSA* in den Bereichen Verwaltung, Buchführung, Technik, Finanzen, Vertrieb, Recht und Geschäftsleitung fachliche Beratung und Unterstützung zusicherte.[195]

Im Jahre 2000 wurde *Novoceram* von der italienischen Gesellschaft *Gruppo Concorde* übernommen und damit selbst zu einer Tochtergesellschaft. *Gruppo*

191 Cass.soc., Urt. v. 22. 06. 2011 – n° 09-69021, BJS 2011, n° 454, S. 906.

192 Im Weiteren wird der Beschäftigungssicherungsplan wie folgt abgekürzt: „PSE"; Gemäß Art. L. 1233-61 Code du travail muss der Arbeitgeber bei Massenentlassungen von mindestens 50 Beschäftigten einen PSE aufstellen und durchführen. Der PSE muss Maßnahmen beinhalten, mit denen sich Kündigungen vermeiden bzw. wenigstens die Anzahl der Kündigungen gering halten lassen. Soweit Kündigungen nicht vermieden werden können, muss der PSE Regelungen beinhalten, die die Weiterbeschäftigung oder die berufliche Wiedereingliederung der zu kündigenden Arbeitnehmern ermöglichen. *Aldea:* Das französische Kündigungsrecht im Spannungsfeld von Abfindungen und Bestandsschutz, 2010, S. 215-216; Ist der PSE fehlerhaft, so sind das Kündigungsverfahren und die Kündigung unwirksam. *Münch:* Der Sozialplan im französischen Arbeitsrecht, 2006, S. 129.

193 Im Folgenden wird die Gesellschaft wie folgt abgekürzt: *BSA*.

194 Cass.soc., Urt. v. 22. 06. 2011 – n° 09-69021, BJS 2011, n° 454, S. 906; *Morelli*, BJS 2011, n°454, S. 906 ff. (907).

195 *Auzero/Lardy-Pélissier*, RDT 2011, S. 634 ff. (634).

Concorde wiederum gehörte dem Konzern *Concorde* an – einer der großen Akteure in der Keramikbranche.[196]

2004 kam es zu einer Abmachung zwischen *BSA* und *Novoceram*, in der die Produktpreise der *BSA* festgelegt wurden.[197]

2005 entschied sich *BSA*, ihre Produktionsstätte in Bourg-Saint-Andéol zu schließen. Als Gründe wurden mangelnde Rentabilität und eine Überalterung der Anlagen genannt. Aus diesem Anlass errichtete *BSA* einen Beschäftigungssicherungsplan und zog dabei auch den Unternehmensausschuss (*comité d'entreprise*) zu Rate. Die Beratungen mit dem Unternehmensausschuss zogen sich jedoch länger hin als ursprünglich vorgesehen, gleichzeitig geriet die *BSA* in immer größere wirtschaftliche Schwierigkeiten. Deshalb wurde am 18.04.2006 das Liquidationsverfahren gegen die *BSA* eingeleitet. Das kollektive Kündigungsverfahren war zu diesem Zeitpunkt noch nicht abgeschlossen.[198] Da auch kein neuer Investor in Sicht war, kündigte der Liquidator im Mai und Juli 2006 der gesamten Belegschaft.[199]

Von den gekündigten Arbeitnehmern zogen 33 vor das Arbeitsgericht und verklagten sowohl die Muttergesellschaft *Gruppo Concorde* als auch die Obergesellschaft *Novoceram*. Sie bestritten die Wirksamkeit ihrer Kündigungen und forderten Schadensersatz von beiden Gesellschaften in deren Eigenschaft als Mitarbeitgeberinnen.[200]

Vor dem Berufungsgericht in Nîmes am 19.06.2009 hatten die Arbeitnehmer nur teilweise Erfolg: Die Obergesellschaft *Novoceram* wurde als Mitarbeitgeberin zu Schadensersatzzahlungen wegen unwirksamer Kündigung verurteilt, nicht hingegen die Muttergesellschaft *Gruppo Concorde*.[201]

2. Entscheidung des Kassationshofs

Der Kassationshof bestätigte das Urteil des Berufungsgerichts. Hinsichtlich der Mitarbeitgeberstellung der *Novoceram* hatte die *Cour d'appel* nach Ansicht des Kassationshofs richtigerweise Folgendes festgestellt:

- Seit der Übernahme durch *Novoceram* hatte die *BSA* keine selbständige Geschäftsleitung mehr.

---

196 *Morelli*, BJS 2011, n°454, S. 906 ff. (907).
197 *Auzero/Lardy-Pélissier*, RDT 2011, S. 634 ff.
198 *Morelli*, BJS 2011, n°454, S. 906 ff. (907).
199 *Auzero/Lardy-Pélissier*, RDT 2011, S. 634 ff. (634).
200 *Morelli*, BJS 2011, n°454, S. 906 ff. (907).
201 *Chauvet/Mazeaud/Lyon-Caen/Mazars:* Bulletin d'information, 1.10.2012 (81).

- *BSA* war von *Novoceram* abhängig: *Novoceram* bestimmte die Produktpreise und war der einzige Kunde.
- *Novoceram* und *BSA* stellten unter anderem die gleichen Produkte her, kauften Werkstoffe gemeinsam ein, hatten ein gemeinsames Facility Management und nutzten die gleichen Herstellungsverfahren.
- Die Leitung der allgemeinen Verwaltung, der Buchführung, der Finanzen, des Vertriebs, der Technik und der Rechtsabteilung übernahm *Novoceram* für *BSA*.
- *Novoceram* hatte außerdem das Personalmanagement für die *BSA* übernommen.
- Die Führungsriege der *BSA* setzte lediglich die Entscheidungen um, die der Geschäftsführer der *Novoceram* bei Personalverwaltung und in den Bereichen Produktion und Technik getroffen hatte.[202]

Aufgrund dieser Indizien nahm das Berufungsgericht eine Vermischung von Interessen, Aktivitäten und Geschäftsleitung zwischen *Novoceram* und *BSA* an, was zur Qualifizierung der *Novoceram* als *co-employeur* führte. In der Folge musste *Novoceram* deshalb auch alle Konsequenzen tragen, die eine Vertragsauflösung für den Arbeitgeber mit sich bringt.

Novoceram wehrte sich, allerdings ohne Erfolg, damit, dass die bloße „Gemeinschaft oder Verquickung von Interessen, Tätigkeiten und Geschäftsleitung“ zweier konzernzugehöriger Gesellschaften nicht für die Qualifizierung als Mitarbeitgeberin ausreichen könne. Vielmehr bedürfe es der Feststellung eines juristischen Weisungsverhältnisses auch zwischen Obergesellschaft und Arbeitnehmer der Tochter, weil nur dieses charakteristisch für den Arbeitsvertrag und die daraus resultierenden Rechte und Pflichten sei.[203] Außerdem wies *Novoceram*

---

202 „Mais attendu que la cour d'appel a constaté, par motifs propres et adoptés, que depuis que la société Novoceram en avait pris le contrôle, la société BSA avait perdu toute autonomie dans la gestion de ses activités, qu'elle était entièrement sous la dépendance de cette société, qui était devenue sa seule cliente et définissait le prix de ses produits, qu'elle partageait avec elle les produits, les matières, les services généraux, le matériel d'exploitation et les procédés de fabrication, que la gestion administrative, comptable, financière, commerciale, technique et juridique de la société BSA était assurée par la société Novoceram, laquelle gérait également son personnel, les cadres dirigeants de la société BSA n'étant que les exécutants de décisions prises par le dirigeant de la société Novoceram dans la gestion du personnel et dans les domaines industriel et technique“; O.V., RJS 2011, n°742, S. 672 ff. (672); *Trébulle*, JCPE 2013, n°1246, S. 28 ff. (37).

203 *Auzero/Lardy-Pélissier*, RDT 2011, S. 634 ff. (634).

jede Verantwortung von sich für Unregelmäßigkeiten bei den Kündigungen der *BSA*-Arbeitnehmer und wollte deswegen auch keinen Schadensersatz leisten.[204]

Der Kassationshof wiederum bekräftigte, dass aufgrund der oben aufgeführten Indizien „eine Vermischung von Interessen, Tätigkeiten und Geschäftsleitung zwischen *Novoceram* und *BSA* vorlag, die durch die Einmischung in die Personalverwaltung zum Ausdruck kam, und die ausreichte, die Gesellschaften als Mitarbeitgeberinnen zu qualifizieren."[205] Die *Cour de cassation* hob damit noch einmal hervor, dass eben gerade kein juristisches Subordinationsverhältnis zwischen Arbeitnehmern der Tochter und der Muttergesellschaft ermittelt werden muss, um eine Stellung als *co-employeur* annehmen zu können.[206]

Zum ersten Mal hat die *Cour de cassation* explizit als ausschlaggebendes Indiz bei der Ermittlung einer *triple confusion* die Einmischung in die Personalverwaltung genannt.[207]

Als Mitarbeitgeberin wurde *Novoceram* deshalb letztinstanzlich zu Schadensersatzzahlungen wegen unwirksamer Kündigungen verurteilt. Im Einklang mit dem Berufungsgericht urteilte die *Cour de cassation*, dass auch die Mitarbeitgeberin die Folgen einer Arbeitsvertragsauflösung mitzutragen habe und nicht nur derjenige Arbeitgeber, der tatsächlich den Anstoß zur Vertragsauflösung gegeben hatte.[208] Nach Ansicht des Kassationshofs war deshalb der PSE der Gesellschaft *BSA* unwirksam, weil er nicht den gesetzlichen Anforderungen genügte. Laut Kassationshof hat jede Mitarbeitgeberin die Pflicht, einen PSE aufzustellen und nicht nur die Gesellschaft, die ursprünglich mit den zu kündigenden Arbeitnehmern den Arbeitsvertrag geschlossen hat. Dabei muss jede Mitarbeitgeberin die ihr zu Verfügung stehenden Mittel und Möglichkeiten einsetzen. Wird der PSE nur von einer Gesellschaft ausgearbeitet und aufgestellt, ist er unzureichend und die daraufhin ergangenen Kündigungen sind deshalb unwirksam.[209]

---

204 O.V., RJS 2011, n°742, S. 672 ff. (674).

205 „(…) Qu'il existait entre ces sociétés une confusion d'intérêts, d'activités et de direction qui se manifestait par l'immixtion de la société *Novoceram* dans la gestion du personnel de la société *BSA* et qui suffisait à leur conférer la qualité de co-employeurs;".

206 *Morelli*, BJS 2011, n°454, S. 906 ff. (909).

207 „(..) Qu'elle a pu en déduire qu'il existait entre ces sociétés une confusion d'intérêts, d'activités et de direction *qui se manifestait par l'immixtion de la société Novoceram dans la gestion du personnel*".

208 *Auzero/Lardy-Pélissier*, RDT 2011, S. 634 ff. (636).

209 *Arseguel*, RPC 2012, S. 62 ff. (63).

Was die Gesellschaft *Gruppo Concorde* anbelangte, bekamen die Beklagten sowohl vom Berufungsgericht als auch vom Kassationshof Recht. Sie hatten die Einrede der gerichtlichen Unzuständigkeit erhoben und beriefen sich auf Art. 19 EuGVVO. Danach wären die französischen Gerichte nur dann für eine Klage gegen die italienische Muttergesellschaft zuständig, wenn das Gericht auch sie als Arbeitgeberin qualifizieren könnte.[210]

Nach Ansicht des Kassationshofs hatte das Berufungsgericht die Mitarbeitgeber-Eigenschaft zu Recht verworfen und zwar aus folgenden Gründen:

- *Gruppo Concorde* hatte *BSA* bei der Durchführung des Informations- und Konsultationsverfahrens der Arbeitnehmervertreter nicht in ihrer Eigenschaft als Arbeitgeberin ersetzt.
- Es gab weder eine enge Verflechtung zwischen den beiden Gesellschaften, noch eine Einmischung der *Gruppo Concorde* in das Management der *BSA* und auch keine Vermengung der Gesellschaftsvermögen beider Gesellschaften.[211]

Insofern lag nach Auffassung des Berufungsgerichts und des Kassationshofs in diesem Fall keine *confusion d'intérêts, d'activités et de direction* vor, die Gesellschaft *Gruppo Concorde* konnte deshalb auch nicht in Frankreich verklagt werden.[212] Positiv gewendet heißt das aber: Nach Ansicht des Kassationshofs liegt eine *triple confusion* immer dann vor, wenn zwei konzernzugehörige Gesellschaften eng miteinander verflochten sind, die eine sich in die Personalverwaltung der anderen einmischt und wenn das Vermögen beider Gesellschaften kaum mehr auseinander zuhalten ist. Da in solchen Fällen eine *triple confusion* angenommen werden kann, führt das auch zu einer Qualifizierung als *co-employeur.*

Die Entscheidung *Novoceram* bringt damit im Vergleich zu *Jungheinrich-I* zwei wichtige Neuerungen: Einerseits hat der Kassationshof genauer benannt, wann eine dreifache Vermischung anzunehmen ist. Andererseits wurde klargestellt, dass nun auch eine Obergesellschaft, wenn sie Mitarbeitgeberin ist, einen

---

210 Cass.soc., Urt. v. 22. 06. 2011 - n° 09-69021, BJS 2011, n° 454, S. 906.

211 „Mais attendu qu'appréciant souverainement les éléments de fait et de preuve qui lui étaient soumis, la cour d'appel a retenu que la société *Gruppo concorde* ne s'était pas substituée à l'employeur dans la conduite de la procédure d'information des représentants du personnel de la société *BSA*, qu'il n'y avait pas d'imbrication étroite entre ces deux sociétés, ni immixtion de la première dans la gestion de la seconde, ni confusion de leurs actifs (…)"; Cass.soc., Urt. v. 22. 06. 2011 - n° 09-69021, BJS 2011, n° 454, S. 906.

212 *Chauvet/Mazeaud/Lyon-Caen/Mazars:* Bulletin d'information, 1.10.2012, (81).

PSE für die zu kündigenden Arbeitnehmer der Tochtergesellschaft unter Berücksichtigung aller ihr zur Verfügung stehenden Mittel und Möglichkeiten aufstellen muss. Dies gilt auch dann, wenn die Obergesellschaft die Kündigungen der Arbeitnehmer der Tochtergesellschaft nicht veranlasst hat. Die Qualifizierung als Mitarbeitgeberin ist insofern rein deklaratorisch und wirkt auf den Zeitpunkt zurück, ab dem sich die Muttergesellschaft erstmals wie eine Mitarbeitgeberin verhalten hat.[213]

II. Die Entscheidungen Métaleurop und Recyclex

Die *Cour de cassation* bestätigt mit den Urteilen *Métaleurop* und *Recyclex*[214] noch einmal jene Linie, die sie bereits bei *Novoceram* verfolgte und liefert zusätzliche Kriterien, anhand derer eine Vermischung von Interessen, Tätigkeiten und Geschäftsleitung festgestellt werden kann.

1. Sachverhalt

Die Gesellschaft *Métaleurop Nord* betrieb in Noyelles-Godault im Norden Frankreichs eine Produktions- und Vertriebsstätte für Buntmetall. *Métaleurop Nord* war eine 99-prozentige Tochter von *Métaleurop S.A.*, die wiederum Muttergesellschaft des *Métaleurop* Konzerns war. 2007 firmierte sich der gesamte Konzern zu *Recyclex* um.[215]

In den Jahren 2001 und 2002 beschloss *Métaleurop Nord*, seine Produktions- und Vertriebsstätte für das Recycling von Buntmetallen zu verwenden und bereitete zu diesem Zwecke eine Umstrukturierung des Unternehmens sowie einen PSE vor. Das Umstrukturierungsvorhaben wurde zunächst von der Konzernmutter finanziell unterstützt, bis *Métaleurop S.A.* nach einer Beratung des

213 *Morelli*, BJS 2011, n°454, S. 906 ff. (908).

214 Cass.soc., Urt. v. 28. 09. 2011 – n° 10–12278, unveröffentlicht und Cass.soc., Urt. v. 12. 09. 2012 – n° 11–12351, unveröffentlicht. Beiden Urteilen lag derselbe Sachverhalt zugrunde und sind sie auch hinsichtlich der Ausführungen der Parteien sowie der Entscheidungsgründe zum Mitarbeitgeber nahezu wortlautidentisch. Allerdings handelte es sich um verschiedene Kläger. Im ersten Urteil waren Kläger die Arbeitnehmer der Tochtergesellschaft, im zweiten Urteil die AGS, *Kosal/Gossmann*, http://www.webcitation.org/6PhuJqOwQ; Was die AGS ist, siehe unten im Kapitel zum französischen Unternehmensinsolvenzrecht unter § 6B.II.2.a, ab S. 93 ff.

215 *Guyot*, JCPS 2011, n°1548, S. 28 ff. (28).

Verwaltungsrates[216] am 16.01.2003 beschloss, die Mitfinanzierung einzustellen.[217] Am 28.01.2003 wurde daraufhin das Sanierungsverfahren über *Métaleurop Nord* eröffnet, welches am 10.03.2003 im Liquidationsverfahren endete. Die Liquidatoren der *Métaleurop Nord* mussten am 21.03.2003 allen 767 Beschäftigten aus wirtschaftlichem Grund kündigen.[218] Sie versuchten anschließend vor den Handelsgerichten eine Erstreckung des Liquidationsverfahrens[219] auf die *Métaleurop S.A.* zu erwirken beziehungsweise diese im Rahmen einer Ausfalldeckungsklage[220] zur Verantwortung zu ziehen.

Keines dieser Verfahren hatte Erfolg.[221] Die Ausfalldeckungsklage wies die Handelskammer des Kassationshofs insbesondere deshalb ab, weil sich die Muttergesellschaft nicht wie ein tatsächlicher Geschäftsleiter (*dirigeant de fait*) gegenüber ihrer Tochter *Métaleurop Nord* benommen hatte.[222]

470 der gekündigten Arbeitnehmer strengten ein arbeitsgerichtliches Verfahren gegen ihren direkten Arbeitgeber *Métaleurop Nord* und gleichzeitig gegen *Métaleurop S.A.* als Mitarbeitgeberin an. Sie verlangten Schadensersatz wegen ungerechtfertigter Kündigung und wegen des Arbeitsplatzverlustes. Hinsichtlich ihrer Kündigungen machten sie insbesondere geltend, dass ihr Arbeitgeber nicht

---

216 Der Verwaltungsrat (*conseil d'administration)* ist in der klassischen Gestaltung der französischen Aktiengesellschaft S.A. (*société anonyme)* das zentrale Leitungs- und Verwaltungsorgan. Die Mitglieder des *conseil d'administration* haben in erster Linie Kontroll- und Aufsichtsfunktionen. *Peifer:* Das Recht der Kapitalgesellschaften in Frankreich, 2009 S. 350.

217 *Guyot*, JCPS 2011, n°1548, S. 28 ff. (30).

218 *Morelli*, BJS 2012, n°15, S. 59 ff. (59).

219 Bei der Verfahrenserstreckung (*action en extension)* kann das Insolvenzverfahren auch auf eine andere Gesellschaft erstreckt werden. Sie findet aber nur statt, wenn die insolvente Gesellschaft und die Gesellschaft, auf die erstreckt werden soll, künstlich voneinander getrennt sind. Das Gesetz kennt dafür zwei Konstellationen: die Fiktivität (*fictivité*) der insolventen Gesellschaft und die Vermögensmischung (*confusion de patrimoine*) zwischen beiden Gesellschaften *Bezelgues:* Konzerninsolvenzen in der Europäischen Union, 2008, S. 26.

220 Mit der Ausfalldeckungsklage (*action de comblement de passif)* geht die Gesellschaft gegen ihren Geschäftsleiter vor, der durch einen von ihm zu vertretenden Fehler bei der Geschäftsführung zur Insolvenz der Gesellschaft beigetragen hat. *Schällig:* Insolvenzverwaltung in Deutschland und Frankreich, 2004, S. 177; Die Ausfalldeckungsklage existiert in dieser Form heute nicht mehr, sie wurde durch die Haftung wegen Masseunzulänglichkeit ersetzt (*responsabilité pour insuffisance d'actif), Saint-Alary-Houin:* Droit des entreprises en difficulté, 8. Aufl., 2013, S. 906.

221 *Morelli*, BJS 2012, n°15, S. 59 ff. (60).

222 *Guyot*, JCPS 2011, n°1548, S. 28 ff. (30).

seiner Pflicht zur Wiedereingliederung nachgekommen sei.[223] Später nahmen sie die Klage gegen *Métaleurop Nord* zurück.[224]

Sowohl das Arbeitsgericht Lens am 27.06.2008 als auch das Berufungsgericht Douai am 18.12.2009 nahmen einen *co-emploi* zwischen *Métaleurop Nord* und *Recyclex*, vormals *Métaleurop S.A.*, aufgrund einer *confusion d'intérêts, d'activités et de direction* an und verurteilten die Muttergesellschaft zu Schadensersatz wegen ungerechtfertigter Kündigungen.[225]

2. Entscheidungen des Kassationshofs

Der Kassationshof bestätigte die Vorinstanzen. Für ihn ergab sich aus folgenden Feststellungen des Berufungsgerichts Douai eine Vermischung von Interessen und Geschäftstätigkeiten zwischen *Métaleurop Nord* und *Recyclex*:

- Die Entscheidung zur Umstrukturierung der *Métaleurop Nord* war von der Muttergesellschaft getroffen worden.
- Beide Gesellschaften wurden von denselben Führungskräften geleitet.
- Die Finanzen der Tochtergesellschaft lagen ganz in der Hand der Muttergesellschaft.[226]

Zu einer Verquickung der Geschäftsleitung zwischen beiden Gesellschaften war es nach der *Cour de cassation* aufgrund folgender, durch das Berufungsgericht festgestellter, Gegebenheiten gekommen:

- Die Muttergesellschaft hatte anstelle und für ihre Tochter einen Zahlungsaufschub mit den Gläubigern ausgehandelt.
- Die Führungskräfte der Tochter waren von der Muttergesellschaft rekrutiert worden und einem Manager der Muttergesellschaft unterstellt. Ihm musste die Führung der Tochtergesellschaft kontinuierlich Bericht erstatten.
- Die Muttergesellschaft gewährte den Managern der Tochter Prämien.[227]

---

223 *Guyot*, JCPS 2011, n°1548, S. 28 ff. (29).

224 O.V., RJS 2011, n°929, S. 822 ff. (823).

225 *Guyot*, JCPS 2011, n°1548, S. 28 ff. (29).

226 *Morelli*, BJS 2012, n°15, S. 59 ff. (59).

227 „(...) Ayant constaté qu'au-delà de la communauté d'intérêts et d'activités résultant de l'appartenance à un même groupe, qui se manifestait par la décision de restructuration de la filiale prise au niveau de la direction de la société mère, par l'existence de dirigeants communs et par la tenue de la trésorerie de sa filiale par la société *Métaleurop* laquelle assurait également le recrutement des cadres de *Métaleurop Nord* et la gestion de leur carrière, la société mère s'était directement chargée de négocier un moratoire à la place et pour le compte de sa filiale, que les cadres dirigeants de

Daraus folgerten Berufungsgericht und Kassationshof eine *confusion d'intérêts, d'activités et de direction* und damit eine Mitarbeitgeberstellung der Gesellschaft *Recyclex*.

Die Muttergesellschaft *Recyclex* berief sich in ihrer Revisionsbegründung – wie schon die *Jungheinrich Finance* Anfang 2011 – auf Art. L. 1221-1 Code du travail und machte eine Verletzung des Grundsatzes der Selbständigkeit juristischer Personen geltend. Ebenso forderte sie zur Qualifizierung eines *co-employeur* die Feststellung eines juristischen Weisungsverhältnisses zwischen jedem einzelnen Arbeitnehmer der Tochter und der Muttergesellschaft. Die Muttergesellschaft müsse effektiv Weisungsmacht ausüben, die Ausführung ihrer Anweisungen kontrollieren und eventuelle Versäumnisse der Arbeitnehmer auch sanktionieren, um als Mitarbeitgeberin betrachtet werden zu können.[228]

Nach der *Cour de cassation* ist aber genau dieses individuelle direkte Weisungsverhältnis keineswegs erforderlich, um einen Mitarbeitgeber qualifizieren zu können.[229] Eine *triple confusion* reiche bereits aus, um einen *co-employeur* zu identifizieren.[230]

Dabei stellte der Kassationshof allerdings auch klar, dass nur die Feststellung gemeinsamer Geschäftsinteressen und -aktivitäten nicht ausreichen.[231] Das nämlich lasse sich bereits aus der bloßen Zugehörigkeit zweier Gesellschaften zur selben Konzerngruppe ableiten. Von entscheidender Bedeutung ist es stattdessen, dass zusätzlich eine Verflechtung der Geschäftsleitung beider Gesellschaften vorliegt, um einen *co-emploi* anzunehmen.[232]

---

la *Métaleurop Nord*, recrutés par la société mère, étaient placés sous la dépendance hiérarchique directe d'un dirigeant de cette dernière, à laquelle ils devaient rendre compte régulièrement de leur gestion, et que la société *Métaleurop* décidait unilatéralement de l'attribution de primes aux cadres de direction de sa filiale, la cour d'appel a pu en déduire qu'il existait une confusion d'intérêts, d'activités et de direction entre les deux sociétés (…)" *Guyot*, JCPS 2011, n°1548, S. 28 ff. (29).

228 *Guyot*, JCPS 2011, n°1548, S. 28 ff. (28).

229 „(…) Qu'il existait une confusion d'intérêts, d'activités et de direction entre les deux sociétés, (…) et qu'en conséquence la société *Métaleurop* était co-employeur (…), sans qu'il soit nécessaire de constater l'existence d'un rapport de subordination individuel de chacun des salariés de la société *Métaleurop Nord* à l'égard de la société mère." *Cordier/d'Heilly/Pantais*, Droit&Expertise 2011, S. 10 ff. (11).

230 *Querenet-Hahn/Dublineau*, La Revue de l'Avocat Conseil d'Entreprises 2011, n°118, S. 27; So auch *Kosal/Gossmann*, http://www.webcitation.org/6PhuJqOwQ.

231 „(…) Au-delà de la communauté d'intérêts et d'activités résultant de l'appartenance à un même groupe (…)".

232 *Morelli*, BJS 2012, n°15, S. 59 ff. (61).

Erstmals differenziert der Kassationshof ganz genau zwischen der Vermischung von Geschäftsinteressen und -aktivitäten und der Verflechtung der Geschäftsleitung und liefert außerdem Anhaltspunkte, was darunter jeweils zu verstehen ist.[233] So sprächen beispielsweise ein gemeinsames Management der Tochter und der Mutter sowie die Tatsache, dass die Muttergesellschaft strategische Entscheidungen für die Tochter trifft, für eine Vermischung von Interessen und Tätigkeiten. Hingegen ergibt sich eine Verflechtung der Geschäftsleitung unter anderem daraus, dass die Mutter die Führungskräfte der Tochter rekrutiert und personell verwaltet.

Erneut, wie bereits in der Entscheidung *Novoceram,* hebt der Kassationshof in diesem Zusammenhang auch ganz besonders die Tatsache der „Einmischung in die Personalverwaltung der Tochtergesellschaft" hervor als für die dreifache Vermischung ausschlaggebend.[234]

Wie bereits im Fall *Novoceram* entschieden, muss der *co-employeur* die Verantwortung für die Entlassungen tragen, auch wenn er sie nicht selbst initiiert hat. Nach Auffassung der *Cour d'appel*, bestätigt durch den Kassationshof, hätte *Recyclex* als *co-employeur* auf Ebene der Konzerngruppe nach Wiedereingliederungsmöglichkeiten für die betroffenen Arbeitnehmer suchen müssen. Denn gerade diese Pflicht (*obligation de reclassement*) trifft den Arbeitgeber gemäß Art. L. 1233–4 al. 1 Code du travail im Rahmen eines Kündigungsverfahrens. Da *Recyclex* dieser Verpflichtung nicht nachgekommen war, eine Wiedereingliederung aus Sicht des Gerichts aber durchaus möglich gewesen wäre, waren die Kündigungen ungerechtfertigt.[235]

Recyclex hielt in der Revisionsbegründung dagegen: Eine Gesellschaft, die selbst keine Kündigung aus wirtschaftlichem Grund ausgesprochen habe, könne nicht zur Wiedereingliederung verpflichtet werden. Insofern dürfe dieser Gesellschaft auch nicht rückwirkend zum Vorwurf gemacht werden, sie sei ihrer Wiedereingliederungspflicht nicht nachgekommen, da ihr die Mitarbeitgeberstellung erst nach den Kündigungen zugesprochen wurde. Indem das Berufungsgericht eine solche Pflicht rückwirkend annahm und deshalb *Recyclex* zu

233 *Querenet-Hahn*, CONTACT 2012, S. 58 (58).

234 „(...) Qu'il existait une confusion d'intérêts, d'activités et de direction entre les deux sociétés, se manifestant notamment par une immixtion dans la gestion du personnel de la filiale (...)"; *Trébulle*, JCPE 2013, n°1246, S. 28 ff. (37).

235 „(...) Que la cour d'appel, qui a retenu qu'aucun reclassement n'avait été recherché au sein du groupe et qu'il n'était pas justifié d'une impossibilité de reclasser les salariés licenciés, en a exactement déduit que la société *Recylex*, en sa qualité de co-employeur, devait indemniser les salariés licenciés sans cause réelle et sérieuse (...)" *Guyot*, JCPS 2011, n°1548, S. 28 ff. (29).

Schadensersatzzahlungen wegen ungerechtfertigter Kündigungen verurteilte, habe es gegen Art. L. 1233-4 und L. 1235-3 Code du travail verstoßen.[236]

Die *Cour de cassation* macht diesbezüglich in ihren Urteilen noch einmal deutlich, dass es für die Pflicht zur Wiedereingliederung gerade nicht darauf ankommt, zu welchem Zeitpunkt eine Muttergesellschaft als Mitarbeitgeberin qualifiziert wurde.[237] Selbst wenn die Feststellung einer dreifachen Vermischung, und damit die Annahme eines *co-emploi,* erst nach dem Aussprechen der Kündigung durch die Tochtergesellschaft erfolgt, wirkt die Qualifizierung auf den Zeitpunkt zurück, an dem es erstmals zu jener dreifachen Vermischung zwischen Tochter und Mutter gekommen ist.[238] Die Muttergesellschaft muss deshalb nachträglich dafür gerade stehen, dass sie Pflichten verletzt hat, die sie damals bereits, weil Mitarbeitgeberin, hätte erfüllen müssen.[239]

Besonders beachtet wurden die beiden Urteile, weil sie zeigten, dass Handels- und Arbeitsgerichte im Falle einer insolventen Tochtergesellschaft grundlegend andere Auffassungen zur Haftung der Muttergesellschaft haben können. Während das Handelsgericht *Recyclex* nicht für einen *dirigeant de fait* hielt und auch eine Insolvenzverfahrenserstreckung ablehnte, konnte die Muttergesellschaft vor dem Arbeitsgericht als Mitarbeitgeberin sehr wohl zur Verantwortung gezogen werden.

III. Die Entscheidung Jungheinrich-II

Auch mit seiner zweiten *Jungheinrich*-Entscheidung[240] nahm der Kassationshof ein weiteres Mal Stellung zu den Kriterien einer *triple confusion.* Außerdem äußerte er sich erneut zur Zuständigkeit französischer Gerichte im Hinblick auf Mitarbeitgeber-Streitigkeiten.

1. Sachverhalt

Die zweite Entscheidung in Sachen *Jungheinrich* basierte auf demselben Sachverhalt wie bereits die erste Entscheidung vom 18.01.2011[241]. Diesmal gingen

236 O.V., RJS 2011, n°929, S. 822 ff. (824).

237 *Auzero*, BJS 2012, n°464, S. 881 ff. (883).

238 „(...) Que la société *Recyclex*, en sa qualité de co-employeur, devait indemniser les salariés licenciés sans cause réelle et sérieuse, peu important que sa qualité de co-employeur n'ait été reconnue qu'après les licenciements;" O.V., RJS 2011, n°929, S. 822 ff. (824).

239 *Guyot*, JCPS 2011, n°1548, S. 28 ff. (30); So auch *Klein*, RIW 2013, S. 62 ff. (64).

240 Cass.soc., Urt. v. 30. 11. 2011 - n° 10-22964, Bulletin civil V n° 284.

241 Cass.soc., Urt. v. 18. 01. 2011 - n° 09-69199, Bulletin civil V n° 23; Siehe dazu die Ausführungen unter § 4B.I, S. 25.

jedoch einige der gekündigten Arbeitnehmer der *MIC* gerichtlich gegen die deutsche Muttergesellschaft *Jungheinrich AG* vor und forderten von ihr als *co-employeur* Schadensersatz.[242] Die deutsche *Jungheinrich AG* erhob dagegen die Einrede, die französischen Gerichte seien nicht zuständig. Das Berufungsgericht Caen urteilte am 18.06.2010 jedoch zugunsten der Arbeitnehmer. Nach seiner Auffassung waren die französischen Arbeitsgerichte sehr wohl zuständig, weil die *Jungheinrich AG* als Mitarbeitgeberin der *MIC*-Arbeitnehmer zu qualifizieren und deshalb auch Art. 19 EuGVVO einschlägig war.

2. Entscheidung des Kassationshofs

Der Kassationshof schloss sich dem *Cour d'appel* an und wies die Revision in allen Punkten zurück. Nach seiner Auffassung hatte das Berufungsgericht die dreifache Vermischung zwischen der *MIC* und der *Jungheinrich AG* und damit die Mitarbeitgeberstellung der *Jungheinrich AG* zu Recht aus folgenden Anhaltspunkten abgeleitet:

- Bei den Gesellschaften, die dem *Jungheinrich* Konzern zugehörten, konnte eine einheitliche Führung durch die Konzernmutter ausgemacht werden.
- Die *Jungheinrich AG* hatte der *MIC* in den Bereichen Produktion, Vertrieb und Management jegliche Autonomie genommen.
- Die *Jungheinrich AG* hatte unter anderem sämtliche Patente und Markenrechte der *MIC* übernommen und profitierte von den Nutzungslizenzen der *MIC*.
- Die Konzernmutter traf für die *MIC* sämtliche Strategie- und Managemententscheidungen. Die *Jungheinrich AG* hatte deren gesamte Personalverwaltung übernommen und drängte die *MIC* schließlich auch zur Geschäftsaufgabe. Dabei organisierte die *Jungheinrich AG* selbst die Kündigung der *MIC*-Arbeitnehmer.
- Der Geschäftsführer der *MIC* hatte keine Machtbefugnisse mehr und war den Anweisungen und Vorgaben der Konzernleitung unterworfen.[243]

---

242 *Dedessus-le-Moustier*, JCPG 2012, n°110, S. 201 ff. (201).

243 „(...) Qu'il existait entre les sociétés composant le groupe *Jungheinrich* une unité de direction sous la conduite de la société *Jungheinrich AG*, que les décisions prises par cette dernière avaient privé la société *MIC* de toute autonomie industrielle, commerciale et administrative, au seul profit de la société mère du groupe, que celle-ci avait repris tous les brevets, marques et modèles de la société *MIC* et bénéficié de licences d'exploitation, que les choix stratégiques et de gestion de la société d'Argentan étaient décidés par la société *Jungheinrich AG*, laquelle assurait également la gestion des ressources humaines de la filiale et avait imposé la cessation d'activité, en organisant le licenciement des salariés et en attribuant elle-même une prime aux salariés de la société

Die *Jungheinrich AG* argumentierte dazu in ihrer Revisionsbegründung wieder mit dem Prinzip der Selbständigkeit juristischer Personen. Dieses Prinzip könne nur im Fall der Insolvenzerstreckung durchbrochen werden. Andernfalls bleibe eine juristische Person autonom. Die Gläubiger einer anderen Gesellschaft könnten nicht einfach Ansprüche gegen sie geltend machen.[244] Nach Meinung der *Jungheinrich AG* reicht es außerdem nicht für die Qualifizierung als Mitarbeitgeberin, dass eine Holding in ihrer Eigenschaft als Mehrheitsaktionärin eine gewisse Kontrolle über eine andere konzernzugehörige Tochtergesellschaft ausübt und strategische Entscheidungen für den Konzern trifft, die sich möglicherweise auf die Arbeitsverträge bei der Tochter auswirken können.[245] Vielmehr müsste ein irgendwie geartetes Verhältnis zwischen den Arbeitnehmern der *MIC* und der *Jungheinrich AG* bestanden haben und es dürften nicht allein die Beziehungen der *Jungheinrich AG* zu der Gesellschaft *MIC* ausschlaggebend sein, um die *Jungheinrich AG* als Mitarbeitgeberin zu qualifizieren.[246]

Das konnte den Kassationshof nicht überzeugen. Durch die Bestätigung des zweitinstanzlichen Urteils zeigte die *Cour de cassation* ein weiteres Mal, ab wann eine dreifache Vermischung zweier Gesellschaften vorliegt. Die meisten der in *Jungheinrich II* genannten Indizien sind zwar bereits aus den Entscheidungen *Novoceram* und *Métaleurop* bekannt: Die der Konzernmutter unterstellten Führungskräfte, die strategischen Entscheidungen auf Konzernebene mit Auswirkungen auf die Arbeitsverhältnisse bei der Tochtergesellschaft oder auch der generelle Autonomieverlust der Tochtergesellschaft.[247]

Jungheinrich-II zeigt dabei erneut, dass eine einfache Verflechtung der wirtschaftlichen Interessen zweier Gesellschaften noch lange keine Mitarbeitgeberstellung begründet. Es ist vielmehr erforderlich, dass die Beziehungen zweier konzernzugehöriger Gesellschaften intensiver sind, als es für ihre Zusammenarbeit nötig wäre.[248]

Die *Cour de cassation* ging auch mit den Ausführungen des Berufungsgerichts zur Zuständigkeit französischer Gerichte konform. Die Argumente der

---

MIC; que le dirigeant de la société *MIC* ne disposait plus d'aucun pouvoir effectif et était entièrement soumis aux instructions et directives de la direction du groupe, au seul profit de celui-ci (...)", Cass.soc., Urt. v. 30. 11. 2011 – n° 10–22964, Bulletin civil V n° 284; *Hautefort* http://www.webcitation.org/6PhtQIQ7W.

244 *Morvan*, JCPS 2012, n°1052, S. 24 ff. (24).

245 *Hautefort*, http://www.webcitation.org/6PhtQIQ7W.

246 *Devers*, DS 2012, S. 140 ff. (146).

247 *Morvan*, JCPS 2012, n°1052, S. 24 ff. (26).

248 O.V., RJS 2012, n°182, S. 150 ff. (152).

Jungheinrich AG dazu konnten den Kassationshof nicht überzeugen: Die deutsche Gesellschaft hielt die französischen Gerichte deshalb für unzuständig, weil die speziellen Zuständigkeitsregelungen der EuGVVO nicht einschlägig seien. Selbst wenn man – wie bereits im Urteil *Aspocomp* geschehen – den Begriff des Arbeitgebers in Art. 19 EuGVVO im Sinne der Entscheidung des EuGH vom 03.07.1986[249] interpretiere, sei es notwendig, dass ein Arbeitsverhältnis zwischen Gesellschaft und Arbeitnehmer vorliege, das von einer direkten Weisungsbefugnis geprägt ist. Mangels eines Subordinationsverhältnisses zwischen der *Jungheinrich AG* und den Arbeitnehmern der *MIC* könne deshalb auch Art. 19 keine Anwendung finden.[250]

Außerdem müsse der Begriff des Arbeitgebers im Rahmen des Art. 19 EuGVVO in einem einheitlichen europarechtlichen Sinne verstanden werden. Dieses Verständnis könne nur der EuGH herstellen. Deshalb forderte die *Jungheinrich AG* die *Cour de cassation* auf, folgende Frage dem EuGH im Wege eines Vorabentscheidungsverfahrens vorzulegen:

„*Wann und unter welchen Voraussetzungen kann die Holding einer internationalen Konzerngruppe, die ihren Firmensitz im Gebiet eines anderen Mitgliedstaates hat, hinsichtlich ihrer Beziehungen, die sie zu ihren in anderen Mitgliedsstaaten ansässigen Tochtergesellschaften pflegt, als Arbeitgeber im Sinne des Art. 19 EuGVVO gesehen werden, obwohl sie die Arbeitnehmer der Tochtergesellschaft weder angeworben, noch bezahlt oder angewiesen hat und zu ihnen niemals eine direkte Beziehung hatte?*“[251]

Die *Cour de cassation* legte diese Frage nicht vor[252], sondern argumentierte wie schon im Urteil *Aspocomp.*[253] Der deutschen *Jungheinrich AG* konnte damit vor den französischen Gerichten unter Anwendung französischen Rechts der Prozess gemacht werden. Und die *Cour de cassation* stellte erstmals klar, dass sie

---

249 EuGH, Urt. v. 3. 07. 1986 – C-66/85 Lawrie Blum, Slg. 1986, 2121, 2144, Rn.17; Vergleiche für die Definition des Arbeitgebers nach EuGH nochmals § 4A.IV.2, S. 23 ff.

250 *Hautefort*, http://www.webcitation.org/6PhtQIQ7W.

251 „(…) De savoir si et à quelles conditions la société holding d'un groupe international de sociétés, qui a son siège social sur le territoire d'un des Etats membres de l'Union européenne, peut, en raison des rapports qu'elle entretient avec ses filiales établies sur le territoire d'autres Etats membres, être considérée comme un "employeur" au sens de l'article 19 du règlement n° 44/2001 du 22 décembre 2000 et ce, alors qu'elle n'a ni recruté, ni payé, ni dirigé les salariés avec lesquels elle n'a jamais eu aucun rapport direct."; *Morvan*, JCPS 2012, n°1052, S. 24 ff. (24).

252 *Mélin*, Lettre d'actualité des procédures collectives civiles et commerciales 2012, repère 19.

253 Siehe bereits unter § 4A.IV.2, S. 23.

nicht nur den Kombinationsansatz – wie in der Entscheidung *Aspocomp* – sondern auch den wirtschaftlichen Ansatz zur Theorie des *co-employeur* als von der europäischen Definition des Arbeitgebers gedeckt sieht.[254] Eine Auffassung, die, wie sich weiter hinten zeigen wird, nicht unproblematisch ist.

IV. Die Entscheidung Areva

Das französische Sozialgericht (TASS)[255] Melun setzte hier[256] die Theorie des Mitarbeitgebers in einen völlig neuen Kontext.[257] Erstmals spielte sie in einem ungekündigten Arbeitsverhältnis eine Rolle hinsichtlich der Arbeitgeberpflichten zu Hygiene und Sicherheit am Arbeitsplatz.[258]

1. Sachverhalt

Cominak ist eine Bergbaugesellschaft nigerischen Rechts aus Akouta, Niger. Sie betreibt seit 1974 ein Uranbergwerk, das in Akokan im Bezirk Arlit liegt, sowie eine Betriebsstätte zur Uranerzverarbeitung. Die französische Gesellschaft *Areva*, Rechtsnachfolgerin der Gesellschaft *Cogema*, ist zu 34 % Anteilseignerin an *Cominak*.[259]

Angestellter der *Cominak* war unter anderem ein Monsieur *Venel*. Dieser hatte seit 1978 bis zu seinem Tod 2009 für *Cominak* gearbeitet. Seinem Beschäftigungsverhältnis lagen zwei Arbeitsverträge zugrunde: Den ersten Vertrag hatte *Venel* am 03.08.1978 mit der französischen Hauptniederlassung der *Cominak* geschlossen. Danach war er als Gruppenleiter für die Geschäftsstellen in Frankreich zuständig und blieb dank dieses Vertrages in Frankreich bis zu seinem Tod sozialversichert. Den zweiten Vertrag schloss er am 10.08.1978, ebenfalls mit *Cominak*, über dieselben Arbeitsfunktionen, jedoch für den Standort in Akouta. Zwischen 1978 und 1985 war es dort *Venels* Aufgabe, das Werk zur Uranerzverarbeitung in Stand zu halten. Dabei war er längere Zeit Uranstaubteilchen ausgesetzt, ohne dass er dabei eine Maske oder einen anderen Schutz trug. Auch ein Gerät zur Messung der Strahlendosis hatte er nie bei sich.[260]

---

254 *Morvan*, JCPS 2012, n°1052, S. 24 ff. (26).
255 Das Sozialgericht nennt sich im Französischen *Tribunal des affaires de Sécurité sociale*.
256 TASS Melun, Urt. v. 11. 05. 2012 – n° 10-00924.
257 *Vigneau*, http://www.webcitation.org/6PhvOrLOD.
258 *Trébulle*, JCPE 2013, n°1246, S. 28 ff. (37).
259 *Carpentier*, Droit de l'environnement 2012, S. 182 ff. (182).
260 *Ronin*, RLDA 2012, S. 88 ff. (88).

Die Krebserkrankung, die er mit der Zeit entwickelte und an der er schließlich am 31.07.2009 starb, war von der Sozialversicherung 2010 als bronchopulmonaler Krebs, ausgelöst durch ionisierende Strahlung, und damit als Berufskrankheit anerkannt worden.[261]

Die Witwe und die Kinder des Verstorbenen klagten vor dem TASS Melun, um die Gesellschaft *Areva* gemäß Art. L. 452-1 Code de la sécurité sociale[262] zur Verantwortung zu ziehen. Diese Vorschrift regelt, dass der Geschädigte selbst oder seine Rechtsnachfolger bei einem Arbeitsunfall Entschädigungen verlangen können, wenn der Unfall auf einem unentschuldbaren, grob fahrlässigen Verhalten (*faute inexcusable*) des Arbeitgebers oder derjenigen Personen beruht, die im Rahmen der Weisungsbefugnis den Arbeitgeber ersetzen.

Die Sozialkammer des Kassationshofs hatte 2002 in diesem Zusammenhang in mehreren Grundsatzurteilen entschieden, dass der Arbeitgeber eine Obhuts- und Sorgfaltspflicht hat und seine Arbeitnehmer vor Berufskrankheiten schützen muss. Das gilt insbesondere für gesundheitliche Schäden, die durch Produkte entstehen können, die ein Unternehmen herstellt oder verwendet. Kommt der Arbeitgeber dieser Pflicht nicht nach, stellt das ein unentschuldbares, grob fahrlässiges Verhalten im Sinne des Art. L. 452-1 Code de la sécurité sociale dar. Das gilt vor allem dann, wenn der Arbeitgeber sich der Gefahren, denen ein Arbeitnehmer ausgesetzt ist, bewusst war oder sich derer hätte bewusst sein können und dennoch nicht die notwendigen Schutzmaßnahmen ergriffen hat.[263]

2. Entscheidung des TASS Melun

Das TASS Melun entschied im Sinne der Kläger und sah Art. L. 452-1 Code de la sécurité sociale[264] in Verbindung mit den grundlegenden Kassationsurteilen zu Berufskrankheiten als einschlägig an.[265]

---

261 *Carpentier*, Droit de l'environnement 2012, S. 182 ff. (182).

262 Der „Code de la sécurité sociale“ ist das französische Sozialgesetzbuch. Art. L. 452- 1 hat folgenden Wortlaut: „Lorsque l'accident est dû à la faute inexcusable de l'employeur ou de ceux qu'il s'est substitués dans la direction, la victime ou ses ayants droit ont droit à une indemnisation complémentaire dans les conditions définies aux articles suivants“.

263 Cass.soc., Urt. v. 28. 02. 2002 - n° 99-17201, Bulletin civil V n° 81; *Ronin*, RLDA 2012, S. 88 ff. (88).

264 Die Anwendung französischen Rechts trotz nigerianischem Arbeitgeber, Arbeitsvertrag nach nigerianischem Recht und Arbeitsausübung in Niger resultierte daraus, dass *Venel* bis zu seinem Tod 2009 in Frankreich sozialversichert war. *Carpentier*, Droit de l'environnement 2012, S. 182 ff. (183).

265 *Carpentier*, Droit de l'environnement 2012, S. 182 ff. (182).

In einem ersten Schritt stellte das Gericht Folgendes fest:

- Der Gesellschaftszweck von *Cominak* war es, das Uranvorkommen auszubeuten. *Areva* handelte mit dem Uran.
- *Cominak* und *Areva* hatten einen gemeinsamen Mehrheitsaktionär.
- Die Adresse der Hauptniederlassung von *Cominak* war identisch mit der Firmensitzadresse der Gesellschaft *Areva*.
- Beiden Gesellschaften waren auf den gleichen Geschäftsfeldern tätig.
- Beide Gesellschaften beuteten gemeinsam dasselbe Bergwerk aus.[266]

Aus diesen Gegebenheiten zog das Sozialgericht den Schluss, dass *Cominak* und *Areva* zusammenarbeiteten, sowohl in der Sache als auch zeitlich eng abgestimmt und dauerhaft, von einem gemeinsamen Interesse geleitet, und unter gemeinsamer Führung; *Areva* könne deshalb in Bezug auf Monsieur *Venel* als Mitarbeitgeberin betrachtet werden.[267]

In einem zweiten Schritt leitete das Sozialgericht ein juristisches Weisungsverhältnis zwischen *Areva* und dem verstorbenen Arbeitnehmer ab. Dabei stützte es sich sowohl darauf, dass *Areva* Kontrolle über *Cominak* ausübte, als auch auf die Gefährlichkeit der Geschäftstätigkeit.[268]

Die Kontrolle *Arevas* über *Cominak* ergab sich für das TASS Melun insbesondere aus zwei Umständen.[269] Zum einen hatte *Areva* eine Stabsstelle zur Hygiene- und Sicherheitsüberwachung eingerichtet, zum anderen hatte sie eine Grundsatzvereinbarung mit der Nicht-Regierungsorganisation *Sherpa* unterzeichnet über Krankheiten, die durch ionisierende Strahlung hervorgerufen werden.[270] Das alles zeigte nach Meinung des Gerichts, dass *Areva* durchaus in der Lage gewesen wäre, Regelungen im Bereich von Hygiene, Sicherheit und Risikomanagement auf Konzernebene durchzusetzen und außerdem das nötige Wissen besaß, um abschätzen zu können, wie gesundheitsschädlich die eigenen Aktivitäten waren.[271]

---

266 *Champeaux*, SSL 2012, n°1540, S. 13 ff. (13).

267 „La société *Cominak* et (...) la société *Areva*, poursuivaient en concertation, simultanément, indivisiblement et durablement une activité commune dans un intérêt commun, sous une autorité commune; qu'il s'ensuit que la société *Areva* paraît pouvoir être valablement regardée comme co-employeur à l'égard de Monsieur *Venel*." TASS Melun, Urt. v. 11. 05. 2012 – n° 10-00924; *Ronin*, RLDA 2012, S. 88 ff. (89).

268 *Ronin*, RLDA 2012, S. 88 ff. (89).

269 *Ronin*, RLDA 2012, S. 88 ff. (89).

270 *Carpentier*, Droit de l'environnement 2012, S. 182 ff. (182).

271 *Carpentier*, Droit de l'environnement 2012, S. 182 ff. (182); *Ronin*, RLDA 2012, S. 88 ff. (89).

Auf *Areva* als *co-employeur* war nach Ansicht des Sozialgerichts Art. L. 452-1 Code de la sécurité sociale anzuwenden, sofern *Areva* mangelndes Gefahrenbewusstsein zum Vorwurf gemacht werden konnte. Dieses leitete das Gericht insbesondere aus der Art der Geschäftstätigkeit, der überragenden Stellung *Arevas* als wesentlicher Akteur in der Branche und aus seinen finanziellen und personellen Möglichkeiten ab. *Areva* musste das Risiko, dem *Venel* im Betrieb in Akokan ausgesetzt war, kennen und hätte deshalb alles tun müssen, um Schädigungen zu vermeiden. Da *Areva* das nicht getan hatte, verhielt sich das Unternehmen in unentschuldbarer Weise grob fahrlässig.[272]

Mit diesem Urteil öffnet das TASS Melun die Theorie des *co-employeur* für den arbeitssicherheitsrechtlichen Bereich. Anders als der Kassationshof greift das Sozialgericht außerdem den Kombinationsansatz auf und identifiziert ein Subordinationsverhältnis zwischen Muttergesellschaft und Arbeitnehmer der Tochter.[273] Dafür fällt die Qualifizierung einer *confusion d'intérêts, d'activités et de direction* wesentlich weniger streng aus als in den Kassationsurteilen zum *co-emploi*. Dem Sozialgericht reichte offenbar eine einfache Interessen- und Tätigkeitsgemeinschaft.

Die Tragweite dieses Urteils sollte jedoch nicht überschätzt werden. Zwar wurde *Areva* durch das Sozialgericht für die Erkrankung eines Arbeitnehmers der *Cominak* verantwortlich gemacht, finanziell zur Verantwortung gezogen wurde die Gesellschaft in diesem speziellen Fall hingegen nicht. Außerdem entschied das Berufungsgericht Paris am 24.10.2013[274] für *Areva* und bestätigte damit nicht das Urteil des Sozialgerichts: Da *Cominak* lediglich zu 34 % von *Areva* gehalten wurde, könne *Cominak* schon deshalb keine Tochtergesellschaft sein und damit *Areva* auch nicht Mitarbeitgeberin der *Cominak*-Arbeitnehmer.[275]

V. Weitere einschlägige Urteile

Die soeben vorgestellten Urteile seit *Jungheinrich* vom 18.01.2011 erfuhren durchweg große Aufmerksamkeit. Allerdings ergingen seitdem auch noch zahlreiche weitere Entscheidungen zum *co-employeur*, die weit weniger beachtet wurden. Die relevanteren davon sollen im Folgenden kurz skizziert werden, weil sie für die Weiterentwicklung interessant sind. Einige dieser Urteile behandeln nicht die bereits bekannte Konstellation zwischen Mutter- und Tochtergesellschaft,

272 *Carpentier*, Droit de l'environnement 2012, S. 182 ff. (182).
273 *Desbarats*, RLDA 2012, n°74, S. 81 ff. (83).
274 CA Paris, Urt. v. 24. 10. 2013 - n° 12-05650.
275 *Boily*, http://www.webcitation.org/6PhsOQTl7.

sondern hatten andere gesellschaftliche Beziehungen zum Gegenstand – etwa die zwischen Schwestergesellschaften. Im Anhang findet sich zudem eine Synopse von Urteilen zur Mitarbeitgeberschaft.

1. Kassationsurteile

In einem Urteil vom 15.02.2012[276] ging es erneut um die typische Konstellation, in der die Theorie des *co-employeur* regelmäßig zum Tragen kommt: Eine insolvente Tochtergesellschaft hat ihren Arbeitnehmern aus wirtschaftlichem Grund gekündigt und es stellt sich die Frage, ob die Muttergesellschaft Mitarbeitgeberin ist und welche Konsequenzen sie deshalb zu tragen hat.

Die Entscheidung vom 15.02.2012 war aus zwei Gründen bemerkenswert: Zum einen folgte der Kassationshof diesmal nicht dem wirtschaftlichen Ansatz, sondern dem Kombinationsansatz, zum anderen äußerte er sich zu den Anforderungen an ein Kündigungsschreiben durch den Insolvenzverwalter im Falle einer Mitarbeitgeberschaft.

Maßgeblich waren auch hier, wie üblich, die dreifache Verquickung, die sich insbesondere aus der Einmischung der Mutter in die Personalverwaltung der Tochter ergab und die daraus resultierende fehlende Autonomie der Tochter. Erstaunlich war jedoch, dass der Kassationshof aus diesen Gegebenheiten plötzlich folgerte, dass zwischen Konzernmutter und Tochter-Arbeitnehmern auch ein individuelles Überunterordnungsverhältnis bestand.[277]

Die zweite Neuigkeit in diesem Urteil war die Fokussierung auf das Kündigungsschreiben durch den Insolvenzverwalter. Dieses war bis dato ausreichend begründet, wenn es sich auf das Insolvenzurteil bezog. Dieser Ansatz wurde nun für den *co-emploi* aufgegeben[278]: Für den Fall, dass von den Gesellschaften dauerhafte wirtschaftliche Schwierigkeiten behauptet werden, die sich auf alle konzernzugehörige Gesellschaften auswirken, müssen diese wirtschaftlichen Schwierigkeiten auf Konzernebene nun auch im Kündigungsschreiben angegeben werden.[279]

Abseits der bislang typischen Konstellation einer insolventen Tochtergesellschaft nahm der Kassationshof auch in anderen Zusammenhängen zur Mitarbeitgeberschaft zwischen zwei Gesellschaften Stellung. Von Bedeutung ist das

276 Cass.soc., Urt. v. 15. 02. 2012 – 10–13897, RJS 5/12 n° 410.

277 *Dumure-Lambert:* Les groupes de sociétés à l'épreuve du co-emploi, 18.06.2013, Folie 17.

278 *Cesaro*, RJS 2013, S. 3 ff. (11).

279 *Dumure-Lambert:* Les groupes de sociétés à l'épreuve du co-emploi, 18.06.2013, Folie 29.

Urteil vom 06.07.2011[280], weil der Kassationshof sich dort zum Mitarbeitgeber bei befristeten Arbeitsverhältnissen äußerte. In der Entscheidung ging es um einen Arbeitnehmer, der in jeweils zeitlich befristeten Arbeitsverhältnissen nacheinander bei zwei Gesellschaften gearbeitet hatte. Der Arbeitnehmer wollte festgestellt wissen, dass es sich bei den beiden Gesellschaften um Mitarbeitgeberinnen handelte. Der Kassationshof qualifizierte die Gesellschaften jedoch nicht als Mitarbeitgeberinnen, weil ihm die folgenden Tatsachen nicht genügten, um eine dreifache Verflechtung anzunehmen:

- Beide Gesellschaften gehörten zur selben Konzerngruppe.
- Der Arbeitnehmer erledigte bei beiden Gesellschaften in aufeinanderfolgenden befristeten Arbeitsverträgen die gleichen Aufgaben für dieselben Kunden und hatte denselben Ansprechpartner.
- Das Arbeitsverhältnis mit der einen folgte unmittelbar dem Arbeitsverhältnis mit der anderen Gesellschaft nach.
- Die Firmennamen glichen sich, was auf eine enge Verflechtung beider Gesellschaften hindeutet.

Die *Cour de cassation* vertritt in dieser Konstellation zwar den wirtschaftlichen Ansatz, zeigt sich aber angesichts der Gegebenheiten in diesem Fall überraschend restriktiv bei der Feststellung einer *triple confusion*.[281] Ein Hinweis darauf, wie wenig vorhersehbar die Rechtsprechung des Kassationshofs ist.

Eine außergewöhnliche Entscheidung stellt auch ein Urteil vom 18.01.2012[282] dar, weil es erstmals und anders als früher nur noch die dreifache Verquickung als maßgebliches Kriterium für die Annahme einer Mitarbeitgeberstellung ansieht. In diesem Fall hatte ein Arbeitnehmer zunächst für die Mutter- und später für die Tochtergesellschaft gearbeitet und war beiden untergeordnet gewesen. Ihm wurde von der Muttergesellschaft gekündigt. Das Gericht hatte nun zu klären, ob zwischen Mutter und Tochter eine Mitarbeitgeberschaft bestand.

Bislang hatte der Kassationshof mehrfach erklärt, dass zwar eine dreifache Vermischung für die Feststellung der Mitarbeitgeberschaft genügt. *Alternativ* konnte aber auch ein bestehendes Subordinationsverhältnis eine Mitarbeitgeberstellung ebenfalls begründen.

In dieser Entscheidung wurde das mit einem Mal anders gesehen. Jetzt reichte allein die Feststellung eines Subordinationsverhältnisses nicht mehr aus. Nach

280 Cass.soc., Urt. v. 6. 07. 2011 – n° 09–69689, Bulletin civil V n° 185.

281 *Adam-Caumeil*, RIW 2012, S. 832 ff. (834).

282 Cass.soc., Urt. v. 18. 01. 2012 – n° 10–11537, unveröffentlicht.

Ansicht des Kassationshofs hätte das Berufungsgericht die Mitarbeitgeber-Eigenschaft der Mutter allein aufgrund des wirtschaftlichen Ansatzes ermitteln müssen.[283]

Eine neue Linie scheint damit allerdings nicht begründet worden zu sein. Auch *Pierre Bailly*, der Richter am Kassationshof, kann sich diese Wendung in der Rechtsprechung nicht erklären.[284]

2. Instanzgerichtliche Urteile

Die für die Theorie des *co-employeur* übliche Ausgangssituation, in der eine konzernzugehörige Tochtergesellschaft insolvent wird und deshalb ihre Arbeitnehmer aus wirtschaftlichem Grund kündigt, lag auch bei den erst- und zweitinstanzlichen Gerichten häufig vor. Die Gerichte folgen in dieser Konstellation dem Kassationshof grundsätzlich sowohl bei Voraussetzungen[285] als auch Konsequenzen[286] der Mitarbeitgeberstellung. Die Instanzgerichte vertreten fast ausschließlich den wirtschaftlichen Ansatz. Die Schwelle, ab der eine dreifache Verquickung gegeben ist, scheint dort aber bisweilen niedriger zu sein.[287]

Ein Urteil des Arbeitsgericht Compiègne vom 30.08.2013[288], das in Sachen *Continental* erging, macht sich nun daran, auch das Kriterium der dreifachen Verflechtung aufzuweichen. Das Gericht gebraucht plötzlich nicht mehr den Begriff der dreifachen Vermischung, um die deutsche Muttergesellschaft als Mitarbeitgeberin zu qualifizieren, sondern spricht erstmals nur noch von dem „Anschein einer Einmischung".[289]

Zwei weitere Aspekte sind an dieser Entscheidung interessant:

– Das Gericht qualifiziert die Muttergesellschaft als Mitarbeitgeberin, obwohl diese zum Zeitpunkt der Kündigungen gar nicht mehr Muttergesellschaft im

283 *Querenet-Hahn*, BB 2012, S. 2246 ff. (2247).

284 Vgl. Antwort auf Frage 2, Interview vom 12.02.2014.

285 Zum Beispiel CA Toulouse, Urt. v. 7. 02. 2013 - n° 12-04150; CPH Nancy, Urt. v. 22. 03. 2013 - n° 13-00657.

286 Zum Beispiel CPH Nancy, Urt. v. 22. 03. 2013 - n° 13-00657 und TGI Lons-le-Saunier, Urt. v. 22. 08. 2012 - n° 12-01079, RJS 11/12 n° 860 zum PSE.

287 Zum Beispiel CA Nîmes, Urt. v. 13. 12. 2011 - n° 11-02640 - der Kassationshof hat mit Urteil vom 25.09.2013 n° 12-14535 (siehe Synopse) die Tatsachen, unter denen das Berufungsgericht Nîmes die Mitarbeitgeberschaft festgestellt hatte, für unzureichend erachtet; ebenso konnte die Entscheidung des CA Reims, Urt. v. 31. 08. 2011 - n° 11-02218 zur Mitarbeitgeberschaft nicht vor dem Kassationshof bestehen, 25.09.2013 n° 11-25733 (siehe Synopse, Anhang 1).

288 CPH Compiègne, Urt. v. 30. 08. 2013 - n° 12-00162.

289 „Apparence d'immixtion"; *Champeaux/Renaud*, SSL 2013, n°1597, S. 11 ff. (11).

juristischen Sinne war: Sechs Monate vor den Kündigungen hatte der Konzern *Continental* finanzielle Umstrukturierungen vorgenommen. Danach hielt nun eine andere Gesellschaft als die ursprüngliche Muttergesellschaft das Vermögen derjenigen Abteilung, die später die Kündigungen beschloss. Das Gericht identifiziert diese Vermögensumschichtung als Scheinumstrukturierung, die der *Continental* Konzern deshalb durchführte, damit die *Continental AG* nicht als Muttergesellschaft und schließlich als Mitarbeitgeberin qualifiziert werden konnte.[290] Für das Arbeitsgericht kommt es für die Annahme des *co-emploi* somit nicht darauf an, wer im Zeitpunkt der Kündigung rein rechtlich Muttergesellschaft war, sondern betrachtet die reale Einflussnahme einer Gesellschaft auf eine andere – unabhängig vom Kündigungszeitpunkt.

– Im Rahmen des Kündigungsverfahrens müssen nach Auffassung des Gerichts neuerdings sowohl der formelle Arbeitgeber als auch der Mitarbeitgeber jeweils einen wirtschaftlichen Grund im Kündigungsschreiben angeben. Ansonsten ist die Kündigung ungerechtfertigt.[291]

Abseits der Entscheidungen mit insolvenzrechtlichen Bezügen besteht insbesondere vor den Instanzgerichten ein Trend zur vielfältigen Anwendung der Theorie des *co-employeur*. Auffällig ist auch hier, dass die Instanzgerichte mit einem größeren Spielraum die Verquickung von Interessen, Tätigkeiten und Geschäftsleitung ermitteln als dies der Kassationshof tut.[292]

Das Berufungsgericht Colmar kommt in seinem Urteil vom 26.03.2013[293] beispielsweise bereits deshalb zu einer Mitarbeitgeberschaft zwischen einer französischen und einer deutschen Gesellschaft, weil beide Gesellschaften dengleichen Tätigkeitsbereich und denselben Geschäftsführer haben, ein Schreiben der französischen Gesellschaft den Arbeitnehmer dazu aufforderte, seine Korrespondenz an den Firmensitz der deutschen Gesellschaft zu richten und der Arbeitnehmer Sozialversicherungsbeiträge in Deutschland zahlte.[294] Eine über das normale Maß hinausgehende Verflechtung der deutschen mit der französischen Gesellschaft arbeitet das Gericht dagegen nicht heraus.

290 *Champeaux/Renaud*, SSL 2013, n°1597, S. 12 ff. (13); Nach Art. L 1232-6 Code du travail muss der Arbeitgeber im Kündigungsschreiben den Grund der Kündigung klar und präzise angeben.

291 *Champeaux/Renaud*, SSL 2013, n°1597, S. 12 ff. (13).

292 *Loiseau*, Les Cahiers Sociaux 2013, n°253, S. 207 ff. (209).

293 CA Colmar, Urt. v. 26. 03. 2013 – n° 13-00317.

294 *Loiseau*, Les Cahiers Sociaux 2013, n°253, S. 207 ff. (209).

Eine Entscheidung des Großinstanzgerichts Paris geht noch weiter, weil sie das Kriterium der dreifachen Vermischung von Interessen, Tätigkeiten und Geschäftsleitung gar nicht mehr aufgreift: Erstmals äußerte sich ein Urteil zur Mitarbeitgeber-Eigenschaft im Kontext jährlicher Pflichtverhandlungen zwischen Arbeitgeber und Gewerkschaften. Es entschied am 11.12.2012[295], dass eine Mitarbeitgeberschaft auch dann vorliege, wenn eine Muttergesellschaft gegenüber Gewerkschaften ankündigt, dass keinerlei Gehaltserhöhungen gewährt werden, obwohl gerade die jährlichen Pflichtverhandlungen der Tochtergesellschaft über die Liquiditätslage stattfinden. Art. L. 2242–3 Code du travail besagt, dass, solange zwischen Arbeitgeber und Gewerkschaften verhandelt wird, der Arbeitgeber nicht über die behandelten Themen einseitige Entscheidungen fällen darf, die die Gesamtheit der Arbeitnehmer betreffen, es sei denn, es handelt sich um einen Notfall. Das Verhalten der Muttergesellschaft beeinträchtige dieses Prinzip der Redlichkeit und zeichne sie als Mitarbeitgeberin aus.[296] Sowohl Tochter- als auch Muttergesellschaft mussten deshalb Schadensersatz an die betroffenen Gewerkschaften zahlen.

D. Zusammenfassung

Die Theorie des *co-employeur* wurde mit der *Jungheinrich*- Entscheidung förmlich „wiederentdeckt". Kam es vor 2011 nur sporadisch zur Qualifizierung einer Gesellschaft als Mitarbeitgeberin, so ergingen im Jahr 2011 mit *Jungheinrich-I, Novoceram, Métaleurop* und *Jungheinrich-II* allein vier bemerkenswerte höchstrichterliche Entscheidungen. Auffällig ist, dass sich die Theorie seit 2011 zum Großteil in insolvenzrechtlicher Konstellation wiederfindet. Der Kassationshof folgt dann alternativ dem juristischen oder dem wirtschaftlichen Ansatz.

Doch auch abseits insolvenzrechtlicher Bezüge hat die Theorie vor dem Kassationshof an Bedeutung gewonnen. Auffällig ist, dass der Kassationshof dort zum Teil nur noch den wirtschaftlichen Ansatz gelten lässt und sowohl den Kombinations- als auch den juristischen Ansatz ausdrücklich ablehnt. Bei der Ermittlung der Mitarbeitgeberstellung selbst verhält er sich aber ebenso restriktiv wie in den Fällen mit Insolvenzbezug.

---

295 TGI Paris, Urt. v. 11. 12. 2012 – n° 12–10413.

296 *Dumure-Lambert:* Les groupes de sociétés à l'épreuve du co-emploi, 18.06.2013, Folie 32; *Mvelle-Olle,* http://www.webcitation.org/6Phuh8tkc; *Champeaux*, SSL 2013, n°1567, S. 11.

Auch vor den Instanzgerichten erfreut sich die Theorie inzwischen großer Beliebtheit. Sie wird regelrecht zur „Allzweck-Waffe“ in vielfältigen arbeitsrechtlichen Bereichen.[297] Die Gerichte folgen überwiegend dem wirtschaftlichen Ansatz und weichen das Kriterium der Vermischung von Interessen, Tätigkeiten und Geschäftsleitung zunehmend auf.

Übersicht: Entwicklung der Rechtsprechung zum co-employeur

Vor 2011	- Theorie zum co-employeur wird sporadisch herangezogen - Überwiegend Kombinationsansatz - Seit *Aspocomp*: Art. 19 EuGVVO ist anwendbar und einschlägig im Fall einer Mitarbeitgeberschaft
Seit 2011	***Häufige Verwendung der Theorie bei Schließung nicht mehr rentabler bzw. insolventer konzernzugehöriger Tochtergesellschaften und anschließenden Massenentlassungen:*** - seit *Jungheinrich-I*: wirtschaftlicher Ansatz; restriktive Qualifizierung als Mitarbeitgeber; Geschäftsaufgabe ist im Fall eines co-emploi kein autonomer Kündigungsgrund mehr - seit *Novoceram*: Einmischung in die Personalverwaltung für dreifache Vermischung von Bedeutung; Mitarbeitgeber-Eigenschaft wird rückwirkend festgestellt; Mitarbeitgeber ist verpflichtet, PSE aufstellen - seit *Métaleurop/ Recyclex*: kein Subordinationsverhältnis mehr *nötig* für die Annahme eines Mitarbeitgebers, lässt aber auch juristischen Ansatz zu; Mitarbeitgeber trifft Pflicht zur Wiedereingliederung - seit *Jungheinrich-II*: Art. 19 EuGVVO ist anwendbar und einschlägig im Fall einer Mitarbeitgeberschaft - Instanzgerichte weniger restriktiv bei der Annahme der Mitarbeitgeberstellung; Aufweichung des Kriteriums der dreifachen Vermischung; Ausdehnung der Arbeitgeberpflichten auf den Mitarbeitgeber z.B. eigener Kündigungsgrund im Kündigungsschreiben ***Häufige Verwendung auch abseits nicht mehr rentabler bzw. insolventer Tochtergesellschaften:*** - Kassationshof restriktiv bei der Annahme eines co-emploi; teilweise nur wirtschaftlicher Ansatz zur Qualifizierung erlaubt; - Instanzgerichte weniger restriktiv bei der Annahme der Mitarbeitgeberstellung; „Allzweck-Waffe“ der Arbeitnehmer

297 Siehe bloß die Entscheidung TASS Melun, Urt. v. 11. 05. 2012 – n° 10–00924 zur Arbeitssicherheit.

§ 5 Konsequenzen aus der Rechtsprechung des Kassationshofs

Im Folgenden soll dargestellt werden, was die durch die Rechtsprechung des Kassationshofs weiterentwickelte Theorie des *co-employeur* seit *Jungheinrich-I* konkret bedeutet und welche Konsequenzen das für deutsche Konzernmütter haben kann.

A. Die Konzernmutter als Mitarbeitgeberin und Art. 19 EuGVVO

Der Kassationshof hat entschieden, dass auch ein Mitarbeitgeber ein Arbeitgeber im Sinne des Art. 19 EuGVVO ist. Diese Feststellung ist Dreh- und Angelpunkt für alle weiteren Ausführungen zur Mitarbeitgeberschaft, weil erst sie die Verurteilung einer europäischen, und insofern auch einer deutschen Konzernmutter, vor französischen Gerichten als Mitarbeitgeberin ermöglicht. Um die Tragweite nachzuvollziehen zu können, werden zunächst die Grundlagen arbeitsrechtlicher Zuständigkeitsfragen skizziert und anschließend die Urteile vor diesem Hintergrund betrachtet.

I. Grundlagen der Arbeitsgerichtszuständigkeit nach französischem und europäischem Recht

Klagen französische Arbeitnehmer vor einem französischen Arbeitsgericht, stellt sich als Erstes die Frage nach dessen Zuständigkeit.

Das französische Zivilprozessrecht geht grundsätzlich von der Zuständigkeit des Großinstanzgerichts aus, Art. L. 211-3 Code de l'organisation judiciaire.[298] Die örtliche Zuständigkeit ist für das französische Zivilrecht in den Art. 42 ff. des Code de procédure civile[299] geregelt. Gemäß Art. 42 al. 1 Code de procédure civile ist das Gericht am Ort des Beklagten zuständig, soweit nicht besondere Vorschriften etwas anderes regeln.[300] Was unter „Ort des Beklagten" zu verstehen ist, regelt Art. 43 Code de procédure civile. Im Fall einer beklagten natürlichen Person ist dies der Wohnsitz oder, falls es keinen Wohnsitz gibt, der Aufenthaltsort. Im Fall einer beklagten juristischen Person, ist es der Ort, an dem diese gegründet wurde.[301]

---

298 Der Code de l'organisation judiciaire ist das französische Gerichtsverfassungsgesetz.

299 Der Code de procédure civile ist die Zivilprozessordnung des französischen Rechts.

300 Dies entspricht den deutschen Regelungen zum allgemeinen Gerichtsstand in §§ 12, 13 ZPO.

301 *Bataille/Savatier*: La procédure prud'homale, 2009, S. 152–153.

Das Arbeitsrecht weicht von diesen Grundsätzen sowohl in sachlicher als auch in örtlicher Hinsicht teilweise ab:

Für individualrechtliche Streitigkeiten zwischen dem Arbeitgeber und dem Arbeitnehmer, die auf dem Arbeitsvertrag beruhen, ist hier in erster Instanz das Arbeitsgericht (*Conseil de prud'hommes*) und nicht das große Instanzgericht zuständig, Art. L. 1411–1 Code du travail[302] Die Rechtsprechung legt den Begriff der „Streitigkeit, die aus dem Arbeitsvertrag resultiert", sehr weit aus.[303]

Die örtliche Zuständigkeit richtet sich nach Art. R. 1412–1 Code du travail. Danach ist das Arbeitsgericht zuständig, in dessen Bezirk die Betriebsstätte, in der die Arbeitsleistung erbracht wird, gelegen ist, Art. R. 1412–1 1° Code du travail. Andernfalls, wenn die Arbeit in Heimarbeit oder außerhalb eines Unternehmens oder einer Betriebsstätte erbracht wird, liegt die Zuständigkeit beim Gericht am Wohnort des Arbeitnehmers, Art. R. 1412–1 2° Code du travail. Wahlweise kann der Arbeitnehmer auch dort klagen, wo er seine arbeitsrechtlichen Verpflichtungen eingegangen ist oder am Niederlassungsort des Arbeitgebers, Art. R. 1412–1 Code du travail.

Die besondere örtliche Zuständigkeitsregelung begründet sich dadurch, dass individualrechtliche Streitigkeiten zwischen Arbeitnehmer und Arbeitgeber vorwiegend arbeitgeberseitige Kündigungen als Ursache haben, gegen die der Arbeitnehmer klagen will. Nach den allgemeinen zivilrechtlichen Vorschriften müsste ein Arbeitnehmer in aller Regel dort klagen, wo der beklagte Arbeitgeber niedergelassen hat.[304] Ist dies nicht am Arbeitsort oder Wohnort des Arbeitnehmers, würden dem Arbeitnehmer als der sozial schwächeren Partei für die Klage an einem entfernteren Gericht erhebliche Kosten entstehen. Regelmäßig würden die Kosten den Arbeitnehmer davon abhalten, seine Ansprüche gerichtlich geltend zu machen. Diese Gefahr sieht das Arbeitsrecht und ermöglicht dem Arbeitnehmer deshalb, in der Nähe zu klagen.

---

302 Die Arbeitsgerichte sind ausschließlich mit gewählten Laienrichtern besetzt, die zu gleichen Teilen sowohl aus dem Arbeiter- als auch aus dem Arbeitgeberlager kommen, *Auzero/Dockès:* Droit du travail, 28. Aufl., 2014, S. 119; Das TGI bleibt in kollektivrechtlichen Streitigkeiten zuständig sowie für Arbeitsstrafsachen, *Aldea:* Das französische Kündigungsrecht im Spannungsfeld von Abfindungen und Bestandsschutz, 2010, S. 57.

303 Cass.soc., Urt. v. 23. 06. 1960, GADT n° 18; *Peskine/Wolmark:* Droit du travail, 8. Aufl., 2013, S. 654.

304 *Bataille/Savatier:* La procédure prud'homale, 2009, S. 153.

Aus der örtlichen Zuständigkeit lässt sich die Zuständigkeit für grenzüberschreitende Sachverhalte ableiten, sofern nicht besondere Vorschriften die internationale Zuständigkeit gesondert regeln.[305]

Seit dem 23.12.2000 ist die internationale Zuständigkeit der französischen Gerichtsbarkeit für grenzüberschreitende europäische Sachverhalte in der EuGVVO geregelt, die das europäische Gerichtsstands- und Vollstreckungsübereinkommen (EuGVÜ) von 1968 ersetzt hat und die allgemeinen nationalen Regeln substituiert.[306] Die Vorschriften für individuelle Arbeitsverträge finden sich dort in Abschnitt 5 in den Artikeln 18 bis 21 und sind abschließend. Sie entsprechen über weite Strecken denen des EuGVÜ[307] und verdrängen bis auf einige wenige Ausnahmen die Regelungen der anderen allgemeinen Gerichtsstände der EuGVVO.[308]

Motiv für diese abschließenden Spezialvorschriften ist, ähnlich zu Art. R. 1412- 1 Code du travail, das typischerweise asymmetrische Verhältnis zwischen Arbeitnehmer und Arbeitgeber und die dadurch entstehende Schutzbedürftigkeit des Arbeitnehmers.[309] Die Regelungen in Art. 18 ff. EuGVVO sind insofern besonders arbeitnehmerfreundlich, Art. 19 EuGVVO stellt die wichtigste Norm innerhalb dieses Sonderregimes dar.

Gemäß Art. 18 Abs. 1 EuGVVO ist der Anwendungsbereich der Gerichtsstände eröffnet, wenn ein „individueller Arbeitsvertrag oder Ansprüche aus einem individuellen Arbeitsvertrag" Gegenstand des Rechtsstreits sind. Soweit der Anwendungsbereich eröffnet ist, kann dann nach Art. 19 EuGVVO der Arbeitgeber, der seinen Wohnsitz im mitgliedsstaatlichen Hoheitsgebiet hat, entweder vor den Gerichten des Mitgliedstaates verklagt werden, wo er seinen Wohnsitz hat (Nr. 1) oder in einem anderen Mitgliedstaat vor dem Gericht des Ortes, an dem der Arbeitnehmer gewöhnlich seine Arbeit verrichtet (Nr. 2a), oder, wenn der Arbeitnehmer seine Arbeit gewöhnlich nicht in ein und demselben Staat verrichtet, vor dem Gericht des Ortes, an dem sich die Niederlassung befindet bzw. befand, die den Arbeitnehmer eingestellt hat (Nr. 2b).

---

305 Die internationale Zuständigkeit trifft eine Aussage über die grundsätzliche Zuständigkeit inländischer Arbeitsgerichte für die Entscheidung eines Rechtsstreits, *Junker:* Arbeitnehmereinsatz im Ausland, 2007, S. 35.

306 *Lacoste-Mary,* DO 2007, S. 523 ff. (524); *Thüsing:* Europäisches Arbeitsrecht, 2. Aufl., 2011, S. 379.

307 *Thüsing:* Europäisches Arbeitsrecht, 2. Aufl., 2011, S. 379.

308 *Gottwald/Nagel,* Internationales Zivilprozessrecht 2013, S. 134.

309 Siehe dazu Erwägungsgrund 13 der EuGVVO, *Mankowski,* in: *Rauscher,* 2011, Abschnitt 5: Zuständigkeit für individuelle Arbeitsverträge, S. 415, Rn. 1.

Die EuGVVO definiert nicht, was unter „Arbeitsvertrag“, „Arbeitnehmer“ und „Arbeitgeber“ zu verstehen ist und verweist dafür auch nicht explizit auf die nationalen Rechtsordnungen der Mitgliedstaaten. Die Begriffe sind autonom und nicht nach dem jeweiligen nationalen Recht auszulegen.[310] Der EuGH hatte dies bereits in einigen Entscheidungen zu den Begriffen des damaligen Art. 5 EuGVÜ bestätigt, der zuvor die Zuständigkeit in Arbeitssachen regelte.[311]

Die autonome Auslegung soll einheitliche Zuständigkeitsregeln für europäische Gerichte sichern und die einheitliche Anwendung der EuGVVO gewährleisten.[312] Die autonome Auslegung des EuGVVO in Arbeitssachen erfolgt durch Einbeziehung mehrerer Quellen: Maßgeblich ist die einschlägige Rechtsprechung des EuGH zum früheren Art. 5 Nr. 1 EuGVÜ. Auch die richterrechtlichen Ausprägungen des Arbeitnehmer- und Arbeitsvertragsbegriffs auf primärrechtlicher Ebene zur Arbeitnehmerfreizügigkeit in Art. 45 AEUV[313] und auf sekundärrechtlicher Ebene zu Art. 8 Rom I VO sind zu berücksichtigen.

Aus diesen Quellen, vor allem aber aus der Entscheidung *Lawrie Blum* zu Art. 45 AEUV, ergeben sich zumindest die definitorischen Grundelemente für die Begriffe „Arbeitnehmer“, „Arbeitgeber“ und „Arbeitsvertrag“ im Sinne der EuGVVO:[314]

- *Vertragliche Vereinbarung* zwischen Arbeitnehmer und Arbeitgeber.[315]
- *Weisungsabhängige Tätigkeit* des Arbeitnehmers *gegen Vergütung* für den Arbeitgeber.

---

310 *Junker*, NZA 2005, S. 199 ff. (204).

311 EuGH, Urt. v. 13. 07. 1993 - C-125/92 Mulox IBC, Slg. 1993, I-4075, Rn. 11; EuGH, Urt. v. 9. 07. 1997 - C-383/95 Rutten, Slg. 1997, I-57 Rn. 12; EuGH, Urt. v. 27. 02. 2002 - C-37/00 Weber, Slg. 2002, I-2013, Rn. 60.

312 *Geimer/Geimer/Geimer*, in: *Geimer/ Schütze*, 3. Aufl., 2010, Art. 18 EuGVVO, S. 354, Rn. 16.

313 Insbesondere EuGH, Urt. v. 23. 03. 1982 - C-53/81 Levin, Slg. 1982, 1035, 1048 Rn. 9; EuGH, Urt. v. 3. 07. 1986 - C-66/85 Lawrie Blum, Slg. 1986, 2121, 2144, Rn.17; EuGH, Urt. v. 17. 03. 2005 - C-109/04 Kranemann, Slg. 2005 I-2421, 2438, Rn. 12.

314 *Wurmnest*, EuZA 2009, S. 481 ff. (485); *von Hein:* Europäisches Zivilprozessrecht, 9. Aufl., 2011, S. 342.

315 Dieses Element hat jedoch keine ausschlaggebende Bedeutung wie die Rechtsprechung des EuGH in Sachen *Albron Catering* zeigt. Darin hat der EuGH bestätigt, dass neben dem vertraglichen Arbeitgeber auch ein „nicht-vertraglicher“ Arbeitgeber bestehen kann: EuGH, Urt. v. 21. 10. 2010 - C-242/09 Albron Catering, Slg. 2010, I-10309.

- *Eingliederung* des Arbeitnehmers *in die betriebliche Organisation* des Arbeitgebers.
- *Kein eigenes unternehmerisches Risiko* und *keine eigene unternehmerische Entscheidungsfreiheit* seitens des Arbeitnehmers.[316]

Liegen diese Elemente nicht vor und sind deshalb die Voraussetzungen des Art. 19 EuGVVO nicht gegeben, kann wegen des abschließenden Regimes der Art. 18 ff. EuGVVO grundsätzlich nicht auf die allgemeinen Vorschriften der EuGVVO zurückgegriffen werden, Art. 18 Abs. 1 EuGVVO. Gleiches gilt für einen Rückgriff auf nationale Vorschriften. Wegen des Anwendungsvorrangs der EuGVVO[317] werden nationale Vorschriften zur internationalen beziehungsweise örtlichen Zuständigkeit verdrängt, soweit diese von der EuGVVO bereits geregelt werden. Das bedeutet, dass, wenn besagte Elemente nicht vorliegen, kein Gericht für individualarbeitsrechtliche Ansprüche zuständig ist und insofern diese Ansprüche dann auch nicht gerichtlich geltend gemacht werden können.

II. Der Mitarbeitgeber als Arbeitgeber im Sinne des Art. 19 EuGVVO nach Aspocomp und Jungheinrich-II

Sowohl im Fall *Aspocomp* als auch im Fall *Jungheinrich-II* musste die Frage beantwortet werden, ob eine Konzernmutter mit Sitz in einem anderen EU-Mitgliedsstaat als Frankreich vor französischen Arbeitsgerichten von Arbeitnehmern ihrer französischen Tochtergesellschaft verklagt werden kann, auch wenn sie nicht vertragliche Arbeitgeberin im streng juristischen Sinne ist, sondern lediglich Mitarbeitgeberin. Da es sich jeweils um einen grenzüberschreitenden Sachverhalt innerhalb Europas handelte, musste diese Frage nach Art. 19 EuGVVO beantwortet werden. Es ging darum, ob Art. 19 EuGVVO auch Anwendung findet, wenn nicht gegen einen Arbeitgeber, sondern gegen einen Mitarbeitgeber geklagt wird.

Zur Beantwortung dieser Frage ging der Kassationshof zwar richtigerweise in Anlehnung an die Entscheidung *Lawrie Blum* für die Qualifizierung eines Arbeitgebers im Sinne des Art. 19 EuGVVO von den soeben aufgeführten Elementen aus. Anschließend setzte er aber den französischen Begriff des Mitarbeitgebers mit dem europäischen Begriff des Arbeitgebers gleich, ohne zu

---

316 *Mankowski*, in: *Rauscher*, 2011, Abschnitt 5: Zuständigkeit für individuelle Arbeitsverträge, S. 419, Rn. 4.

317 *Staudinger*, in: *Rauscher*, 2011, Einleitung Brüssel I-VO, S. 55, Rn. 27.

überprüfen, ob sich die europarechtlichen Elemente des Arbeitgebers auch wirklich beim Mitarbeitgeber wiederfinden.

Diese Rechtsprechung hat erhebliche Folgen für europäische und somit auch deutsche Konzernmütter:

Im Falle einer europäischen Konzernmutter, die nicht vertragliche Arbeitgeberin der Arbeitnehmer ihrer französischen Tochtergesellschaft ist, müssen französische Gerichte nach Ansicht des Kassationshofs bereits auf Zuständigkeitsebene klären, ob diese Konzernmutter Mitarbeitgeberin ist. Nimmt das Gericht dies an, so ist Art. 19 EuGVVO wegen der Mitarbeitgeber-Eigenschaft der ausländischen Muttergesellschaft anwendbar und das französische Gericht nach Art. 19 Nr. 2a EuGVVO zuständig, weil die Arbeitnehmer in Frankreich gewöhnlich ihre Arbeit verrichten.

Die Annahme des Kassationshofs, dass jeder Mitarbeitgeber auch Arbeitgeber im Sinne des Art. 19 EuGVVO ist, hat einen entscheidenden Vorteil für die Arbeitnehmer französischer Tochtergesellschaften. Ist nämlich das französische Gericht zuständig, kann die Konzernmutter nach französischem Recht, das aufgrund Art. 8 Abs. 2 Rom I VO in grenzüberschreitenden Sachverhalten zur Anwendung gelangt, als Mitarbeitgeberin verklagt werden und es können gegen sie arbeitsrechtliche Ansprüche wie gegen einen vertraglichen Arbeitgeber geltend gemacht werden. Sollte der vertragliche Arbeitgeber seine Zahlungen einstellen müssen, können sich die Arbeitnehmer mit diesem Trick die europäische Konzernmutter als Schuldner sichern.

Würde der Kassationshof den Mitarbeitgeber nicht als Arbeitgeber im Sinne des Art. 19 EuGVVO sehen, könnten die Arbeitnehmer der französischen Tochter hingegen gar keine arbeitsrechtlichen Ansprüche gegen die Konzernmutter geltend machen. Wegen des abschließenden Regimes der Art. 18 ff. EuGVVO scheidet nämlich bei dessen Unanwendbarkeit ein Rückgriff auf allgemeine Vorschriften der EuGVVO aus, Art. 18 Abs. 1 EuGVVO. Ein Rückgriff auf nationale Vorschriften kommt wiederum wegen des Anwendungsvorrangs der EuGVVO nicht in Betracht. Es gäbe demnach kein Gericht, das zuständig wäre für arbeitsrechtliche Ansprüche gegen die im Ausland ansässige Konzernmutter.

B. Die Qualifizierung der Konzernmutter als Mitarbeitgeberin

Um eine Zuständigkeit nach Art. 19 EuGVVO zu begründen und den Mitarbeitgeber in die Pflicht nehmen zu können, ist unabdingbar, dass die beklagte Gesellschaft zuvor als Mitarbeitgeberin qualifiziert wird.

I. *Die Qualifikationsmethoden*

Seit *Jungheinrich-I* im Jahre 2011 verwendet der französische Kassationshof im Allgemeinen alternativ den juristischen oder den wirtschaftlichen Ansatz zur Qualifizierung einer Konzernmutter als Mitarbeitgeberin:[318]

Stellt er ein Subordinationsverhältnis zwischen Konzernmutter und den einzelnen Arbeitnehmern der Tochtergesellschaft fest, so ist die Konzernmutter grundsätzlich bereits nach dem klassisch juristischen Begriff des Arbeitgebers[319] Mitarbeitgeberin.[320]

Im Rahmen des wirtschaftlichen Ansatzes betrachtet der Kassationshof nicht mehr das Verhältnis Konzernmutter - Tochter-Arbeitnehmer, sondern das Verhältnis Konzernmutter - Konzerntochter. Anhand von Indizien analysiert er, ob die Beziehungen so eng sind, dass sie über die normalen Verflechtungen innerhalb eines Konzerns hinausgehen und ob dadurch die Tochtergesellschaft ihrer Autonomie beraubt wird.

Es geht dem Kassationshof in erster Linie darum, wie stark die Abhängigkeit der Konzerntochter von der Konzernmutter ausgeprägt ist und ob die Konzerntochter überhaupt noch eigenständig handlungsfähig ist. Eine zusätzliche Prüfung, ob die Muttergesellschaft gegenüber den Tochter-Arbeitnehmern jeweils individuell weisungsbefugt ist, findet nicht mehr statt.[321]

II. *Die einzelnen Qualifikationskriterien im Rahmen des wirtschaftlichen Ansatzes*

Der Kassationshof bestimmt die Mitarbeitgeber-Eigenschaft anhand mehrerer Indizien. *Morvan*[322] und einige andere Literaturstimmen[323] haben diese in

---

318 *Cesaro*, RJS 2013, S. 3 ff. (9); *Fleury-Ashurst*, http://www.webcitation.org/6Pht5TYMx; der gemischte Ansatz findet sich hingegen nur noch gelegentlich wieder; charakteristisch ist hierfür das Urteil in Sachen *Aspocomp*, was aber vermutlich darauf zurückzuführen ist, dass sich die *Cour de cassation* dort dem europäischen Verständnis des Begriffs „Arbeitgeber" anschließen wollte, dazu noch genauer unter § 7A.I.2, S. 128 f.

319 Siehe oben unter § 4A.I, S. 14 f.

320 *Auzero/Lardy-Pélissier*, RDT 2011, S. 634 ff. (635).

321 Eine Ausnahme in dieser Konstellation ist das bereits oben erwähnte Urteil Cass. soc., Urt. v. 15. 02. 2012 – 10–13897, RJS 5/12 n° 410, das aus der *confusion* ein Subordinationsverhältnis ableitet.

322 *Morvan*, JCPS 2012, n°1052, S. 24 ff. (26); *Morvan*, JCPE 2012, n°1279, S. 47 ff. (48); *Morvan*, JCPS 2013, n°1438, S. 17 ff. (17–18).

323 *Fishelson*, Juriste International 2012, S. 52 ff. (53); *Calice/Diriart*, Cahiers de droit de l'entreprise 2012, S. 40 ff. (46).

anschaulicher Weise systematisiert[324] und in drei Kriteriengruppen eingeteilt, deren Kombination regelmäßig zur Annahme einer *confusion d'intérêts, d'activités et de direction*[325] führt:

- Die Führungskräfte der Tochter sind der Leitung des Konzerns untergeordnet.
- Allein die Konzernmutter trifft die strategischen Entscheidungen und kümmert sich um die Personalverwaltung und unter Umständen auch um die allgemeine, finanzielle, kaufmännische, technische oder juristische Verwaltung der Tochtergesellschaft.
- Aufgrund der durch die Konzernmutter getroffenen Entscheidungen verliert die Tochter jegliche Selbständigkeit bei Produktion, Vertrieb und Verwaltung und ist wirtschaftlich von der Konzernmutter abhängig.[326]

In die erste Kriteriengruppe fallen vor allem Indizien, die für ein einheitliches Management unter Führung der beherrschenden Gesellschaft sprechen. Dazu kommt es insbesondere dann, wenn die Leitungsebene der Tochtergesellschaft faktisch über keinerlei eigene Macht mehr verfügt und gänzlich den Anweisungen und Vorschriften des Konzernmanagements folgt.[327]

Die zweite Gruppe beinhaltet die absolute Entscheidungsgewalt der Konzernmutter gegenüber der Konzerntochter. Sie zeigt sich auch in der Leitung aller

---

324 *Morelli* greift hingegen die Entscheidungsgründe des Urteils *Novoceram* auf und kategorisiert wie folgt: „*imbrication des sociétés concernées*"; „*l'immixtion dans la gestion*"; „*confusion des actifs*", siehe dazu ausführlich *Morelli*, BJS 2011, n°454, S. 906 ff. (908).

325 Der Kassationshof unterlässt es bislang, die einzelnen für ihn maßgeblichen Indizien zu kategorisieren und einem der drei Bereiche „*intérêts*", „*activités*" und „*direction*" zuzuordnen. Aus den verschiedenen Beziehungen zwischen Tochter und Mutter folgert der Kassationshof lediglich, ob eine dreifache Vermischung vorliegt oder nicht. Damit bleibt er stets vage hinsichtlich des Inhalts der einzelnen Elemente besagter „*confusion*". Siehe zum Versuch, die verschiedenen Indizien den einzelnen Elementen der „*confusion*" zuzuordnen *Cesaro*, RJS 2013, S. 3 ff. (9–10).

326 „Subordination collective des dirigeants et cadres dirigeants de la filiale à la Direction du groupe; choix stratégiques décidés par la société mère qui assure aussi la gestion des ressources humaines et, le cas échéant, la gestion administrative, comptable, financière, commerciale, technique, ou juridique de la filiale; perte d'autonomie industrielle, commerciale et administrative et dépendance économique de la filiale en conséquence des décisions prises par la société mère." *Morvan*, JCPS 2012, n°1052, S. 24 ff. (26).

327 *Fishelson*, Juriste International 2012, S. 52 ff. (53).

wesentlichen Bereiche der Tochtergesellschaft, insbesondere in der Übernahme der Personalverwaltung durch die Konzernmutter.[328]

Die Indizien im Rahmen der dritten Kriteriengruppe liegen vor, wenn die Tochtergesellschaft ohne die Konzernmutter wirtschaftlich nicht mehr existieren kann.[329] Das ist beispielsweise der Fall, wenn die Muttergesellschaft einzige Kundin der Tochter ist und deshalb die Preise der Produkte bestimmen kann.[330]

Liegen alle drei Kriteriengruppen anhand verschiedener Indizien vor, so lässt das Kontroll- und Beherrschungsgebahren der Konzernmutter auf eine derart intensive, über das übliche Maß hinausgehende Verflechtung zwischen Konzernmutter und Konzerntochter schließen, dass eine dreifache Vermischung der Interessen, Aktivitäten und der Geschäftsleitung anzunehmen und die Konzernmutter als Mitarbeitgeberin zu qualifizieren ist.[331]

Von herausragender Bedeutung für die Annahme einer *triple confusion* sind für den Kassationshof Indizien der zweiten Kriteriengruppe. Seit der Entscheidung *Novoceram* betont er immer wieder, dass sich die über das normale Maß hinausgehende Verflechtung insbesondere auch aus der Übernahme der Personalverwaltung durch die Muttergesellschaft ergibt.[332] Dadurch wird versucht, die rein wirtschaftliche Betrachtung der Beziehung zweier Gesellschaften zueinander aufzubrechen.[333] Ausreichend ist dabei, dass die Konzernmutter über das *Kollektiv*, die „Belegschaft", tatsächlich Macht ausübt. Dass sie die Mitarbeiter anweisen, kontrollieren und bei Fehlern sanktionieren kann. Im Rahmen der Personalverwaltung ist genau das der Fall.[334]

Eben dieser Gedanke findet sich auch in der ersten Kriteriengruppe wieder. In einem normal funktionierenden Unternehmen sind es die Führungskräfte, die das Subordinationsverhältnis zu den Arbeitnehmern mit Leben füllen. Sind sie hingegen lediglich Marionetten einer Konzernmutter, weil sie entweder keine eigene Entscheidungsmacht mehr haben oder ausschließlich von der Muttergesellschaft rekrutiert worden sind, so wurzelt das gesamte Überunterordnungsverhältnis letztlich im Verhältnis der Tochterbelegschaft zur Konzernmutter,

328 *Calice/Diriart*, Cahiers de droit de l'entreprise 2012, S. 40 ff. (46).

329 *Cesaro*, RJS 2013, S. 3 ff. (10).

330 *Morvan*, JCPS 2012, n°1052, S. 24 ff. (26).

331 *Chauvet/Mazeaud/Lyon-Caen/Mazars:* Bulletin d'information, 1.10.2012, S. 80.

332 *Morelli*, BJS 2012, n°15, S. 59 ff. (61); so auch *Kettenberger*, EuZA 2013, S. 405 ff. (412).

333 *Loiseau*, Option Finance 2012, S. 33 ff. (34).

334 *Morvan*, JCPS 2013, n°1438, S. 17 ff. (17).

auch wenn beide Seiten keine direkte vertragliche Beziehung miteinander haben.[335]

Auch beim wirtschaftlichen Ansatz lässt sich somit eine Art Subordinationsverhältnis erkennen. Die Weisungsgebundenheit der Arbeitnehmer wird jedoch vom Kassationshof abstrahiert und auf eine kollektive Ebene gehoben. Dieser juristische Kniff ist nicht gutzuheißen, aber nachvollziehbar. Insbesondere bei Gruppen- oder gar Massenentlassungen wäre es andernfalls so gut wie unmöglich, ein individuelles Subordinationsverhältnis zwischen Konzernmutter und jedem einzelnen Arbeitnehmer der Tochtergesellschaft zu identifizieren.[336]

Welche Indizien im Einzelnen jeweils ausschlaggebend sind, um eine Konzernmutter als Mitarbeitgeberin qualifizieren zu können, kann nicht unabhängig vom Einzelfall geklärt werden. Der Kassationshof betont aber, dass ein normales Miteinander zwischen Konzerngesellschaften nicht zur Annahme einer *triple confusion* führt. Es geht vielmehr um Exzesse im Kontrollverhalten der Muttergesellschaft beziehungsweise um einen Missbrauch der konzerninternen Strukturen, der zu einem Autonomieverlust auf Seiten der Tochtergesellschaft führt und deshalb die Mitarbeitgeberstellung der Konzernmutter begründet.[337]

Obwohl klare Leitlinien zur Qualifizierung eines Mitarbeitgebers fehlen, lässt sich feststellen, dass der Kassationshof sehr restriktiv vorgeht.[338] Ausschlaggebend ist stets der weitgehende Autonomieverlust der Tochtergesellschaft aufgrund des Verhaltens der Konzernmutter.[339] Die Tochter ist dann nur noch als ausführender Betriebsteil zu sehen und nicht mehr als eigenständige Gesellschaft mit eigener Rechtspersönlichkeit.

Im Folgenden werden die wichtigsten Indizien der höchstrichterlichen Rechtsprechung seit *Jungheinrich-I* innerhalb der jeweiligen Kriteriengruppe dargestellt:

335 *Pétel*, JCPE 2012, n°1000, S. 25 ff. (30); *Auzero/Lardy-Pélissier*, RDT 2011, S. 634 ff. (636).

336 *Chauvet/Mazeaud/Lyon-Caen/Mazars:* Bulletin d'information, 1.10.2012, S. 80; *Reynès*, JCPS 2012, n°1292, S. 8 ff. (9).

337 *Auzero/Lardy-Pélissier*, RDT 2011, S. 634 ff. (635).

338 „Les affaires dans lesquelles le co-emploi a été reconnu sont caricaturales" *Champeaux/Marcon*, SSL 2012, n°1557, S. 3; *Bailly*, JCPS 2013, n°1441, S. 28 ff. (30).

339 *Bailly*, SSL 2011, n°1504, S. 6 ff. (6); *Connor:* La société-mère et les salariés de sa filiale, 12.05.2012, S.14 ff. (14); *Vincent*, http://www.webcitation.org/6Phv6yVi9; *Loiseau*, JCPS 2011, n°1528, S. 8 ff. (8); so auch *Kettenberger*, EuZA 2013, S. 405 ff. (411–412).

Das Topmanagement der Tochter ist der Konzernmutter untergeordnet	***Die Konzernmutter trifft alle strategischen Entscheidungen und gewährleistet die Verwaltung der Tochter***	***Völlige wirtschaftliche Abhängigkeit der Tochter von der Konzernmutter***
Der Vorsitzende der Konzernobergesellschaft erhielt Anteile an der Konzerntochter, um einen Sitz im Verwaltungsrat der Tochter zu erhalten. Eine Leitungseinheit des Konzerns besetzte die Führungskräfteposten bei den Konzerntöchtern. *(Jungheinrich-I)*	Es existierte ein gemeinsames Personalmanagement für die Tochtergesellschaften unter der Leitung der Konzernobergesellschaft. Die Konzernobergesellschaft bestimmte die strategische Ausrichtung der Tochter, insbesondere bezüglich der Übertragung von Geschäftsbereichen auf die Schwestergesellschaft. Die Konzernobergesellschaft griff dauerhaft in das Finanz- und Personalmanagement ein, das die Geschäftsaufgabe der Tochter betraf und mischte sich bei den Kündigungen der Tochterarbeitnehmer ein. *(Jungheinrich-I)*	Die Konzernobergesellschaft erhielt 80 % der Produktion der Tochtergesellschaft und bestimmte die Einkaufs- und Verkaufspreise. Die Konzernobergesellschaft hielt so viele Anteile an der Tochter, dass sie die Tochter fast vollständig beherrschte. *(Jungheinrich-I)*
Das Topmanagement der Tochter führt nur die Entscheidungen aus, die die Führungskräfte der Mutter in der Personalverwaltung und auf den gewerblichen und technischen Gebieten getroffen haben. *(Novoceram)*	Die Konzernmutter übernahm die Verwaltung des administrativen, buchhalterischen, finanziellen, kaufmännischen, technischen und juristischen Bereichs der Tochter und leitete auch deren Belegschaft. *(Novoceram)*	Die Konzernmutter war die einzige Kundin der Tochter und bestimmte die Preise der Produkte. Mutter und Tochter teilten sich die Produkte, die Werkstoffe, das Facility Management, die Betriebsmittel und die Herstellungsverfahren. *(Novoceram)*
Das Topmanagement der Tochter wurde von der Mutter eingestellt und einer Führungskraft der Mutter direkt unterstellt. An diesen musste es regelmäßig Bericht über seine Tätigkeit erstatten. *(Métaleurop)*	Die Konzernmutter handelte anstelle ihrer Tochter und für diese ein Moratorium aus. Sie entschied alleine darüber, dem Topmanagement der Tochtergesellschaft Prämien zukommen zu lassen. Außerdem entschied sie über die Umstrukturierung der Tochter. *(Métaleurop)*	Die Finanzen der Tochter lagen in Händen der Muttergesellschaft. *(Métaleurop)*

Das Topmanagement der Tochter ist der Konzernmutter untergeordnet	*Die Konzernmutter trifft alle strategischen Entscheidungen und gewährleistet die Verwaltung der Tochter*	*Völlige wirtschaftliche Abhängigkeit der Tochter von der Konzernmutter*
Der Manager der Tochter verfügte über keinerlei Macht und war vollständig den Weisungen und Vorschriften der Konzernleitung unterworfen. *(Jungheinrich-II)*	Die Muttergesellschaft gewährleistete das Personalmanagement der Tochter; Nachdem sie die Tochter zur Geschäftsaufgabe gezwungen hatte, organisierte sie die Kündigungen der Tochter-Arbeitnehmer und ließ ihnen Prämien zukommen. *(Jungheinrich-II)*	Die Konzernmutter hatte alle Patente, Marken und Modelle der Tochter übernommen und profitierte von den Nutzungslizenzen. *(Jungheinrich-II)*
Die einzige Personalführungskraft der Tochter erhielt ihre Weisungen von der Konzernmutter und musste diese direkt an ihre Teamleiter weiterleiten; Die Führungskraft hatte keinerlei Macht, den Teamleitern direkte Anweisungen zu erteilen. *(Briffaz II)*	Die gesamte Personalverwaltung der Konzerntochter wurde von der Konzernmutter übernommen. *(Briffaz II)*	Die Konzerntochter war nicht mehr als eine einfache Betriebsstätte der Konzernmutter ohne tatsächliche Autonomie auf Finanz- und Verwaltungsebene. *(Briffaz II)*
Dieselbe Führungskraft steht beiden Gesellschaften vor. Die Muttergesellschaft erteilt diesem direkte Anweisungen. *(Cass.soc., Urteil vom 13.02.2013 – n° 11-26866)*	Die Konzernmutter finanziert die Tätigkeiten der Tochtergesellschaft. Sie übernimmt teilweise die Vergütung und die Sozialabgaben der Arbeitnehmer. Die Mutter nimmt Leistungen auf Rechnung der Tochter entgegen. *(Cass.soc., Urteil vom 13.02.2013 – n° 11-26866)*	Die Tochter gewährleistet lediglich die Absatzförderung und den Verkauf der Produkte der Konzernmutter. *(Cass.soc., Urteil vom 13.02.2013 – n° 11-26866)*
Der Vorsitzende der Tochtergesellschaft übte die gleichen Funktionen bei der Konzernmutter aus. Ein von der Mutter gewählter Berater stellt die tatsächliche Leitung der Tochtergesellschaft während der Ausführung des Belebungsplans sicher. (*Cass.soc., Urteil vom 20.02.2013 – n° 11-19305)*	Die Konzernmutter finanzierte und führte den Belebungsplan der Tochter aus. Die Konzernmutter hatte die Tochter vor Eröffnung des Insolvenzverfahrens finanziell unterstützt. (*Cass.soc., Urteil vom 20.02.2013 – n° 11-19305)*	Die Tochtergesellschaft wurde zu 100 % von der Konzernmutter gehalten. Beide Gesellschaften sind in derselben Sparte tätig. Die Gesellschaften haben einen gemeinsamen Kundenstamm, gemeinsame Lieferanten und Leistungserbringer. (*Cass. soc., Urteil vom 20.02.2013 – n° 11-19305)*

Von besonderer Bedeutung ist die Einmischung in die Personalverwaltung
⇨Die anormale Einmischung der Konzernmutter führt dazu, dass die Konzerntochter über keinerlei Eigenständigkeit mehr verfügt und somit ganz und gar der Konzernmutter „ausgeliefert“ ist.

III. Rückwirkende Qualifizierung

Die Qualifizierung als Mitarbeitgeberin wirkt auf den Zeitpunkt zurück, an dem es erstmals zu einer Verquickung der Interessen, Geschäftstätigkeiten und der Geschäftsleitung zwischen Konzernmutter und Konzerntochter gekommen ist.[340] Bereits in der Entscheidung *Briffaz I,*[341] und später noch einmal bei *Novoceram,*[342] sagt der Kassationshof explizit, dass die Qualifizierung als Mitarbeitgeberin deklaratorischer Natur ist und damit nicht erst Wirkungen ab Urteilsverkündung zeitigt.[343]

Das ist ein außerordentlich wichtiger Gesichtspunkte und zentral für alle kommenden Ausführungen in Bezug auf die Pflichten des Mitarbeitgebers. Denn erst das retrospektive Moment ermöglicht es überhaupt, eine andere Gesellschaft als die des direkten Arbeitgebers haftbar zu machen. Wird eine Mitarbeitgeberschaft durch das Gericht identifiziert, so muss die Gesellschaft, respektive die Konzernmutter, automatisch für Pflichtverletzungen einstehen, die sie zu einem Zeitpunkt begangen hat, zu dem sie noch gar keine Kenntnis von ihrer Mitarbeitgeber-Eigenschaft hatte. Vor allem bei Kündigungen aus wirtschaftlichem Grund kann dies hohe Entschädigungsansprüche der Arbeitnehmer zur Folge haben. Die Mitarbeitgeberin muss sich nämlich Kündigungen zurechnen lassen, die sie selbst gar nicht ausgesprochen hat, deren gesetzlichen Anforderungen sie aber dennoch hätte gerecht werden müssen. Die Muttergesellschaft als Mitarbeitgeberin kann somit gar nicht anders als eine Pflichtverletzung begehen: Kaum eine Konzerngesellschaft wird prophylaktisch und überobligatorisch

---

340 *Reynès*, JCPS 2012, n°1292, S. 8 ff. (11).

341 (…) Attendu que la cour d'appel a exactement décidé que la société *LC Maitre*, en sa qualité de co-employeur, devait supporter les conséquences de la rupture, peu important que cette qualité ne lui ait été reconnue que postérieurement (…), Cass. soc., Urt. v. 28. 09. 2010 - n° 09-41243, BJS 2010, 995 ff.

342 (…) Attendu que la cour d'appel a exactement retenu qu'en sa qualité d'employeur conjoint, la société *Novoceram* devait supporter les conséquences de la rupture des contrats de travail des salariés, alors même que la société *BSA* en avait pris l'initiative (…), Cass.soc., Urt. v. 22. 06. 2011 - n° 09-69021, BJS 2011, n° 454, S. 906; *Bailly*, SSL 2011, n°1504, S. 6 ff. (7).

343 *Morelli*, BJS 2011, n°454, S. 906 ff. (908).

Pflichten erfüllen, die ihr mangels Arbeitgeber-Eigenschaft eigentlich per se nicht obliegen.

C. Die Konzernmutter als Mitarbeitgeberin bei einer Kündigung aus wirtschaftlichem Grund

Die intensivste Entwicklung erlebte die Theorie seit 2011 im Bereich der Kündigung aus wirtschaftlichem Grund. Im Folgenden soll eine kurze Einführung in das französische Recht der Kündigung aus wirtschaftlichem Grund gegeben werden; anschließend werden die kündigungsrechtlichen Aspekte beleuchtet, die unmittelbar zu einer Verurteilung einer Konzernmutter als Mitarbeitgeberin führen und die deshalb auch deutsche Konzernmütter kennen sollten.

I. Einführung in das Recht der wirtschaftlich bedingten Kündigung

Die Kündigung aus wirtschaftlichem Grund basiert auf den Regelungen des allgemeinen Kündigungsrechts, weist aber je nach Art der Kündigung eine Reihe von Besonderheiten auf.

1. Grundlagen des allgemeinen arbeitgeberseitigen Kündigungsrechts

Der Arbeitgeber kann im französischen Recht sowohl aus arbeitnehmerbezogenen als auch aus wirtschaftlichen Gründen kündigen. Er hat dabei ein detailliert geregeltes Kündigungsverfahren einzuhalten, das je nach Kündigungsgrund unterschiedlich ausgestaltet ist (formelles Element).[344] Außerdem muss die Kündigung materiell gerechtfertigt sein (*motif réel et sérieux*), Art. L. 1233-2 und Art. L. 1232-1 Code du travail (materielles Element).[345] Ob sie materiell gerechtfertigt ist, muss von dem Zeitpunkt aus beurteilt werden, an dem der Arbeitgeber den Entschluss fasst, zu kündigen.[346]

Entspricht die Kündigung den gesetzlichen Vorgaben und ist somit rechtmäßig und wirksam, hat der Arbeitnehmer im französischen Recht unter bestimmten Voraussetzungen Anspruch auf eine Entlassungsabfindung (*indemnité de licenciement*), Art. L. 1234-9 Code du travail. Voraussetzungen für die Abfindung sind einerseits ein unbefristeter Arbeitsvertrag und andererseits eine

---

344 *Mazeaud:* Droit du travail, 8. Aufl., 2012, S. 391; so auch *Aldea:* Das französische Kündigungsrecht im Spannungsfeld von Abfindungen und Bestandsschutz, 2010, S. 65.

345 *Auzero/Dockès:* Droit du travail, 28. Aufl., 2014, S. 483; so auch *Großerichter*, in: *Sonnenberger/Classen*, 2012a, S. 381.

346 *Auzero/Dockès:* Droit du travail, 28. Aufl., 2014, S. 492.

ununterbrochene Unternehmenszugehörigkeit von mindestens einem Jahr bis zum Tag des Kündigungszugangs.[347]

Genügt die Kündigung nicht den gesetzlichen Anforderungen, so ist sie dennoch grundsätzlich wirksam. Die Rechtswidrigkeit einer Kündigung wird im französischen Recht im Regelfall mit einer finanziellen Entschädigung geahndet, die zur Kündigungsentschädigung hinzukommt.[348] Die Höhe der Entschädigung richtet sich zum einen danach, ob die Voraussetzungen des Art. L. 1235-5 Code du travail vorliegen, zum anderen danach, aus welchen Gründen die Kündigung rechtswidrig ist:[349]

Maßgeblich für die Folgen einer rechtswidrigen Kündigung ist, ob im Unternehmen, in dem der gekündigte Arbeitnehmer arbeitet, mehr als elf Arbeitnehmer beschäftigt werden und ob der gekündigte Arbeitnehmer dem Unternehmen länger als zwei Jahre angehörte, Art. L. 1235-5 Code du travail. Ist beides der Fall, so richten sich die Entschädigungsansprüche nach L. 1235-2, L. 1235-3 und L. 1235-4 Code du travail:[350]

Im Falle der Rechtswidrigkeit aufgrund eines fehlenden oder eines fehlerhaften Kündigungsverfahrens bedeutet dies, dass das Arbeitsgericht den Arbeitgeber verpflichtet, das Verfahren nachzuholen. Der Arbeitnehmer erhält vom Arbeitgeber außerdem eine Entschädigung in Höhe von höchstens einem Monatsgehalt, Art. L. 1235-2 Code du travail.[351]

Bei einer ungerechtfertigten und deshalb rechtswidrigen Kündigung stehen dem Arbeitsgericht drei Sanktionsmöglichkeiten zur Verfügung: Erstens, das Arbeitsgericht kann die Wiedereingliederung des Arbeitnehmers vorschlagen, Art. L. 1235-3 Abs. 1 Code du travail. Lehnt entweder der Arbeitnehmer oder der Arbeitgeber den Vorschlag des Gerichts ab oder macht das Gericht von seinem Vorschlagsrecht keinen Gebrauch, so kann das Arbeitsgericht, zweitens, dem Arbeitnehmer eine Entschädigung in Höhe von mindestens sechs Monatsgehältern zusprechen, Art. L. 1235-3 Abs. 2 Code du travail. Diese Möglichkeit ist

347 *Peskine/Wolmark:* Droit du travail, 8. Aufl., 2013, S. 367; so auch *Aldea:* Das französische Kündigungsrecht im Spannungsfeld von Abfindungen und Bestandsschutz, 2010, S. 135.

348 Nach deutscher Gesetzeslage sollen Entschädigungen hingegen die Ausnahme bleiben, *Aldea:* Das französische Kündigungsrecht im Spannungsfeld von Abfindungen und Bestandsschutz, 2010, S. 166.

349 *Schuster:* Betriebsbedingte Kündigung in Deutschland und Frankreich, 1. Aufl, 2008, S. 187.

350 *Auzero/Dockès:* Droit du travail, 28. Aufl., 2014, S. 495.

351 *Mazeaud:* Droit du travail, 8. Aufl., 2012, S. 399.

Privatstrafe und Schadensersatzanspruch zugleich. Privatstrafe, weil sie das fehlerhafte Verhalten des Arbeitgebers sanktioniert. Schadensersatzanspruch, weil die Entschädigungshöhe von sechs Monatsgehältern nur eine Mindestentschädigung darstellt und je nach tatsächlichem Schaden auch höher ausfallen kann.[352]

Das Arbeitsgericht kann, drittens, den Arbeitgeber dazu verurteilen, dem *pôle emploi*[353] das Arbeitslosengeld zu erstatten, das vom Tag der Kündigung bis zum Zeitpunkt der Urteilsverkündung nach Art. L. 1235-4 Code du travail oder bis zum Antritt einer neuen Arbeitsstelle an den Arbeitnehmer gezahlt wurde, Art. L. 1235-4 Abs. 1 Code du travail.[354] Diese Sanktion kommt nicht direkt dem Arbeitnehmer zugute, soll jedoch Arbeitgeber abschrecken, die eine Kündigung erwägen.[355]

Soweit es sich um ein Unternehmen mit weniger als elf Beschäftigten handelt oder der gekündigte Arbeitnehmer dem Unternehmen noch keine zwei Jahren angehört, gilt allgemein: Der Arbeitnehmer hat einen Anspruch auf Ersatz des tatsächlich erlittenen Schadens, der ihm dadurch entstanden ist, dass seine Kündigung nicht gerechtfertigt[356] und/ oder das Kündigungsverfahren fehlerhaft war[357], Art. L. 1235-5 Abs. 2 Code du travail.[358]

2. Besonderheiten der wirtschaftlich induzierten Kündigung

Die wirtschaftlich bedingte Kündigung ist in Art. L. 1233-3 Abs. 1 Code du travail definiert. Danach müssen drei Voraussetzungen erfüllt sein, damit eine Kündigung aus wirtschaftlichem Grund gerechtfertigt ist.

Erstens darf der Kündigungsgrund nicht in der Person des Beschäftigten liegen. Zweitens muss die Kündigung Folge eines Arbeitsplatzabbaus, einer Arbeitsplatzumgestaltung oder einer wesentlichen Änderung des Arbeitsvertrages sein, die der Arbeitnehmer nicht akzeptiert hat. Drittens muss es zu dem

---

352 *Auzero/Dockès:* Droit du travail, 28. Aufl., 2014, S. 496.

353 Der „*pôle emploi*" ist die französische Arbeitsverwaltung und entspricht dem deutschen Arbeitsamt.

354 *Mazeaud:* Droit du travail, 8. Aufl., 2012, S. 410.

355 *Auzero/Dockès:* Droit du travail, 28. Aufl., 2014, S. 497.

356 *Mazeaud:* Droit du travail, 8. Aufl., 2012, S. 410, so auch *Aldea:* Das französische Kündigungsrecht im Spannungsfeld von Abfindungen und Bestandsschutz, 2010, S. 152.

357 *Auzero/Dockès:* Droit du travail, 28. Aufl., 2014, S. 495; *Peskine/Wolmark:* Droit du travail, 8. Aufl., 2013; so auch *Aldea:* Das französische Kündigungsrecht im Spannungsfeld von Abfindungen und Bestandsschutz, 2010, S. 150.

358 Eine gute Übersicht zu den verschiedenen Folgen einer rechtswidrigen Kündigung bietet *Aldea:* Das französische Kündigungsrecht im Spannungsfeld von Abfindungen und Bestandsschutz, 2010, S. 163.

Wegfall, der Umwandlung oder der wesentlichen Veränderung aufgrund *insbesondere* wirtschaftlicher Schwierigkeiten oder aufgrund technischen Fortschritts gekommen sein.[359] Vor allem Letzteres ist für die Rechtfertigung der Kündigung maßgeblich, weil es die tatsächlichen Motive der Kündigung nennt.[360]

Die Formulierung „insbesondere" zeigt, dass diese Voraussetzung nicht abschließend zu verstehen ist. Die ständige Rechtsprechung hat zusätzlich zu den in Art. L. 1233–3 Abs. 1 Code du travail kodifizierten wirtschaftlichen Schwierigkeiten und technischen Veränderungen zwei weitere Rechtfertigungsgründe für eine wirtschaftlich begründete Kündigung eingeführt: Die notwendige Erhaltung der Wettbewerbsfähigkeit[361] und die Entscheidung des Arbeitgebers, die Unternehmenstätigkeit einzustellen.[362]

Ob wirtschaftliche Schwierigkeiten vorliegen oder die Wettbewerbsfähigkeit bedroht ist, beurteilt sich grundsätzlich auf der Ebene des Unternehmens, dessen Arbeitnehmern gekündigt werden soll. Ist das Unternehmen jedoch konzernzugehörig, ändert sich nach Ansicht des Kassationshofs die Ebene für die gerade genannten Kündigungsmotive:[363] Sie müssen dann im gesamten Geschäftsfeld (*secteurs d'activités*) vorliegen, dem das Unternehmen innerhalb des Konzerns angehört.[364] Das erschwert eine Kündigung durch den Arbeitgeber erheblich, weil wirtschaftliche Schwierigkeiten auf Unternehmensebene weit einfacher nachzuweisen sind als die Schwierigkeiten eines ganzen Geschäftsfeldes. Diese besondere Anforderung ist problematisch, weil sich der Kassationshof bislang nicht dazu geäußert hat, was genau unter dem Begriff eines „Geschäftsfeldes" zu verstehen ist und somit den Instanzgerichten ein weiter Beurteilungsspielraum bleibt.[365]

---

359 *Peskine/Wolmark:* Droit du travail, 8. Aufl., 2013, S. 398.

360 *Mazeaud:* Droit du travail, 8. Aufl., 2012, S. 485.

361 Cass.soc., Urt. v. 5. 04. 1995 - n° 93–42690, Bulletin civil V n° 123.

362 Cass.soc., Urt. v. 16. 01. 2001 - n° 98–44647, Bulletin civil V n° 10; *Auzero/Dockès:* Droit du travail, 28. Aufl. (2014), S. 565; *Kömpf/Sihler*, Gesellschafts- und Wirtschaftsrecht 2012, S. 173 ff; *Auzero/Dockès:* Droit du travail, 28. Aufl., 2014(174).

363 Cass.soc., Urt. v. 5. 04. 1995 - n° 93–42690, Bulletin civil V n° 123.

364 *Dumure-Lambert:* Les groupes de sociétés à l'épreuve du co-emploi, 18.06.2013 Folie 22; *Couturier/Lokiec/Tarasewicz/Masanovic*, SSL 2013, n°1571, S. 33 ff. (36); Im deutschen Recht kommt es jedoch bei der betriebsbedingten Kündigung allein darauf an, ob die Beschäftigungsmöglichkeit aufgrund der Verhältnisse des Betriebs weggefallen ist. Die Konzernzugehörigkeit spielt hingegen keine Rolle. *Oetker,* in: *Müller-Glöge/ Preis/ Schmidt,* 14. Aufl., 2014, § 1 KSchG, S. 2163, Rn. 216.

365 *Couturier/Lokiec/Tarasewicz/Masanovic*, SSL 2013, n°1571, S. 33 ff. (36); so auch *Sonnenberger/Dammann:* Französisches Handels- und Wirtschaftsrecht, 3. Aufl., 2008, S. 363.

Die Kündigungsmotive „technischer Fortschritt" sowie „Geschäftsaufgabe" sind von diesen Vorgaben ausgenommen. Die Geschäftsaufgabe darf aber nicht auf Verschulden oder auf beschämender Leichtfertigkeit des Arbeitgebers beruhen[366], der technische Fortschritt muss von hinreichender Bedeutung sein.[367]

Im Rahmen der wirtschaftlich induzierten Kündigungsrechts ist die Wiedereingliederungsverpflichtung (*obligation de reclassement*) besonders relevant. Nach Ansicht der *Cour de cassation* resultiert sie aus der Loyalitätspflicht des Arbeitgebers gegenüber dem Arbeitnehmer. Der Arbeitgeber muss im Vorfeld einer wirtschaftlich bedingten Kündigung dem Arbeitnehmer eine andere freie Position anbieten.[368] Die Pflicht zur Wiedereingliederung ist Ausdruck des „ultima ratio"-Gedankens, wonach eine Kündigung erst dann ausgesprochen werden soll, wenn es keine andere Möglichkeit mehr gibt, das Arbeitsverhältnis aufrechtzuerhalten. Insofern ist die Kündigung erst dann gerechtfertigt „wenn es dem Arbeitgeber unmöglich ist, den Arbeitnehmer an anderer Stelle einzusetzen."[369]

Die *obligation de reclassement* wurde ursprünglich von der Rechtsprechung entwickelt[370] und findet sich nun in Art. L. 1233–4 Code du travail wieder. Nach einer alternativen Verwendungsmöglichkeit muss sowohl in dem Unternehmen gesucht werden, in welchem der Arbeitnehmer bislang gearbeitet hat, als auch in anderen Unternehmensteilen des Konzerns, zu welchem das kündigende Unternehmen gehört, Art. L. 1233–4 Abs. 1 Code du travail.[371] Wird der Arbeitgeber

366 Cass.soc., Urt. v. 16. 01. 2001 – n° 98–44647, Bulletin civil V n° 10.

367 *Auzero/Dockès:* Droit du travail, 28. Aufl., 2014, S. 568.

368 *Sonnenberger/Dammann:* Französisches Handels- und Wirtschaftsrecht, 3. Aufl., 2008, S. 363.

369 Cass.soc., Urt. v. 17. 03. 1999 – n° 97–40515, Bulletin civil V n° 127; Gleiches gilt auch im deutschen Recht. Dort ist eine Kündigung dann sozial ungerechtfertigt, wenn der Arbeitnehmer an einem anderen Arbeitsplatz in demselben Betrieb oder in einem anderen Betrieb desselben Unternehmens weiterbeschäftigt werden kann, § 1 Abs. 2 S. 2 Nr. 1b KSchG, *Kaiser,* in: *Dornbusch/ Fischermeier/ Löwisch,* 5. Aufl, 2013, § 1 KSchG, S. 1767, Rn. 151.

370 Cass.soc., Urt. v. 1. 04. 1992 – n° 89–43494, Bulletin civil V n° 228.

371 *Peskine/Wolmark:* Droit du travail, 8. Aufl., 2013, S. 411; Anders jedoch im deutschen Recht, wonach der Arbeitgeber den Arbeitnehmer grundsätzlich nicht in einem anderen konzernzugehörigen Unternehmen beschäftigen muss. Das KSchG ist nämlich nicht konzernbezogen. Etwas anderes gilt nur dann, wenn zwei Voraussetzungen vorliegen: Der Arbeitnehmer ist von vornherein für den Konzern eingestellt worden ist oder hat sich im Arbeitsvertrag mit einer Versetzung im gesamten Konzern einverstanden erklärt oder der Arbeitgeber muss dem Arbeitnehmer eine Übernahme durch ein anderes Konzernunternehmen zugesagt haben.

seiner Pflicht zur Wiedereingliederung nicht gerecht, so handelt es sich nicht um einen Fehler im Kündigungsverfahren, sondern um eine ungerechtfertigte Kündigung. Die *obligation de reclassement* ist damit ebenso materielle Kündigungsvoraussetzung wie der Kündigungsgrund selbst.[372]

Das Verfahren für eine wirtschaftlich bedingte Kündigung ist, aufbauend auf dem allgemeinen Kündigungsrecht, eigens geregelt, je nachdem um welche Art von Kündigung es sich handelt. Dabei sind zwei zentrale Unterscheidungen zu treffen. Es gilt zum einen zu unterscheiden, ob die Kündigung eine Einzelmaßnahme ist oder ob aus demselben Kündigungsgrund gleich mehrere Arbeitnehmer entlassen werden.

Bei der Kündigung mehrerer Mitarbeiter ist wiederum zu unterscheiden, ob es sich um eine kleine kollektive (zwei bis neun Arbeitnehmer innerhalb von 30 Tagen) oder um eine große kollektive Kündigung[373] (wenigstens 10 Arbeitnehmer innerhalb von 30 Tagen) handelt.[374]

Das Verfahren in Rahmen von kollektiven Entlassungen (ab zwei Arbeitnehmern) ist mit speziellen Informations- und Beratungspflichten des Arbeitgebers (*obligation d'information et de consultation*) verbunden, deren Umfang davon abhängt, ob es sich um eine kleine oder um eine große Kollektiventlassung handelt.[375] Adressat dieser Informations- und Beratungspflicht ist im Regelfall der Unternehmensausschuss.[376]

In Unternehmen mit mindestens 50 Beschäftigten muss[377] bei einer großen Kollektiventlassung ein Beschäftigungssicherungsplan aufgestellt werden, Art. L. 1233-61 Code du travail.[378] Dieser Plan hat das Ziel, die beabsichtigten

---

Zweitens muss die Arbeitgeber-Gesellschaft bestimmend auf die Beschäftigung des Arbeitnehmers im anderen Konzernunternehmen Einfluss nehmen, *Kaiser,* in: *Dornbusch/ Fischermeier/ Löwisch,* 5. Aufl, 2013, § 1 KSchG, S. 1767, Rn. 153.

372 *Mazeaud:* Droit du travail, 8. Aufl., 2012, S. 498.

373 Durch das Gesetz zur Sicherung des Arbeitsplatzes vom 14.06.2013 („loi du 14.06.2013 relative à la sécurisation de l'emploi") wurden zahlreiche Vorschriften hinsichtlich großer Massenentlassungen völlig neu überarbeitet; dazu ausführlicher unter § 5C.II.4.a, ab S. 84 zum PSE.

374 *Peskine/Wolmark:* Droit du travail, 8. Aufl., 2013, S. 400.

375 *Auzero/Dockès:* Droit du travail, 28. Aufl., 2014, S. 532.

376 *Mazeaud:* Droit du travail, 8. Aufl., 2012, S. 512.

377 Bei Unternehmen mit weniger als 50 Beschäftigten ist der PSE nicht obligatorisch, kann aber auf freiwilliger Basis aufgestellt werden.

378 Vor allem im Rahmen des Beschäftigungssicherungsplans kam es aufgrund des Gesetzes vom 14.06.2013 zu erheblichen Neuerungen. Die folgenden Ausführungen zum PSE gelten aber sowohl nach alter wie auch nach neuer Gesetzeslage.

Kündigungen mit allen Mitteln und Möglichkeiten ganz oder teilweise zu vermeiden und das Arbeitsverhältnis durch Umsetzung auf einen anderen Arbeitsplatz zu erhalten.[379] Zu diesem Zweck kann der PSE unter anderem Maßnahmen zur Weiterbildung und Umschulung vorsehen, Art. L. 1233–62 Code du travail.

Wird ein PSE nicht aufgestellt oder entspricht er nicht den gesetzlichen Vorgaben, sind das Kündigungsverfahren und alle daraufhin ergangenen Maßnahmen sowie die Kündigung selbst unwirksam.[380] Die Arbeitnehmer können dann die Fortführung des Arbeitsvertrages oder die Rückkehr auf ihre früheren Arbeitsplätze verlangen. Machen die Arbeitnehmer diese Ansprüche nicht geltend oder ist die Wiedereingliederung dem Arbeitgeber unmöglich, so erhält der Arbeitnehmer einen Entschädigungsanspruch in Höhe von mindestens zwölf Monatsgehältern, Art. L. 1235–11 Code du travail. Hinzu tritt regelmäßig eine Entschädigung wegen des fehlerhaften Kündigungsverfahrens. Außerdem werden die Gehälter bezahlt, die der Arbeitgeber dem Arbeitnehmer für das laufende Arbeitsverhältnis schuldet, das durch die Kündigung ja nicht aufgelöst wurde.[381] Dadurch können empfindliche Entschädigungsansprüche gegen den Arbeitgeber entstehen.

II. Die wirtschaftlich bedingte Kündigung unter spezieller Berücksichtigung einer Mitarbeitgebersituation

Die Rechtsprechung des Kassationshofs zum *co-emploi* wirkt sich besonders bei Kündigungen wegen Geschäftsaufgabe (*cessation d'activité*), beim Kündigungsschreiben, bei der Wiedereingliederungsverpflichtung und bei der Pflicht zur Aufstellung eines PSE aus.

1. Die Konzernmutter als Mitarbeitgeberin und die Geschäftsaufgabe

Seit der Entscheidung „*Royal Printemps*"[382] gilt die Geschäftsaufgabe gemeinhin als ungeschriebener und autonomer Kündigungsgrund im Rahmen des Art. L. 1233–3 Code du travail.[383]

Die *Cour de cassation* führte dazu aus, dass schon der Wortlaut des Art. L. 1233–3 Code du travail zeige, dass die darin enthaltenen Kündigungsgründe nicht abschließend sind. Neben den explizit erwähnten Kündigungsgründen

---

379 *Auzero/Dockès:* Droit du travail, 28. Aufl., 2014, S. 552.
380 *Auzero/Dockès:* Droit du travail, 28. Aufl., 2014, S. 573.
381 *Peskine/Wolmark:* Droit du travail, 8. Aufl., 2013, S. 375.
382 Cass.soc., Urt. v. 16. 01. 2001 – n° 98–44647, Bulletin civil V n° 10.
383 *Carles*, RPDS 2012, S. 399 ff. (401).

können deshalb auch nicht erwähnte Gründe zur Rechtfertigung der wirtschaftlich induzierten Kündigung herangezogen werden.[384]

So ist etwa der nicht eigens genannte Kündigungsgrund der Geschäftsaufgabe autonom. Die Geschäftsaufgabe muss nämlich nicht aufgrund wirtschaftlicher Schwierigkeiten, technischen Fortschritts oder aufgrund der Notwendigkeit, die Konkurrenzfähigkeit zu erhalten, gerechtfertigt sein, sondern steht für sich allein.[385] Das bedeutet, dass der Arbeitgeber eine Geschäftsaufgabe nicht begründen muss. Sein Wille, das Unternehmen in Zukunft nicht mehr weiter zu führen und die daraus folgende unternehmerische Entscheidung, das Geschäft aufzugeben, werden rechtlich nicht in Frage gestellt.

Die Sonderstellung dieses Kündigungsgrundes entspringt folgender Überlegung: Die *cessation d'activité* ist Ausprägung der unternehmerischen Freiheit, die dem Arbeitgeber verfassungsrechtlich garantiert ist.[386] Diese unternehmerische Freiheit umfasst nicht nur, ein Unternehmen zu gründen und zu führen, sondern auch, die Tätigkeit wieder einzustellen.[387] Der Unternehmer, der ab Gründung eines Unternehmens stets das wirtschaftliche Risiko trägt, soll frei entscheiden können, ab wann er nicht mehr bereit dazu ist, dieses Risiko weiter auf sich zu nehmen. Die Entscheidung, ein Geschäft aufzugeben, kann viele Gründe haben. So könnte es sein, dass der Unternehmer keine Erben hat oder keinen Käufer für sein Unternehmen findet. Ebenso könnte eine Schließung durch Krankheit oder durch das Auslaufen eines gewerblichen Mietvertrages, der nicht weiter verlängert wird, bedingt sein.[388] In jedem Fall steht es dem Unternehmer frei, zu entscheiden, ob und wann er sein Geschäft aufgibt – unabhängig davon, dass es dadurch zur Kündigung von Mitarbeitern kommt. Diese Feststellung traf der Kassationshof bereits 1956 in seinem berühmten „*Brinon*"-Urteil:[389]

„Nur der Arbeitgeber, der die Verantwortung für sein Unternehmen trägt, ist in der Lage die Umstände zu beurteilen, die ihn dazu veranlassen, seinen Betrieb aufzugeben. Und kein Gesetz kann ihn dazu zwingen, die Geschäftstätigkeit einzig aus dem Grund aufrecht zu erhalten, der Belegschaft ihre Arbeitsplätze

384 *Savatier*, DS 2001, S. 413 ff. (414).

385 So bereits Cass.soc., Urt. v. 1. 03. 2000 – n° 98-40340, Bulletin civil V n° 81; *Couturier*, DS 2011, S. 372 ff. (374).

386 *Bailly*, SSL 2011, n°1504, S. 6 ff. (6).

387 Cour de Cassation, http://www.webcitation.org/6PhsTnTcm.

388 *Reynès*, JCPS 2012, n°1292, S. 8 ff. (9).

389 Cass.soc., Urt. v. 31. 05. 1956 – n° 56-04323, Bulletin civil V n° 499; *Drai*, RDT 2011, S. 285 ff. (285).

weiter zu sichern. Vorausgesetzt allerdings er hält die Vorschriften des Arbeitsgesetzbuchs ein."[390]

Das französische Verfassungsgericht, der *Conseil constitutionnel*, hat in einem Urteil vom 12.01.2002[391] die Geschäftsaufgabe als autonomen und ungeschriebenen Kündigungsgrund bestätigt. Das Gericht hatte sich über die Vereinbarkeit einer Vorschrift mit der französischen Verfassung zu äußern. Die Regelung, die im Rahmen des Gesetzes zur sozialen Modernisierung[392] ergehen sollte, sah vor, dass künftig nur noch drei Gründe eine wirtschaftlich bedingte Kündigung rechtfertigen sollten: Wirtschaftliche Schwierigkeiten, technischer Fortschritt und die Notwendigkeit, die Wettbewerbsfähigkeit zu wahren.

Das Verfassungsgericht sah diese Vorschrift als verfassungswidrig an, weil sie nicht mit der verfassungsrechtlich garantierten unternehmerischen Freiheit in Einklang stand. Diese müsse insbesondere auch durch den autonomen Kündigungsgrund der Geschäftsaufgabe gewährleistet werden.[393]

Der Kündigungsgrund der Geschäftsaufgabe erfährt aber auch Einschränkungen. Ohne dies wäre er nämlich ein willkommenes Instrument, um die den Arbeitnehmer schützenden Vorschriften auszuhebeln, vor allem die strengen Anforderungen an die Kündigungsgründe und die Pflicht zur Wiedereingliederung.

Der autonome Kündigungsgrund *cessation d'activité* wird deshalb nur akzeptiert, wenn das Geschäft vollständig und endgültig aufgegeben wird.[394] Handelt es sich lediglich um eine teilweise oder nur vorübergehende Schließung, muss sie durch die in Art. L. 1233-3 Code du travail genannten Kündigungsgründe gerechtfertigt sein oder dem Erhalt der Wettbewerbsfähigkeit dienen. Dementsprechend müssen Restrukturierungen und damit einhergehende Betriebsstättenschließungen innerhalb eines Unternehmens immer zusätzlich gerechtfertigt

---

390 „L'employeur qui porte la responsabilité de l'entreprise est seul juge des circonstances qui le déterminent à cesser son exploitation, et aucune disposition légale ne lui fait l'obligation de maintenir son activité à seule fin d'assurer à son personnel la stabilité de son emploi, pourvu qu'il observe, à l'égard de ceux qu'il emploie, les règles édictées par le Code du travail".

391 C.const., Urt. v. 12. 01. 2002 - n° 2001-455 DC.

392 „Loi de modernisation sociale".

393 *Couturier*, DS 2011, S. 372 ff. (373).

394 „Cessation totale et définitive"; zur Voraussetzung der vollständigen Geschäftsaufgabe siehe Cass.soc., Urt. v. 16. 03. 2004 - n° 01-44477, unveröffentlicht und Cass. soc., Urt. v. 10. 10. 2006 - n° 04-43453, Bulletin civil V n° 296; zur Voraussetzung der endgültigen Geschäftsaufgabe siehe Cass.soc., Urt. v. 15. 10. 2002 - n° 01-46240, Bulletin civil V n° 311.

werden.[395] Sie stellen keinen eigenständigen Kündigungsgrund dar. Grund dafür ist, dass sie nicht den Willen des Arbeitgebers wiederspiegeln, sich vom Markt zurückzuziehen, sondern ganz im Gegenteil die künftigen Geschäftsaussichten verbessern sollen.[396] Im Namen der unternehmerischen Freiheit dürfen aber gerade solche Kündigungen nicht ausgesprochen werden, die nur der Gewinnoptimierung innerhalb eines Unternehmens dienen.

Der Kündigungsgrund Geschäftsaufgabe wurde noch weiter eingeschränkt mit der bereits genannten Entscheidung „*Royal Printemps*" aus dem Jahre 2001.[397] Soweit der Arbeitgeber die Geschäftsaufgabe schuldhaft oder beschämend leichtfertig herbeigeführt hat, stellt sie keinen eigenständigen Kündigungsgrund mehr dar und muss ebenfalls durch wirtschaftliche Schwierigkeiten oder technischen Fortschritt zusätzlich gerechtfertigt oder zur Erhaltung der Wettbewerbsfähigkeit notwendig sein, Art. L. 1233-3 Code du travail. Vor Gericht darf deshalb der Grund der Geschäftsaufgabe ausnahmsweise daraufhin überprüft werden, ob ein Fehlverhalten zur Schließung geführt hat.[398] Reine Managementfehler genügen in der Regel allerdings nicht, um ein Verschulden oder ein leichtfertiges Verhalten zu begründen.[399]

Das bereits dargestellte *Jungheinrich-I* Urteil nennt die dritte Einschränkung für den Fall, dass eine konzernzugehörige Tochtergesellschaft schließt und die Konzernmutter Mitarbeitgeberin der Tochter-Arbeitnehmer ist. Diese Rechtsprechung überträgt den Grundgedanken der Geschäftsaufgabe auf die Konzernstruktur.[400] Im Falle einer Mitarbeitgeberschaft ist die Tochtergesellschaft nicht mehr autonom. Sie ist nur noch eines von mehreren Konzernunternehmen und gleicht damit mehr einer Betriebsstätte als einem selbständig handlungsfähigen Unternehmen. Die Entscheidungsgewalt über das Schicksal der Tochtergesellschaft liegt bei der Konzernmutter als Mitarbeitgeberin.

---

395 *Couturier*, DS 2011, S. 372 ff. (374); *Géa*, RDT 2011, S. 168 ff. (168).

396 *Savatier*, DS 2001, S. 413 ff. (413).

397 Cass.soc., Urt. v. 16. 01. 2001 – n° 98-44647, Bulletin civil V n° 10.

398 *Bailly*, SSL 2011, n°1476, S. 6 ff. (7); so auch *Kömpf/Sihler*, Gesellschafts- und Wirtschaftsrecht 2012, S. 173 ff. (175).

399 Cass.soc., Urt. v. 14. 12. 2005 – n° 03-44380, Bulletin civil V n° 365; Cour de Cassation, http://www.webcitation.org/6PhsTnTcm.

400 Bislang war die Konzernzugehörigkeit eines Unternehmens für die Geschäftsaufgabe nicht relevant, siehe z.B. Cass.soc., Urt. v. 8. 07. 2009 – n° 08-41644, unveröffentlicht; *Bailly*, SSL 2011, n°1504, S. 6 ff. (6); so auch *Querenet-Hahn:* Haften Mütter für ihre Töchter?, 07.07.2012, S. 7.

Legt nun eine Tochtergesellschaft ihre Geschäfte nieder, dann tut sie das nicht, so der Kassationshof, aus freien Stücken und aufgrund eigener unternehmerischer Entscheidung wie ein Einzelunternehmer, sondern weil die Konzernmutter es so will. Die Konzernmutter ist deshalb bei einer derartigen Geschäftsaufgabe als Arbeitgeberin zu sehen, welche die Schließung der Tochter anordnet – gleich einem Einzelunternehmen, das sich nicht ganz vom Markt zurückzieht, sondern nur eine Betriebsstätte schließt.[401]

Es handelt sich deshalb bei der Schließung einer Tochtergesellschaft aus Sicht des Kassationshofs nur um eine partielle Geschäftsaufgabe:[402] Denn der Konzern stellt in der Regel nicht seine gesamte Geschäftstätigkeit ein, sondern zieht sich mit Schließung der Tochtergesellschaft nur aus einem Teilbereich zurück. Die Kündigungen, die bei Schließung der Tochter ausgesprochen werden, müssen deshalb ebenso wie bei Schließung einer bloßen Betriebsstätte durch zusätzliche Kündigungsgründe gerechtfertigt sein.[403]

Vor der Entscheidung *Jungheinrich-I* konnte ein Konzern als besondere Organisationsform leichter restrukturieren und reorganisieren als ein Einzelunternehmen ohne Konzernstruktur. Letzteres musste eine teilweise Geschäftsaufgabe immer noch durch zusätzliche Kündigungsgründe rechtfertigen, wohingegen der Konzern Tochtergesellschaften einfach schließen konnte, ohne weiteren Anforderungen gerecht werden zu müssen. Selbst wenn sich die Töchter selbst oder der Geschäftsbereich, in dem sie tätig waren, bester wirtschaftlicher Gesundheit erfreuten, war eine Schließung möglich.[404] Denn der Kündigungsgrund der Geschäftsaufgabe wurde nur auf der Ebene des einzelnen Tochterunternehmens beurteilt und nicht im Gesamtzusammenhang mit dem Konzern gesehen.[405]

Der Kassationshof vereinheitlicht mit seiner Rechtsprechung den Kündigungsgrund der Geschäftsaufgabe für verschiedene gesellschaftsrechtliche Organisationsformen.[406] Maßgeblich sind für ihn zwei Aspekte: Zum einen prüft er, wer in einer Organisationsform tatsächlich die Entscheidung über die Geschäftsaufgabe trifft („Frage der Mitarbeitgeberschaft"), um die Beurteilungsebene für die Geschäftsaufgabe festzustellen. Ob diese Person auch vertraglicher Arbeitgeber ist, spielt für ihn keine Rolle. Zum anderen ist für den Kassationshof

401 *Cesaro*, RJS 2013, S. 3 ff. (11).

402 *Couturier*, DS 2011, S. 372 ff. (377).

403 *Morvan*, JCPS 2011, n°1065, S. 33 ff. (35); *Morvan*, BJS 2011, n°117, S. 215 ff. (218).

404 *Auzero*, Lexbase Hebdo édition sociale 2011, n°426, S. 1 ff. (5).

405 *Bon*, JSL 2011, n°294, S. 14 ff. (15).

406 *Bon*, JSL 2011, n°294, S. 14 ff. (15).

ausschlaggebend, ob die *gesamte Organisationsform* durch die Geschäftsaufgabe vom Markt verschwindet oder ob die Schließung nur eine Reorganisationsmaßnahme darstellt („Frage der vollständigen und endgültigen Geschäftsaufgabe“).

2. Die Konzernmutter als Mitarbeitgeberin und das Kündigungsschreiben

Das Kündigungsschreiben ist allgemein in Art. L. 1232-6 Code du travail[407] geregelt. Der Arbeitgeber muss danach seine Kündigungsentscheidung dem Arbeitnehmer per Einschreiben mitteilen.[408] Das Kündigungsschreiben muss dabei den oder die Gründe für die Kündigung nennen.[409] Dadurch wird im Falle eines gerichtlichen Verfahrens auch der Streitgegenstand auf die im Kündigungsschreiben aufgeführten Gründe begrenzt. Der Arbeitgeber kann sich somit vor Gericht nicht mehr auf andere, im Kündigungsschreiben nicht genannte Gründe, berufen.[410]

Der Kassationshof ist streng hinsichtlich der Begründungsverpflichtung. Die Kündigungsgründe müssen präzise[411] im Schreiben angegeben werden und dürfen nicht nur aus Gemeinplätzen bestehen.[412] Bei einer Kündigung aus wirtschaftlichem Grund muss mindestens ein wirtschaftlich induzierter Kündigungsgrund genannt werden[413] sowie die Folgen, die dieser Grund nach sich zieht.[414] Beispielsweise kann eine mögliche Folge der Wegfall des Arbeitsplatzes sein.[415]

Kommt der Arbeitgeber diesen Anforderungen nicht nach und begründet die Kündigung entweder gar nicht oder nur ungenau, ist die ausgesprochene Kündigung ungerechtfertigt.[416] Der Arbeitnehmer kann dann Schadensersatzansprüche geltend machen.[417]

---

407 Für die wirtschaftlich bedingte Kündigung siehe ab Art. L. 1233-15 ff. Code du travail.

408 *Peskine/Wolmark:* Droit du travail, 8. Aufl., 2013, S. 361.

409 *Auzero/Dockès:* Droit du travail, 28. Aufl., 2014, S. 476.

410 *Teyssié:* Code du travail 2014, 29. Aufl., 2013, S. 221.

411 Cass.soc., Urt. v. 17. 01. 2006 - n° 04-40740, Bulletin civil V n° 16.

412 *Ray:* Droit du travail, 22. Aufl., 2013, S. 265.

413 Art. L. 1233-16 Abs. 1 Code du travail.

414 *Peskine/Wolmark:* Droit du travail, 8. Aufl., 2013, S. 362.

415 Cass.soc., Urt. v. 6. 07. 1999 - n° 97-41547, Bulletin civil V n° 328; *Teyssié:* Code du travail 2014, 29. Aufl., 2013, S. 246; Cass.soc., Urt. v. 27. 03. 2012 - n° 11-14223, Bulletin civil V n° 108.

416 Cass.soc., Urt. v. 17. 01. 2001 - n° 98-46447, Bulletin civil V n° 13.

417 *Peskine/Wolmark:* Droit du travail, 8. Aufl., 2013, S. 361.

Stellt das Gericht die Mitarbeitgeberstellung einer Konzerngesellschaft fest, so muss diese nach Ansicht des Kassationshofs kein eigenes zusätzliches Kündigungsschreiben für den zu kündigenden Arbeitnehmer verfassen. Es reicht das Kündigungsschreiben der Arbeitgeber-Gesellschaft, um die Wirkungen der Vertragsauflösungen herbeizuführen.[418]

Konkrete Auswirkung hat die Mitarbeitgeberstellung jedoch bei einem Liquidationsverfahren der Arbeitgeber-Gesellschaft. Entgegen der bisherigen Rechtsprechung des Kassationshofs reicht dann nämlich nicht mehr nur der Verweis auf das handelsgerichtliche Urteil. Seit *Briffaz II*[419] müssen im Kündigungsschreiben auch die wirtschaftlichen Schwierigkeiten auf Konzernebene angegeben werden. Sagt das Kündigungsschreiben in einem solchen Fall dazu nichts, ist die Kündigung ungerechtfertigt.[420]

3. Die Konzernmutter als Mitarbeitgeberin und die obligation de reclassement

Wie bereits dargestellt, muss der Arbeitgeber im Vorfeld einer Kündigung nach Wiedereingliederungsmöglichkeiten suchen und dem Arbeitnehmer schriftlich und in eindeutiger Form einen anderen Arbeitsplatz anbieten, Art. L. 1233–4 Abs. 3 Code du travail. Der Arbeitsplatz muss der bisherigen Position entsprechen und genauso bezahlt sein. Falls eine solche Stelle nicht verfügbar ist, kann dem Arbeitnehmer eine niedrigere Position angeboten werden – allerdings nur wenn er damit einverstanden ist, Art. L. 1233–4 Abs. 2 Code du travail. Wie oben ausgeführt, muss der Arbeitgeber eines konzernzugehörigen Unternehmens nicht nur im eigenen Betrieb nach alternativen Stellen suchen, sondern auch in anderen Unternehmen, die zum Konzern gehören, Art. L. 1233–4 Abs. 1 Code du travail.[421]

Handelt es sich um einen internationalen Konzern, muss der Arbeitgeber auch bei den ausländischen konzernzugehörigen Unternehmen nach einer freien Stelle suchen. Allerdings darf er dem Arbeitnehmer einen Posten im

---

418 Cass.soc., Urt. v. 1. 06. 2004 – n° 01–47165, unveröffentlicht; *Chauvet/Mazeaud/Lyon-Caen/Mazars:* Bulletin d'information, 1.10.2012, S. 82.

419 Cass.soc., Urt. v. 15. 02. 2012 – 10–13897, RJS 5/12 n° 410.

420 *Chauvet/Mazeaud/Lyon-Caen/Mazars:* Bulletin d'information, 1.10.2012, S. 82.

421 Diese Ausweitung auf konzernzugehörige Unternehmen hat seinen Ursprung ebenfalls in der Rechtsprechung, so z.B. Cass.soc., Urt. v. 15. 05. 1991 – n° 89–44928, Bulletin civil V n° 238; Cass.soc., Urt. v. 5. 04. 1995 – n° 93–42690, Bulletin civil V n° 123.

Ausland nur dann anbieten, wenn er zuvor dessen Einverständnis dazu eingeholt hat, Art. L. 1233-4-1 Code du travail.

Nach der Rechtsprechung erstreckt sich die *obligation de reclassement* bereits seit 1992[422] nur auf solche konzernzugehörigen Unternehmen, deren Geschäftstätigkeit und Organisation es erlauben würden, die gesamte oder wenigstens einen Teil der Belegschaft untereinander auszutauschen. Die Austauschbarkeit kann sich daraus ergeben, dass die Unternehmen ein gemeinsames Management, eine gemeinsame Produktion oder ähnliche Tätigkeitsfelder haben.[423]

Der Arbeitnehmer hat ein Recht auf Wiedereingliederung, muss ein alternatives Arbeitsplatzangebot aber nicht akzeptieren. Dieses Recht hat der Verfassungsrat in einem Urteil vom 13.01.2005[424] bestätigt. Er sieht die Grundlage dafür im verfassungsrechtlich geschützten „Recht auf einen Arbeitsplatz".[425]

Kommt der Arbeitgeber seiner Pflicht zur Wiedereingliederung nicht nach, ist die Kündigung ungerechtfertigt und der Arbeitnehmer kann Schadensersatz geltend machen, Art. L. 1235-3 Abs. 2 bzw. Art. L. 1235-5 Abs. 2 Code du travail.

Diese Pflicht zur Wiedereingliederung ist problematisch, weil sie den Arbeitgeber in Konzernstrukturen zu etwas verpflichtet, was er im Regelfall kaum leisten kann. Er muss nämlich nach freien Stellen in anderen Konzernunternehmen suchen, mit denen ein Personalaustausch möglich wäre. Das setzte voraus, dass diese Unternehmen die Arbeitgeber-Gesellschaft über freie Positionen informierten. Dazu aber sind sie von Gesetzes wegen nicht verpflichtet.[426] Die *Cour de cassation* hat dies in ihrem viel diskutierten Urteil in Sachen *Flodor* vom 13.01.2010[427] noch einmal unterstrichen.

Danach erwächst einem Unternehmen nicht schon aus der Tatsache, dass es konzernzugehörig ist, die Pflicht zur Wiedereingliederung. Einzig das

---

422 Cass.soc., Urt. v. 25. 06. 1992 - n° 90-41244, Bulletin civil V n° 420; bestätigt durch Cass.soc., Urt. v. 3. 11. 2011 - n° 10-15176, unveröffentlicht sowie Cass.soc., Urt. v. 13. 12. 2011 - n° 10-21745, unveröffentlicht.

423 *Hautefort*, SSL supplément 2010, n°1432, S. 12 ff. (12).

424 C.const., Urt. v. 13. 01. 2005 - n° 2005-509 DC.

425 „Droit de chacun d'obtenir un emploi".

426 *Auzero/Dockès:* Droit du travail, 28. Aufl., 2014, S. 523.

427 Cass.soc., Urt. v. 13. 01. 2010 - n° 08-15776, Bulletin civil V n° 5; In dieser Entscheidung machten die Arbeitnehmer einen deliktischen Schadensersatzanspruch gegen die Konzernschwester geltend, weil diese dem Gesuch des Insolvenzverwalters des Arbeitgeber-Unternehmens nicht nachgekommen war, ihm Auskunft über Wiedereingliederungsmöglichkeiten zu erteilen. Dadurch konnte der Insolvenzverwalter nicht seiner Pflicht zur Aufstellung eines PSE genügen.

Unternehmen, das Arbeitgeber der zu kündigenden Arbeitnehmer ist, muss nach Wiedereingliederungsmöglichkeiten suchen.[428]

Mischt sich eine Konzernmutter derart in die Geschäfte einer Tochtergesellschaft ein, dass sie deswegen als Mitarbeitgeberin qualifiziert wird, dann muss sie nach Ansicht des Kassationshofs ebenfalls der Verpflichtung zur Wiedereingliederung nachkommen.[429] Die Muttergesellschaft wird somit gezwungen wie der vertragliche Arbeitgeber nach freien Stellen im eigenen Unternehmen sowie in anderen konzernzugehörigen Gesellschaften zu suchen, mit denen ein Personalaustausch möglich wäre.

Der Mitarbeitgeber muss seinerseits den gerade genannten Anforderungen an die *obligation de reclassement* gerecht werden und den Arbeitnehmern zum Beispiel konkrete Angebote zur Wiedereingliederung unterbreiten.

4. Die Konzernmutter als Mitarbeitgeberin und der plan de sauvegarde de l'emploi

Der Beschäftigungssicherungsplan ist entscheidender und obligatorischer Verfahrensschritt bei großen Kollektivkündigungen in Unternehmen mit mindestens 50 Arbeitnehmern, Art. L. 1233–61 Abs. 1 Code du travail. Es führt grundsätzlich zur Unwirksamkeit aller späteren Kündigungen, wenn er nicht den gesetzlichen Vorgaben entsprechend durchgeführt wird.[430]

Der französische Gesetzgeber hat mit dem „Gesetz zur Sicherung des Arbeitsplatzes" vom 14.06.2013[431] zahlreiche Neuerungen für die Erstellung und die Kontrolle eines PSE eingeführt. Die maßgebliche Rechtsprechung zur Mitarbeitgeberschaft bei der Erstellung eines PSE erging bisher aufgrund alter Rechtslage.[432]

---

428 „(…) Qu'il en résulte qu'une société relevant du même groupe que l'employeur n'est pas, en cette seule qualité, débitrice envers les salariés qui sont au service de ce dernier d'une obligation de reclassement et qu'elle ne répond pas, à leur égard, des conséquences d'une insuffisance des mesures de reclassement prévues dans un plan de sauvegarde de l'emploi".

429 Cass.soc., Urt. v. 28. 09. 2011 - n° 10–12278, BJS 2012, n° 15; Cass.soc., Urt. v. 12. 09. 2012 - n° 11–12351, BJS 2012, n° 464; Ebenso TGI Lons-le-Saunier, Urt. v. 22. 08. 2012 - n° 12–01079, RJS 11/12 n° 860.

430 *Auzero/Dockès*: Droit du travail, 28. Aufl., 2014, S. 549.

431 Gesetz Nr. 2013–504 vom 14.06.2013, „loi rélative à la sécurisation de l'emploi".

432 Vor allem das Urteil in Sachen *Novoceram,* Cass.soc., Urt. v. 22. 06. 2011 - n° 09–69021, BJS 2011, n° 454, S. 906.

a. Alte und neue Gesetzeslage beim Beschäftigungssicherungsplan

Nach der alten Rechtslage war der PSE ein einseitiger Rechtsakt, den der Arbeitgeber ausarbeiten und anschließend den Arbeitnehmervertretungen vorlegen musste.[433]

Nach neuer Rechtslage bestehen zwei Möglichkeiten, einen PSE aufzustellen: Die erste Möglichkeit entspricht der alten Rechtslage, Art. L. 1233–24–4 Code du travail. Die zweite Möglichkeit besteht darin, sowohl das Verfahren der Kollektivkündigung als auch den Inhalt des PSE in eine Kollektivvereinbarung zwischen Arbeitgeber und Gewerkschaftsorganisationen einzubetten, Art. L. 1233–24–1 Code du travail.[434] Beide Möglichkeiten ziehen jeweils besondere Verfahrensschritte nach sich, an deren Ende seit dem 14.06.2013 die Kontrolle durch eine Arbeitsaufsichtsbehörde[435] steht.[436]

Die Arbeitsaufsichtsbehörde bestätigt die Kollektivvereinbarung innerhalb von 15 Tagen (*validation*) beziehungsweise genehmigt (*homologation*) den einseitig erstellten PSE innerhalb von 21 Tagen nach Erhalt des Plans, sofern die gesetzlichen Anforderungen erfüllt sind, Art. L. 1233–57–1, L.1233–57–4, R. 1233–3–4 Code du travail.[437] Bei einer Kollektivvereinbarung werden die gesetzlichen Anforderungen sehr zurückhaltend überprüft. So wird etwa kontrolliert, ob der PSE die Grundanforderungen erfüllt, ob der Unternehmensausschuss beteiligt und die Formvorschriften eingehalten wurden, Art. L. 1233–57–2 Code du travail. Bei einem einseitigen PSE wird dagegen deutlich strenger geprüft wie dies auch schon nach alter Rechtslage der Fall war (Art. L. 1235–10 Abs. 2 Code du travail a.F.), Art. L. 1233–57–3 Code du travail. So wird vor allem untersucht, ob die im Plan vorgesehenen Maßnahmen den Mitteln und Möglichkeiten des betreffenden Unternehmens, der „UES“[438] respektive des Konzerns entsprechen, dem das Unternehmen angehört, Art. L. 1233–57–3 Code du travail.[439]

---

433 *Peskine/Wolmark:* Droit du travail, 8. Aufl., 2013, S. 417.

434 *Morvan*, JCPS 2013, n°1438, S. 17 ff. (20).

435 Die „DIRECCTE“ (Directions régionales des entreprises, de la concurrence, de la consommation, du travail et de l'emploi) sind dezentrierte regionale Behörden unter der Schirmherrschaft der jeweiligen Ministerien wie beispielsweise dem Arbeitsministerium.

436 *Berjot*, http://www.webcitation.org/6PhsHqnyb.

437 *Auzero/Dockès:* Droit du travail, 28. Aufl., 2014, S. 552.

438 *Unité économique et sociale,* dazu näher unter § 10A.II, S. 164 f.

439 *Léger/Weise,* http://www.webcitation.org/6PhuQHp1j; *Ray:* Droit du travail, 22. Aufl., 2013, S. 354–355.

Der Plan soll Maßnahmen und Mittel nennen, mit deren Hilfe Kündigungen vermieden werden können, Art. L. 1233-61 Abs. 1 Code du travail. Soweit sich Kündigungen jedoch nicht mehr vermeiden lassen, soll der Plan die sozialen Auswirkungen der Kündigungen abmildern.[440] Mögliche Maßnahmen können sein, die Arbeitszeit zu verringern, die Gehälter zu kürzen, eine Frühverrentung, Teilzeitbeschäftigung, eine Umsetzung auf einen anderen Arbeitsplatz innerhalb des Betriebs oder auf einen neuen, externen Arbeitsplatz.[441]

Der Beschäftigungssicherungsplan muss einen Wiedereingliederungsplan (*plan de reclassement*) als wichtigste Alternativmaßnahme enthalten. Dieser muss die Maßnahmen und Mittel auflisten, mit denen der Arbeitgeber seiner Pflicht zur Wiedereingliederung gemäß Art. L. 1233-4 Abs. 1 Code du travail nachkommen will.[442]

Der Kassationshof war bislang sehr streng was den Beschäftigungssicherungsplan anging.[443] Der PSE darf nicht nur abstrakte Vorschläge zur Wiedereingliederung enthalten. Die Maßnahmen müssen vor allem dazu geeignet sein, die Zahl der Arbeitsplatzverluste möglichst gering zu halten.[444] Außerdem ist ein PSE unzureichend, wenn andere als die in ihm aufgeführten Maßnahmen effektiver wären. Es müssen wirklich alle Möglichkeiten ausgeschöpft werden, um bedrohte Arbeitsplätze zu erhalten.[445]

Wurde kein Plan aufgestellt oder genügte der Plan nicht den gesetzlichen Anforderungen, war bislang das gesamte Kündigungsverfahren unwirksam.[446] Seit dem 14.06.2013 gilt diese Rechtsfolge, wenn der Plan nicht von der Arbeitsaufsichtsbehörde bestätigt oder genehmigt wird, wenn die Kündigungen ohne die Kontrolle durch die Arbeitsaufsichtsbehörde erfolgen oder die Bestätigung beziehungsweise die Genehmigung nachträglich gerichtlich aufgehoben wird, Art. L. 1235-10 Code du travail. Die Unwirksamkeit des Kündigungsverfahrens führt zur Unwirksamkeit der bereits ergangenen Kündigungen, Art. L. 1235-11 Abs. 1 Code du travail (ebenso Art. L. 1235-11 Abs. 1 Code du travail a.F.).[447]

---

440 *Mazeaud:* Droit du travail, 8. Aufl., 2012, S. 516.

441 *Auzero/Dockès:* Droit du travail, 28. Aufl., 2014, S. 552.

442 *Mazeaud:* Droit du travail, 8. Aufl., 2012, S. 516, *Auzero/Dockès:* Droit du travail, 28. Aufl., 2014, S. 555.

443 *Mazeaud:* Droit du travail, 8. Aufl., 2012, S. 521-522.

444 Cass.soc., Urt. v. 17. 05. 1995 - n° 94-10535, GADT n° 108.

445 Cass.soc., Urt. v. 28. 03. 2000 - n° 98-21870, Bulletin civil V n° 131.

446 *Auzero/Dockès:* Droit du travail, 28. Aufl., 2014, S. 572; *Peskine/Wolmark:* Droit du travail, 8. Aufl., 2013, S. 418.

447 Cass.soc., Urt. v. 13. 02. 1997 - n° 96-14874, Bulletin civil V n° 64.

Bei einer unwirksamen Kündigung hat der Arbeitgeber die Pflicht, den Arbeitnehmer wieder einzustellen und zwar grundsätzlich auf den Arbeitsplatz, den der Arbeitnehmer vor der Kündigung innehatte.[448] Lehnt der Arbeitnehmer die Wiedereinstellung ab oder ist sie unmöglich, kann er Entschädigungsansprüche gemäß Art. L. 1235–11 Abs. 2 Code du travail geltend machen.

Die Rechtsfolge der Unwirksamkeit unterscheidet sich von der Rechtsfolge der ungerechtfertigten Kündigung vor allem darin, dass der Arbeitgeber bei einer unwirksamen Kündigung die seit Auflösung des Arbeitsverhältnisses ausstehenden Löhne nachzahlen muss. Das ist dann besonders schmerzlich für den Arbeitgeber, wenn sich die Gerichtsverfahren zur Wirksamkeit eines PSE über Jahre hinziehen und dementsprechend hohe Gehaltssummen auflaufen.[449]

Bis zur Gesetzesänderung konnten die Gewerkschaften und der Unternehmensausschuss die Wirksamkeit des PSE vor dem Großinstanzgericht angreifen und ihn für unwirksam erklären lassen.[450] Das Großinstanzgericht hatte nach Art. L. 1235–10 Abs. 2 Code du travail a.F. die Gültigkeit des PSE vor allem daraufhin zu überprüfen, ob alle Mittel und Möglichkeiten eingesetzt wurden, die dem Unternehmen selbst, der UES oder dem Konzern, dem das Unternehmen angehört, zu Gebote stehen.

Auch die Arbeitnehmer konnten sowohl während als auch nach der Aufstellung des PSE die Arbeitsgerichte anrufen, um dort die Unwirksamkeit ihrer Kündigungen feststellen zu lassen. Die Arbeitsgerichte prüften dann unabhängig von einer bereits vorliegenden Entscheidung des Großinstanzgerichts inzident über die Gültigkeit des PSE hinsichtlich des individuellen Arbeitsverhältnisses, Art. L. 1411–1 Code du travail.[451]

Nach neuer Gesetzeslage ist nun für die Gültigkeitskontrolle eines PSE die Arbeitsaufsichtsbehörde zwischengeschaltet, deren Entscheidungen verwaltungsgerichtlich und damit in letzter Instanz vom Staatsrat (*Conseil d'Etat*) als oberstem Verwaltungsgericht kontrolliert werden, Art. L. 1235–7–1 Abs. 2 Code du travail.[452]

---

448 Cass.soc., Urt. v. 11. 12. 2001 – n° 99–42586, Bulletin civil V n° 378.

449 *Peskine/Wolmark:* Droit du travail, 8. Aufl., 2013, S. 375.

450 Das Großinstanzgericht ist nach Art. L. 211–1 und Art. L. 211–3 Code de l'organisation judicaire für all diejenigen zivil- und handelsrechtlichen Streitigkeiten zuständig, für die keine besondere Zuständigkeit begründet ist, *Dupays:* Lamy social, 2013, S. 1259; siehe dazu auch *Münch:* Der Sozialplan im französischen Arbeitsrecht, 2006, S. 209 f.

451 *Münch:* Der Sozialplan im französischen Arbeitsrecht, 2006, S. 209.

452 *Ray:* Droit du travail, 22. Aufl., 2013, S. 357.

Die Entscheidung der Arbeitsaufsichtsbehörde kann innerhalb von zwei Monaten vom Arbeitgeber, den Gewerkschaftsorganisationen und den Arbeitnehmern angegriffen werden. Die Frist beginnt für den Arbeitgeber zu laufen, sobald die Entscheidung bekannt gegeben wird. Für die Arbeitnehmer und die Gewerkschaftsorganisationen läuft die Frist, sobald sie von der Entscheidung Kenntnis erlangen, Art. L. 1235-7-1 Abs. 3 Code du travail. Mit Ablauf der Frist wird der PSE grundsätzlich unangreifbar. Ob und unter welchen Bedingungen die Arbeitnehmer dann die Unwirksamkeit eines PSE aber noch vor den Arbeitsgerichten geltend machen können, ist noch nicht abschließend geklärt. Laut *Pierre Bailly* muss diese Frage künftig erst noch von den Verwaltungs- und Zivilgerichten entschieden werden.[453]

b. Der Beschäftigungssicherungsplan und die Mitarbeitgeberschaft

Die Pflicht zur Erstellung eines PSE trifft nach alter und neuer Gesetzeslage auch in Konzernen grundsätzlich nur das Unternehmen, das Arbeitgeber der zu kündigenden Arbeitnehmer ist. Auch das hat der Kassationshof in seinem bereits zuvor erwähnten Urteil in Sachen *Flodor*[454] vom 13.01.2010 festgestellt. Ebenso wie bei der Wiedereingliederungspflicht sind auch beim PSE andere konzernzugehörige Unternehmen nicht allein wegen ihrer Konzernzugehörigkeit dazu verpflichtet, einen solchen aufzustellen.[455]

Etwas anderes gilt, ebenfalls analog zur Wiedereingliederungspflicht, wenn eine konzernzugehörige Gesellschaft, meist die Konzernmutter, Mitarbeitgeberin ist. Dann ist sie, gemeinsam[456] mit dem vertraglichen Arbeitgeber, verpflichtet, einen PSE aufzustellen und alle gesetzlichen Anforderungen im Rahmen eines PSE zu erfüllen. Nach alter Gesetzeslage musste die Mitarbeitgeberin deshalb bei der Aufstellung eines PSE auch die Mittel und Möglichkeiten berücksichtigen, die ihr selbst, einer UES oder dem Konzern insgesamt zur Verfügung standen, Art. L. 1235-10 Abs. 2 Code du travail a.F.[457] In der Folge war ein PSE schon dann unwirksam, wenn lediglich einer von zwei Mitarbeitgebern nur auf Basis seiner eigenen Mittel und Möglichkeiten den Plan aufstellte.

---

453 Vgl. Antwort auf Frage 26, Interview vom 12.02.2014.

454 Cass.soc., Urt. v. 13. 01. 2010 – n° 08-15776, Bulletin civil V n° 5; siehe zu dem maßgeblichen Entscheidungsgrund Fußnote 428.

455 *Reynès*, JCPS 2012, n°1292, S. 8 ff. (11).

456 Dass eine gemeinsame Errichtung eines PSE ausreicht, stellte *Pierre Bailly* nochmals in seiner Antwort auf Frage 22 im Interview vom 12.02.2014 klar.

457 *Béal*, http://www.webcitation.org/6Phri8P8z.

Gleiches gilt auch nach neuem Recht, soweit es sich bei dem PSE nicht um eine Kollektivvereinbarung handelt, Art. L. 1233–57–3 n° 1 Code du travail.

Unklar ist hingegen, wie sich die Rechtsprechung zum Mitarbeitgeber auswirkt, wenn eine Kollektivvereinbarung geschlossen wird. Gegebenenfalls muss der Mitarbeitgeber dann auch bei dieser Vereinbarung mitwirken.

Jedenfalls wird die Arbeitsaufsichtsbehörde nun schon bei der Genehmigung respektive bei der Bestätigung des PSE genau prüfen müssen, ob eine Mitarbeitgeberschaft gegeben ist und ob der Mitarbeitgeber seiner Pflicht genauso nachkam wie der vertragliche Arbeitgeber.[458] Andernfalls wird sie die Genehmigung oder Bestätigung verweigern. Arbeitgeber und Mitarbeitgeber müssen dann einen neuen PSE-Vorschlag einreichen.

§ 6 Beweggründe für die Rechtsprechung zur Mitarbeitgeberschaft in Konzernstrukturen

Die Rechtsprechung zur Mitarbeitgeberschaft in Konzernen hat nicht selten massive haftungsrechtliche Folgen für die betroffenen Konzerne. Deshalb stellen sich Fragen nach den Gründen besagter Rechtsprechung: Weshalb sehen französische Gerichte überhaupt die Notwendigkeit, eine Konzernmutter anstelle ihrer Konzerntochter haften zu lassen? Warum reichen schon existierende Mechanismen im französischen Recht, welche Konzernstrukturen durchaus berücksichtigen, nicht aus, um arbeitsrechtliche Haftungsfragen in Konzernen zu klären?

A. Das Dilemma der arbeitsrechtlichen Haftung in Konzernstrukturen

Wie bereits dargestellt, kann ein Konzern als juristisches „Nichts" nicht Träger von Rechten und Pflichten und somit auch nicht Arbeitgeber sein. Etwas anderes gilt für die ihm zugehörigen Gesellschaften aufgrund ihrer juristischen Selbständigkeit. Nur sie können Verbindlichkeiten eingehen und Ansprüche geltend machen.

Diese Ausgangslage begründet die haftungsrechtliche Problematik in Konzernstrukturen, denn sie spiegelt den ursprünglichen Gedanken des Gesellschaftsrechts wider und blendet die tatsächlichen Gegebenheiten in einem Konzern aus.[459]

Das französische Gesellschaftsrecht geht grundsätzlich davon aus, dass jede Gesellschaft wirtschaftlich, finanziell und administrativ unabhängig ist und ihr

---

458 *Singer*, Lexbase Hebdo édition sociale 2013, n°537, S. 1 ff. (3).

459 *Legrand*, DO 2012, n°767, S. 433 ff. (433).

deshalb auch juristische Selbständigkeit zukommen muss.[460] Jede Gesellschaft verfolgt dabei ihr jeweils eigenes Interesse.[461] Diese Annahme ist richtig und konsequent, solange es sich bei der Gesellschaft um eine einzelne auf dem Markt agierende Gesellschaft handelt. Ist sie jedoch in eine Konzernstruktur eingebunden, sind diese Annahmen des französischen Gesellschaftsrechts überholt.

Es liegt im Wesen einer Konzernstruktur, dass die ihr zugehörigen Gesellschaften unter einheitlicher Flagge laufen und damit nicht mehr nur ihre eigenen Interessen verfolgen, sondern auch im Interesse des Konzerns handeln.[462] Das Management wird vereinheitlicht, Arbeitsmittel und Arbeitskräfte der Konzerngesellschaften werden gemeinsam genutzt und untereinander ausgetauscht, eine gleichlautende Konzernstrategie wird durch die Konzernspitze vorgegeben. Die konzerninterne Zentralisierung und Harmonisierung ermöglichen ein hohes Maß an Effektivität und sparen Geld.[463] Der Konzern schöpft gerade daraus seine wirtschaftliche Stärke.

Damit einher geht allerdings fast zwangsläufig, dass die ihm zugehörigen Gesellschaften an wirtschaftlicher, finanzieller und administrativer Unabhängigkeit verlieren.[464] Denn Vereinheitlichung setzt Anpassung voraus und Anpassung ist regelmäßig nur durch Einbußen an Eigenständigkeit möglich. In der Konsequenz müsste die jeweilige konzernzugehörige Gesellschaft auch an juristischer Selbständigkeit verlieren, der Konzern hingegen an juristischer Selbständigkeit gewinnen. Diese Konsequenz zieht das Gesellschaftsrecht aber nicht.

Das führt konzernzugehörige Gesellschaften in einen schwer zu lösenden Widerspruch: Sie sind wirtschaftlich abhängig und gleichzeitig juristisch unabhängig.[465] Sie müssen selbst die Verantwortung für ihr Handeln tragen, obwohl sie de facto, wenigstens zum Teil, fremdgesteuert sind und ausführen, was die Konzernspitze vorgibt und was im Interesse des Konzerns steht.

Eine Entscheidung, die eine haftungsbegründende Handlung auslöst, wird dabei meist auf einer ganz anderen Ebene gefällt: Entschieden wird auf Ebene der Konzernspitze, die haftungsbegründende Handlung selbst nimmt jedoch die wirtschaftlich abhängige Konzerngesellschaft vor. Sie muss dann auch aufgrund

---

460 *Falcke:* Konzernrecht in Frankreich, 1. Aufl., 1996, S. 35.

461 *Leroy*, DO 2013, n°779, S. 374 ff. (375).

462 *Chaput:* Droit des sociétés, 1. Aufl., 1993, S. 317.

463 *Basuyaux/Dupoirier/Bonnaud:* Les risques encourus par la société mère en cas de procédure collective d'une filiale française, 23.10.2012, S. 2.

464 *Desoutter:* La responsabilité civile de la société mère vis-à-vis de sa filiale, 2012, S. 32.

465 *Falcke:* Konzernrecht in Frankreich, 1. Aufl., 1996, S. 35.

ihrer juristischen Selbständigkeit haften. Die Konzernmutter hingegen haftet nicht, weil sie ja keine eigene Rechtspersönlichkeit besitzt.[466]

Das Gesellschaftsrecht berücksichtigt nicht, dass ein Unternehmen nicht nur aus einer juristischen Person, sondern aus mehreren juristischen Personen bestehen kann, wenn man sich für eine Konzernstruktur entscheidet. Die Betrachtung müsste in einem solchen Fall einheitlich erfolgen hinsichtlich des Konzerns als Ganzem und nicht formal nach der einzelnen Rechtspersönlichkeit der jeweiligen Tochtergesellschaft.

Dieser Widerspruch zwischen gesellschaftsrechtlichem Grundgedanken und tatsächlichen Gegebenheiten im Konzern eröffnet internationalen Konzernen im Prinzip enorme Möglichkeiten. Sie können ohne große Einschränkungen auf wirtschaftlichen Wandel reagieren.[467] In Zeiten wirtschaftlichen Wachstums können sie problemlos weitere Unternehmen gründen und damit neue Märkte erschließen. In Krisenzeiten wiederum kann der Konzern eine unrentable Filiale schließen oder insolvent werden lassen oder die Tochter in ein kostengünstigeres Land verlagern.[468] Schwierigkeiten erwachsen dadurch vor allem Minderheitsaktionären, Gläubigern und den Arbeitnehmern der jeweiligen Konzerngesellschaft.

So kann das Interesse von Minderheitsaktionären, eine Konzerngesellschaft zu erhalten, konfligieren mit dem Interesse der Großaktionäre des Konzerns, die bereits die Schließung zur Rentabilitätssteigerung ins Auge gefasst haben.

Gläubiger werden womöglich mit der Insolvenz einer Konzerngesellschaft konfrontiert, obwohl sie bei Vertragsschluss von der Zahlungsfähigkeit des Konzerns insgesamt ausgegangen sind.[469]

Für die Arbeitnehmer kann sich aus der Konzernverflechtung ein gesteigertes Arbeitsplatzrisiko ergeben. Die Sicherheit des Arbeitsplatzes hängt in konzernverflochtenen Unternehmen nicht mehr nur von den Planungen, Notwendigkeiten und Bedürfnissen des Arbeit gebenden Unternehmens ab; die Arbeitsplatzsicherheit ist vielmehr mit eingebunden in die Interessen des Gesamtkonzerns und die Strategie des Konzernvorstandes an der Spitze.[470] Und kommt es letztlich tatsächlich zur Kündigung, können die Arbeitnehmer ihre Entschädigungsansprüche auch nicht in voller Höhe geltend machen, weil die Arbeitgeber-Gesellschaft

466 *Cozian/Viandier/Deboissy*: Droit des sociétés, 25. Aufl., 2012, S. 788.

467 *Morvan*, BJS 2011, n°117, S. 215 ff. (217).

468 *Desoutter*: La responsabilité civile de la société mère vis-à-vis de sa filiale, 2012, S. 28.

469 *Mestre/Velardocchio-Flores/Mestre-Chami*: Lamy sociétés commerciales, 2013, S. 990.

470 *Coen*, Recht der Arbeit 1983, S. 348 ff. (348).

nicht mehr zahlungsfähig ist wegen der Entscheidung der Konzernspitze, die Gesellschaft in Konkurs gehen zu lassen.[471]

Das französische Recht versucht diese Problematik punktuell zu lösen.[472] Ein in sich logisches und geschlossenes Konzernrecht existiert nicht.[473] Lediglich dort, wo der Konzernzusammenhang relevant wird und die Gefahr des Missbrauchs besteht, nimmt das französische Recht Korrekturen vor, um die Entscheidungs- und die Haftungsebene wieder zusammen zu führen.[474] Dadurch ist eine inhomogene Ansammlung von gesetzlichen Vorschriften und Richterrecht entstanden.[475]

B. Bereits existierende arbeitsrechtliche Korrekturmechanismen

1. Korrekturmechanismen

Das französische Arbeitsrecht besitzt kein spezielles, in sich geschlossenes Regelungssystem für arbeitsrechtliche Fragen in Konzernzusammenhängen.

Es gibt jedoch sehr wohl einzelne Instrumente, um bei wirtschaftlich bedingten Kündigungen in Konzernkonstellationen den gesellschaftsrechtlichen Grundsatz der Selbständigkeit juristischer Personen zum Schutz der Arbeitnehmer zu durchbrechen.

So wird der Kündigungsgrund grundsätzlich daraufhin überprüft, ob er im gesamten Geschäftsfeld vorliegt, dem die Tochtergesellschaft innerhalb des Konzerns angehört.[476] Das Kündigungsschreiben muss deshalb auch die für das gesamte Konzerngeschäftsfeld geltenden Gründe nennen, die zur Kündigung führen. Die Pflicht zur Wiedereingliederung kann der Arbeitgeber nur ordnungsgemäß erfüllen, wenn er in all denjenigen konzernzugehörigen Gesellschaften nach Wiedereingliederungsmöglichkeiten sucht, mit denen ein Personalaustausch denkbar wäre, Art. L. 1233–4 Abs. 1 Code du travail.[477] Und der Beschäftigungssicherungsplan ist grundsätzlich nur wirksam, wenn der Arbeitgeber darin alle Mittel und Maßnahmen berücksichtigt, die dem Konzern insgesamt zur Verfügung stehen, Art. L. 1233–57–3 n° 1 Code du travail.

---

471 *Mestre/Velardocchio-Flores/Mestre-Chami:* Lamy sociétés commerciales, 2013, S. 990.

472 Im Gegensatz zum deutschen Recht, das mit dem Aktiengesetz ein einheitliches Konzernrecht versucht hat zu generieren; *Desoutter:* La responsabilité civile de la société mère vis-à-vis de sa filiale, 2012, S. 6.

473 *Chaput:* Droit des sociétés, 1. Aufl., 1993, S. 317.

474 *Dondero:* Droit des sociétés, 2. Aufl., 2011, S. 529.

475 *Auzero*, SSL 2009, n°1416, S. 6 ff. (6).

476 Cass.soc., Urt. v. 5. 04. 1995 – n° 93–42690, Bulletin civil V n° 123.

477 Cass.soc., Urt. v. 25. 06. 1992 – n° 90–41244, Bulletin civil V n° 420.

Diese Regelungen sollen die Arbeitnehmer schützen, wenn ihnen in einem Konzern aus wirtschaftlichen Gründen gekündigt werden soll. In bestimmten Situationen hat sich das französische Recht allerdings für eine Abschwächung beziehungsweise für Ausnahmen von diesen Grundsätzen entschieden, um widerstreitenden Interessen gerecht zu werden. Gerade diese Abschwächungen und Ausnahmen waren es, die Anlass für die Rechtsprechung zum Mitarbeitgeber gaben, weil sie missbraucht werden können. Dem gilt es nach Ansicht der französischen Arbeitsgerichte entgegenzutreten.

II. Unzulänglichkeiten der vorhandenen Korrekturmechanismen

1. Der Kündigungsgrund cessation d'activités

Eine Ausnahme stellt der Kündigungsgrund der Geschäftsaufgabe dar.[478] Inwiefern Konzerninteressen bei der Entscheidung, ein Geschäft einzustellen, miteinfließen oder diese sogar maßgeblich beeinflussen, ist zunächst unerheblich. Der Konzernzusammenhang wird aber dann berücksichtigt, wenn dem Arbeitgeber vorzuwerfen ist, die Schließung schuldhaft oder leichtfertig herbeigeführt zu haben. Dann wird auch die wirtschaftliche Situation des Konzerns insgesamt betrachtet.[479] Kann der Arbeitgeber in einem solchen Fall nicht darlegen, dass die Geschäftsaufgabe darüber hinaus qualifiziert begründet ist, muss er die Mitarbeiter entschädigen, weil die Kündigungen ungerechtfertigt sind. Die Arbeitnehmer können sich aber mit ihren Ansprüchen nur an die Tochtergesellschaft wenden und nur auf deren Kapital zugreifen. Entschädigungsforderungen gegen andere Konzerngesellschaft sind nicht möglich.

2. Die wirtschaftlich bedingte Kündigung im Unternehmensinsolvenzrecht[480]

Das französische Kündigungsrecht wird in seinen Möglichkeiten auch dann erheblich beschnitten, wenn sich ein Unternehmen in wirtschaftlichen Schwierigkeiten befindet. Das hat zwei Gründe:

---

478 Siehe dazu auch § 5C.II.1, S. 75 f.

479 Siehe dazu das bereits erwähnte Urteil in Sachen *Dunlop*, Cass.soc., Urt. v. 1. 02. 2011 - n° 10-30334, unveröffentlicht.

480 Der Ausdruck „Insolvenzrecht" ist ungenau. In Frankreich spricht man vom „Recht eines Unternehmens in Schwierigkeiten" (*droit de l'entreprise en difficulté*). Das französische Recht subsumiert darunter nicht allein die Sanierung beziehungsweise Liquidierung eines Unternehmens, das seine Zahlungen einstellen musste, sondern regelt auch Situationen vor Eintritt der Zahlungseinstellung. Der Einfachheit halber soll dennoch der Terminus „Insolvenzrecht" gebraucht werden.

Einerseits sind dann nicht mehr allein die Arbeitsgerichte für die Beurteilung einer Kündigung aus wirtschaftlichem Grund zuständig, Unternehmensinsolvenzen fallen vornehmlich in die Zuständigkeit der Handelsgerichte. Andererseits beschäftigt sich dieses Rechtsgebiet vor allem mit der Rettung beziehungsweise der Abwicklung eines Unternehmens. Arbeitnehmerinteressen stehen hintan.

Im Folgenden sollen zunächst die Grundzüge des französischen Unternehmensinsolvenzrechts dargestellt werden. Anschließend werden die Besonderheiten des französischen Arbeitsrechts bei Liquidationsverfahren skizziert, da sie Ausgangspunkt für die meisten Urteile zum *co-employeur* seit 2011 waren.

a. Französisches Unternehmensinsolvenzrecht

Das Unternehmensinsolvenzrecht ist im sechsten Buch des französischen Handelsgesetzbuchs geregelt. Es hat sich über die Jahrzehnte weg von einem *droit de faillite*[481] und hin zu einem *droit des entreprises en difficulté* entwickelt.[482] Waren die gesetzlichen Regelungen ursprünglich noch auf die Befriedigung der Gläubiger und die Sanktionierung der verschuldeten Insolvenz durch zwangsweise Vermögensliquidierung des Kaufmanns ausgerichtet, so geht es seit den Reformen in den Jahren 1967 sowie 1984 und 1985 nun vor allem um die Rettung betroffener Unternehmen.[483] Das französische Insolvenzrecht basiert seit dem Gesetz n° 85–98 vom 25.1.1985 auf drei Säulen: Die Rettung des Unternehmens, der Erhalt seiner Geschäftstätigkeit und der Arbeitsplätze sowie die Tilgung der Schulden.[484] Das Unternehmen zu retten, hat dabei oberste Priorität.[485] Denn wenn das Unternehmen fortbesteht, bleiben Arbeitsplätze und Geschäftstätigkeit in der Regel erhalten, bestenfalls können auch Gläubiger befriedigt werden.

Oft aber lässt sich ein Unternehmen nur retten, wenn Kosten gesenkt und beispielsweise Geschäftsbereiche an preiswerter arbeitende Fremdfirmen ausgelagert werden. Solche Maßnahmen haben jedoch meist zur Folge, dass eigenes Personal entlassen werden muss.

---

481 „Konkursrecht".

482 *Niggemann*, in: *Kirchhof*, 2. Aufl., 2008, Länderbericht Frankreich, S. 1425, Rn. 1.

483 *Großerichter*, in: *Sonnenberger/Classen*, 2012b, S. 365.

484 Ehemals Art. 1 des Gesetzes n° 85–98 vom 25.01.1985; *Ranc:* Les licenciements pour motif économique dans les entreprises en difficulté, 2012–2013, S. 8.

485 *Bailly*, RLDA 2012, n°75, S. 56 ff. (59); Demgegenüber ist Hauptziel des deutschen Insolvenzrechts, die bestmögliche Befriedigung der Gläubiger zu gewährleisten. *Liebmann:* Der Schutz des Arbeitnehmers bei grenzüberschreitenden Insolvenzen, 2005, S. 131.

Diesen Widerspruch – einerseits Arbeitsplätze erhalten, andererseits das Unternehmen durch Arbeitsplatzabbau zu retten – versucht das französische Insolvenzrecht aufzulösen.[486]

Seit dem Reformgesetz aus dem Jahr 2006[487] liegt der Fokus auf den insolvenzrechtlichen Vorverfahren und vor allem auf dem durch dieses Gesetz eingeführten Rettungsverfahren (*procédure de sauvegarde*), das nach dem Willen des französischen Gesetzgebers das Herzstück des heutigen Insolvenzgesetzes darstellt.[488] Die insolvenzrechtlichen Vorverfahren sollen vermeiden, dass ein notleidendes Unternehmen seine Zahlungen einstellen[489] und Konkurs anmelden muss.[490]

Das heutige Insolvenzrecht in Frankreich sieht zahlreiche Verfahren vor, die sich danach beurteilen, wie gravierend die wirtschaftlichen Schwierigkeiten sind, in denen sich das jeweilige Unternehmen befindet. Grundsätzlich sind diese Verfahren zu unterteilen in gütliche und in streitige. Zu den streitigen gehören das bereits erwähnte Rettungsverfahren, das Sanierungs- (*redressement judiciaire*) und das Liquidationsverfahren (*liquidation judiciaire*).[491] Vor allem die streitigen Verfahren spielen im Insolvenzrecht eine wichtige Rolle, weshalb nur auf sie im Folgenden näher eingegangen werden soll.[492]

Gemäß Art. L. 620–1 Abs. 1 Code de commerce kann der Schuldner die Eröffnung eines Rettungsverfahrens durch Urteil beantragen, wenn er zwar noch nicht seine Zahlungen einstellen musste, aber Schwierigkeiten hat, die er nicht bewältigen kann.[493] Dementsprechend handelt es sich nicht um ein ordentliches

---

486 *Arseguel/Méteyé*, RPC 2008, Dossier 10, S. 116 ff. (116).

487 Gesetz n° 2005–845 vom 26.07.2005.

488 *Bauerreis*, in: *Kindler/ Nachmann*, 3. Aufl., 2013, Länderbericht Frankreich, Rn. 63; Das deutsche Recht kennt hingegen keine präventiven Insolvenzverfahren, *Dammann/Undritz*, NZI 2005, S. 198 ff. (198).

489 Das französische Recht kennt nur einen Insolvenzgrund, die Zahlungseinstellung (*cessation de paiements*). Im deutschen Insolvenzrecht gibt es hingegen den Insolvenzgrund der Zahlungsunfähigkeit (§ 17 InsO) und den Insolvenzgrund der Überschuldung (§19 InsO), *Dammann/Undritz*, NZI 2005, S. 198 ff. (205).

490 *Dammann*, RIW 2006, S. 16 ff. (16).

491 *Großerichter*, in: *Sonnenberger/Classen*, 2012b, S. 367.

492 Das deutsche Recht kennt im Rahmen der Unternehmensinsolvenz zwei Verfahren: Das Regelverfahren und das Insolvenzplanverfahren, bei dem es um eine einvernehmliche Schuldenbereinigung geht. *Foerste:* Insolvenzrecht, 5. Aufl., 2010, Übersicht S. 14.

493 „Ouvert sur demande d'un débiteur (…) qui, sans être en cessation des paiements, justifie de difficultés qu'il n'est pas en mesure de surmonter".

Insolvenzverfahren im eigentlichen Sinne, weil ein solches die bereits eingetretene Zahlungseinstellung des Unternehmens voraussetzte. Das Verfahren beginnt mit einer Beobachtungsphase, an deren Ende im besten Fall ein Rettungsplan (*plan de sauvegarde*) verabschiedet wird.[494]

Das Sanierungsverfahren hingegen ist ein ordentliches Insolvenzverfahren. Es wird durch Urteil eröffnet, wenn der Schuldner seine Zahlungen im Sinne des Art. L. 631–1 Code de commerce einstellen muss und er die Verfahrenseröffnung innerhalb von 45 Tagen ab Zeitpunkt der Zahlungseinstellung beantragt hat, L. 631–4 Abs. 1 Code de commerce.[495] Gemäß Art. L. 631–1 Code de commerce liegt eine Zahlungseinstellung dann vor, „wenn der Schuldner seinen fälligen Schulden nicht mehr mit seinen verfügbaren Aktiva gerecht werden kann."[496]

Wie im Rettungsverfahren beginnt auch das Sanierungsverfahren mit einer Beobachtungsphase. Das Sanierungsverfahren kann mit einem Sanierungsplan enden,[497] weit häufiger geht es aber in ein Liquidationsverfahren über.[498]

Das Liquidationsverfahren ist das zweite ordentliche Insolvenzverfahren.[499] Es wird durch Urteil eröffnet, wenn der Schuldner seine Zahlungen einstellen muss und ein Sanierungsverfahren offenkundig unmöglich ist, Art. L. 640–1 Code de commerce. Es ist darauf ausgerichtet, entweder die Unternehmenstätigkeit zu beenden oder das Vermögen des Schuldners durch eine Global- oder Teilzession seiner Rechte und Güter zu realisieren.[500] Das Liquidationsverfahren kann anders als das Rettungs- beziehungsweise das Sanierungsverfahren auch ohne Beobachtungsphase eröffnet werden. Zudem kann ein bereits laufendes Rettungs- oder Sanierungsverfahren unter den Voraussetzungen des Art. L. 640–1 Code de commerce jederzeit in ein Liquidationsverfahren umgewandelt werden.[501]

---

494 *Ulrich/Poertzgen/Pröm*, ZinsO 2006, S. 64 ff. (69).

495 *Dammann*, RIW 2006, S. 16 ff. (20).

496 „Ouvert à tout débiteur (…) qui, dans l'impossiblité de faire face au passif exigible avec son actif disponible, est en cessation des paiements".

497 *Saint-Alary-Houin:* Droit des entreprises en difficulté, 8. Aufl., 2013, S. 680.

498 *Sonnenberger/Dammann:* Französisches Handels- und Wirtschaftsrecht, 3. Aufl., 2008, S. 510.

499 Beim Liquidationsverfahren werden einzelne Vermögenswerte veräußert. Dies ist bei kleinen Insolvenzen auch im Rahmen eines vereinfachten Verfahrens möglich, Art. L. 644–1 ff. Code de commerce. Alternativ können aber auch Unternehmensteile oder das gesamte Unternehmen veräußert werden. Diese Alternative ist in Art. L. 642–1 ff. Code de commerce geregelt und stellt einen Unterfall der Liquidation dar. *Großerichter*, in: *Sonnenberger/Classen*, 2012b, S. 372.

500 *Saint-Alary-Houin:* Droit des entreprises en difficulté, 8. Aufl., 2013, S. 763.

501 *Bauerreis*, in: *Kindler/ Nachmann*, 3. Aufl., 2013, Länderbericht Frankreich, Rn. 104.

Rettungs- und Sanierungsverfahren unterscheiden sich damit maßgeblich hinsichtlich der Intensität der wirtschaftlichen Schwierigkeiten. Droht beim Rettungsverfahren erst die Zahlungseinstellung, so liegt sie beim Sanierungsverfahren bereits vor. Beide Verfahren sind aber auf die Rettung des Unternehmens ausgerichtet, weil eine Fortführung trotz der erheblichen wirtschaftlichen Schwierigkeiten noch möglich erscheint.[502]

Das Liquidationsverfahren hingegen hat mit dem Sanierungsverfahren die Voraussetzung der Zahlungseinstellung gemein. Jedoch unterscheiden sie sich hinsichtlich ihrer Zielsetzung. Eine Rettung des Unternehmens kommt im Liquidationsverfahren, insbesondere im Rahmen einer vollständigen Abwicklung, nicht mehr in Betracht.

Zuständiges Gericht für alle drei Verfahren ist das Handelsgericht, wenn der Schuldner Kaufmann ist, andernfalls das Großinstanzgericht, Art. L. 621-2, L. 631-7, L. 641-1 Code de commerce.[503] Die maßgeblichen Verfahrensorgane werden jeweils durch das Eröffnungsurteil bestimmt. Im Rettungs- und auch im Sanierungsverfahren sind das der verfahrensleitende Richter (*juge commissaire*), der Insolvenzverwalter (*administrateur judiciaire*) als zentrales Organ[504] und der Gläubigervertreter (*mandataire judiciaire*), der sich um die Verbindlichkeiten des Schuldners kümmert.[505]

Im Rettungsverfahren bleiben die Leitungsorgane des Unternehmens im Amt und der Insolvenzverwalter hat lediglich Überwachungs- und Beistandspflichten[506], wohingegen im Sanierungsverfahren dem Insolvenzverwalter auch die ausschließliche Verwaltung des Unternehmens übertragen werden kann.[507]

Im Liquidationsverfahren sind die wesentlichen Verfahrensorgane der verfahrensleitende Richter und der Liquidator (*liquidateur judiciaire*). Die Liquidation, die durch das Urteil angeordnet wird, hat unter anderem die Fälligkeit aller Forderungen zur Folge und die Beschlagnahme des gesamten

---

502 *Vallender/Heukamp*, EuZW 2006, S. 193.

503 *Niggemann*, in: *Kirchhof*, 2. Aufl., 2008, Länderbericht Frankreich, S. 1427, Rn. 6.

504 *Sonnenberger/Dammann*: Französisches Handels- und Wirtschaftsrecht, 3. Aufl., 2008, S. 519.

505 *Dammann*, RIW 2006, S. 16 ff. (19); *Niggemann*, in: *Kirchhof*, 2. Aufl., 2008, Länderbericht Frankreich, S. 1428, Rn. 12.

506 *Ulrich/Poertzgen/Pröm*, ZinsO 2006, S. 64 ff. (69).

507 *Niggemann*, in: *Kirchhof*, 2. Aufl., 2008, Länderbericht Frankreich, S. 1428, Rn. 13.

Schuldnervermögens.[508] Der Schuldner hat dann keine Verwaltungs- und Verfügungsbefugnis mehr über sein Vermögen.

Wie auch im deutschen Recht[509] berührt die Eröffnung eines der genannten Insolvenzverfahren nicht die bestehenden Arbeitsverhältnisse.[510] Die Kündigungen der Arbeitnehmer während eines Insolvenzverfahrens unterliegen aber zum Teil besonderen Anforderungen.[511] Für das Rettungsverfahren hat der Gesetzgeber keine abweichenden Vorschriften vorgesehen.[512] Es bleibt bei den allgemeinen strengen kündigungsrechtlichen Regelungen.[513] Im Sanierungsverfahren muss der Insolvenzverwalter Kündigungen in der Beobachtungsphase vorab durch Beschluss des verfahrensleitenden Richters autorisieren lassen. Dieser überprüft, ob die Kündigungen in ihrer Gesamtheit „dringend, unvermeidlich und notwendig" sind, Art. L. 631–17 Code de commerce.[514] Für die Frage, welche Arbeitnehmer genau entlassen werden, ist hingegen nicht der *juge commissaire*, sondern allein der Insolvenzverwalter zuständig.[515] Der richterliche Beschluss kann nur vor dem Handelsgericht, nicht aber vor dem Arbeitsgericht hinsichtlich des Kündigungsgrundes angegriffen werden.[516] Allerdings kann jeder einzelne Arbeitnehmer vor dem Arbeitsgericht gegen seine Kündigung klagen, wenn diese im Einzelfall nicht gerechtfertigt erscheint und beispielsweise der Wiedereingliederungspflicht nicht ordnungsgemäß nachgekommen wurde.[517]

---

508 *Sonnenberger/Dammann:* Französisches Handels- und Wirtschaftsrecht, 3. Aufl., 2008, S. 529.

509 *Foerste:* Insolvenzrecht, 5. Aufl., 2010, S. 121, Rn. 250.

510 *Niggemann,* in: *Kirchhof,* 2. Aufl., 2008, Länderbericht Frankreich, S. 1436, Rn. 40.

511 Im deutschen Recht sind die Kündigungsfristen für beide Seiten verkürzt. Die Kündigungsfrist beträgt nunmehr höchstens drei Monate, § 113 S. 1, 2 InsO, *Foerste:* Insolvenzrecht, 5. Aufl., 2010, S. 121, Rn. 251; außerdem wird das Verfahren im Rahmen eines Interessenausgleichs beschleunigt und der Kündigungsschutz begrenzt, *Foerste:* Insolvenzrecht, 5. Aufl., 2010, S. 122 f., Rn. 254 f.

512 *Saint-Alary-Houin:* Droit des entreprises en difficulté, 8. Aufl., 2013, S. 652.

513 Nach *Sonnenberger/Dammann:* Französisches Handels- und Wirtschaftsrecht, 3. Aufl., 2008, S. 527 ist deshalb das Rettungsverfahren weniger attraktiv als die ordentlichen Insolvenzverfahren.

514 „Urgent, inévitable et indispensable".

515 *Mazeaud:* Droit du travail, 8. Aufl., 2012, S. 483.

516 *Morvan,* DS 1998, S. 442 ff. (444); *Sonnenberger/Dammann:* Französisches Handels- und Wirtschaftsrecht, 3. Aufl., 2008, S. 524.

517 Cass.soc., Urt. v. 3. 10. 1989 – n° 88–42835, Bulletin civil V n° 559; *Saint-Alary-Houin:* Droit des entreprises en difficulté, 8. Aufl., 2013, S. 708.

Entscheidet sich das Gericht am Ende der Beobachtungsphase für eine Sanierung, können Kündigungen im Sanierungsplan vorgesehen werden und unter erleichterten Bedingungen erfolgen.[518] Die Kündigungen müssen dann innerhalb eines Monats nach Entscheidung des Gerichts über den Plan ausgesprochen werden, Art. L. 631-19 Code de commerce.[519]

Bei der Liquidation eines Unternehmens benötigt der Liquidator keine vorherige richterliche Autorisierung der Kündigungen.[520] Die Frage, ob diese Kündigungen tatsächlich formell und materiell rechtmäßig sind, fällt dann wieder vollumfänglich in den Kompetenzbereich der Arbeitsgerichte.[521]

Die Arbeitnehmer können für ihre arbeitsvertraglichen Ansprüche im Insolvenzverfahren den Fond der *association pour la gestion du régime d'assurance des créances des salariés*, kurz AGS, bemühen, Art. L. 3253-6 Code du travail. Dieser Fond ist eine Art kollektiver Risikoabsicherung im Falle eines Konkurses und ist vor allem im Sanierungs- und Liquidationsverfahren von Bedeutung.[522] Dieser Fond wird finanziert durch Beitragszahlungen aller Unternehmen.[523] Er steht für arbeitsrechtliche Forderungen ein, die der Arbeitgeber nicht mehr erfüllen kann:[524] Etwa für Lohnforderungen, die am Tag der Verkündung des Eröffnungsurteils fällig waren, aber auch für Entschädigungsansprüche aufgrund von Kündigungen, die beispielsweise ausgesprochen wurden

- während der Beobachtungsphase.
- innerhalb eines Monats nach der Verkündung des Urteils über den Sanierungsplan.
- innerhalb von zwei Wochen nach Verkündung des Liquidationsurteils.

518 *Großerichter*, in: *Sonnenberger/Classen*, 2012b, S. 371.

519 *Auzero/Dockès:* Droit du travail, 28. Aufl., 2014, S. 562; *Sonnenberger/Dammann:* Französisches Handels- und Wirtschaftsrecht, 3. Aufl., 2008, S. 529.

520 Etwas anderes gilt dann, wenn das Unternehmen nicht abgewickelt, sondern eine übertragende Sanierung vorbereitet wird. Dieser Fall fällt zwar auch unter das „Liquidationsverfahren", das Unternehmen wird aber in diesem Sinne nicht liquidiert und müssen die Kündigungen deshalb auch vorab gerichtlich autorisiert werden, *Auzero/Dockès:* Droit du travail, 28. Aufl., 2014, S. 561.

521 *Sonnenberger/Dammann:* Französisches Handels- und Wirtschaftsrecht, 3. Aufl., 2008, S. 530.

522 O.V., http://www.webcitation.org/6PhreA6p5.

523 *Mazeaud:* Droit du travail, 8. Aufl., 2012, S. 482; Der Beitragssatz beträgt 0,3 % des Arbeitsentgelts, das das Unternehmen an seine Arbeitnehmer zahlt.

524 *Sonnenberger/Dammann:* Französisches Handels- und Wirtschaftsrecht, 3. Aufl., 2008, S. 539.

- innerhalb von 21 Tagen nach Verkündung des Liquidationsurteils, wenn ein PSE aufzustellen ist.[525]

Die AGS schießt den Arbeitnehmern das Geld vor, auf das sie Anspruch haben und nimmt anschließend den eigentlichen Schuldner in Regress. Doch zeigen Zahlen aus dem Jahr 2012, dass der Regress in der Mehrzahl der Fälle ins Leere läuft. So konnte die AGS lediglich 724 Millionen Euro wieder eintreiben und damit nur rund ein Drittel ihrer geleisteten Vorauszahlungen.[526]

Die Höhe der Vorauszahlungen der AGS ist nach oben hin begrenzt, Art. L. 3253-17 und D. 3253-5 Code du travail.[527] Dementsprechend kann jeder Arbeitnehmer immer nur einen bestimmten Höchstbetrag bei der AGS geltend machen. Die absolute Höchstgrenze wird jährlich durch eine Verordnung festgelegt[528] und beträgt für das Jahr 2014 pro Arbeitnehmer 75.096 Euro.[529]

b. Das Arbeitsrecht bei der Unternehmensliquidierung

Anders als vom Gesetzgeber beabsichtigt, Unternehmen in wirtschaftlicher Notlage zu retten, steht in den meisten Fällen, in denen ein gerichtliches Insolvenzverfahren eröffnet wird, am Ende die Liquidation. Statistiken zeigen, dass zwischen 85 und 95 Prozent der Insolvenzverfahren in der Abwicklung enden.[530]

Die Liquidation führt in aller Regel zum endgültigen und ersatzlosen Wegfall der Arbeitsplätze. Dementsprechend wird das Kündigungsverfahren, das die Arbeitnehmer schützen soll, in der Unternehmensliquidation ad absurdum geführt. Es wird beschleunigt und verkürzt, um nicht weitere Schulden anzuhäufen und Arbeitnehmer nicht in einer Gesellschaft zu halten, die im Begriff ist

---

525 Art. L. 3253-8 2° Code du travail; *Bauerreis,* in: *Kindler/ Nachmann,* 3. Aufl., 2013, Länderbericht Frankreich, Rn. 224.

526 *Saint-Alary-Houin:* Droit des entreprises en difficulté, 8. Aufl., 2013, S. 723.

527 *Sonnenberger/Dammann:* Französisches Handels- und Wirtschaftsrecht, 3. Aufl., 2008, S. 539.

528 *Bauerreis,* in: *Kindler/ Nachmann,* 3. Aufl., 2013, Länderbericht Frankreich, Rn. 224.

529 O.V., http://www.webcitation.org/6PhrUGufJ; Im deutschen Recht werden die Lohnforderungen der Arbeitnehmer durch das Insolvenzgeld der Bundesagentur für Arbeit abgedeckt, §§ 165 ff., §§ 323 ff. SGB III. Das Insolvenzgeld wird für maximal drei Monate gezahlt. Dieser Zeitraum umfasst grundsätzlich die drei Monate vor dem Beschluss über die Eröffnung des Insolvenzverfahrens beziehungsweise die Abweisung des Insolvenzantrags mangels Masse. Die Mittel werden von den Trägern der Unfallversicherung aufgebracht und auf die ihnen angehörenden Arbeitgeber umgelegt, *Foerste:* Insolvenzrecht, 5. Aufl., 2010, S. 51, Rn. 101.

530 *Saint-Alary-Houin:* Droit des entreprises en difficulté, 8. Aufl., 2013, S. 763.

zu schließen.[531] Besonders augenfällig ist dieser Vorrang des Insolvenzrechts zu Lasten der Arbeitnehmer in konzernrechtlichen Zusammenhängen, weshalb in solchen Fällen die Theorie zum Mitarbeitgeber zum Tragen kommt. Der Vorrang betrifft vor allem den Kündigungsgrund selbst, das Kündigungsschreiben, aber auch die *obligation de reclassement* und die Pflicht zur Erstellung eines PSE.

aa. Der motif économique *im Liquidationsverfahren*

Wie bereits ausgeführt, kann im Liquidationsverfahren nur noch der Liquidator die Kündigungen aussprechen. Er kann Mitarbeiter ohne vorherige gerichtliche Erlaubnis entlassen. Für die Überprüfung des Kündigungsgrundes sind weiterhin die Arbeitsgerichte zuständig, weil keine rechtlich bindende Entscheidung des verfahrensleitenden Richters oder des Handelsgerichts zur Kündigung vorliegt.[532]

Allerdings werden die Arbeitsgerichte durch das Liquidationsurteil des Handelsgerichts faktisch gebunden.[533] Schon aus dem Wortlaut des Art. L. 641-4 Abs. 4 Code de commerce ist zu schließen, dass sich der Kündigungsgrund aus dem Urteil des Handelsgerichts ergibt: „Der Liquidator kündigt und setzt damit das Urteil um, durch welches das Liquidationsverfahren eröffnet oder die Liquidation verfügt wurde."[534]

Auch die Rechtsprechung zum Kündigungsschreiben während der Liquidation bestätigt diese Interpretation. Das Kündigungsschreiben muss grundsätzlich die Kündigungsgründe explizit benennen.[535] Bei einer Liquidation reicht es hingegen, wenn auf das Liquidationsurteil verwiesen wird.[536]

Sobald also durch Urteil festgestellt wird, dass ein Unternehmen seine Zahlungen eingestellt hat, wird der Kündigungsgrund de facto nicht mehr in Frage gestellt.[537] Würde sich das Arbeitsgericht über diese faktische Bindung hinwegsetzen, müsste es untersuchen, ob einer der in Art. L. 1233-3 Code du travail genannten beziehungsweise von der Rechtsprechung entwickelten Kündigungsgründe im Unternehmen vorlag, als die Kündigung erfolgte. Bei

531 *Fin-Langer*, Lettre d'actualité des procédures collectives civiles et commerciales 2013, n°12, alerte 173.

532 *Morvan*, DS 1998, S. 442 ff. (456).

533 *Darves-Bornoz/Masanovic*, DO 2013, n°776, S. 199 ff. (203).

534 „En application de la décision ouvrant ou prononçant la liquidation".

535 *Auzero/Dockès:* Droit du travail, 28. Aufl., 2014, S. 476.

536 Cass.soc., Urt. v. 8. 12. 2004 - n° 02-43963, unveröffentlicht.

537 *Darves-Bornoz/Masanovic*, DO 2013, n°776, S. 199 ff. (203).

konzernzugehörigen Unternehmen würde sich die Prüfung dann auch auf das Geschäftsfeld des Konzerns erstrecken, in dem das Unternehmen tätig ist.

Lässt das Arbeitsgericht das Urteil über die Zahlungseinstellung aber für die Annahme eines Kündigungsgrundes gelten, wird damit ein ganz anderer Anknüpfungspunkt zu Grunde gelegt. Das Handelsgericht ermittelt nämlich die Zahlungseinstellung allein hinsichtlich der betroffenen Gesellschaft selbst und hält sich damit streng an den Grundsatz der Selbständigkeit juristischer Personen.[538] Dieses Vorgehen hat der Kassationshof erst wieder im Jahre 2012 in Sachen *Sodimédical* bestätigt.[539] Anders als bei der arbeitsgerichtlichen Kontrolle des Kündigungsgrundes wird deshalb vom Handelsgericht nicht der Konzern oder die Konzernmutter in die Untersuchung darüber mit einbezogen, ob die Gesellschaft bereits seine Zahlungen eingestellt hat.[540] Die finanziellen Ressourcen des Konzerns werden also schlichtweg nicht berücksichtigt.[541]

Die faktische Bindungswirkung des Liquidationsurteils gegenüber der arbeitsgerichtlichen Überprüfung des Kündigungsgrundes beraubt deshalb die Arbeitnehmer der Möglichkeit, die Konzernstruktur auch hinsichtlich des Kündigungsgrundes ins Feld zu führen.[542]

bb. Das Kündigungsschreiben im Liquidationsverfahren

Wie erwähnt, muss das Kündigungsschreiben im Liquidationsverfahren grundsätzlich nur auf das Liquidationsurteil des Handelsgerichts verweisen und keine weiteren Kündigungsgründe benennen. Auch das geht zu Lasten der Arbeitnehmer.

cc. Die obligation de reclassement *im Liquidationsverfahren*

Auch im Liquidationsverfahren gilt die Pflicht, von Kündigung betroffene Mitarbeiter wiedereinzugliedern, Art. L. 1233-4 Abs. 1 Code du travail.[543]

Das stellt den Liquidator vor erhebliche Schwierigkeiten. Erste Schwierigkeit: Er muss innerhalb von zwei Wochen beziehungsweise 21 Tagen, sofern ein PSE erstellt werden muss, die Kündigungen aussprechen, da ansonsten der AGS-Fond nicht bezahlt, Art. L. 3253-8 2°c) Code du travail. Die Forderungen der Arbeitnehmer würden dann nicht mehr bedient, da der Fond aus formalen

538 *Grumbach/Serverin*, RDT 2012, S. 574 ff. (576).

539 Cass.com., Urt. v. 3. 07. 2012 - n° 11-18026, Bulletin civil IV n° 146.

540 *Darves-Bornoz/Masanovic*, DO 2013, n°776, S. 199 ff. (200).

541 *Carles*, RPDS 2012, S. 399 ff. (400).

542 *Pelletier*, BJS 2012, S. 631 ff. (632).

543 *Froehlich*, RLDA 2012, n°75, S. 64 ff. (68).

Gründen ausfiele und der Arbeitgeber selbst ja nicht mehr liquide ist. Der Liquidator müsste in einem solchen Fall wegen Verletzung seiner Berufspflichten haften. Insofern ist ihm daran gelegen, die Fristen einzuhalten.[544]

Das wiederum führt zu Schwierigkeit zwei: Innerhalb der engen Fristen soll der Liquidator auch die dem Unternehmen obliegende Wiedereingliederungspflicht erfüllen.[545] Auch das eine Herausforderung, die sich kaum meistern lässt angesichts der Tatsache, dass selbst wirtschaftlich gesunde Unternehmen oft mehrere Monate benötigen, um dieser Pflicht gerecht zu werden.[546]

Besonders schwierig wird es für den Liquidator, wenn das abzuwickelnde Unternehmen Teil eines Konzerns ist. Er muss dann auch nach Wiedereingliederungsmöglichkeiten in anderen Konzerngesellschaften suchen, mit denen ein Personalaustausch möglich wäre.[547] Die in Frage kommenden Konzerngesellschaften sind jedoch rechtlich nicht verpflichtet, ihrerseits nach Wiedereingliederungsmöglichkeiten für die betroffenen Arbeitnehmer zu suchen.[548] Der Liquidator ist deshalb letztlich darauf angewiesen, dass ihm Konzerngesellschaften auf seine Anfrage hin freiwillig und noch dazu in kürzester Zeit Wiedereingliederungsmöglichkeiten offerieren.

Tun sie das nicht oder kann der Liquidator aus einem anderen Grund die Pflicht zur Wiedereingliederung innerhalb der vorgegebenen Frist nicht ordnungsgemäß erfüllen, können die Arbeitnehmer die Kündigung vor einem Arbeitsgericht angreifen, weil sie dann ungerechtfertigt ist.[549] Sie können in diesem Fall vom Arbeitgeber Entschädigung fordern. Da dieser aber seine Zahlungen eingestellt hat, fließt das Geld aus dem AGS-Fond, Art. L. 3253-8 2°c) Code du travail.

Dieses Verfahren hat folgende Konsequenzen: Das Recht des Arbeitnehmers auf Wiedereingliederung kann in einer Liquidation meist nicht realisiert werden, da der Liquidator innerhalb der kurzen Fristen seiner Pflicht in der Regel nicht nachkommen kann. Die Kündigung ist somit fast immer ungerechtfertigt. Die

---

544 *Ranc:* Les licenciements pour motif économique dans les entreprises en difficulté, 2012–2013, S. 91.

545 *Gall-Heng*, RLDA 2012, n°75, S. 60 ff. (61).

546 *Froehlich*, RLDA 2012, n°75, S. 64 ff. (68).

547 *D'hoir-Lauprêtre*, Petites affiches 2012, n°122, S. 5 ff. (10).

548 So bestätigt durch das bereits erwähnte Urteil in Sachen *Flodor.*

549 Die Arbeitsgerichte berücksichtigen allerdings bei der Überprüfung der Kündigung die Tatsache, dass der Liquidator der Wiedereingliederungspflicht innerhalb kürzester Frist nachkommen muss, siehe dazu Cass.soc., Urt. v. 31. 10. 2007 – n° 06-43535, unveröffentlicht.

Arbeitnehmer machen daraufhin Entschädigungsansprüche wegen ungerechtfertigter Kündigung geltend, doch anders als bei einem zahlungsfähigen Unternehmen, werden diese Ansprüche nicht vom beklagten Arbeitgeber bedient, sondern vom Fond der AGS. Die Arbeitnehmer erhalten dann zwar Entschädigungen, doch deren Höhe ist begrenzt. Die Arbeitnehmer können deshalb im Zweifel nicht ihren gesamten Entschädigungsanspruch geltend machen.

dd. Der PSE im Liquidationsverfahren

Gemäß Art. L. 1233–58 I 5° Code du travail, Art. L. 641–4 Code de commerce muss auch während eines Liquidationsverfahrens ein PSE aufgestellt werden, soweit dies nach Art. L. 1233–61 Code du travail vorgeschrieben ist. Jedoch gelten auch hier wegen des AGS-Fonds rigide Fristen: Nach Art. L. 3253–8 2° c) Code du travail muss der Liquidator Kündigungen innerhalb von 21 Tagen aussprechen. Während dieser Zeit muss auch der PSE erstellt werden, der selbst nach neuer Rechtslage alle Mittel und Möglichkeiten enthalten muss, die einem Konzern zur Verfügung stehen.[550]

Vor der Gesetzesänderung vom 14.06.2013 betrug die Frist lediglich zwei Wochen, Art. L. 3253–8 2° c) Code du travail a.F. Innerhalb dieses kurzen Zeitraums sollte der Liquidator einen PSE aufstellen, der den gleichen Anforderungen gerecht zu werden hatte wie ein PSE, für den der Arbeitgeber sich ansonsten Monate lang Zeit lassen konnte. Auch das eine Aufgabe, die kaum zu bewältigen war.

Zudem verfügte eine insolvente Gesellschaft kaum noch über Mittel und Möglichkeiten, um Kündigungen zu vermeiden oder deren Auswirkungen abzumildern.[551] Wiedereingliederungsmaßnahmen waren ausgeschlossen, weil am Ende des Liquidationsverfahrens die Schließung der Gesellschaft und damit der Wegfall aller Arbeitsplätze stand. Auch Entschädigungen konnten nicht gewährt werden, weil die Gesellschaft ihre Zahlungen einstellen musste.[552]

In einer konzernzugehörigen Gesellschaft kam hinzu, dass der Liquidator – wie auch bei der Pflicht zur Wiedereingliederung – auf die Mithilfe der anderen Konzerngesellschaften angewiesen war. Nur mit ihrer Unterstützung konnte er überhaupt feststellen, welche Mittel und Möglichkeiten innerhalb des Konzerns vorhanden waren und somit im PSE enthalten sein mussten.[553] Versorgten die

550 *Gall-Heng*, RLDA 2012, n°75, S. 60 ff. (62).

551 *Dupiré*, http://www.webcitation.org/6Pht1UdtX.

552 *Morand*, JCPE 1997, n°691, S. 422 ff. (424).

553 *Auzero*, SSL 2009, n°1416, S. 6 ff. (8); *Ranc:* Les licenciements pour motif économique dans les entreprises en difficulté, 2012–2013, S. 102.

anderen Gesellschaften den Liquidator innerhalb der kurzen Frist nicht mit den entsprechenden Informationen, fiel der PSE zwangsläufig unzureichend aus.

Das führte dazu, dass vor allem in konzernzugehörigen Gesellschaften regelmäßig entweder kein oder kein wirksamer PSE erstellt wurde. Dies blieb jedoch ohne ernste Folge. Im Sanierungs- beziehungsweise Liquidationsverfahren hatte dies nach alter Rechtslage nicht etwa die Unwirksamkeit des Kündigungsverfahrens und der Kündigungen zur Folge, sondern es führte lediglich dazu, dass die Kündigungen ungerechtfertigt waren, ehemals Art. L. 1235–10 Abs. 3 Code du travail.[554]

Dementsprechend konnten die Arbeitnehmer bei einer Liquidation nicht mehr die unter Umständen hohen Gehaltsnachzahlungen und einen Anspruch auf Wiedereinstellung wegen unwirksamer Kündigung geltend machen, sondern lediglich Entschädigungsansprüche wegen ungerechtfertigter Kündigung.[555] Diese Entschädigungen wurden dann in der Regel ebenfalls durch den Fond der AGS beglichen, da die Arbeitgeber-Gesellschaft ja nicht mehr zahlungsfähig war.[556]

Die Liquidation wirkte sich deshalb bis zur Gesetzesänderung so aus:

1) Die Pflicht zur Erstellung eines PSE wurde ausgehöhlt, wenn in der Eile entweder kein oder nur ein unzulänglicher PSE aufgestellt werden konnte.
2) Diese Pflichtverletzung führte im Rahmen einer Liquidation zu weit weniger gravierenden Konsequenzen als in anderen Fällen. Die Kündigungen waren dann nämlich nur ungerechtfertigt und nicht unwirksam.
3) Der AGS-Fond konnte auch hier in Anspruch genommen werden, um die Entschädigungsansprüche der Arbeitnehmer, wenn auch in begrenzter Höhe, zu begleichen.

Leidtragende waren vor allem die Arbeitnehmer, deren Arbeitsplätze durch die Aufstellung eines PSE eigentlich erhalten werden sollten. Ihnen konnte in der Liquidation stattdessen zügig und „unbürokratisch“ gekündigt werden. Die Pflichtverletzung konnten die Arbeitnehmer auch nicht monetisieren, weil sie weder Gehaltsnachzahlungen noch Entschädigungen in voller Höhe beanspruchen konnten. Darüber hinaus wurde aber auch die AGS besonders beansprucht,

554 *Frouin/Frouin*, RJS 2006, S. 251 ff. (251).
555 *Bailly*, RLDA 2012, n°75, S. 56 ff. (58).
556 *Bertrand:* La responsabilité des sociétés mères vis-à-vis de leurs filiales en droit social, 2013, S. 9.

weil sie in der Liquidation die Entschädigungen leisten musste, aber den insolventen Arbeitgeber nicht in Regress nehmen konnte.[557]

Nach neuer Gesetzeslage muss nun die Arbeitsaufsichtsbehörde einen PSE genehmigen respektive bestätigen. Ihre Entscheidung muss ebenfalls innerhalb der 21-tägigen Kündigungsfrist erfolgen.[558] Die Arbeitsaufsichtsbehörde überprüft dabei, ob der Plan den jeweiligen gesetzlichen Erfordernissen entspricht.[559] Die Zwischenschaltung der Arbeitsaufsichtsbehörde dient damit auch dem Schutz der Arbeitnehmer vor einer Missachtung der Vorschriften zum PSE. Doch das ist weitgehend Theorie.

Im Liquidationsverfahren hat die Arbeitsaufsichtsbehörde nämlich keine 21, sondern nur ganze vier Tage Zeit, um über den vorgelegten PSE zu entscheiden, Art. L. 1258 II Abs. 2 Code du travail.[560] Diese extrem verkürzte Frist führt dazu, dass eine effektive Kontrolle durch die Arbeitsaufsichtsbehörde so gut wie unmöglich wird.[561] Sie kann nur noch kursorisch prüfen, ob der Plan alle wesentlichen Vorgaben erfüllt. Bestätigt sie den Plan, beginnt die Frist von zwei Monaten zu laufen, innerhalb derer auch die Arbeitnehmer gegen diese Entscheidung vor den Verwaltungsgerichten klagen müssen, wenn sie den PSE für unzureichend halten, Art. L. 1235–7–1 Abs. 3 Code du travail.

Noch ist nicht klar, ob die neue Gesetzeslage durch Zwischenschaltung der Arbeitsaufsichtsbehörde die Arbeitnehmer besser schützt. Sicher ist jedoch: Die außerordentlich kurzen Fristen sowohl für die Erstellung des Plans als auch für dessen Kontrolle durch die Arbeitsaufsichtsbehörde führen dazu, dass die gesetzlichen Vorgaben für den PSE kaum einzuhalten sind. Außerdem gilt auch nach neuer Rechtslage, dass Kündigungen im Fall einer Liquidation nicht unwirksam sind, wenn sie ergehen, obwohl die Arbeitsaufsichtsbehörde noch gar nicht oder bereits negativ über den PSE entschieden hat, Art. L. 1235–10 Abs. 3 Code du travail. Die Kündigungen sind dann nur ungerechtfertigt.

III. Zusammenfassung

Das Arbeitsrecht weicht selbst den Grundsatz der Selbständigkeit juristischer Personen auf, wenn es darum geht, Arbeitnehmer in Konzernen zu schützen, denen aus wirtschaftlichen Gründen gekündigt werden soll. Allerdings zeigen

---

557 *Pares*, RDT 2011, S. 288 ff. (288).

558 *Gall-Heng*, RLDA 2012, n°75, S. 60 ff. (62).

559 *Jacotot*, RPC 2013, n°5, étude 24.

560 *Auzero/Dockès:* Droit du travail, 28. Aufl., 2014, S. 561.

561 *Driguez*, DS 2013, S. 995 ff. (1001).

diese arbeitsrechtlichen Ansätze Schwächen, weil sie gerade im Liquidationsverfahren so gut wie keine Berücksichtigung finden und immer nur den direkten Arbeitgeber zur Verantwortung ziehen. Da dieser aber im Liquidationsverfahren seine Zahlungen einstellen muss, können die Arbeitnehmer mögliche Entschädigungsansprüche lediglich in gedeckelter Höhe bei der AGS geltend machen.

C. Bereits existierende Korrekturmechanismen im Insolvenzrecht

Wie das Arbeitsrecht, so kennt auch das Insolvenzrecht Instrumente, mit deren Hilfe die Konzernmutter für arbeitsrechtliche Ansprüche haftbar gemacht werden kann. Relevant sind vor allem die Erstreckung des Insolvenzverfahrens auf eine andere Konzerngesellschaft und die Haftbarmachung einer Konzerngesellschaft für die Masseunzulänglichkeit.[562]

I. Erstreckung des Insolvenzverfahrens

1. Voraussetzungen und Wirkungen der Verfahrenserstreckung

Das Verfahren kann sowohl im Rettungs- und Sanierungs-, als auch im Liquidationsverfahren auf eine andere Konzerngesellschaft, und somit auch auf die Konzernmutter erstreckt werden, Art. L. 621-2, L. 631-7, L. 641-1 Code de commerce.[563] Die Erstreckung erfolgt entweder auf Antrag des Insolvenzverwalters oder des Gläubigervertreters, der Staatsanwaltschaft oder von Amts wegen.[564] Das Gericht, das das Insolvenzverfahren eröffnet hat, ist auch für die Verfahrenserstreckung zuständig, Art. L. 621-2 Abs. 4, L. 631-7, L. 641-1 Code de commerce.

Die Verfahrenserstreckung macht es möglich, dass ein einziges Insolvenzverfahren für zwei an sich völlig unterschiedliche Konzerngesellschaften vor ein und demselben Gericht eröffnet und durchgeführt wird. Der zusätzliche Schuldner muss weder Kaufmann sein noch seine Zahlungen eingestellt haben. Das gemeinsame Verfahren über mehrere Gesellschaften hat zur Folge, dass die

562 Daneben gibt es auch noch die Möglichkeit, eine Konzerngesellschaft wegen missbräuchlicher Unterstützung (*soutien abusif*) haftbar zu machen. Allerdings kommt dieses Haftungsverfahren nur sehr selten zum Tragen, weil die Haftung wegen Masseunzulänglichkeit in den meisten Fällen einfacher durchsetzbar ist. *Basuyaux/Theris*, Droit & Expertise 2012, S. 8 ff. (11).

563 *Cheval*, RLDA 2012, S. 92 ff. (92).

564 *Bezelgues:* Konzerninsolvenzen in der Europäischen Union, 2008, S. 30.

Gesellschaften wie ein einziges Unternehmen behandelt werden.[565] Es gibt nur ein gemeinsames Vermögen und gemeinsame Schulden.[566] Die Gläubiger der einen Gesellschaft werden auch zu Gläubigern der anderen Gesellschaft, auf die das Verfahren erstreckt wird.[567]

Das Verfahren kann unter zwei Voraussetzungen erstreckt werden:

- Die notleidende Gesellschaft ist fiktiv.
- Zwischen beiden Gesellschaften liegt eine Vermögensvermischung vor.[568]

Die Verfahrenserstreckung soll sanktionieren, dass durch gesellschaftsrechtliche Konstruktionen der Grundsatz der Selbständigkeit juristischer Personen missbraucht wird. Sie möchte zwei Gesellschaften wie ein einziges Unternehmen behandeln, wenn zwei Gesellschaften sich realiter auch wie ein Unternehmen verhalten.[569]

a. Confusion de patrimoines

Ob eine solche *confusion* zwischen zwei Gesellschaften vorliegt, ermitteln die Gerichte anhand verschiedener Indizien. Aus ihnen muss sich eine „unentwirrbare Verflechtung“[570] zwischen beiden Vermögensbeständen ergeben haben, die in der Regel durch „anormale Finanzströme“ hervorgerufen wird.[571] Solche anormalen Finanzströme können entstehen, wenn die eine Gesellschaft von der anderen finanzielle Zuwendungen ohne Gegenleistung erhält oder wenn die Buchhaltung derart unorthodox geführt wurde, dass es unmöglich ist, Vermögen und Schulden beider Gesellschaften voneinander abzugrenzen.[572] Der Grundsatz der Selbständigkeit juristischer Personen kann dann durchbrochen werden, weil keine klar zuzurechnenden Vermögensbestände der Gesellschaften vorhanden sind, wie dies üblicherweise der Fall ist.[573]

---

565 *Saint-Alary-Houin:* Droit des entreprises en difficulté, 8. Aufl., 2013, S. 269.

566 *Bezelgues:* Konzerninsolvenzen in der Europäischen Union, 2008, S. 32.

567 *Saint-Alary-Houin:* Droit des entreprises en difficulté, 8. Aufl., 2013, S. 271.

568 *Cheval*, RLDA 2012, S. 92 ff. (92).

569 *Saint-Alary-Houin:* Droit des entreprises en difficulté, 8. Aufl., 2013, S. 262.

570 „Imbrication inextricable“.

571 Cass.com., Urt. v. 15. 02. 2000 – n° 97-18821, unveröffentlicht; Cass.com., Urt. v. 10. 07. 2012 – n° 11-18973, unveröffentlicht; *Basuyaux/Theris*, Droit & Expertise 2012, S. 10 ff. (11).

572 *Saint-Alary-Houin:* Droit des entreprises en difficulté, 8. Aufl., 2013, S. 260.

573 *Cheval*, RLDA 2012, S. 92 ff. (93).

Der Kassationshof verfährt allerdings sehr restriktiv und geht nur in extremen Ausnahmefällen von anormalen Finanzströmen aus.[574] Einem Urteil aus dem Jahr 1993 zufolge begründen selbst gemeinsame Führungskräfte und Gesellschafter, ein gleicher Gesellschaftszweck, eine Zentralverwaltung am selben Ort sowie dauerhafte Handelsbeziehungen und ein identischer Kundenstamm keine *confusion de patrimoines*.[575] Schließlich, so führten die Richter aus, übten die Gesellschaften von einander unabhängige Tätigkeiten aus, sie besaßen eigenes Vermögen und hatten eigene Schulden.[576]

2005 zeigte sich die Handelskammer des Kassationshofs in der bereits erwähnten Entscheidung in Sachen *Métaleurop*[577] ebenfalls restriktiv. Sie ließ eine Verfahrenserstreckung nicht zu, obwohl das Berufungsgericht festgestellt hatte, dass Konzerntochter und Konzernmutter Vereinbarungen über die Finanzverwaltung getroffen hatten, dass sie untereinander Personal austauschten und die Konzernmutter der Tochter Darlehen gewährte.[578]

b. Fictivité

Die *confusion de patrimoines* zweier Gesellschaften ist in den meisten Fällen auch ein Zeichen dafür, dass es sich bei einer der Gesellschaften um eine fiktive Gesellschaft handelt. Eine Gesellschaft kann aber auch fiktiv sein, wenn keine anormalen Geldströme fließen.[579] Ausschlaggebend ist, ob die Gesellschaft einen eigenen Gesellschaftszweck verfolgt und auch selbständig agiert oder nur den Anschein einer Gesellschaft erweckt.[580] Lässt sich etwa nachweisen, dass eine Tochtergesellschaft nur deshalb existiert, um der Muttergesellschaft und deren Gesellschaftszweck zu dienen, kann das Gericht das Insolvenzverfahren der Tochtergesellschaft auf die Muttergesellschaft erstrecken, weil die Tochter fiktiv ist.[581]

---

574 *Couturier/Lokiec/Tarasewicz/Masanovic*, SSL 2013, n°1571, S. 33 ff. (42).

575 Cass.com., Urt. v. 11. 05. 1993 – n° 91–10569, Bulletin civil IV n° 187.

576 *Cheval*, RLDA 2012, S. 92 ff. (92).

577 Im Jahre 2005 wurde zunächst noch versucht, mit dem insolvenzrechtlichen Instrument der Verfahrenserstreckung die Konzernmutter vor den Handelsgerichten haftbar zu machen. Nach Scheitern dieses Versuchs gelang 2011 die Verurteilung vor der Arbeitskammer des Kassationshofs als Mitarbeitgeberin. Siehe dazu bereits oben unter § 4C.II S. 37 ff.

578 *Calice/Diriart*, Cahiers de droit de l'entreprise 2012, S. 40 ff. (43).

579 *Saint-Alary-Houin:* Droit des entreprises en difficulté, 8. Aufl., 2013, S. 261.

580 CA Paris, Urt. v. 1. 07. 2005 – n° 05–05274.

581 *Lefebvre/Gouthière:* Sociétés civiles, Edition 2014, 2013, n° 1080.

Ob eine notleidende Gesellschaft fiktiv ist, ermittelt das Handelsgericht anhand von Indizien, geht dabei jedoch sehr zurückhaltend vor.[582] Das Berufungsgericht Douai hat im Jahre 2003 in Sachen *Métaleurop* definiert, was unter Fiktivität zu verstehen ist. Danach ist „eine Gesellschaft als fiktiv anzusehen, wenn sie keinerlei eigene Entscheidungsbefugnis mehr hat und es ihr insbesondere nicht mehr möglich ist (...) selbst über ihre Liquidation oder ihr Überleben zu entscheiden, obwohl gerade das geschäftliche Eigenständigkeit ausmacht."[583]

Im Fall *Métaleurop* war keine Fiktivität gegeben, weil „die Zusammenlegung des Personals und die Unterordnung der Interessen der konzernzugehörigen Gesellschaften unter das Interesse des Konzerns nicht über das hinausging, was der Organisation einer Konzernstruktur inhärent ist und die kontrollierten Gesellschaften immer noch die Kontrolle über die Funktionen inne hatten, die wesentlich für ihre Selbständigkeit waren."[584]

2. Unzulänglichkeiten der Insolvenzverfahrenserstreckung

Ein Problem bei der Erstreckung des Insolvenzverfahrens besteht darin, dass die Arbeitnehmer sie nicht selbst beantragen können. Lediglich Insolvenzverwalter oder Liquidator, Gläubigervertreter, Staatsanwaltschaft oder das Gericht sind dazu befugt.

Außerdem erstrecken die Handelsgerichte nur sehr selten das Insolvenzverfahren auf eine andere Gesellschaft.[585] Grund dafür ist vor allem, dass bei einer Verfahrenserstreckung nicht nur Arbeitnehmer auf das Vermögen der gesunden Gesellschaft zugreifen wollen, sondern auch alle anderen Gläubiger der notleidenden Gesellschaft. Die gesunde Gesellschaft ist infolgedessen nicht nur den Ansprüchen ihrer eigenen Arbeitnehmer und ihrer eigenen sonstigen Gläubiger ausgesetzt, sondern auch noch den Ansprüchen aller Gläubiger einer völlig anderen Gesellschaft.[586]

---

582 *Bezelgues:* Konzerninsolvenzen in der Europäischen Union, 2008, S. 27.

583 „Une société apparaît fictive lorsqu'elle dépourvue de toute autonomie décisionnelle, et notamment de la faculté de décider dans le cadre des dispositions légales et réglementaires, de sa liquidation ou de sa survie, cette faculté appartenant en fait au maître de l'affaire." CA Douai, Urt. v. 2. 10. 2003, Recueil Dalloz 2003 AJ 2571.

584 „La mise en commun des moyens et la subordination à celui du groupe des intérêts des sociétés le composant ne dépassent pas le degré d'organisation inhérent à un tel ensemble économique et les sociétés contrôlées doivent conserver la maîtrise des fonctions essentielles à leur autonomie." CA Douai, Urt. v. 2. 10. 2003, Recueil Dalloz 2003 AJ 2571.

585 *Morvan*, JCPS 2010, n°1407, S. 15 ff. (16).

586 *Rivinius:* Der Konzernkonkurs in Frankreich, 2000, S. 182.

Das kann dazu führen, dass eine bis dato gesunde Gesellschaft selbst notleidend wird und ihren eigenen Verpflichtungen nicht mehr nachkommen kann. Die Verfahrenserstreckung stellt deshalb die extreme Ausnahme vom Grundsatz der Selbständigkeit juristischer Personen dar.

Hinzu kommt, dass es so gut wie unmöglich ist, das Verfahren auf eine europäische Konzernmutter zu erstrecken, die nicht in Frankreich ansässig ist. Dazu hat sich der europäische Gerichtshof in seinem Urteil vom 15.12.2011[587] geäußert:

Der EuGH wertet die Verfahrenserstreckung auf eine andere Gesellschaft als Eröffnung eines neuen Insolvenzverfahrens.[588] Für die Eröffnung des Insolvenzverfahrens ist aber nach Art. 3 Abs. 1 S. 1 EuInsVO das Gericht desjenigen Mitgliedsstaats zuständig, in dessen Hoheitsgebiet der Schuldner den Mittelpunkt seiner hauptsächlichen Interessen hat. Der Mittelpunkt der hauptsächlichen Interessen einer Gesellschaft wird nach Art. 3 Abs. 1 S. 2 EuInsVO wiederum dort vermutet, wo die Gesellschaft ihren satzungsmäßigen Sitz hat.

Für eine Konzernmutter mit Sitz in Deutschland bedeutet dies, dass der Mittelpunkt ihrer hauptsächlichen Interessen in Deutschland vermutet wird. Nach Ansicht des EuGH kann diese Vermutung nur ausnahmsweise widerlegt werden. Dafür müssen objektive und für Dritte feststellbare Tatsachen vorliegen, die belegen, dass ein Unternehmen in Wirklichkeit nicht dort situiert ist, wo es nach dem satzungsmäßigen Sitz zu verorten wäre.[589] In seiner Entscheidung vom 15.12.2011 reicht etwa die *confusion de patrimoines* zwischen einer französischen und einer italienischen Gesellschaft nicht aus, um den Mittelpunkt der hauptsächlichen Interessen in Frankreich zu sehen.[590]

Um beim Beispiel der Konzernmutter mit Sitz in Deutschland zu bleiben: Hier sind deutsche Gerichte dafür zuständig, das Insolvenzverfahren über die deutsche Konzernmutter zu eröffnen, weil diese in Deutschland den Mittelpunkt ihrer hauptsächlichen Interessen hat. Das Gericht wendet gemäß Art. 4 Abs. 1 EuInsVO grundsätzlich das Insolvenzrecht jenes Mitgliedsstaates an, in dem das Verfahren eröffnet wird – somit also deutsches Recht.[591]

---

587 EuGH, Urt. v. 15. 12. 2011 – C-191/10 Rastelli Davide, NZI 2012, 147.

588 *Amri/Jebbour*, RLDA 2012, n°691, S. 21 ff. (22).

589 EuGH, Urt. v. 2. 05. 2006 – C-341/04 Eurofood, Slg. 2006 I 3813, Rn. 34, NZI 2006, 360, 361; *Huber*, in: *Gottwald*, 2008, S. 10; *Keggenhoff*: Internationale Zuständigkeit bei grenzüberschreitenden Insolvenzverfahren, 2006, S. 143.

590 *Amri/Jebbour*, RLDA 2012, n°691, S. 21 ff. (24).

591 *Westpfahl/Götker/Wilkens*: Grenzüberschreitende Insolvenzen, 2008, S. 83.

Der deutsche Richter prüft nur, ob die Voraussetzungen einer Insolvenzverfahrenseröffnung nach deutschem Recht vorliegen. Französisches Recht und damit auch die Verfahrenserstreckung lässt er außer Betracht. Das führt bei einer solventen deutschen Konzernmutter – und nur im Falle der Solvenz ergibt eine Erstreckung ja Sinn – dazu, dass über sie letztlich kein Insolvenzverfahren eröffnet wird.

Das Insolvenzverfahren kann nach Ansicht des EuGH deshalb erst dann auf eine europäische Konzernmutter mit Sitz außerhalb Frankreichs erstreckt werden, wenn die Vermutung des Art. 3 Abs. 1 S. 2 EuInsVO widerlegt ist und sich der Mittelpunkt ihrer hauptsächlichen Interessen eindeutig in Frankreich bei der insolventen Tochtergesellschaft befindet.[592] Allerdings wird es dazu im Rahmen der Verfahrenserstreckung nur selten kommen. Laut EuGH sind Gegebenheiten, aufgrund derer eine Vermögensvermengung anzunehmen ist, grundsätzlich nur unter erheblichen Schwierigkeiten von Dritten feststellbar. Und selbst wenn solche Gegebenheiten vorlägen, bedeutete dies noch lange nicht, dass sich daraus ein gemeinsamer Mittelpunkt der hauptsächlichen Interessen ergäbe.[593]

II. Haftung für Masseunzulänglichkeit

Eine Konzerngesellschaft kann als *dirigeant de fait* auch Haftungsansprüchen für Masseunzulänglichkeit ausgesetzt sein.

1. Voraussetzungen und Wirkungen der Haftung für Masseunzulänglichkeit

Die Haftung für Masseunzulänglichkeit ist nur im Liquidationsverfahren möglich und in Art. L. 651-2 Code de commerce geregelt. Zuständig ist das Gericht, das die Liquidation der Gesellschaft verkündet hat, Art. R. 651-1 Code de commerce. Ziel dieser Haftung ist es, denjenigen persönlich haften zu lassen, der durch seine Geschäftsleitung die Masseunzulänglichkeit ganz oder zum Teil verschuldet hat.[594]

Der französische *dirigeant* darf nicht mit dem deutschen Geschäftsführer gleichgesetzt werden. Der Begriff ist weiter gefasst und meint die organschaftliche oder tatsächliche Leitung einer Gesellschaft.[595] Im Folgenden wird deshalb der Terminus *dirigeant* mit Geschäftsleiter übersetzt.

---

592 *Lucas*, L'Essentiel Droit des entreprises en difficulté 2014, n°2, S. 1.

593 EuGH, Urt. v. 15. 12. 2011 - C-191/10 Rastelli Davide, NZI 2012, 147; *Amri/Jebbour*, RLDA 2012, n°691, S. 21 ff. (24).

594 *Saint-Alary-Houin:* Droit des entreprises en difficulté, 8. Aufl., 2013, S. 906-907.

595 *Saint-Alary-Houin:* Droit des entreprises en difficulté, 8. Aufl., 2013, S. 898.

Den Anspruch gegen den Geschäftsleiter können der Liquidator und die Staatsanwaltschaft sowie unter bestimmten Voraussetzungen die Mehrheit der aufsichtsführenden Gläubiger (*contrôleurs*)[596] geltend machen, Art. L. 651-3 Abs. 1 und 2 Code de commerce. Die Gläubiger können grundsätzlich nicht einzeln und direkt gegen den Geschäftsleiter vorgehen, weil die Haftung für Masseunzulänglichkeit ein Kollektivverfahren ist, das im Gemeinschaftsinteresse geführt wird. Jedes Einzelverfahren würde deshalb gegen das Prinzip der Gleichheit der Gläubiger verstoßen. Ganz ausnahmsweise können die Gläubiger aber auch individuell gegen den Geschäftsleiter vorgehen, wenn sie beweisen können, dass sie einen eigenen Schaden erlitten haben, der sich von dem Schaden der anderen Gläubiger abgrenzen lässt.[597]

Muss der Geschäftsleiter wegen Masseunzulänglichkeit haften, so fließt der Schadensersatz, den er leisten muss, in das Vermögen der Gesellschaft ein, die ihre Zahlungen einstellen musste und wird unter den Gläubigern anteilsmäßig aufgeteilt, Art. L. 651-2 Abs. 4 Code de commerce.

Voraussetzungen für die Haftbarmachung des Geschäftsleiters sind wie im allgemeinen Zivilrecht ein Schaden (Masseunzulänglichkeit), ein schuldhaftes Verhalten (Geschäftsleitungsfehler) und die Kausalität zwischen beidem. Es handelt sich um eine besondere zivilrechtliche Haftung gegenüber dem Kollektiv der Gläubiger, die die allgemeinen Haftungsansprüche im Zivilrecht grundsätzlich verdrängt.[598]

Besonderheiten sind zum einen, dass es für die Kausalität bereits ausreicht, wenn der Geschäftsleitungsfehler die Masseunzulänglichkeit nicht vollständig zu verantworten, sondern nur zu ihr beigetragen hat. Zum anderen gilt auch nicht das Prinzip des vollständigen Schadensersatzes. Der Richter kann den Geschäftsleiter zur gesamten oder teilweisen Übernahme der Masseunzulänglichkeit verurteilen, ohne berücksichtigen zu müssen, in welchem Umfang der Geschäftsleiter durch sein Verhalten tatsächlich zum Schaden beigetragen hat.[599] Außerdem kann jegliche Art von Geschäftsführungsfehler die Haftung auslösen.

---

596 Der verfahrensleitende Richter kann einen oder mehrere „contrôleurs“ ernennen, wenn die Gläubiger dies beantragen. Die „contrôleurs“ sollen die verstärkte Präsenz der Gläubiger im gesamten Verfahren gewährleisten und unter anderem den Gläubigervertreter in seinen Aufgaben zur Seite stehen; ausführlich zu den „contrôleurs“ *Saint-Alary-Houin:* Droit des entreprises en difficulté, 8. Aufl., 2013, S. 314 ff.

597 *Saint-Alary-Houin:* Droit des entreprises en difficulté, 8. Aufl., 2013, S. 915.

598 *Basuyaux/Theris*, Droit & Expertise 2012, S. 8 ff. (9).

599 *Basuyaux/Theris*, Droit & Expertise 2012, S. 8 ff. (9).

Es ist unerheblich, ob der Geschäftsleiter grob oder nur leicht fahrlässig zur Masseunzulänglichkeit beigetragen hat.[600]

Gemäß Art. L. 651–2 Code de commerce kann sowohl der Geschäftsleiter von Rechts wegen als auch der De-facto-Geschäftsleiter haftbar gemacht werden. Der Geschäftsleiter von Rechts wegen ist derjenige, der innerhalb einer Gesellschaft mit Entscheidungsmacht ausgestattet worden ist, die es ihm erlaubt, die Gesellschaft zu verwalten, zu führen und zu kontrollieren. Seine Entscheidungsmacht ist gesetzlich verankert.[601]

Die Entscheidungsmacht des De-facto-Geschäftsleiters resultiert hingegen aus einer anormalen Einmischung in das Management der Gesellschaft. Er übt Macht in einer Gesellschaft aus, ohne dass ihm jemals ordnungsgemäß Macht eingeräumt wurde.[602] Der Begriff des De-facto-Geschäftsleiters ist nicht gesetzlich definiert, wurde aber über die Jahre durch die Rechtsprechung geprägt und konkretisiert.

Nach Auffassung der *Cour de cassation* resultiert eine De-facto-Geschäftsleitung aus „eindeutigen Sachverhalten, aus denen abgeleitet werden kann, dass sich jemand aktiv und aus freien Stücken in das Management eingemischt hat."[603] Eine De-facto-Geschäftsleitung wird somit niemals nur vermutet, sondern muss anhand konkreter Indizien im jeweiligen Einzelfall ermittelt werden.[604] Selbst eine Konzernmutter, die nahezu das gesamte Kapital der Tochtergesellschaft hält, ist noch nicht per se De-facto-Geschäftsleiterin.[605]

Relevant wird die Haftung des De-facto-Geschäftsleiters vor allem in Konzernen, wenn die Konzernmutter in Angelegenheiten ihrer Töchter entscheidet und deren Management übernimmt. Das Verfahren wegen Masseunzulänglichkeit soll die Konzerngesellschaft dann zur Verantwortung ziehen, wenn sie sich tatsächlich wie ein Leitungsorgan ihrer Tochtergesellschaft verhalten und die Insolvenz ihrer Tochter herbeigeführt hat. Insofern führt das Verfahren Entscheidungs- und Haftungsebene in einem Konzern zusammen.[606]

---

600 *Saint-Alary-Houin:* Droit des entreprises en difficulté, 8. Aufl., 2013, S. 908.

601 *Dondero:* Droit des sociétés, 2. Aufl., 2011, S. 184.

602 *Dedessus-le-Moustier*, RDS 1997, S. 499 ff. (499).

603 „Des faits précis de nature à caractériser une immixtion dans la gestion, se traduisant par une activité positive et indépendante"; Cass.com., Urt. v. 13. 02. 2007 – n° 05–12261, unveröffentlicht; Cass.com., Urt. v. 7. 03. 2006 – n° 04–20355, unveröffentlicht.

604 *Saint-Alary-Houin:* Droit des entreprises en difficulté, 8. Aufl., 2013, S. 902.

605 Cass.com., Urt. v. 2. 11. 2005 – n° 02–15895, unveröffentlicht.

606 *Cozian/Viandier/Deboissy:* Droit des sociétés, 25. Aufl., 2012, S. 160.

Der Kassationshof hat unter anderem wegen folgender Gegebenheiten eine Konzernmutter als De-facto-Geschäftsleiterin verurteilt:[607]

- Die Führungskräfte der Tochter waren der Konzernmutter gegenüber weisungsgebunden.[608]
- Die Konzernmutter setzte sich über den Geschäftsleiter der Tochtergesellschaft hinweg und entschied, dass die Tochter geschlossen wird.[609]
- Die Tochter konnte keine unabhängigen strategischen Entscheidungen mehr treffen. Sie war nur noch für das Tagesgeschäft zuständig. Wichtige Entscheidungen wurden dagegen zentral bei der Konzernmutter getroffen.[610]

Die Handelskammer des Kassationshofs legt zunehmend strengere Maßstäbe an, wenn es um De-facto-Geschäftsleiter geht.[611] Bezeichnend hierfür ist eine Entscheidung abermals in Sachen *Métaleurop*,[612] in der sie es abgelehnt hat, die Konzernmutter als De-facto-Geschäftsleiterin zu qualifizieren. Der Entscheidung lagen dieselben Tatsachen zugrunde wie der Arbeitskammer des Kassationshofs im Jahre 2011, als es darum ging, eine Mitarbeitgeberschaft festzustellen.[613] Eine Verquickung von Interessen, Tätigkeiten und Geschäftsleitung zwischen Konzerntochter und Konzernmutter reicht demnach nicht aus, um die Konzernmutter als De-facto-Geschäftsleiterin zu qualifizieren.[614]

Anders als bei der Verfahrenserstreckung können auch europäische Konzernmütter außerhalb Frankreichs zur Haftung wegen Masseunzulänglichkeit verurteilt werden, weil die französischen Gerichte für dieses Verfahren zuständig bleiben.[615] Dies hat der Kassationshof im Jahr 2004 so bereits zur *action en*

607 *Basuyaux/Theris*, Droit & Expertise 2012, S. 10 ff. (10).

608 Cass.com., Urt. v. 2. 11. 2005 – n° 02–15895, unveröffentlicht.

609 Cass.com., Urt. v. 6. 06. 2000 – n° 96–21134, unveröffentlicht.

610 Cass.com., Urt. v. 6. 06. 2000 – n° 96–21134, unveröffentlicht.

611 *Couturier/Lokiec/Tarasewicz/Masanovic*, SSL 2013, n°1571, S. 33 ff. (42); *Bertrand:* La responsabilité des sociétés mères vis-à-vis de leurs filiales en droit social, 2013, S. 29.

612 Cass.com., Urt. v. 19. 11. 2013 – n° 12–28367, unveröffentlicht.

613 Siehe dazu nochmals Cass.soc., Urt. v. 28. 09. 2011 – n° 10–12278, BJS 2012, n° 15, oben unter § 4C.II, S. 37 ff.

614 *Le Mesle*, BJEED 2014, n°1, S. 18 ff. (20).

615 *Martin*, in: *Filiol de Raimond*, 2013, n° 4842.

comblement de passif[616] entschieden.[617] Er begründete die Zuständigkeit des französischen Gerichts damit, dass die Haftung des Geschäftsleiters untrennbar mit dem in Frankreich eröffneten Insolvenzverfahren verbunden sei. Die Verbundenheit ergebe sich daraus, dass die Schulden, die zur Insolvenz geführt haben und für die der Geschäftsleiter verantwortlich gemacht wird, direkt von dessen zu beanstandendem Verhalten herrührten.[618] Der EuGH hat sich bislang noch nicht dazu geäußert, wie die Haftung wegen Masseunzulänglichkeit im Rahmen der EuInsVO zu sehen ist.

2. Unzulänglichkeiten der dirigeant de fait-Haftung

Wie auch bei der Erstreckung des Insolvenzverfahrens können die Arbeitnehmer grundsätzlich nicht selbst gegen die Konzernmutter als De-facto-Geschäftsleiterin vorgehen, da hier ein Anspruch im kollektiven Interesse geltend gemacht wird. Sie sind somit vor allem auf die Initiative des Liquidators oder der Staatsanwaltschaft angewiesen.

Des Weiteren ist die Handelskammer des Kassationshofs auch bei diesem Verfahren sehr restriktiv und nimmt wegen des Grundsatzes der Selbständigkeit juristischer Personen nur in Ausnahmefällen eine De-facto-Geschäftsleitung an. Selbst wenn ein Handelsgericht eine Konzernmutter verurteilt, wird der Schadensersatz anschließend unter allen Gläubigern aufgeteilt und nicht nur unter den Arbeitnehmern.

III. Zusammenfassung

Das Insolvenzrecht schützt den Grundsatz der Selbständigkeit juristischer Personen stärker als das Arbeitsrecht und lässt eine Durchbrechung nur ganz ausnahmsweise zu. Grund dafür ist, dass sich das Insolvenzrecht in erster Linie mit der notleidenden Gesellschaft und ihrer Zukunft befasst und eben nicht, wie das Arbeitsrecht, primär damit, was aus den Mitarbeitern wird.

Es geht dem Insolvenzrecht nicht darum, einen solventen Schuldner für die Arbeitnehmer zu finden, sondern unter engen Voraussetzungen darum, eine andere Gesellschaft haften zu lassen, sofern diese den Grundsatz der

---

616 Die Haftung für Masseunzulänglichkeit war ursprünglich in Art. L. 624-3 Code de commerce unter dem Namen „action en comblement de passif" geregelt. 2008 wurde dieses Haftungsinstrument grundlegend überarbeitet und vor allem sein Anwendungsbereich begrenzt. *Saint-Alary-Houin:* Droit des entreprises en difficulté, 8. Aufl., 2013, S. 906.

617 Cass.com., Urt. v. 5. 05. 2004 – n° 01-02041, Bulletin civil IV n° 82.

618 *Monsérié-Bon*, BJS 2004, n°268, S. 1349 ff. (1349).

Selbständigkeit zu Lasten der nun notleidenden Gesellschaft missbraucht hat. Dementsprechend sieht das Insolvenzrecht auch keinen eigenen Haftungsanspruch der Arbeitnehmer gegen eine andere Konzerngesellschaft vor, sondern lediglich Mechanismen, die es ermöglichen, einen Missbrauch des Grundsatzes der Selbständigkeit juristischer Personen zugunsten aller Gläubiger zu korrigieren. Anders als im Arbeitsrecht können deshalb im Insolvenzrecht nicht die einzelnen Arbeitnehmer gegen eine Muttergesellschaft vorgehen, sondern lediglich der Insolvenzverwalter/ Liquidator, die Staatsanwaltschaft oder das Gericht selbst.

D. Bereits existierende Korrekturmechanismen im Deliktsrecht

Das französische Deliktsrecht ermöglicht es, außerhalb von Insolvenz- und Arbeitsrecht, eine Konzerngesellschaft zur Verantwortung zu ziehen, auch wenn zwischen dieser und den von Kündigung bedrohten Arbeitnehmern kein arbeitsvertragliches Verhältnis besteht.

I. Voraussetzungen und Wirkungen der deliktsrechtlichen Haftung

Der allgemeine deliktsrechtliche Schadensersatzanspruch beurteilt sich nach Art. 1382 Code civil. Zuständiges Gericht ist, je nach Streitwert, das Klein-[619] oder das Großinstanzgericht.[620]

Voraussetzungen für den Anspruch sind eine unerlaubte Handlung (*faute*), ein Schaden (*dommage*) und ein Kausalzusammenhang (*lien de causalité*) zwischen beidem.[621] Der Anspruchssteller muss die Anspruchsvoraussetzungen beweisen.[622]

Die unerlaubte Handlung setzt einen Verstoß des Anspruchsgegners gegen eine Verhaltenspflicht voraus.[623] Um ein pflichtwidriges Verhalten feststellen zu können, muss nachgewiesen werden, welche Pflichten der Anspruchsgegner

---

619 „Tribunal d'Instance".

620 *Malinvaud/Laszlo-Fenouillet:* Droit des obligations, 12. Aufl., 2012, S. 427; Die Arbeitnehmer können diese Ansprüche aber auch vor dem Arbeitsgericht einklagen, wenn sie dies zusammen mit anderen vertraglichen Ansprüchen – beispielsweise im Zusammenhang mit einem Vorgehen gegen die Konzernmutter als co-employeur – tun, *Grumbach/Serverin*, RDT 2010, S. 529 ff. (533).

621 *Bénabent:* Droit des obligations, 13. Aufl., 2012, S. 388.

622 *Porchy-Simon:* Les obligations, 7. Aufl., 2012, S. 314.

623 *Porchy-Simon:* Les obligations, 7. Aufl., 2012, S. 319; so auch *Sonnenberger/Dammann:* Französisches Handels- und Wirtschaftsrecht, 3. Aufl., 2008, S. 206.

überhaupt hatte. Diese können sich aus geschriebenen Vorschriften, respektive Gesetzen, Verordnungen oder Anweisungen ergeben. Allgemein anerkannt ist die Pflicht, niemandem einen Schaden zuzufügen.[624]

Die unerlaubte Handlung, die zu einem Anspruch der Tochter-Arbeitnehmer gegen die Konzernmutter führt, kann sich zum einen daraus ergeben, dass die Mutter Zusagen nicht einhält, die sie den Arbeitnehmern gemacht hat.[625] Sie kann aber zum anderen auch aus dem Verhalten der Konzernmutter gegenüber der Konzerntochter resultieren. So haben Instanzgerichte eine unerlaubte Handlung darin gesehen, dass eine Konzernmutter eine ihrer Töchter gleichsam finanziell verhungern und damit insolvent gehen ließ, um sich so mit möglichst geringen Kosten umzustrukturieren.[626]

Im Übrigen muss der Schaden unmittelbar und konkret sein.[627] Der Anspruchssteller kann grundsätzlich verlangen, dass ihm der gesamte Schaden ersetzt wird.[628] Wenn Arbeitnehmer einer Tochtergesellschaft bei einer Liquidation deliktsrechtlich gegen eine Konzernmutter vorgehen wollen, dann müssen sie einen Sonderschaden vortragen. Andernfalls wird der allgemeine deliktsrechtliche Anspruch durch das Verfahren wegen Masseunzulänglichkeit verdrängt, das die Arbeitnehmer nicht selbst initiieren können. Der Kassationshof hat in einem Urteil vom 14.11.2007 einen Sonderschaden anerkannt, der sich daraus ergab, dass die Arbeitnehmer ihren Arbeitsplatz verloren, ihr Recht auf Mitbestimmung bei der Konzernmutter abgeschwächt wurde und sie nicht mehr von den Bestimmungen des PSE profitieren konnten.[629]

Eine Klage auf Basis des Art. 1382 Code civil vor französischen Gerichten ist auch gegen eine europäische Konzerngesellschaft mit Sitz außerhalb Frankreichs möglich. Art. 5 Nr. 3 EuGVVO regelt, dass Ansprüche aus unerlaubter Handlung alternativ zum allgemeinen Gerichtsstand nach Art. 2 EuGVVO dort eingeklagt werden können, wo das schadensstiftende Ereignis geschah oder zu geschehen droht. Darunter fasst der EuGH sowohl den Ort, an dem der Schaden eingetreten

---

624 *Malinvaud/Laszlo-Fenouillet:* Droit des obligations, 12. Aufl., 2012, S. 457.

625 Cass.soc., Urt. v. 27. 11. 2007 – n° 06–42745, unveröffentlicht.

626 CA Versailles, Urt. v. 31. 10. 2011 – n° 10–00578; CA Chambéry, Urt. v. 27. 01. 2009 – Vorinstanz zu Cass.soc., Urt. v. 28. 09. 2010 – n° 09–41243, BJS 2010, 995 ff.; *Peskine*, RDT 2012, S. 347 ff. (350).

627 *Fages:* Droit des obligations, 3. Aufl., 2011, S. 356.

628 *Porchy-Simon:* Les obligations, 7. Aufl., 2012, S. 408.

629 Cass.soc., Urt. v. 14. 11. 2007 – n° 05–21239, Bulletin civil V n° 188; *Peskine*, DO 2013, n°776, S. 157 ff. (160).

ist, als auch den Ort der schädigenden Handlung.[630] Arbeitnehmer können somit am Ort ihres Arbeitsplatzes gegen die ausländische Konzernmutter klagen, weil sich dort die Kündigung und damit einhergehend der Arbeitsplatzverlust direkt ausgewirkt hat.[631]

II. Unzulänglichkeiten der deliktsrechtlichen Haftung

Anders als im Insolvenzrecht können die Arbeitnehmer für einen deliktsrechtlichen Anspruch gegen eine Konzernmutter auch selbst vor Gericht ziehen. Diese Möglichkeit hat aber einige Nachteile: Die Arbeitnehmer müssen vor Gericht alle Anspruchsvoraussetzungen beweisen, also eine unerlaubte Handlung, einen Schaden und einen Kausalzusammenhang.[632] Es gibt grundsätzlich keine Beweislastumkehr. Im Liquidationsverfahren können sie außerdem nur mit einem Sonderschaden durchdringen, der ihren Anspruch von dem der anderen Gläubiger abhebt, damit überhaupt eine eigene Klage der Arbeitnehmer möglich ist. Hinzu kommt, dass die Arbeitnehmer nur einen Schaden geltend machen können, der ihnen tatsächlich entstanden ist und keine schadensunabhängigen Entschädigungszahlungen wie im Arbeitsrecht.

E. Missbrauch der Unzulänglichkeiten durch Konzernstrukturen

Wie oben dargestellt, ermöglicht das französische Recht sehr wohl eine Einbeziehung der Konzernstruktur in existierende Regelungsmechanismen des Arbeits-, Insolvenz- und Deliktsrechts und kann dadurch die Arbeitnehmer schützen. Die Schwachstellen dieser Instrumente ermöglichen es den Konzernen jedoch in bestimmten Konstellationen, diesen Arbeitnehmer-Schutz gezielt zu unterlaufen.

In der Mehrzahl dieser Fälle geht es um eine Tochtergesellschaft, die sich in wirtschaftlichen Schwierigkeiten befindet.[633] Idealiter wird der Konzern in einem solchen Fall überlegen, wie er die Tochtergesellschaft erhalten und eventuell restrukturieren kann. Eine Restrukturierung birgt allerdings zwei Risiken in sich. Zum einen ist nicht sicher, ob die Maßnahmen greifen und die Tochter wieder profitabel wird. Zum anderen kann die Restrukturierung Arbeitsplätze kosten. Dann muss die Tochter ein aufwendiges Kündigungsverfahren absolvieren,

630 *Leible*, in: *Rauscher*, 2011, Abschitt 2 Besondere Zuständigkeiten, S. 267, Rn. 85.

631 *Peskine*, RDT 2012, S. 347 ff. (350).

632 *Porchy-Simon:* Les obligations, 7. Aufl., 2012, S. 314.

633 So beispielsweise im Fall *Lohmann & Rauscher*, dessen französische Tochter *Sodimédical* sich in erheblichen wirtschaftlichen Schwierigkeiten befunden hatte; ebenso im Fall *Fayat*, Cass.soc., Urt. v. 25. 09. 2013 – n° 12–14353, unveröffentlicht.

muss die Arbeitnehmer wiedereingliedern und gegebenenfalls auch einen PSE aufstellen mit allen Schwierigkeiten und Nachteilen, die oben bereits erwähnt wurden.[634]

Deshalb lassen Konzerne immer wieder Tochtergesellschaften bewusst insolvent gehen.[635] Das ist allerdings nur dann möglich, wenn der Konzern, respektive die Konzernmutter, die Tochter so sehr kontrolliert und auf sie einwirken kann, dass diese der Konzernentscheidung vollkommen ausgeliefert ist.[636] Die Konzernmutter kann dann die Tochtergesellschaft im Rahmen eines Insolvenzverfahrens liquidieren lassen.[637] Sie muss dabei – wegen des Grundsatzes der Selbständigkeit juristischer Personen – keine finanziellen Konsequenzen fürchten, obwohl sie diesen Grundsatz zuvor durch ihr exzessives Kontrollverhalten selbst missbraucht hat.[638]

Die Konzernmutter provoziert zunächst, dass die von ihr abhängige Tochter ihre Zahlungen einstellen muss, indem sie diese nicht länger unterstützt oder ihr, als einzige Kundin, keine Produkte mehr abnimmt.[639] Zuvor überträgt die Konzernmutter noch die gesamte Geschäftstätigkeit der Tochter auf eine andere Konzerngesellschaft – gerne in ein Land mit Niedriglöhnen.[640] Über die Tochtergesellschaft wird in direkter Folge das Liquidationsverfahren eröffnet, weil das Gericht zur Verfahrenseröffnung lediglich prüfen darf, ob die Tochtergesellschaft objektiv ihre Zahlungen einstellen muss. Der Plan der Konzernmutter, die Tochter gezielt insolvent gehen zu lassen oder das besondere Abhängigkeitsverhältnis zwischen Mutter und Tochter oder die wirtschaftliche Situation des Konzerns, respektive der anderen Konzerngesellschaften, werden grundsätzlich nicht berücksichtigt.[641]

Im Fall *Sodimédical* sahen die Instanzgerichte das allerdings anders. Sowohl das Handelsgericht als auch das Berufungsgericht weigerten sich, das Liquidationsverfahren zu eröffnen.[642] Sie wollten in die Beurteilung der Zahlungseinstellung miteinbeziehen, dass die Tochter *Sodimédical* vor allem aufgrund von

634 *Adam-Caumeil*, RIW 2012, S. 832 ff. (837).

635 So beispielsweise im Fall *Novoceram*, im Fall *Métaleurop* oder auch in Sachen *Wirth et Gruffat* Cass.soc., Urt. v. 20. 02. 2013 – n° 11-19305, unveröffentlicht.

636 *Bailly*, JCPS 2013, n°1441, S. 28 ff. (29).

637 *Adam-Caumeil*, RIW 2012, S. 832 ff. (837).

638 *Pares*, RDT 2011, S. 288 ff. (288) ; so auch *Kettenberger*, EuZA 2013, S. 405 ff. (411).

639 *Vallens*, BJEED 2011, n°72, S. 140 ff. (142).

640 *Pares*, RDT 2011, S. 288 ff. (288); *Morvan*, JCPS 2011, n°1065, S. 33 ff. (36).

641 *Carles*, RPDS 2012, S. 399 ff. (400).

642 *Grumbach/Serverin*, RDT 2012, S. 574 ff. (576).

Managemententscheidungen des internationalen Konzerns *Lohmann & Rauscher* ihre Zahlungen einstellen musste, während der Konzern selbst Gewinne machte. Und sie wollten berücksichtigen, dass der Konzern den wirtschaftlichen Tod der Tochter herbeiführte, obwohl diese in den Jahren zuvor ihre Produktion gesteigert und fast die Hälfte des Personals abgebaut hatte und außerdem die Restbelegschaft einvernehmlich auf Teile ihres Gehalts verzichtete.[643] Der Kassationshof teilte diese Auffassung jedoch nicht und entschied in letzter Instanz, dass es auf diese Aspekte bei der Beurteilung der Zahlungseinstellung einer Tochtergesellschaft gerade nicht ankomme. Vielmehr müssten Konzernzusammenhänge unberücksichtigt bleiben.[644]

Sobald aber ein Liquidationsverfahren eröffnet ist, kann den Arbeitnehmern im Prinzip zeitnah, ohne jegliche finanzielle Folgen für den Konzern und seine Konzerngesellschaften, gekündigt werden. Denn zum einen können die Arbeitnehmer den Kündigungsgrund nun nicht mehr vor den Arbeitsgerichten angreifen, weil die Arbeitsgerichte durch das Liquidationsurteil gebunden sind. Zum anderen muss der Liquidator innerhalb kurzer Fristen kündigen, um es den Arbeitnehmern zu ermöglichen, auf den AGS-Fonds zuzugreifen.[645]

Außerdem können die Arbeitnehmer weder vom Konzern, beziehungsweise der Konzernmutter, noch von der eigenen Arbeitgeberin arbeitsrechtliche Entschädigung fordern, falls sie nicht ordnungsgemäß wiedereingegliedert worden sind oder der PSE mangelhaft ist. Von der Tochter als Arbeitgeberin nicht, weil sie ihre Zahlungen einstellen musste. Von der Mutter nicht, weil sie nicht Partei des Arbeitsverhältnisses ist. Vom Konzern nicht, weil er keine eigene Rechtspersönlichkeit hat. Die Zahlungen übernimmt dann der AGS-Fonds in gedeckelter Höhe. Es ist deshalb für den Konzern und die Konzernmutter irrelevant, ob die Tochtergesellschaft überhaupt ihren Pflichten nachkommt, da die Sanktionen ohnehin nur die AGS treffen.[646]

Dadurch wird das System der AGS missbraucht. Der AGS-Fonds sollte eigentlich nur dann einspringen, wenn notleidende Gesellschaften ihre Arbeitnehmer nicht mehr bezahlen können. Er sollte in der Regel nur dabei helfen, eine wirtschaftlich schwierige Phase einer Gesellschaft zu überbrücken. Der Fonds war aber nicht für notleidende Gesellschaften gedacht, die zwar vordergründig alle

---

643 So vor allem das Berufungsgericht in Reims am 14.3.2011 als Vorinstanz der Entscheidung des Kassationshofs Cass.com., Urt. v. 3. 07. 2012 – n° 11–18026, Bulletin civil IV n° 146; *Grumbach/Serverin*, RDT 2012, S. 574 ff. (576).

644 *Darves-Bornoz/Masanovic*, DO 2013, n°776, S. 199 ff. (200).

645 *Dammann/François*, Recueil Dalloz 2012, n°33, S. 2212 ff. (2215).

646 *Pares*, RDT 2011, S. 288 ff. (288).

Voraussetzungen erfüllen, damit die AGS in Vorleistung geht, die tatsächlich aber von einem gesunden und erfolgreichen Konzern bewusst veranlasst wurden, ihre Zahlungen einzustellen.

Hinzu kommt, dass die Arbeitnehmer in doppelter Hinsicht ihres vollen Entschädigungsanspruchs beraubt werden. Denn bei einem unzureichenden PSE sind Kündigungen im Liquidationsverfahren nie unwirksam, sondern nur ungerechtfertigt.[647] Diese Rechtsfolge zieht geringere Entschädigungsansprüche nach sich, als wenn die Kündigungen unwirksam wären. Zudem erlaubt der AGS-Fonds nur eine gedeckelte Vorschusszahlung.

Das Verhalten des Konzerns und der Konzernmutter wird auch nicht von den Handelsgerichten sanktioniert. Sie durchbrechen nur selten und unter strengen Voraussetzungen den Grundsatz der Selbständigkeit juristischer Personen, indem sie das Insolvenzverfahren auf die Konzernmutter erstrecken oder diese als *dirigeant de fait* für die Masseunzulänglichkeit haften lassen. Die Arbeitnehmer können auch diese Verfahren nicht selbst initiieren und eine Verfahrenserstreckung gegen eine Konzernmutter mit Sitz im europäischen Ausland ist gar nicht erst möglich.

Vor den Zivilgerichten können die Arbeitnehmer mit deliktsrechtlichen Ansprüchen gegen die Konzernmutter meist auch nicht mehr verlangen als das, was sie bereits vom AGS-Fonds bekommen haben. Denn das Deliktsrecht sieht keine Entschädigungszahlungen wie das Arbeitsrecht vor, sondern ersetzt nur den unmittelbaren Schaden. Außerdem waren deliktsrechtliche Ansprüche gegen Konzernmütter bislang nur vor Instanzgerichten erfolgreich, nicht aber vor dem Kassationshof.

Um den Risiken einer Restrukturierung zu entgehen, kann sich ein Konzern auch dafür entscheiden, die Tochtergesellschaft zu schließen anstatt sie in Konkurs gehen zu lassen.[648] Der autonome Kündigungsgrund der Geschäftsaufgabe wird in einem solchen Fall allerdings entgegen der ursprünglichen Konzeption genutzt, was die Rechtsprechung abseits der Theorie zur Mitarbeitgeberschaft nicht berücksichtigt hat.[649]

Die Geschäftsaufgabe einer Tochtergesellschaft ist für die Arbeitnehmer weniger gravierend, da in diesem Fall die speziellen insolvenzrechtlichen Kündigungserleichterungen nicht greifen. Es gibt dann zwar keinen AGS-Fonds, dafür aber auch keine kurzen Kündigungsfristen und auch keine Tochtergesellschaft,

---

647 *D'hoir-Lauprêtre*, Petites affiches 2012, n°122, S. 5 ff. (10).

648 So geschehen im Fall *Jungheinrich*.

649 *Auzero*, Lexbase Hebdo édition sociale 2011, n°426, S. 1 ff. (5).

die ihre Zahlungen einstellen musste. Die Geschäftsaufgabe ist deshalb für einen Konzern die teurere Variante, um sich einer Tochtergesellschaft zu entledigen. Es können aber durchaus Gründe dafür sprechen, eine Tochtergesellschaft zu schließen anstatt sie insolvent werden zu lassen. So beschädigt die Eröffnung eines Insolvenzverfahrens in erheblichem Maße das Image eines Konzerns in der Öffentlichkeit. Das schlechte Image wiederum kann sich bei börsennotierten Gesellschaften auf den Aktienkurs auswirken. Und es kann Investoren ganz konkret davon abhalten, sich an anderen Konzerntöchtern zu beteiligen, denn der Gedanke ist ja nicht abwegig, dass auch andere Tochtergesellschaften irgendwann fallen gelassen werden.

Außerdem kann die Insolvenz einer Tochtergesellschaft die künftige Finanzierung des Konzerns erschweren. Banken stellen möglicherweise die Leistungsstärke des gesamten Konzerns in Frage und verlangen bei den Kreditzinsen fortan einen erhöhten Risikoaufschlag. Zudem kann es nur in der Insolvenz dazu kommen, dass die Konzernmutter wegen Masseunzulänglichkeit haftbar gemacht wird oder das Verfahren auf sie erstreckt wird. Bei einer reinen Geschäftsaufgabe besteht dieses Risiko nicht.

All diese Gründe sprechen dafür, eine Schließung und keine Insolvenz der Tochtergesellschaft anzustreben.

Doch obwohl die Konzernmutter über das Schicksal der Tochtergesellschaft entscheidet, können die betroffenen Arbeitnehmer nicht gegen die Konzernmutter vorgehen und von ihr Entschädigungen verlangen, sondern müssen sich ausschließlich an die Tochtergesellschaft halten, weil nur sie Arbeitgeberin ist. Einzig nach Deliktsrecht ergäbe sich die Möglichkeit, die Konzernmutter in Anspruch zu nehmen – das jedoch mit bereits genannten Einschränkungen.

F. Theorie des co-employeur als Ausweg

Mit der Theorie des *co-employeur* gibt der Kassationshof nun den Arbeitnehmern eine starke Waffe in Hand in ihrem Kampf gegen den Verlust ihres Arbeitsplatzes innerhalb von Konzernstrukturen.

Das Konstrukt des Mitarbeitgebers ermöglicht es, Entscheidungs- und Haftungsebene in Konzernstrukturen wieder zusammenzuführen, wenn sie zuvor aufgrund der missbräuchlichen Anwendung des Grundsatzes der Selbständigkeit juristischer Personen auseinandergefallen waren.[650] Damit unterscheidet sich die Theorie des *co-employeur* vom Grundgedanken her zwar nicht von den insolvenzrechtlichen Instrumenten der Verfahrenserstreckung oder

650 *Chauvet/Mazeaud/Lyon-Caen/Mazars:* Bulletin d'information, 1.10.2012 (80).

der De-facto-Geschäftsleitung. Die Konzernmutter trifft dann aber als Mitarbeitgeberin alle kündigungsrechtlichen Pflichten eines Arbeitgebers: Sie muss wiedereingliedern, sie muss einen PSE aufstellen und sie muss einen eigenen Kündigungsgrund vorweisen können. Die Theorie zum Mitarbeitgeber setzt insofern zeitlich früher an als die insolvenzrechtlichen Instrumente, weil sie der Konzernmutter Pflichten auferlegt und sie nicht nur haften lässt.

Tatsächlich läuft aber auch die Qualifizierung als Mitarbeitgeberin auf einen reinen Haftungsmechanismus hinaus, weil die Konzernmutter zum Zeitpunkt, zu dem sie eigentlich den gerade genannten Arbeitgeberpflichten hätte nachkommen müssen, noch gar nichts von ihrer Stellung als Mitarbeitgeberin wissen konnte – das mag sich seit der breiten Diskussion um die Mitarbeitgeberproblematik inzwischen geändert haben.

Dementsprechend generiert die Theorie zum Mitarbeitgeber in erster Linie einen solventen Schuldner, der den Arbeitnehmern Entschädigungen zahlen muss für die Verletzung von Pflichten, die ihn rückwirkend zum Zeitpunkt der Kündigung trafen.[651]

Die Arbeitnehmer können jetzt auch direkt gegen die Konzernmutter vor den Arbeitsgerichten klagen. Sie müssen nicht mehr darauf warten, dass ein Organ des Insolvenzverfahrens ihre Interessen vor Gericht vertritt, sondern können selbst ihre Ansprüche geltend machen.[652]

Das Verfahren vor den Arbeitsgerichten ermöglicht es außerdem, die Konzernmutter leichter in Anspruch zu nehmen als das Verfahren vor den Handelsgerichten. Dies zeigt bereits der Fall *Métaleurop*. Dort qualifizierten die Arbeitsgerichte die Konzernmutter als Mitarbeitgeberin, die Handelsgerichte hingegen verweigerten sowohl die Haftbarmachung der Konzernmutter wegen Masseunzulänglichkeit als auch die Erstreckung des Insolvenzverfahrens.[653]

Außerdem können jetzt auch Konzernmütter mit Sitz im europäischen Ausland vor französischen Gerichten zu Kündigungsentschädigungen verurteilt werden, weil die *Cour de cassation* Art. 19 EuGVVO auch bei einem Mitarbeitgeber für anwendbar hält.[654] Dies ist ein entscheidender Vorteil gegenüber der Erstreckung des Insolvenzverfahrens.

---

651 *Cesaro*, RJS 2013, S. 3 ff. (5).

652 *Reynès*, JCPS 2012, n°1292, S. 8 ff. (9).

653 Cass.com., Urt. v. 19. 04. 2005 – n° 05–10094, Bulletin civil IV n° 92; Cass.com., Urt. v. 19. 11. 2013 – n° 12–28367, unveröffentlicht; *Calice/Diriart*, Cahiers de droit de l'entreprise 2012, S. 40 ff. (45).

654 Cass.soc., Urt. v. 19. 06. 2007 – n° 05–42551, Bulletin civil V n° 109; Cass.soc., Urt. v. 30. 11. 2011 – n° 10–22964, Bulletin civil V n° 284.

Mit einer Konzernmutter als Mitarbeitgeberin sind die Arbeitnehmer auch nicht mehr auf die Vorauszahlungen des AGS-Fonds angewiesen. Sie können ihre Ansprüche direkt gegen die Konzernmutter richten und Entschädigung in voller Höhe verlangen. Der AGS-Fonds wird dadurch entlastet.[655]

Anders als im Deliktsrecht, sind die Zahlungsansprüche gegen eine Mitarbeitgeberin auch nicht nur auf Ausgleich des unmittelbaren Schadens gerichtet, sondern auch auf die darüber hinaus gehenden arbeitsrechtlichen Entschädigungszahlungen. Und die Arbeitnehmer müssen auch nicht mehr die Voraussetzungen des deliktischen Anspruchs nach Art. 1382 Code civil beweisen.

---

655 *Mir/Brihi/Lacomble*, JCPS 2013, n°1082, S. 47 ff. (47).

Teil 3: Verteidigungsstrategien und Handlungsempfehlungen für deutsche Konzernmütter

Die Rechtsprechung zum Mitarbeitgeber in Konzernstrukturen ist von der Idee her nachvollziehbar. Wie ein fehlendes Puzzleteil fügt sie sich genau dort ein, wo weder das französische Arbeits- noch das Insolvenzrecht einen umfassenden Arbeitnehmerschutz ermöglichen.

Doch auch die Theorie zum Mitarbeitgeber hat ihre Mängel. Wird eine deutsche Konzernmutter vor französischen Gerichten als Mitarbeitgeberin verklagt, so stehen ihr einige gute Argumente zur Verfügung, mit deren Hilfe sie einer Qualifizierung als Mitarbeitgeberin entgehen könnte. Dabei gilt es insbesondere, den Instanzenzug vollständig auszuschöpfen, um ein Urteil des Kassationshofs zu erwirken.

Denn der Kassationshof ist deutlich restriktiver bei der Qualifizierung eines Mitarbeitgebers und wird nur extreme Beziehungsverflechtungen zwischen Konzernmutter und Tochtergesellschaft als ausreichend für eine Mitarbeitgeberstellung erachten. Die Instanzgerichte hingegen weichen die Kriterien für eine dreifache Vermischung immer weiter auf.

Weitaus wichtiger ist es jedoch für eine deutsche Konzernmutter, sich bereits vor einer möglichen gerichtlichen Auseinandersetzung so zu verhalten, dass eine Qualifizierung als Mitarbeitgeberin vor Gericht unterbleibt.

§ 7 Mögliche Verteidigungsstrategien deutscher Konzernmütter

A. Unzuständigkeit französischer Gerichte

Wird eine deutsche Konzernmutter vor einem französischen Arbeitsgericht als Mitarbeitgeberin verklagt, so ist der erste und wichtigste Verteidigungsschritt, die Unzuständigkeit des französischen Arbeitsgerichts geltend zu machen.

I. Argumentation

Die deutsche Konzernmutter sollte anführen, dass Art. 19 EuGVVO nicht anwendbar ist, weil sie als Mitarbeitgeberin nicht Arbeitgeberin im Sinne des Art. 19 EuGVVO ist.

Der Begriff des Arbeitgebers in Art. 19 EuGVVO muss autonom ausgelegt werden, um die volle Wirksamkeit des Unionsrechts und die einheitliche Anwendung der Verordnung zu gewährleisten.[656] Dieser Ansicht folgt auch der Kassationshof. Er bezieht sich in seinen Entscheidungen *Aspocomp* und *Jungheinrich-II* auf die europarechtliche Interpretation des Art. 19 EuGVVO, was darauf schließen lässt, dass auch er von einer autonomen Auslegung ausgeht.[657]

Der EuGH hat allerdings bislang noch nicht darüber entschieden, was unter einem Arbeitgeber zu verstehen ist, wenn es um die gerichtliche Zuständigkeit geht. Die Urteile in Sachen *Aspocomp* und *Jungheinrich-II* sind insofern irreführend. Der Kassationshof behauptet darin, dass sich die Definition des Arbeitgebers, auf die er sich stützt, aus Urteilen des EuGH abgeleitet werden kann, die zum Vorgänger der EuGVVO – der EuGVÜ – ergangen sind.[658]

Die Definition, welche die *Cour de cassation* dann aber liefert, ist die Definition zum Arbeitnehmer im Sinne des Art. 45 AEUV zur Arbeitnehmerfreizügigkeit. Diese Aussage zeigt, dass der Kassationshof zwei Aspekte offenbar, man muss es so klar sagen, falsch verstanden hat und aufgrund dieser Fehlinterpretationen fehlerhafte Urteile gefällt hat.

1. Fehlinterpretation eins

Richtig ist, dass es sehr wohl Urteile des EuGH zum EuGVÜ gibt, die sogar die Situation berücksichtigen, dass ein Arbeitnehmer zwei Arbeitgeber hat. Doch der EuGH hat noch nie den Begriff des Arbeitgebers im Zusammenhang mit Zuständigkeitsfragen definiert.

Pierre Bailly, der Richter am Kassationshof verweist auf die Urteile des EuGH in Sachen *Pugliese*[659] und in Sachen *GlaxoSmithKline*[660]. Diese Urteile hätten

656 Etwas anderes meint auch nicht das Urteil in Sachen *Effer* aus dem Jahre 1982. Der EuGH entschied darin, dass die nationalen Gerichte selbst überprüfen müssten, ob ein Arbeitsvertrag wirksam zustande gekommen sei. Die Kompetenz der nationalen Gerichte impliziert aber nicht die Anwendbarkeit des nationalen Rechts auf die Beurteilung des Arbeitsvertrages. Der Arbeitsvertrag muss sehr wohl nach autonomen Maßstäben von den mitgliedsstaatlichen Gerichten überprüft werden, um die einheitliche Anwendung der europäischen Zuständigkeitsregelungen zu gewährleisten; EuGH, Urt. v. 4. 03. 1982 – C-38/81 Effer, Slg. 1982, 825.

657 *Jault-Seseke*, RDT 2007, S. 543 ff. (544).

658 *Dedessus-le-Moustier*, JCPG 2012, n°110, S. 201 ff. (203).

659 EuGH, Urt. v. 10. 04. 2003 – C-437/00 Pugliese, Slg. 2003, I-3573, Rn. 27 ff.

660 EuGH, Urt. v. 22. 05. 2008 – C-462/06 Glaxosmithkline, Slg. 2008, I-3965, Rn. 28.

Aufschluss darüber gegeben, dass der EuGH den Begriff des Arbeitgebers im Sinne der EuGVVO sehr weit verstehe.[661]

Worum ging es? Im Fall *Pugliese* hatte eine konzernzugehörige Gesellschaft mit Sitz in Italien eine Arbeitnehmerin einer anderen, demselben Konzern zugehörigen, Gesellschaft mit Sitz in Deutschland überlassen. Die Arbeitnehmerin schloss auch mit der deutschen Gesellschaft einen Arbeitsvertrag. Später zog die Arbeitnehmerin gegen die italienische Gesellschaft vor Gericht. Der EuGH entschied, dass Art. 5 Nr. 1 EuGVÜ[662] so auszulegen sei, dass in einem Rechtsstreit zwischen einem Arbeitnehmer und seinem ersten Arbeitgeber der Ort, an dem der Arbeitnehmer seine Verpflichtungen gegenüber dem zweiten Arbeitgeber erfüllt, als der Ort angesehen werden kann, an dem er gewöhnlich seine Arbeit verrichtet. Relevant ist dabei auch, dass der erste Arbeitgeber, zu jenem Zeitpunkt, als der Vertrag mit dem zweiten Arbeitgeber abgeschlossen wurde, ein Interesse an der Überlassung der Mitarbeiterin hatte. Und somit auch daran, dass die Arbeitnehmerin am neuen Arbeitsort tätig wurde. Das Vorliegen eines solchen Interesses sei umfassend unter Berücksichtigung aller Umstände des Einzelfalls zu beurteilen. Dabei sei auch eine wirtschaftliche Verbindung der Gesellschaften untereinander oder ein Zusammenhang zwischen den Organen beider Gesellschaften ausschlaggebend.[663]

In Sachen *GlaxoSmithKline* ging es um einen Arbeitnehmer, der zunächst mit einer konzernzugehörigen Gesellschaft mit Sitz in Frankreich einen Arbeitsvertrag geschlossen hatte, um anschließend einen neuen Vertrag mit einer anderen konzernzugehörigen Gesellschaft mit Sitz in Großbritannien zu schließen. Im zweiten Vertrag wurde vereinbart, dass die vertraglichen Ruhegehalts- sowie Abfindungsansprüche, die der Arbeitnehmer aufgrund des ersten Arbeitsvertrages erworben hatte, aufrechterhalten würden.

Nachdem dem Arbeitnehmer einige Jahre später gekündigt wurde, erhob dieser Klage vor dem französischen Arbeitsgericht gegen den ersten und den zweiten Arbeitgeber als Gesamtschuldner. Der EuGH hatte darüber zu entscheiden, ob der Arbeitnehmer die beiden Arbeitgeber gemäß Art. 6 Nr. 1 EuGVVO gemeinsam vor dem französischen Gericht verklagen konnte oder ob die Art. 18 ff. EuGVVO ein abschließendes Regelungssystem darstellen, das auch Art. 6 EuGVVO verdrängt.

Voraussetzung des Art. 6 Nr. 1 EuGVVO ist grundsätzlich, dass zwischen den beiden Klagen des Arbeitnehmers eine so enge Beziehung gegeben ist, dass eine

---

661 Vgl. Antworten auf Fragen 13 und 14, Interview vom 12.02.2014.

662 Die Vorgängernorm zum heutigen Art. 19 EuGVVO.

663 *Coursier*, JCPS 2007, n°1618, S. 32 ff. (34).

gemeinsame Verhandlung und Entscheidung geboten erscheint, um zu vermeiden, dass in getrennten Verfahren einander widersprechende Entscheidungen ergehen („Konnexität"). Der Generalanwalt *Poiares Maduro* hielt die Konnexität dann für gegeben, wenn eine wirtschaftliche Verbindung der Gesellschaften untereinander oder ein Zusammenhang zwischen den Organen beider Gesellschaften besteht. Der EuGH selbst ging auf die Problematik der Konnexität nicht ein, weil er Art. 6 Nr. 1 EuGVVO durch das Regelungssystem der Art. 18 ff. EuGVVO verdrängt sah.

Entgegen der Ansicht des Kassationshofs geben weder das Urteil in Sachen *Pugliese* noch die Ausführungen des Generalanwalts in Sachen *GlaxoSmith-Kline* Aufschluss darüber, was unter einem Arbeitgeber zu verstehen ist. Sie haben keinerlei Gemeinsamkeiten mit der Ausgangssituation der Urteile *Aspocomp* und *Jungheinrich-II*. Denn anders als bei *Aspocomp/ Jungheinrich-II* standen bei *Pugliese/ GlaxoSmithKline* die Arbeitgeber bereits deshalb fest, weil der jeweilige Arbeitnehmer mit beiden Arbeitgebern jeweils einen eigenen Arbeitsvertrag geschlossen hatte. Die Arbeitgeber-Eigenschaft musste also gar nicht mehr geklärt werden.

Der Verweis des Urteils *Pugliese* beziehungsweise die Ausführungen des Generalanwalts in *GlaxoSmithKline* auf *„die wirtschaftliche Verbindung der Gesellschaften zueinander oder den Zusammenhang zwischen den Organen beider Gesellschaften"* bezogen sich nicht darauf, ob eine Gesellschaft Mitarbeitgeberin ist oder nicht. Sie bezogen sich vielmehr darauf, ob eine Gesellschaft ein eigenes Interesse daran hatte, dass ihr Arbeitnehmer bei einer anderen Gesellschaft arbeitete (*Pugliese*), beziehungsweise darauf, ob zwei Arbeitgeber gemeinsam verklagt werden dürfen (*GlaxoSmithKline*).

Diese Unterschiede offenbar verkennend, möchte man fast unterstellen, der Kassationshof habe fieberhaft nach Entscheidungen des EuGH gesucht, die seine Urteile stützen. Es ist zwar richtig, dass in Sachen *Pugliese* und in Sachen *GlaxoSmithKline* das besondere Verhältnis zwischen zwei Konzerngesellschaften Erwähnung findet. Und es ist auch richtig, dass dieses Verhältnis dem französischen Verständnis von einer *confusion d'intérêts, d'activités et de direction* nahekommt. Doch diese Ähnlichkeit besteht nur den ersten flüchtigen Blick. Die EuGH Entscheidungen stehen nämlich in einem völlig anderen Kontext und treffen eben gerade keine Aussage darüber, was der EuGH unter einem Arbeitgeber im Sinne des Art. 19 EuGVVO versteht.

2. Fehlinterpretation zwei

Diese Fehlinterpretation besteht darin, dass sich die Definition des Arbeitgebers im Zusammenhang mit Art. 45 AEUV nicht mit der Definition des Mitarbeitgebers nach französischem Recht deckt.

Der Kassationshof bezieht sich in den Urteilen *Aspocomp* beziehungsweise *Jungheinrich-II* auf eine vermeintliche EuGH-Definition des Arbeitgebers. Doch anders als von der *Cour de cassation* behauptet, ist diese Definition nicht im Rahmen der europäischen Zuständigkeitsregelungen ergangen, sondern im Zusammenhang mit der Arbeitnehmerfreizügigkeit nach Art. 45 AEUV.

Es handelt sich um die Definition zum Arbeitsverhältnis, die der EuGH in seiner bereits erwähnten Entscheidung in Sachen *Lawrie Blum* verwendet hat:

> *„Das wesentliche Merkmal eines Arbeitsverhältnisses ist der Umstand, dass eine Person während einer bestimmten Zeit für eine andere Person und unter deren Leitung eine Leistung erbringt, für die sie ein Entgelt erhält.“*[664]

Diese Definition geht schon dem Wortlaut nach von einem individuellen Weisungsverhältnis zwischen Arbeitnehmer und Arbeitgeber aus, das prägend für das Arbeitsverhältnis ist.[665]

Der Kassationshof hat in seiner Entscheidung *Aspocomp* diese Vorgabe anscheinend sehr wohl verstanden. Er folgt dem Kombinationsansatz zum Mitarbeitgeber und schließt daraus, dass der Mitarbeitgeber ein Arbeitgeber im Sinne des Art. 19 EuGVVO ist. Bei genauer Lektüre der Entscheidung in Sachen *Aspocomp* stellt man jedoch fest, dass es sich dabei mehr oder minder um Etikettenschwindel handelt.

Denn weder die Instanzgerichte noch der Kassationshof haben überprüft, ob ein individuelles Weisungsverhältnis zwischen der Konzernmutter und jedem einzelnen Arbeitnehmer tatsächlich bestand. Stattdessen wurden lediglich Kriterien herangezogen, die für eine dreifache Vermischung sprechen. Und aus dieser dreifachen Vermischung wurde dann einfach das individuelle Weisungsverhältnis abgeleitet.[666]

In der Entscheidung *Jungheinrich-II* geht es dann schon gar nicht mehr darum, ob ein individuelles Weisungsverhältnis zwischen Arbeitnehmer und Arbeitgeber vorliegt. Der Kassationshof folgt nur noch dem wirtschaftlichen

---

664 EuGH, Urt. v. 3. 07. 1986 – C-66/85 Lawrie Blum, Slg. 1986, 2121, 2144, Rn.17; *Devers*, DS 2012, S. 140 ff. (143).

665 *Hanau/Steinmeyer/Wank:* Handbuch des europäischen Arbeits- und Sozialrechts, 2002, S. 398.

666 „Après avoir constaté que les salariés avaient accompli leur travail sous la direction et au profit des sociétés *Aspocomp* et *Aspocomp Group OYJ*, dont les intérêts, les activités et la direction étaient confondues, a décidé que la juridiction saisie était compétente." Cass.soc., Urt. v. 19. 06. 2007 – n° 05–42570, DO 2007, 522 ff.

Ansatz und ermittelt, ob die Interessen, Tätigkeiten und die Geschäftsleitung zwischen Tochtergesellschaft und Konzernmutter vermengt sind.

Festhalten lässt sich: Die Voraussetzungen, anhand derer der Kassationshof einen Mitarbeitgeber ausmacht, weichen ganz erheblich und objektiv von dem ab, was der EuGH unter einem Arbeitgeber versteht.

Richter *Pierre Bailly* sieht das anders. Die Definition des EuGH zum Arbeitgeber in Sachen *Lawrie Blum* stimme deshalb mit der Definition des Kassationshofs zum Mitarbeitgeber überein, sagt er, weil die dreifache Vermischung auch immer eine besonders geartete Einmischung der Konzernmutter in die Personalangelegenheiten der Tochtergesellschaft voraussetze. Diese Subordination kollektiver Art könne auf die Forderung des EuGH nach einem individuellen Weisungsverhältnis übertragen werden.[667] Mit anderen Worten: eine intensive Einmischung in die Personalverwaltung wird gleichgesetzt mit einem individuellen Weisungsverhältnis.

Dass der EuGH dies mutmaßlich nicht so sieht wie der Kassationshof, ergibt sich aus dem Urteil in Sachen *Akavan*[668] aus dem Jahre 2009 zu Art. 2 der Richtlinie 1998/59/EG. Eine Konzernmutter hatte beschlossen, sich von dem finnischen Betrieb einer Tochtergesellschaft zu trennen. In der Sache ging es um die Konsultationspflicht der Tochtergesellschaft im Massenentlassungsverfahren gemäß Art. 2 der Richtlinie.[669] In diesem Zusammenhang präzisierten die europäischen Richter, dass „ein Unternehmen, das den vertraglichen Arbeitgeber kontrolliert, nicht selbst Arbeitgeber sein kann, auch wenn es für den Arbeitgeber bindende Entscheidungen trifft."[670] Erstmals entschied der EuGH damit in einer Konstellation, die derjenigen der *co-emploi* Rechtsprechung wirklich nahe kommt. Und genau in dieser Konstellation lehnt der EuGH es ab, die kontrollierende Konzernmutter als Arbeitgeberin anzusehen.

Auch aus der Entscheidung des EuGH in Sachen *Albron Catering* vom 21.10.2010[671] geht hervor, dass der EuGH das Konstrukt des Mitarbeitgebers nicht kennt. Dem Urteil *Albron Catering* lag folgender Sachverhalt zugrunde: Eine konzerninterne Beschäftigungsgesellschaft hatte das gesamte Konzernpersonal bei sich als vertraglicher Arbeitgeberin angestellt. Die Beschäftigungsgesellschaft stellte die Arbeitnehmer dann jeweils zu den verschiedenen

---

667 Vgl. Antwort auf Frage 10, Interview vom 12.02.2014.

668 EuGH, Urt. v. 10. 09. 2009 – C-44/08 Akavan Erityisalojen Keskusliitto, Slg. 2009, I-0000.

669 *Forst*, EWiR 2009, S. 725 ff. (725).

670 *Morvan*, JCPS 2013, n°1438, S. 17 ff. (19).

671 EuGH, Urt. v. 21. 10. 2010 – C-242/09 Albron Catering, Slg. 2010, I-10309.

Betriebsgesellschaften des Konzerns ab. Der Kläger war 20 Jahre lang in einer dieser Betriebsgesellschaften tätig, bevor deren Tätigkeitsbereich an den externen Dienstleister *Albron Catering* übertragen wurde. Dort wurde der Kläger zwar weiter beschäftigt, allerdings zu anderen Konditionen.[672] Der Kläger wollte vor dem EuGH geklärt wissen, ob in dieser Konstellation Rechte und Pflichten im Sinne des Art. 2 Abs. 1 a) der Betriebsübergangsrichtlinie 2001/23/EG auch dann übergehen, wenn der Veräußerer – die Betriebsgesellschaft – gar nicht „vertraglicher" Arbeitgeber war.[673] Der EuGH bejahte dies und erkannte damit die Betriebsgesellschaft, zu der der Kläger ständig entsandt worden war, als „nichtvertragliche" Arbeitgeberin an.[674]

Diese Konstellation ist jedoch nicht mit der des Mitarbeitgebers vergleichbar. Zwar besteht auf den ersten Blick eine Gemeinsamkeit, weil die Beschäftigungsgesellschaft zwar vertragliche Arbeitgeberin war, letztlich aber keine Weisungsmacht gegenüber den entsandten Arbeitnehmern ausübte. Dementsprechend glich sie tatsächlich einer unselbständigen Tochtergesellschaft, die ganz und gar von der Konzernmutter kontrolliert wird. Allerdings bestand zwischen der Betriebsgesellschaft und den jeweiligen Arbeitnehmern ein individuelles Weisungsverhältnis, weshalb die Betriebsgesellschaft auch als Arbeitgeberin angesehen werden konnte. Das trifft für einen Mitarbeitgeber aber gerade nicht zu. Er verfügt eben nicht über eine individuelle Weisungsbefugnis, sondern kann auf die Arbeitnehmer nur mittelbar über die Kontrolle der Tochtergesellschaft einwirken.

3. Uneinheitliche Anwendung der EuGVVO

Eine deutsche Konzernmutter könnte gegen die Zuständigkeit französischer Gerichte außerdem anführen, dass die Subsumtion des Mitarbeitgebers durch den Kassationshof unter Art. 19 EuGVVO zu einer uneinheitlichen Anwendung der Verordnung führt. Letztlich legt der Kassationshof den Arbeitgeber-Begriff des Art. 19 EuGVVO nämlich nicht autonom, sondern nach französischem Recht aus. Das aber ist nicht zulässig.

Eine nach Mitgliedsstaaten unterschiedliche Anwendung der EuGVVO steht klar im Gegensatz zur Zielsetzung der Verordnung, die sich aus Erwägungsgrund 2 EuGVVO ergibt.[675] Danach sollen die Vorschriften der Mitgliedstaaten über die internationale Zuständigkeit in Zivil- und Handelssachen vereinheitlicht

---

672 *Chezlemas*, SSL 2011, n°1485, S. 12 ff. (12).

673 *Bauer/Von Medem*, NZA 2011, S. 20 ff. (21).

674 *Raab*, EuZA 2011, S. 537 ff. (544).

675 *Ziegler:* Arbeitnehmer-Begriffe im Europäischen Arbeitsrecht, 1. Aufl., 2011, S. 399.

werden, um das reibungslose Funktionieren des Binnenmarkts sicherzustellen. Dieser Zielsetzung können die nationalen Gerichte nur mit einer autonomen Auslegung der Begrifflichkeiten gerecht werden.

4. Verstoß gegen das Gebot der Vorhersehbarkeit

Ein weiteres Argument gegen die Rechtsprechung des Kassationshofs findet sich in Erwägungsgrund 11 der EuGVVO. Danach sollen die Rechtsfolgen, die sich aus den Zuständigkeitsvorschriften ergeben, vorhersehbar sein. Folgt man der Rechtsprechung des Kassationshofs und fasst auch den Mitarbeitgeber nach französischem Recht unter Art. 19 EuGVVO, wird dieses Ziel nicht erreicht. Denn wer Mitarbeitgeber ist, lässt sich gerade nicht zweifelsfrei vorhersagen. Erst eine Qualifizierung anhand zahlreicher Indizien ergibt jeweils im Einzelfall, ob eine Konzernmutter Mitarbeitgeberin ist oder nicht. Die Rechtsfolgen sind hier also nicht vorhersehbar.

5. Vorabentscheidungsverfahren

Vor diesem Hintergrund sollte eine deutsche Konzernmutter, wenn sie vor einem französischen Gericht als Mitarbeitgeberin belangt wird, unbedingt ein Vorabentscheidungsverfahren vor dem EuGH gemäß Art. 267 Abs.1 AEUV anregen.

a. Grundzüge des Vorabentscheidungsverfahrens

Grundsätzlich ist jedes mitgliedstaatliche Gericht verpflichtet, vorrangiges europäisches Recht selbständig anzuwenden und auszulegen.[676] Diese originäre Zuständigkeit des nationalen Richters kann zu divergierenden Entscheidungen führen, wenn etwa ein französischer Richter eine europäische Vorschrift anders versteht als ein italienischer Richter. Das Vorabentscheidungsverfahren gemäß Art. 267 AEUV soll dieser Gefahr begegnen und eine einheitliche Auslegung und Anwendung europäischen Rechts ermöglichen.[677] Es ist insofern ein Instrument richterlicher Zusammenarbeit zwischen nationalen Gerichten und dem EuGH und dient zugleich dem Individualrechtsschutz, weil es die praktische Wirksamkeit der durch das Unionsrecht zugestandenen Rechte sichert.[678]

Der EuGH entscheidet im Wege der Vorabentscheidung, wie unionsrechtliche Verträge auszulegen sind sowie über die Gültigkeit und die Auslegung der Handlungen der Organe, Einrichtungen oder sonstigen Stellen der Union,

---

676 *Wegener,* in: *Calliess/ Ruffert,* 4. Aufl., 2011, Art. 267 AEUV, S. 2344, Rn. 1.
677 *Herdegen:* Europarecht, 15. Aufl., 2013, S. 210.
678 *Wegener,* in: *Calliess/ Ruffert,* 4. Aufl., 2011, Art. 267 AEUV, S. 2345, Rn. 1.

Art. 267 AEUV. Initiiert wird das Vorlageverfahren in der Regel durch eine an einem Rechtsstreit beteiligte Partei, indem sie dem mitgliedstaatlichen Gericht eine Frage zur Auslegung oder Gültigkeit europäischen Rechts stellt. Das Gericht entscheidet dann zur Vorlage und übermittelt bei positiver Entscheidung die Vorlage dem EuGH.[679]

Gemäß Art. 267 Abs. 2 AEUV sind einzelstaatliche Gerichte grundsätzlich zur Vorlage einer Frage berechtigt, wenn sie Zweifel an der Gültigkeit oder Auslegung des Unionsrechts haben.[680] Die Vorlagefragen müssen nach Auffassung des nationalen Gerichts außerdem entscheidungserheblich sein. Das bedeutet: Sie dürfen nicht konstruiert, nicht offensichtlich hypothetisch sein und es muss einen Zusammenhang zwischen der Auslegung des Unionsrechts und dem Sachverhalt des Ausgangsverfahrens geben.[681]

Mitgliedstaatliche Gerichte sind überdies zu einer Vorlage nicht nur berechtigt, sondern sogar verpflichtet, wenn ihre Entscheidungen nicht mehr mit Rechtsmitteln angegriffen werden können, Art. 267 Abs. 3 AEUV.[682] Etwas anderes gilt nur, wenn eine gleichlautende Frage bereits durch den EuGH beantwortet worden ist, wenn es bereits eine gesicherte Rechtsprechung des EuGH zu dieser Rechtsfrage gibt oder die Auslegung des Unionsrechts so offenkundig ist, dass keinerlei vernünftige Zweifel an der Auslegung bestehen.[683]

Entscheidet der EuGH im Wege eines Vorabentscheidungsverfahrens über die Auslegung von Unionsrecht, so wirken diese Urteile ex tunc. Sie verpflichten Behörden und Gerichte wegen Art. 4 Abs. 3 EUV, die jeweilige Vorschrift des Unionsrechts auf alle entsprechenden Sachverhalte anzuwenden.[684]

b. Das Vorabentscheidungsverfahren hinsichtlich Art. 19 EuGVVO

Wird eine deutsche Konzernmutter vor einem französischen Gericht als Mitarbeitgeberin verklagt, liegen alle Voraussetzungen vor, um ein Vorabentscheidungsverfahren anzuregen.

So handelt es sich bei Art. 19 EuGVVO um einen zulässigen Vorlagegegenstand. Die EuGVVO ist ein Sekundärrechtsakt und stellt damit eine Handlung im Sinne des Art. 267 Abs. 1 b) AEUV dar.

---

679 *Wegener,* in: *Calliess/ Ruffert,* 4. Aufl., 2011, Art. 267 AEUV, S. 2360, Rn. 41.

680 *Haratsch/Koenig/Pechstein:* Europarecht, 8. Aufl., 2012, S. 248.

681 *Pache,* in: *Vedder/ Heintschel von Heinegg,* 1. Aufl., 2012, Der Gerichtshof der Europäischen Union, S. 908, Rn. 24.

682 *Streinz:* Europarecht, 9. Aufl., 2012, S. 246.

683 *Haratsch/Koenig/Pechstein:* Europarecht, 8. Aufl., 2012, S. 249.

684 *Streinz:* Europarecht, 9. Aufl., 2012, S. 247.

Es bestehen auch vernünftige Zweifel an der Auslegung des Art. 19 EuGVVO, soweit es sich um den darin enthaltenen Begriff des Arbeitgebers handelt. Denn wie dargestellt, liegt bislang keine Rechtsprechung des EuGH zum Begriff des Arbeitgebers im Sinne des Art. 19 EuGVVO vor, geschweige denn eine Rechtsprechung des EuGH dahingehend, ob unter den Begriff des Arbeitgebers auch der des Mitarbeitgebers nach französischem Recht zu fassen ist. Die Rechtsprechung des EuGH zum Arbeitnehmer-Begriff zu Art. 45 AEUV (*Lawrie Blum*), die gegebenenfalls im Rahmen des Art. 19 EuGVVO aufgegriffen werden könnte, ist jedenfalls nicht mit dem französischen MitArbeitgeber-Begriff in Einklang zu bringen.

Bislang wurden dem Kassationshof bereits zwei Fragen zur Mitarbeitgeberschaft zur Vorlage gestellt. Einmal lautete die Frage, ob und unter welchen Voraussetzungen der Arbeitnehmer, der durch einen Arbeitsvertrag an eine Tochtergesellschaft gebunden ist und seine Arbeit in einem europäischen Mitgliedstaat unter deren Weisungsmacht verrichtet, in Anwendung des Art. 19 EuGVVO die Konzernmutter, die in einem anderen Mitgliedsstaat niedergelassen ist, vor den Arbeitsgerichten des Ortes verklagen kann, an dem er seine Arbeit verrichtet.[685]

Das zweite Mal hieß die Frage, wann und unter welchen Voraussetzungen die Holding einer internationalen Konzerngruppe, die ihren Firmensitz im Gebiet eines anderen Mitgliedstaates hat, hinsichtlich ihrer Beziehungen, die sie zu ihren in anderen Mitgliedsstaaten ansässigen Tochtergesellschaften pflegt, als „Arbeitgeber" im Sinne des Art. 19 EuGVVO gesehen werden kann, obwohl sie die Arbeitnehmer der Tochtergesellschaft weder angeworben, noch bezahlt oder angewiesen hat und zu ihnen niemals eine direkte Beziehung hatte.[686]

Diese Fragen waren beide entscheidungserheblich, weil sie in direktem Zusammenhang mit dem Ausgangssachverhalt standen. Sie waren auch konkret genug und in sich schlüssig und hätten deshalb dem EuGH vorgelegt müssen.

Stellt die deutsche Konzernmutter diese Frage bei einem französischen Instanzgericht, das grundsätzlich zur Vorlage berechtigt, aber nicht verpflichtet ist, so sollte zusätzlich darauf verwiesen werden, dass auch der EuGH selbst empfiehlt, von diesem Vorlagerecht Gebrauch zu machen, wenn „es sich um eine neue Auslegungsfrage handelt, die von allgemeiner Bedeutung für die einheitliche Anwendung des Unionsrechts ist oder wenn die vorhandene Rechtsprechung auf

685 Cass.soc., Urt. v. 19. 06. 2007 – n° 05-42570, DO 2007, 522 ff.

686 Cass.soc., Urt. v. 30. 11. 2011 – n° 10-22964, Bulletin civil V n° 284.

einen noch nicht vorgekommenen Sachverhalt nicht anwendbar erscheint."[687] Die deutsche Konzernmutter kann sich auf beide Alternativen stützen.

Da es noch keine Rechtsprechung zur Auslegung des Arbeitgeber-Begriffs im Sinne des Art. 19 EuGVVO gibt, ist die Vorlagefrage von allgemeiner Bedeutung. Andernfalls, soweit das Instanzgericht offensichtlich der Auffassung ist, dass die Rechtsprechung zu *Lawrie Blum* sehr wohl auch bei Art. 19 EuGVVO Geltung beansprucht, handelt es sich bei der Mitarbeitgeberschaft um einen noch nicht vorgekommenen Sachverhalt. Auch deshalb wäre eine Vorlage wichtig und angezeigt.

Gelangt eine instanzgerichtliche Entscheidung über die Mitarbeitgeberschaft vor den Kassationshof, so muss dieser als letztinstanzliches Gericht die Frage dem EuGH vorlegen. Eine Ausnahme von dieser Pflicht gibt im Fall der Mitarbeitgeberschaft eindeutig nicht.

Der EuGH hatte mangels Vorlageverfahren in Sachen *Aspocomp* beziehungsweise *Jungheinrich-II* bislang keine gleichlautende Frage zu beantworten. Es gibt auch noch keine gesicherte Rechtsprechung des EuGH dazu, ob auch eine Konzernmutter als Mitarbeitgeberin eine Arbeitgeberin im Sinne des Art. 19 EuGVVO ist. Die Auslegung des Arbeitgeber-Begriffs ist auch nicht derart offenkundig, dass keinerlei vernünftige Zweifel an der richtigen Auslegung bestehen. Dies zeigen schon die sich widersprechenden Definitionen des Arbeitgebers in Sachen *Lawrie Blum* und des Mitarbeitgebers nach Rechtsprechung des Kassationshofs.

Dementsprechend verletzte der Kassationshof, man muss es so deutlich sagen, seine Vorlagepflicht, als er sich im Fall *Aspocomp* und im Fall *Jungheinrich-II* gegen ein Vorabentscheidungsverfahren entschied. *Pierre Bailly* rechtfertigt das Verhalten des Kassationshofs damit, dass der europäische Arbeitgeber-Begriff weit verstanden werden müsse und man deshalb grundsätzlich davon ausgegangen sei, dass der Mitarbeitgeber vom europarechtlichen Begriff des Arbeitgebers gedeckt sei.[688] Der Kassationshof habe insofern keine Zweifel an dieser Auslegung gehegt. Zudem hätte sich, sagt *Bailly*, der Kassationshof in *Jungheinrich-II* am Präzedenzfall *Aspocomp* orientiert.

Nach Auffassung des Gerichts hatte sich die Rechtsprechung des EuGH auf diesem Gebiet seit *Aspocomp* nicht nennenswert weiterentwickelt, weshalb sich der Kassationshof den Entscheidungsgründen so anschließen konnte.[689]

687 Amtsblatt der Europäischen Union 06.11.2012, C 338/01, Empfehlung Nr. 13.

688 Vgl. Antwort auf Frage 8, Interview vom 12.02.2014.

689 Vgl. Antwort auf Frage 12, Interview vom 12.02.2014.

Baillys Darlegungen überzeugen jedoch nicht. Selbst wenn der Kassationshof von einem weiten Anwendungsbereich des Arbeitgeber-Begriffs ausgegangen ist, so hätte er doch erkennen müssen, dass sich die Kriterien der Mitarbeitgeberschaft maßgeblich von denen des Arbeitgebers nach europäischer Auffassung unterscheiden – vor allem hinsichtlich des geforderten individuellen Weisungsverhältnisses. Außerdem hat es sehr wohl eine bemerkenswerte Weiterentwicklung zum Arbeitgeber-Begriff gegeben.

Das bereits erwähnte Urteil in Sachen *Akavan* aus dem Jahre 2009 zeigt, dass Beziehungen zwischen Konzerngesellschaften für den EuGH gerade keine Rolle spielen, wenn es um die Arbeitgeber-Eigenschaft geht.[690] Hätte sich der Kassationshof in Sachen *Jungheinrich-II* nochmals eingehend und kritisch mit Art. 19 EuGVVO und dem Arbeitgeber-Begriff befasst und wäre nicht einfach der Ansicht des Kassationshofs aus der Entscheidung *Aspocomp* gefolgt, wäre eine weitere europarechtswidrige Entscheidung vermieden worden.

c. *Durchsetzbarkeit des Vorabentscheidungsverfahrens*

Eine deutsche Konzernmutter kann, was bedauerlich ist, ein französisches Gericht nicht dazu zwingen, ein Vorabentscheidungsverfahren einzuleiten. Das hat zwei Gründe: Die Instanzgerichte sind nicht vorlageverpflichtet. Sie können also nur mit guten Argumenten von einem Vorlageverfahren überzeugt werden. Der Kassationshof als letztinstanzliches Gericht wäre zwar grundsätzlich zur Vorlage verpflichtet, allerdings stehen den Parteien keine wirkungsvollen Mittel zur Verfügung, mit denen sie den Kassationshof dazu zwingen könnten.

Das europäische Recht kennt theoretisch drei Wege, um die Vorlagepflicht zu kontrollieren. Denkbar ist etwa ein Vertragsverletzungsverfahren nach Art. 258, 259 AEUV gegen den Mitgliedsstaat Frankreich. Im Rahmen dieses Verfahrens kann die Europäische Kommission als „Hüterin der Union“[691] gemäß Art. 258 AEUV beziehungsweise ein Mitgliedsstaat gemäß Art. 259 AEUV vor dem EuGH eine Feststellungsklage gegen einen anderen Mitgliedsstaat erheben, wenn dieser ihrer Meinung nach das Unionsrecht verletzt hat.[692] Gegenstand des Vertragsverletzungsverfahrens kann jedes Verhalten eines Mitgliedsstaates sein. Der Begriff des mitgliedstaatlichen Verhaltens ist weit zu verstehen.[693] Demnach

---

690 *Morvan*, JCPS 2013, n°1438, S. 17 ff. (19).

691 Gemäß Art. 17 Abs. 1 EUV.

692 *Kotzur*, in: *Geiger*, 5. Aufl, 2010, Institutionnelle Bestimmungen und Finanzvorschriften, S. 786, Rn. 1.

693 *Pache*, in: *Vedder/ Heintschel von Heinegg*, 1. Aufl., 2012, Der Gerichtshof der Europäischen Union, S. 880, Rn. 4.

ist eine solche Klage auch gegen Frankreich möglich, wenn der Kassationshof eine entscheidungserhebliche Frage nicht dem EuGH vorlegt, obwohl er dazu verpflichtet wäre. Er verletzt damit die Pflicht nach Art. 267 Abs. 3 AEUV sowie die Pflicht zur Unionstreue gemäß Art. 4 Abs. 3 UAbs. 3 EUV.[694]

Das Vertragsverletzungsverfahren bietet sich für eine deutsche Konzernmutter aber aus mehreren Gründen nicht an. Zum einen kann sie nicht selbst Klage beim EuGH einreichen, weil das Vertragsverletzungsverfahren keine unmittelbare Individualschutzfunktion besitzt.[695] Sie kann lediglich bei der EU-Kommission mittels einer Beschwerde anregen, Klage zu erheben und ein Feststellungsurteil zu erwirken.[696]

Zum anderen sieht die Kommission aus Opportunitätsgründen bei Verletzung der Vorlagepflicht seit jeher von der Einleitung eines Verfahrens ab.[697] Zu guter Letzt wäre dieses Urteil auch nur auf dem Papier ein Erfolg. Wegen der Unabhängigkeit der Gerichte kann der verurteilte Mitgliedstaat sein eigenes Gericht nicht dazu zwingen, ein Urteil aufzuheben.[698]

Vorstellbar ist auch der europäische Staatshaftungsanspruch[699], den die deutsche Konzernmutter selbst geltend machen kann, weil das französische Gericht seine Vorlagepflicht verletzt und damit gegen Unionsrecht verstößt. Seit dem Urteil in Sachen *Köbler*[700] hat der EuGH eindeutig klargemacht, dass auch Entscheidungen letztinstanzlicher Gerichte, die gegen Unionsrecht verstoßen, den europarechtlichen Staatshaftungsanspruch auslösen. Allerdings greift die Haftung für judikatives Unrecht nur dann, wenn das Gericht offenkundig gegen geltendes Recht verstoßen hat.[701] Die Offenkundigkeit ist anhand einer Gesamtwürdigung aller Umstände zu beurteilen.[702] Eine Verletzung der Vorlagepflicht allein reicht nicht aus. Der EuGH trägt damit dem Umstand Rechnung, dass das

---

694 *Latzel/Streinz*, NJOZ 2013, S. 97 ff. (99).

695 *Kotzur*, in: *Geiger*, 5. Aufl, 2010, Institutionnelle Bestimmungen und Finanzvorschriften, S. 786, Rn. 3.

696 *Cremer*, in: *Calliess/ Ruffert*, 4. Aufl., 2011, Art. 258 AEUV, S. 2266, Rn. 4.

697 *Wegener*, in: *Calliess/ Ruffert*, 4. Aufl., 2011, Art. 267 AEUV, S. 2357, Rn. 34.

698 *Ehricke*, in: *Streinz*, 2. Aufl., 2012, Art. 267 AEUV, S. 2327.

699 EuGH, Urt. v. 19. 11. 1991 – C-6/90 und C-9/90 Francovich, Slg. 1991, I-5357; EuGH, Urt. v. 5. 03. 1996 – C-46/93 und C-48/93 Brasserie du Pêcheur, Slg. 1996, I-1029.

700 EuGH, Urt. v. 30. 09. 2003 – C-224/01 Köbler, Slg. 2003, I-10239, Rn. 53 ff.

701 *Schwarze*, in: *Schwarze*, 3. Aufl., 2012, Art. 267 AEUV, S. 2243, Rn. 53.

702 EuGH, Urt. v. 30. 09. 2003 – C-224/01 Köbler, Slg. 2003, I-10239, Rn. 53 ff.

Gerichtsverfahren im Mitgliedstaat bereits abgeschlossen ist und das Urteil in materieller Rechtskraft erwächst.[703]

Tatsächlich wird diese Anforderung der „Offenkundigkeit" in der Regel nur selten erfüllt sein.[704] Hinzu kommt, dass die nationalen Gerichte meist gar keine Entschädigungen zusprechen.[705]

In unionsrechtlicher Hinsicht kommt auch eine Beschwerde vor dem europäischen Gerichtshof für Menschenrechte (EGMR) in Betracht nach Art. 34 EMRK. Die deutsche Konzernmutter könnte die Verletzung ihres Rechts auf ein faires Verfahrens geltend machen, weil der Kassationshof die entscheidungserhebliche Frage nicht dem EuGH vorgelegt hat, obwohl er dazu verpflichtet gewesen wäre. Rechtsfolge einer solchen Beschwerde kann eine Entschädigung nach Art. 41 EMRK sein sowie die Wiederaufnahme des rechtskräftig abgeschlossenen Verfahrens. Der EGMR ist zwar der Auffassung, dass willkürliche Nichtvorlagen an den EuGH einen Verstoß gegen Art. 6 Abs. 1 EMRK begründen können, hat allerdings bislang alle Beschwerden wegen Nichtvorlage an den EuGH als unbegründet angesehen.[706]

Das nationale französische Recht sieht, anders als das deutsche Recht,[707] keine nationale verfassungsrechtliche Kontrolle der Vorlagepflicht vor. Das französische Recht kennt zwar auch das Recht auf den gesetzlichen Richter. Es leitet sich aus dem allgemeinen Gleichheitssatz ab, der nach Art. 6 der Erklärung der Menschen- und Bürgerrechte vom 26.8.1789 in Verbindung mit der Präambel der Verfassung der V. Republik vom 4.10.1958 auch die Gleichheit vor dem Gesetz beinhaltet. Theoretisch besteht damit ein konkretes Verfassungsrecht, das durch Verletzung der Vorlagepflicht angegriffen wird. Das französische Recht kann diesen Angriff aber nicht sanktionieren, weil es, anders als das deutsche Recht, die Urteilsverfassungsbeschwerde nicht kennt.[708]

---

703 *Wegener,* in: *Calliess/ Ruffert,* 4. Aufl., 2011, Art. 267 AEUV, S. 2359, Rn. 39.

704 *Thomy:* Individualrechtsschutz durch das Vorabentscheidungsverfahren, 1. Aufl., 2009, S. 163.

705 *Latzel/Streinz,* NJOZ 2013, S. 97 ff. (99).

706 *Wegener,* in: *Calliess/ Ruffert,* 4. Aufl., 2011, Art. 267 AEUV, S. 2359, Rn. 38.

707 In Deutschland ist der EuGH als gesetzlicher Richter im Sinne des Art. 101 Abs. 1 S. 2 GG anerkannt. Dementsprechend gibt es die Möglichkeit, eine Verfassungsbeschwerde einzureichen, sollte das deutsche Gericht seiner Vorlagepflicht in „offensichtlich unhaltbarer Weise" nicht nachkommen und damit den Parteien ihren gesetzlichen Richter entziehen. *Streinz:* Europarecht, 9. Aufl., 2012, S. 256.

708 *Betz:* Die verfassungsrechtliche Absicherung der Vorlagepflicht, 2013, S. 205 f.

II. *Bewertung*

Zahlreiche Argumente sprechen gegen die Auffassung des Kassationshofs zu Art. 19 EuGVVO. Dennoch hält er an seiner Sicht der Dinge fest. Vor diesem Hintergrund ist zu raten, bereits die Instanzgerichte mit einer fundierten Argumentation zum europarechtlichen Arbeitgeber-Begriff zu einer Vorlage zu bewegen. Die Instanzgerichte sind zwar, wie gesagt, nicht zu einer Vorlage verpflichtet. Wenn man sie jedoch für eine Vorlage gewönne, könnte man durch das dann eingeleitete Vorabentscheidungsverfahren das bislang unionsrechtswidrige Verhalten des Kassationshofs überwinden.

Vom Kassationshof selbst ist das eher nicht zu erwarten, denn er würde damit eingestehen, dass er schon früher hätte vorlegen müssen und seine Entscheidungen in Sachen *Aspocomp* und *Jungheinrich-II* rechtlich zu beanstanden sind. Außerdem wird er schon allein deshalb keine Notwendigkeit zu einer Vorlage sehen, weil er mangels effektiver Kontrollmechanismen nicht dazu gezwungen werden kann.

B. Eingriff in die Niederlassungsfreiheit

I. *Argumentation*

Eine deutsche Konzernmutter könnte sich auch darauf berufen, dass die Rechtsprechung zur Mitarbeitgeberschaft gegen die europarechtlich garantierte Niederlassungsfreiheit nach Art. 49 AEUV verstößt, weil sie wegen der Gefahr der Qualifizierung als Mitarbeitgeberin davon abgehalten wird, sich in Frankreich mit einer Tochtergesellschaft niederzulassen.

Die Niederlassungsfreiheit gewährleistet zusammen mit der Arbeitnehmerfreizügigkeit, Art. 45 AEUV, die Freizügigkeit der Personen innerhalb der Union.[709] Sie soll selbständig Erwerbstätigen eine freie Wahl des Unternehmensstandortes allein aufgrund ökonomischer Erwägungen ermöglichen.[710]

Ein Verstoß gegen die Niederlassungsfreiheit liegt dann vor, wenn der Schutzbereich der Grundfreiheit eröffnet ist, in die Grundfreiheit durch eine mitgliedstaatliche Maßnahme eingegriffen wird und dieser Eingriff nicht gerechtfertigt werden kann.

---

709 *Forsthoff*, in: *Grabitz/ Nettesheim/ Bandilla, et al.*, 51. Ergänzungslieferung, 2013, Art. 49 AEUV Niederlassungsfreiheit, S. 3, Rn. 2.

710 *Haratsch/Koenig/Pechstein:* Europarecht, 8. Aufl., 2012, S. 436.

1. Schutzbereich

Der persönliche und sachliche Schutzbereich der Niederlassungsfreiheit ist in diesem Fall eröffnet. Eine Konzernmutter mit Sitz in Deutschland ist als mitgliedstaatliche Gesellschaft gemäß Art. 54 AEUV Trägerin der Niederlassungsfreiheit. Gründet oder erwirbt eine deutsche Konzernmutter eine Tochtergesellschaft in Frankreich, handelt es sich dabei um eine sekundäre Niederlassung, die in den sachlichen Schutzbereich des Art. 49 Abs. 1 S. 2 AEUV fällt:

Eine Niederlassung ist nach Auffassung des EuGH die „tatsächliche Ausübung einer wirtschaftlichen Tätigkeit mittels einer festen Einrichtung in einem anderen Mitgliedstaat auf unbestimmte Zeit".[711] Geschützt werden nach Art. 49 AEUV die primäre und die sekundäre Niederlassung. Von einer primären Niederlassung spricht man, wenn in einem anderen Mitgliedsstaat ein Unternehmen neu gegründet oder übernommen wird, Art. 49 Abs. 1 S.1 AEUV. Eine sekundäre Niederlassung wird durch eine abhängige Zweigstelle in Form von Agenturen, Zweigniederlassungen und Tochtergesellschaften in einem anderen Mitgliedstaat begründet unter Beibehaltung der Hauptniederlassung, Art. 49 Abs. 1 S.2 AEUV.[712]

Auch der „Kontrollerwerb" durch Investoren wird unter die sekundäre Niederlassung gefasst. Es handelt sich dabei um den Erwerb einer Beteiligung an einem Unternehmen mit Sitz in einem anderen Mitgliedstaat, wobei die Beteiligung so hoch ist, dass Einfluss auf die Entscheidungen der Gesellschaft genommen werden und der Erwerber deren Tätigkeiten bestimmen kann.[713] Eine Beteiligung von mindestens 25 % ist als ein solcher Kontrollerwerb zu verstehen.[714]

In diesem Zusammenhang lassen sich auch Niederlassungs- und Kapitalverkehrsfreiheit voneinander abgrenzen. Handelt es sich um eine nationale Regelung, die auf Beteiligungen von weniger als 25 % zielt, so ist die Kapitalverkehrsfreiheit betroffen, andernfalls die Niederlassungsfreiheit.[715] Die Rechtsprechung zur Mitarbeitgeberschaft gilt ausschließlich Konzernmüttern, die an ihren Konzerntöchtern mit weit mehr als 25 % beteiligt sind, weil in der Regel nur dann die Tochtergesellschaft ihre Autonomie gegenüber der Konzernmutter vollständig verlieren kann. Die Rechtsprechung zum Mitarbeitgeber berührt deshalb allein die Niederlassungsfreiheit und nicht die Kapitalverkehrsfreiheit.

---

711 EuGH, Urt. v. 25. 07. 1991 – C-221/89 Factortame, Slg.1991, I-3905, Rn. 20.

712 *Forsthoff*, in: *Grabitz/ Nettesheim/ Bandilla, et al.*, 51. Ergänzungslieferung, 2013, Art. 49 AEUV Niederlassungsfreiheit, S. 12, Rn. 52.

713 EuGH, Urt. v. 13. 04. 2000 – C-251/98 Baars, Slg. 2000, I-2787, Rn. 22.

714 EuGH, Urt. v. 10. 05. 2007 – C-492/04 Lasertec, Slg. 2007, I-3775, Rn. 21.

715 *Sedlaczek/Züger*, in: *Streinz*, 2. Aufl., 2012, Art. 63 AEUV, S. 845, Rn. 34.

2. Eingriff

Die Rechtsprechung zur Mitarbeitgeberschaft stellt einen relevanten Eingriff in die Niederlassungsfreiheit dar.

Nach Art. 49 Abs. 1 AEUV darf die freie Niederlassung von Staatsangehörigen eines Mitgliedstaates im Hoheitsgebiets eines anderen Mitgliedstaates nicht beschränkt werden. Dieses Beschränkungsverbot beinhaltet sowohl das Verbot, einen zu beurteilenden Sachverhalt mit Gemeinschaftsbezug gegenüber einem reinen Inlandssachverhalt schlechter zu behandeln (Diskriminierungsverbot)[716] als auch, nach der berühmten *Gebhard*- Formel, das allgemeine Verbot, die Ausübung der durch den Vertrag garantierten grundlegenden Freiheiten zu behindern oder weniger attraktiv zu machen.[717]

Die Rechtsprechung zur Mitarbeitgeberschaft stellt keine Diskriminierung dar, weil auch französische Konzernmütter dieser Rechtsprechung unterliegen und unter denselben Bedingungen in Anspruch genommen werden können. Grenzüberschreitende Sachverhalte und Inländersachverhalte werden demnach nicht unterschiedlich behandelt.

Die deutsche Konzernmutter wird aber allgemein in ihrer Niederlassungsfreiheit beeinträchtigt. Das allgemeine Beeinträchtigungsverbot ist sehr weit gefasst, weshalb in der Vergangenheit Stimmen laut wurden, die nach einer Einschränkung des Verbots verlangten. Deshalb wurde überlegt, ob die *Keck*-Formel, die im Rahmen der Warenverkehrsfreiheit marktzugangsneutrale Regelungen vom allgemeinen Beeinträchtigungsverbot ausnimmt, auch Anwendung auf die Niederlassungsfreiheit finden könnte.[718] Der EuGH hat dies bislang noch nicht ausdrücklich bestätigt.[719] Er hat aber die ratio der *Keck*-Rechtsprechung, die sich am Marktzugang orientiert, in den letzten Jahren nach und nach auch auf die anderen Grundfreiheiten übertragen.[720]

---

716 EuGH, Urt. v. 13. 11. 1984 – C-283/83 Racke, Slg. 1984, I-3791, Rn. 7.

717 EuGH, Urt. v. 30. 11. 1995 – C-55/94 Gebhard, Slg. 1995, I-4165, Rn. 37.

718 *Haratsch/Koenig/Pechstein:* Europarecht, 8. Aufl., 2012, S. 452.

719 *Eidenmüller*, in: *Eidenmüller,* 2004, S. 51; *Ringe/Willemer*, NZG 2010, S. 56 ff. (57).

720 Zur Warenverkehrsfreiheit EuGH, Urt. v. 10. 02. 2009 – C-110/05 Kommission/ Italien, Slg. 2009, I-519, Rn. 34: danach soll „jede sonstige Maßnahme, die den Zugang zum Markt eines Mitgliedstaats für Erzeugnisse aus anderen Mitgliedstaaten behindert" eine Maßnahme gleicher Wirkung nach Art. 34 AEUV sein; Zur Arbeitnehmerfreizügigkeit EuGH, Urt. v. 15. 12. 1995 – C-415/93 Bosman, Slg. 1995, I-4921, Rn. 103: Der EuGH urteilte, dass nationale Regeln „den Zugang der Spieler zum Arbeitsmarkt in anderen Mitgliedstaaten unmittelbar beeinflussen und somit geeignet waren, deren Freizügigkeit zu beeinträchtigen".

In einem erst kürzlich ergangenen Urteil zur Niederlassungs- und Dienstleistungsfreiheit führt der EuGH aus, dass „Maßnahmen, die, obwohl sie unterschiedslos anwendbar sind, den Marktzugang von Wirtschaftsteilnehmern aus anderen Mitgliedstaaten betreffen und somit den innergemeinschaftlichen Handel behindern", Beschränkungen nach Art. 49 AEUV beziehungsweise Art. 56 AEUV sind.[721]

Anknüpfungspunkt für das Marktzugangskriterium ist „die unternehmerische Entscheidung eines rational handelnden, durchschnittlichen Wirtschaftsteilnehmers: Wenn die staatliche Regelung dazu führt, dass der Einzelne davon abgehalten wird, von seinen grundfreiheitlich verbürgten Rechten Gebrauch zu machen, ist die Regelung rechtfertigungsbedürftig."[722]

In diesem Sinne stellt die Rechtsprechung zur Mitarbeitgeberschaft eine Erschwerung des Marktzugangs und damit eine Beschränkung im Sinne des Art. 49 AEUV dar. Möchte sich eine deutsche Konzernmutter in Frankreich mit einer Tochtergesellschaft niederlassen, so muss sie bedenken, dass ihr im Fall der Schließung oder der Insolvenz der Tochtergesellschaft als Mitarbeitgeberin gegebenenfalls hohe Entschädigungszahlungen drohen. Der Schluss liegt nahe, dass eine deutsche Konzernmutter als „rational handelnde Wirtschaftsteilnehmerin" zur Risikominimierung ein anderes europäisches, wenn nicht sogar außereuropäisches Land als Niederlassungsort präferieren wird, in dem sie keiner derartigen Gefahr ausgesetzt ist.

Natürlich ließe sich dem entgegenhalten, dass die Rechtsprechung zur Mitarbeitgeberschaft nicht den Marktzugang selbst betrifft, sondern nur ein späteres Verhalten der ausländischen Konzernmutter gegenüber ihrer französischen Tochtergesellschaft bestraft. In diesem Sinne argumentierte zum Beispiel das Kammergericht Berlin in einer Entscheidung vom 24.09.2009.[723] Seiner Ansicht nach stelle die Anwendung des § 64 Abs. 2 GmbHG keinen Eingriff in die Niederlassungsfreiheit dar. Diese Norm knüpfe nämlich nur daran an, wie sich ein leitendes Organ einer Gesellschaft während der Zeit, in der die Gesellschaft in Deutschland niedergelassen ist, verhalte. Es gehe somit nicht um den Marktzugang, sondern um ein Marktverhalten. Entsprechend der *Keck*-Formel sei eine derartige Regelung deshalb keine Beschränkung im Sinne des Art. 49 AEUV.

Diese Argumentation geht sowohl hinsichtlich § 64 Abs. 2 GmbHG als auch hinsichtlich der Rechtsprechung zur Mitarbeitgeberschaft fehl, weil die

---

721 EuGH, Urt. v. 7. 03. 2013 – C-577/11 DKV Belgium, noch nicht in der amtl. Slg.

722 *Dietz/Streinz*, EuR 2014 - noch nicht erschienen, (Skript S. 15).

723 KG Berlin, Urt. v. 24. 09. 2009 – 8 U 250/08, NZG 2010, 71 ff. (73).

Niederlassungsfreiheit eine derartige Differenzierung nicht zulässt. Art. 49 Abs. 2 AEUV umfasst „die Aufnahme und die Ausübung selbständiger Erwerbstätigkeiten“ beziehungsweise „die Gründung und Leitung von Unternehmen“. Der Marktzugang beinhaltet im Fall der Niederlassungsfreiheit dementsprechend immer auch ein verhaltensbezogenes Moment, das nicht mit Hilfe der *Keck*-Formel wieder ausgehebelt werden kann. Nach Ansicht von *Ringe/ Willemer* ist deshalb auch „die Anwendung fremder Haftungsnormen auf eine Gesellschaft eine erhebliche Beeinflussung ihres Niederlassungsrechts und kann keinesfalls als Formalität abgetan werden.“[724]

3. Rechtfertigung

Der Eingriff in die Niederlassungsfreiheit durch die Rechtsprechung zur Mitarbeitgeberschaft ist nicht gerechtfertigt.

Eine allgemeine Beschränkung der Niederlassungsfreiheit kann nach Art. 52 Abs. 1 AEUV aus Gründen der öffentlichen Ordnung, Sicherheit oder Gesundheit gerechtfertigt sein. Art. 52 Abs. 1 AEUV ist über Art. 54 AEUV auch auf juristische Personen und somit auch auf deutsche Konzernmütter anwendbar.[725] Art. 52 Abs. 1 AEUV ist jedoch nicht einschlägig. Die Rechtsprechung zur Mitarbeitgeberschaft möchte in erster Linie Arbeitnehmer schützen. Gründe der öffentlichen Ordnung, Sicherheit oder Gesundheit sind hingegen nicht ersichtlich.

Nach der bereits genannten *Gebhard*-Formel sind allgemeine Beschränkungen der Niederlassungsfreiheit außerdem zulässig, wenn sie aus zwingenden Gründen des Allgemeininteresses erfolgen, sie geeignet sind, die Verwirklichung des mit ihnen verfolgten Zieles zu gewährleisten, und sie nicht über das hinausgehen, was zur Erreichung dieses Zieles erforderlich ist.[726] Dementsprechend muss als Rechtfertigungsschranke vor allem auch der Verhältnismäßigkeitsgrundsatz beachtet werden.[727]

Als zwingenden Grund des Allgemeininteresses hat der EuGH unter anderem den Schutz von Arbeitnehmern anerkannt. Die Rechtsprechung zur Mitarbeitgeberschaft ist insofern zumindest im weiteren Sinne gerechtfertigt.[728]

---

724 *Ringe/Willemer*, NZG 2010, S. 56 ff. (58); in diesem Sinne auch *Teichmann*, ZGR 2014, S. 45 ff. (67).

725 *Forsthoff*, in: *Grabitz/ Nettesheim/ Bandilla, et al.*, 51. Ergänzungslieferung, 2013, Art. 52 AEUV, S. 5, Rn. 18.

726 EuGH, Urt. v. 30. 11. 1995 – C-55/94 Gebhard, Slg. 1995, I-4165, Rn. 37.

727 *Khan/Eisenhut*, in: *Vedder/ Heintschel von Heinegg*, 1. Aufl., 2012, Kapitel 2: Niederlassungsrecht, S. 375, Rn. 22.

728 EuGH, Urt. v. 5. 11. 2002 – C-208/00 Überseering, Slg. 2002, I-9919, Rn. 92.

Eine nationale Maßnahme ist dann geeignet, wenn sie tauglich ist, das verfolgte Ziel zu erreichen.[729] Die Rechtsprechung zur Mitarbeitgeberschaft ist insofern geeignet, die Arbeitnehmer in besonderer Weise zu schützen, weil sie mit einer Konzernmutter als Mitarbeitgeberin eine solvente Schuldnerin an die Seite gestellt bekommen, die ihre Entschädigungsansprüche vollumfänglich begleichen kann.

Die Rechtsprechung zur Mitarbeitgeberschaft ist aber nicht erforderlich. Der EuGH versteht den Begriff der Erforderlichkeit weiter als das deutsche Bundesverfassungsgericht und fasst darunter auch die Prüfung der Verhältnismäßigkeit im engeren Sinne.[730] Deshalb wird im Rahmen der Erforderlichkeit im Wesentlichen eine Abwägung zwischen dem Stellenwert der Niederlassungsfreiheit auf der einen und dem jeweils konkret verfolgten Schutzanliegen auf der anderen Seite getroffen.[731] Diese Abwägungsentscheidung fällt im Fall der Rechtsprechung zur Mitarbeitgeberschaft zugunsten der Niederlassungsfreiheit aus. Die Arbeitnehmer sind bereits durch zahlreiche Regularien des französischen Rechts geschützt. Sie erhalten ihre Entschädigungen grundsätzlich von der Tochtergesellschaft selbst oder im Fall der Insolvenz, wenn auch nicht in voller Höhe, aus dem Fonds der AGS. Außerdem ermöglichen sowohl das französische Insolvenzrecht als auch das französische Deliktsrecht eine direkte Inanspruchnahme einer deutschen Konzernmutter, wenn auch unter strengeren Voraussetzungen als die Rechtsprechung zum *co-employeur*. Die Rechtsprechung führt somit zu einer Übervorteilung der Arbeitnehmer, die in keinem Verhältnis zur Beschränkung der Niederlassungsfreiheit europäischer Konzerngesellschaften steht.

4. Vorabentscheidungsverfahren

Der EuGH sollte abschließend klären, ob die Rechtsprechung zur Mitarbeitgeberschaft tatsächlich eine ungerechtfertigte Beschränkung der Niederlassungsfreiheit darstellt. Deshalb ist zu raten, dass eine deutsche Konzernmutter den französischen Gerichten folgende Frage für eine Vorabentscheidungsverfahren nach Art. 267 Abs. 1 a) AEUV vor dem EuGH stellt:

> *„Ist Art. 49 AEUV so auszulegen, dass er einer Rechtsprechung entgegensteht, nach der die Konzernmutter mit Sitz in einem Mitgliedstaat wie eine vertragliche Arbeitgeberin von den Arbeitnehmern einer in einem anderen Mitgliedstaat ansässigen Tochtergesellschaft für Kündigungsentschädigungen in Anspruch genommen werden kann, weil sie sich derart in die Angelegenheiten besagter Tochtergesellschaft eingemischt hat, dass diese keinerlei*

---

729 *Pache*, in: *Schulze/Zuleeg/Kadelbach*, 2010, S. 438, Rn. 192.

730 *Eidenmüller*, in: *Eidenmüller*, 2004, S. 57, Rn. 30.

731 *Roth*, in: *Dauses*, 2013, Rn. 107.

Autonomie mehr besaß und obwohl sie die Arbeitnehmer der Tochtergesellschaft weder angeworben, noch bezahlt oder angewiesen hat und zu ihnen niemals eine direkte Beziehung hatte?"

Diese Vorlagefrage ist entscheidungserheblich. Es besteht insbesondere ein konkreter Zusammenhang zwischen der Rechtsprechung zur Mitarbeitgeberschaft und der Auslegung der Vorschrift über die Niederlassungsfreiheit.

Der französische Kassationshof wäre eigentlich dazu verpflichtet, diese Frage dem EuGH vorzulegen gemäß Art. 267 Abs. 3 AEUV, weil bislang über eine gleich lautende Frage noch nicht entschieden wurde, weil keine bereits gesicherte Rechtsprechung des EuGH zu dieser Rechtsfrage vorliegt und weil die richtige Anwendung des Art. 49 AEUV auch nicht derart offenkundig ist, dass keinerlei Raum für vernünftige Zweifel an der Beurteilung der Frage verbleibt.

5. Vertragsverletzungsverfahren

Eine deutsche Konzernmutter kann gemäß Art. 258 Abs. 2 AEUV auch ein Vertragsverletzungsverfahren mittels einer Beschwerde zur Kommission gegen den französischen Staat anregen. Dafür muss der französische Staat gegen die Verträge verstoßen haben. Dies ist hier der Fall. Dem Staat ist das Verhalten seiner Organe und Untergliederungen zuzurechnen, somit auch das Verhalten seiner Gerichte.[732] Ein Verstoß gegen den Vertrag über die Arbeitsweise der Europäischen Union ist darin zu sehen, dass die französische Rechtsprechung zur Mitarbeitgeberschaft die Niederlassungsfreiheit in nicht zu rechtfertigender Weise beschränkt.

6. Unionsrechtlicher Staatshaftungsanspruch

In Betracht kommt auch der unionsrechtliche Staatshaftungsanspruch, weil der Konzernmutter aus Art. 54 AEUV, Art. 49 AEUV ein subjektives Recht erwächst. Auf dieses Recht kann sie sich berufen, wenn eine mitgliedstaatliche Maßnahme, die im Widerspruch zu Art. 49 AEUV steht, zu einem Schaden bei ihr führt.[733] Wie bereits erwähnt, kann der unionsrechtliche Staatshaftungsanspruch auch wegen judikativen Unrechts geltend gemacht werden und somit auch im Fall der Rechtsprechung zur Mitarbeitgeberschaft. Dies allerdings nur im Falle einer letztinstanzlichen Entscheidung[734] und auch nur dann, wenn das Gericht offenkundig gegen geltendes Recht verstoßen hat.[735]

---

732 *Schwarze,* in: *Schwarze,* 3. Aufl., 2012, Art. 258 AEUV, S. 2151, Rn. 8.

733 *Müller-Graff,* in: *Streinz,* 2. Aufl., 2012, Art. 49 AEUV, S. 739, Rn. 106.

734 *Ruffert,* in: *Calliess/ Ruffert,* 4. Aufl., 2011, Art. 340 AEUV, S. 2680, Rn. 50.

735 *Berg,* in: *Schwarze,* 3. Aufl., 2012, Art. 340 AEUV, S. 2541, Rn. 89.

Im Fall *Köbler* hat der EuGH die Offenkundigkeit deshalb abgelehnt, weil die streitgegenständliche Frage vom Unionsrecht nicht ausdrücklich geregelt und vom EuGH noch nicht beantwortet worden war. Zudem lag die Antwort nicht auf der Hand.[736]

Wird eine deutsche Konzernmutter als Mitarbeitgeberin verurteilt, stellt dies eine nicht zu rechtfertigende Beeinträchtigung der Niederlassungsfreiheit und damit einen Verstoß gegen eine drittschützende Unionsrechtsnorm dar. Der Schaden der Konzernmutter besteht darin, dass sie den Arbeitnehmern der französischen Tochtergesellschaft in der Regel hohe Entschädigungen zahlen muss. Der Schaden ist auch unmittelbar kausal zur Beschränkung der Niederlassungsfreiheit.

Jedoch ist fraglich, ob die Rechtsprechung zum Mitarbeitgeber auch offenkundig gegen Art. 54 iVm Art. 49 AEUV verstößt. Unter Berücksichtigung der Argumentation des EuGH in Sachen *Köbler*, wird man bei der Rechtsprechung zur Mitarbeitgeberschaft nicht von einem offenkundigen Verstoß sprechen können. Weder das Unionsrecht noch der EuGH treffen bislang Aussagen darüber, wie diese Rechtsprechung im Zusammenhang mit der Niederlassungsfreiheit zu sehen ist.

II. Bewertung

Die beklagten ausländischen Konzernmütter stützten sich weder im Verfahren *Aspocomp* noch im Verfahren *Jungheinrich-II* auf ihre Niederlassungsfreiheit nach Art. 49 AEUV. Auch die französische Literatur erwähnt eine mögliche Beschränkung der Niederlassungsfreiheit durch die Rechtsprechung zur Mitarbeitgeberschaft mit keinem Wort. Für ein künftiges Mitarbeitgeber-Verfahren gegen eine deutsche Konzernmutter vor französischen Gerichten dürfte sich das als erheblicher Vorteil erweisen. Die französischen Gerichte, allen voran der französische Kassationshof, könnten dadurch einen juristischen Denkanstoß bekommen und idealiter zu einer neuen Bewertung gebracht werden. Dadurch könnten die alten Entscheidungsmuster durchbrochen werden.

Die Vertreter einer deutschen Konzernmutter müssen die französischen Gerichte aber auch hier vor allem mit guter Argumentation von der Unionsrechtswidrigkeit der Rechtsprechung und der Erforderlichkeit eines Vorabentscheidungsverfahrens hinsichtlich Art. 49 AEUV überzeugen. Denn, wie bereits angemerkt, können die französischen Gerichte nicht dazu gezwungen werden, ein Vorabentscheidungsverfahren einzuleiten. Auch das

736 EuGH, Urt. v. 30. 09. 2003 – C-224/01 Köbler, Slg. 2003, I-10239, Rn. 53 ff.

Vertragsverletzungsverfahren ist letztlich ein stumpfes Schwert, weil die Kommission mit größter Zurückhaltung Vertragsverletzungen mitgliedstaatlicher Gerichte verfolgt, um deren Unabhängigkeit nicht zu tangieren[737] und auch der unionsrechtliche Staatshaftungsanspruch ist kein wirksames Druckmittel, weil es bereits an einem offenkundigen Verstoß gegen Unionsrecht fehlt.

C. Verstoß gegen den Grundsatz der Selbständigkeit juristischer Personen und den Grundsatz der Relativität der Schuldverhältnisse

I. Argumentation

Eine Konzernmutter ist als Mitarbeitgeberin wie ein vertraglicher Arbeitgeber verpflichtet, obwohl sie mit den Tochter-Arbeitnehmern nie einen Arbeitsvertrag geschlossen hat. Diese Rechtsfolge verstößt sowohl gegen den Grundsatz der Selbständigkeit juristischer Personen als auch gegen den Grundsatz der Relativität der Schuldverhältnisse, Art. 1165 Code civil. Hierauf kann sich auch die deutsche Konzernmutter berufen.

Als selbständige juristische Person ist die Konzernmutter „Dritte" hinsichtlich des Arbeitsvertrages zwischen ihrer Tochtergesellschaft und deren Arbeitnehmern. Sie darf grundsätzlich nicht in das Vertragsverhältnis miteinbezogen und wie eine Arbeitgeberin haftbar gemacht werden.

Auch die bereits dargestellten Regelungsmechanismen, welche die Konzernstruktur berücksichtigen, zeigen, dass es trotz Einbeziehung des Konzerns letztlich bei der Haftung einer jeden Gesellschaft für ihre eigenen Verbindlichkeiten bleiben soll. Nur ganz ausnahmsweise lässt es das Insolvenzrecht bislang zu, dass eine Konzernmutter für die Verbindlichkeiten ihrer Tochter zur Verantwortung gezogen wird – wie im Fall der Haftung wegen Masseunzulänglichkeit oder der Erstreckung des Insolvenzverfahrens. Diese beiden Instrumente sind gesetzlich normiert und werden von den Gerichten nur unter engen Voraussetzungen angewendet.

Dies ist Ausdruck der extremen Zurückhaltung des französischen Gesetzgebers und der Gerichte bei der Durchbrechung dieser ehernen Grundsätze. Die Theorie des Mitarbeitgebers kann daher sogar als systemwidrig bezeichnet werden. Es gibt für sie anders als bei den insolvenzrechtlichen Mechanismen keine gesetzliche Grundlage. Außerdem wird sie inzwischen, wie bereits erwähnt, auch weniger streng als diese Mechanismen gehandhabt. Dadurch werden die besagten Grundsätze öfter durchbrochen als gewollt. Die Theorie des Mitarbeitgebers

---

737 *Cremer*, in: *Calliess/ Ruffert*, 4. Aufl., 2011, Art. 258 AEUV, S. 2273 f., Rn. 28.

berücksichtigt in ihrer Ausgestaltung nicht, dass sie tatsächlich nur eine Ausnahme von den Grundsätzen bleiben soll.

II. Bewertung

Diese Verteidigungslinie ist allerdings mit Vorsicht zu genießen. Es ist zwar überzeugend, mit den Grundsätzen des französischen Rechts zu argumentieren. Dieser Argumentation kann jedoch zweierlei entgegengehalten werden:

Einerseits gelten Grundsätze nie uneingeschränkt. Es ist gerade Aufgabe des Gesetzgebers und der Rechtsprechung, in Ausnahmefällen von Grundsätzen abzuweichen, wenn besondere Situationen dies rechtfertigen. So ist beispielsweise beim Grundsatz der Relativität der Schuldverhältnisse immer die Frage, ob der vermeintlich „Dritte" tatsächlich nicht doch auch ein Interesse am Arbeitsvertrag hat und der Vertrag deshalb auch ihm gegenüber Wirkungen entfaltet.[738] Gegebenenfalls werden die Arbeitnehmervertreter entgegenhalten, dass die Konzernmutter gar nicht mehr Dritte am Arbeitsvertrag ist, sondern durch die exzessive Kontrolle, die sie über die Tochter ausübt, eben auch ein eigenes Interesse an der Arbeitsleistung der Arbeitnehmer hat.

Andererseits kommt die Argumentation der Konzernmutter zum Grundsatz der Selbständigkeit juristischer Personen einem „Rosinen picken" gleich. Hält sich eine Konzernmutter selbst nicht an den Grundsatz der Selbständigkeit juristischer Personen und mischt sich derart in die Angelegenheiten ihrer Tochtergesellschaft ein, dass diese jeglicher Autonomie beraubt wird und deshalb an sich keine selbständige juristische Person mehr ist, ist es widersinnig, dass selbige sich letztlich auf eben diesen Grundsatz wiederum zu ihren Gunsten beruft.

Ähnlich sieht das wohl auch der Kassationshof. Er hat sich bislang nicht von der Argumentation zu den beiden Grundsätzen überzeugen lassen.[739]

D. Widerspruch zum Arbeitgeber-Begriff

I. Argumentation

Der Arbeitgeber zeichnet sich im französischen Recht im Wesentlichen dadurch aus, dass zwischen ihm und dem Arbeitnehmer ein individuelles Weisungsverhältnis besteht. Dieses Verhältnis zwischen Arbeitnehmer und Arbeitgeber muss juristischer Natur sein. Wie bereits erwähnt, hat sich die *Cour de cassation* gegen den wirtschaftlichen Ansatz entschieden, weil sie befürchtete, allein

738 *Malinvaud/Laszlo-Fenouillet:* Droit des obligations, 12. Aufl., 2012, S. 356.
739 So beispielsweise in den Entscheidungen *Jungheinrich I* und *Jungheinrich II.*

wirtschaftliche Umstände heranziehen zu müssen, um das Element der Weisungsgebundenheit zu ermitteln. Das Kriterium der wirtschaftlichen Abhängigkeit galt ihr als zu unpräzise und vage.[740]

Die Qualifikationsmethode zur Mitarbeitgeberstellung rekurriert aber genau auf diesen an sich vom Kassationshof abgelehnten Ansatz. Für die Qualifikation des Mitarbeitgebers kommt es nur noch auf die Vermengung der Interessen, Aktivitäten und der Geschäftsleitung zwischen Konzernmutter und Konzerntochter an. Es werden nur noch die wirtschaftlichen Beziehungen zwischen den Gesellschaften betrachtet. Der Mitarbeitgeber erfüllt somit nicht die rechtlichen Anforderungen an einen Arbeitgeber. Und dennoch werden ihm die Pflichten eines Arbeitgebers auferlegt und er muss auch wie ein solcher haften. Die Rechtsprechung zum Mitarbeitgeber erfindet letztlich neue Voraussetzungen, um einer anderen Person dieselben Rechtsfolgen wie dem direkten Arbeitgeber anzuhaften und widerspricht damit dem Grundverständnis der Begriffe Arbeitsvertrag, Arbeitnehmer und Arbeitgeber.

II. Bewertung

Die Argumentation zum Begriff des Arbeitgebers ist stichhaltig. Leider hat sich in den vergangenen Entscheidungen[741] des Kassationshofs immer wieder gezeigt, dass es ihm im Fall von Konzernstrukturen nicht auf ein juristisches Weisungsverhältnis ankommt. Es lässt ihn unberührt, dass ein juristisches Weisungsverhältnis dem Grundverständnis nach wesentlich für die Annahme einer Arbeitgeberstellung ist. Insofern ist zu bezweifeln, dass französische Gerichte näher auf diese Verteidigungslinie eingehen werden.

E. Eingriff in die unternehmerische Freiheit nach Art. 16 GRCh

Eine deutsche Konzernmutter kann nicht geltend machen, dass die Rechtsprechung zur Mitarbeitgeberschaft ihre unternehmerische Freiheit nach Art. 16 der EU-Grundrechtecharta (GRCh) verletzt. Denn Art. 16 GRCh findet in dieser Konstellation keine Anwendung. Gemäß Art. 51 Abs. 1 S. 1 GRCh kommt die europäische Grundrechtecharta ausschließlich bei der Durchführung des Rechts der Union zum Tragen. Bei der Rechtsprechung zur Mitarbeitgeberschaft handelt es sich aber um eine Rechtsprechung zu rein nationalem Recht.

---

740 Siehe dazu oben unter § 1A.III, S. 5 f.

741 So beispielsweise in *Jungheinrich I, Novoceram, Métaleurop* und *Jungheinrich II.*

F. Eingriff in die unternehmerische Freiheit nach deutschem Recht

Eine deutsche Konzernmutter kann sich auch nicht darauf berufen, dass die Rechtsprechung zur Mitarbeitgeberschaft in ihr Grundrecht auf unternehmerische Freiheit nach Art. 2 Abs. 1 GG, Art. 19 Abs. 3 GG eingreift. Diese Freiheit beinhaltet, ein Unternehmen zu gründen und zu führen, sowie frei über die Art und Weise, in der auf den Unternehmenserfolg hingearbeitet werden soll, und über den Einsatz von Betriebs- und Investitionsmitteln disponieren zu können.[742] Allerdings sind die deutschen Grundrechte nur für die deutsche Staatsgewalt verpflichtend. Ausländische Staaten und internationale Organisationen müssen die deutschen Grundrechte nicht beachten.[743] Insofern kann auch die französische Rechtsprechung nicht an deutschen Grundrechten gemessen werden.

G. Eingriff in die unternehmerische Freiheit nach französischem Recht

Eine Konzernmutter kann sich auch nicht auf die unternehmerische Freiheit stützen, die nach französischem Recht verfassungsrechtlich garantiert ist.[744] Die unternehmerische Freiheit umfasst ebenso wie im deutschen Recht die Freiheit, ein Unternehmen in einem beliebigen Geschäftsbereich zu gründen sowie die Freiheit, es nach eigenem Interesse zu leiten und zu verwalten.[745] Träger dieser Freiheit sind sowohl natürliche als auch – nach der Rechtsprechung des Verfassungsrats – juristische Personen.[746] Auch ausländische Personen können sich auf die unternehmerische Freiheit berufen, allerdings nur dann, wenn sie in Frankreich ansässig sind oder sich dort zumindest aufhalten.[747] Eine Konzernmutter mit Sitz in Deutschland ist deshalb nicht Trägerin dieser Freiheit.

§ 8 Handlungsempfehlungen an deutsche Konzernmütter

Die Rechtsprechung zur Mitarbeitgeberschaft ermöglicht auch weiterhin eine exzessive Einmischung der Konzernmutter in die Angelegenheiten ihrer französischen Tochter. Das heißt konkret, dass eine Konzernmutter ihre französische Tochter sehr wohl jeglicher Autonomie berauben kann, wenn sie dies möchte. Es

---

742 *Di Fabio*, in: *Maunz/ Dürig/ Herzog, et al.*, 2013, Art. 2 Abs. 1 GG, Rn. 126.

743 *Dreier*, in: *Dreier*, 3. Aufl., 2013, Art. 1 Abs. 3 GG, S. 303, Rn. 44.

744 C.const., Urt. v. 16. 01. 1982 – n° 1982–141 DC.

745 *Decocq:* Droit commercial, 4. Aufl., 2009, S. 128.

746 C.const., Urt. v. 2. 01. 2002 – n° 2002–455 DC.

747 *Bioy:* Libertés fondamentales et droits de l'homme, 2011, S. 243; in diesem Sinne auch C.const., Urt. v. 22. 01. 1990 – n° 1989–269 DC.

ist jedoch wichtig, dass sie bei all ihren Entscheidungen, die französische Tochtergesellschaft betreffend, die Rechtsprechung der Mitarbeitgeberschaft als Risikofaktor berücksichtigt.[748]

Sie muss abwägen, ob der Nutzen, den sie aus der Gründung, Beherrschung oder Schließung der französischen Tochtergesellschaft zieht, die Kosten überwiegt, die ihr wegen einer Verurteilung als Mitarbeitgeberin eventuell drohen. So kann sie etwa prüfen, ob die Aufgaben, die eine zu gründende oder zu erwerbende Gesellschaft übernehmen soll, konzernintern auf andere Tochtergesellschaften außerhalb Frankreich verteilt werden können.[749] Und erweist sich die Tochtergesellschaft später als unrentabel, so sollte die Konzernmutter genau untersuchen, ob sie nicht eine andere Lösung als die Schließung der Tochtergesellschaft und Kündigung der Arbeitnehmer findet.

Daneben kann eine deutsche Konzernmutter aber auch gezielt Vorkehrungen treffen, um einer Qualifizierung als Mitarbeitgeberin in einem späteren Gerichtsverfahren zu entgehen. Zwei Voraussetzungen sind dafür von entscheidender Bedeutung: Eine gute Kenntnis der Rechtsprechung zur Mitarbeitgeberschaft und eine noch bessere Kenntnis der Spielarten des französischen Arbeits-, Gesellschafts- und Insolvenzrechts.

Dementsprechend sollte eine deutsche Konzernmutter frühzeitig fundierte anwaltliche Expertise einer französischen Kanzlei zu Rate ziehen. Denn die Qualifizierung als Mitarbeitgeberin vor Gericht ist stark vom Einzelfall abhängig. Sie besteht immer aus einer ganz individuellen Analyse der Beziehungen zwischen Konzernmutter und Konzerntochter. Genau an diesem Punkt muss die Rechtsberatung ansetzen. Die Gefahr der Mitarbeitgeberschaft vor Augen, kann eine frühzeitige anwaltliche Betreuung Risiken schon bei Gründung oder Erwerb einer Tochtergesellschaft ausräumen oder auch später Lösungen aufzeigen, wie ein Verhalten der Konzernmutter verhindert wird, das später als exzessive Beherrschung ausgelegt werden kann.

Im Folgenden sollen allgemeine Handlungsempfehlungen für deutsche Konzernmütter mit französischen Tochtergesellschaften ausgesprochen werden. Diese orientieren sich an der bisherigen Rechtsprechung des Kassationshofs zur Mitarbeitgeberschaft und an den Kriterien, die für den Kassationshof von ausschlaggebender Bedeutung bei der Qualifizierung waren. Sie entspringen insofern einer rein juristischen Perspektive. Sie können deshalb mit den ökonomischen Bedürfnissen innerhalb eines Konzerns durchaus konfligieren. Die

---

748 *Querenet-Hahn*, BB 2012, S. 2246 ff. (2249).

749 *Connor:* La société-mère et les salariés de sa filiale, 12.05.2012, S. 17.

Empfehlungen ersetzen auch nicht eine eingehende einzelfallbezogene Rechtsberatung, sie sollen nur die grobe Stoßrichtung aufzeigen.

Der Autonomieverlust der Tochtergesellschaft ist entscheidend für die Richter des Kassationshofs, wenn es um die Qualifizierung einer Mitarbeitgeberin geht. Deshalb muss die Konzernmutter all ihre Beziehungen zur französischen Tochtergesellschaft grundsätzlich daraufhin überprüfen, ob diese weiterhin als selbständig handelnde juristische Person anzusehen ist oder nicht. Sie sollte sich vor allem die Kriterien vor Augen halten, die auch für den Kassationshof maßgeblich sind: Kann eine Tochtergesellschaft noch selbst entscheiden und verwalten, wird sie noch vom eigenen Management geleitet und ist sie wirtschaftlich von der Konzernmutter hinreichend unabhängig?

A. Eigene Entscheidungs- und Verwaltungsbefugnis

Von zentraler Bedeutung ist, ob die Tochtergesellschaft noch selbständig Entscheidungen treffen und sich verwalten kann. Denn nur dann kann sie ihr eigenes Gesellschaftsinteresse verfolgen und ist nicht vollständig von übergeordneten Konzerninteressen abhängig. Die Konzernmutter muss insofern darauf achten, dass sie lediglich unterstützend und notfalls kontrollierend, aber nicht anweisend oder gar anstelle der Tochtergesellschaft handelt.[750]

Deshalb sollte auch möglichst auf Matrixstrukturen innerhalb des Konzerns verzichtet werden.[751] Matrixstrukturen zeichnen sich dadurch aus, dass wesentliche Aufgaben von einer Konzerngesellschaft zentral erfüllt werden, um die anderen Gesellschaften so weit wie möglich zu entlasten.[752] Matrixstrukturen sind deshalb von Vorteil, weil die gebündelten Funktionen so einheitlich und deutlich effizienter ausgeübt werden können. Zeitintensives Reporting hoch zur Konzernspitze wird so weit wie möglich vermieden, weil nicht mehrere Gesellschaften berichten müssen, sondern nur noch die Matrixgesellschaft, die für die jeweilige Funktion zuständig ist. Außerdem werden so Synergieeffekte erzielt. In der Regel nimmt diejenige Gesellschaft eine bestimmte Funktion zentral wahr, die am besten dafür geeignet ist.[753]

Problematisch an dieser Art von Konzernstruktur ist, dass sie den jeweiligen Tochtergesellschaften Befugnisse entzieht, um sie woanders zusammenzuführen. In verschiedensten Bereichen treffen die Tochtergesellschaften dann keine

750 *Querenet-Hahn*, BB 2012, S. 2246 ff. (2250).
751 *Guillon/Janin*, JCPS 2013, n°1442, S. 32 ff. (35).
752 *Kort*, NZA 2013, S. 1318 ff. (1318).
753 *Seibt/Wollenschläger*, AG 2013, S. 229 ff. (229).

eigenen Entscheidungen mehr.[754] Das ist vor allem dann schwierig, wenn es um die Personalverwaltung geht. Für den Kassationshof ist es bei der Feststellung einer Mitarbeitgeberschaft bislang maßgeblich gewesen, wer letztlich über Personalfragen entscheidet. Ist es die Konzernmutter, die beispielsweise über die Anzahl der Kündigungen entscheidet, so spricht einiges dafür, dass sie auch Mitarbeitgeberin ist.[755] Statt einer Matrixstruktur bietet sich eine klassische, eindimensionale Organisationsstruktur je nach Geschäftsbereich an, an der auch das Reporting ausgerichtet wird. Nur so kann jede Gesellschaft ihre Besonderheiten einbringen.[756]

Abgesehen von der Organisationsstruktur, sollte grundsätzlich eine direkte Einflussnahme der Konzernmutter auf die Entscheidungsfindung der Tochtergesellschaft unterbleiben. Es darf nicht der Anschein erweckt werden, die Konzernmutter befinde als letzte Instanz über die Angelegenheiten der Konzerntochter.[757] Es gilt deshalb vor allem zu vermeiden, dass die Tochtergesellschaft auch in alltäglichen, belanglosen Angelegenheiten die Autorisierung der Konzernmutter einholen muss. Eine Autorisierung oder ein Vetorecht der Konzernmutter sollte nur dann vorgeschrieben sein, wenn es sich um wirklich essentielle Entscheidungen seitens der Tochtergesellschaft handelt.[758] Daran ist auch das Reporting gegenüber der Konzernmutter zu messen: Soll die konzerninterne Berichterstattung lediglich der Kontrolle durch die Konzernmutter dienen oder kommt sie einem Autorisierungsverlangen gleich?[759]

Indizien dafür, dass die Konzernmutter letztlich maßgebliche Instanz aller Entscheidungen ihrer Konzerntöchter ist, können beispielsweise sein:

- ein einheitlicher Briefkopf aller Konzerntöchter, der dem der Konzernmutter entspricht
- die Tatsache, dass Vertreter der Konzernmutter Verträge für die Tochtergesellschaft unterschreiben
- Schreiben der Konzernmutter, in denen sie ihre Töchter explizit „anweist“ und „leitet“

754 *Connor:* La société-mère et les salariés de sa filiale, 12.05.2012, S. 17.

755 So unter anderem in den Entscheidungen *Jungheinrich I, Novoceram, Jungheinrich II, Briffaz II.*

756 *Basuyaux/Dupoirier/Bonnaud:* Les risques encourus par la société mère en cas de procédure collective d'une filiale française, 23.10.2012, S. 26.

757 *Adam-Caumeil,* RIW 2012, S. 832 ff. (837).

758 *Basuyaux/Theris,* Droit & Expertise 2012, S. 10 ff. (11).

759 *Querenet-Hahn:* Haften Mütter für ihre Töchter?, 07.07.2012, S. 16.

- Beteiligung der Konzernmutter bei Verhandlungen und Zusammenkünften zur Erstellung eines PSE

Ein Vorschlag wäre, den Führungskräften der Tochtergesellschaft frühzeitig Richtlinien an die Hand zu geben, mit deren Hilfe sie selbst überprüfen können, ob es sich um eine nicht mehr zu tolerierende Einmischung seitens der Konzernmutter handelt oder nicht.[760] Die Führungskräfte könnten dann einem möglicherweise problematischen Gebaren der Mutter beizeiten entgegenwirken, um einer späteren Qualifizierung als Mitarbeitgeberin vorzubeugen.

B. Eigenes Management

Es ist darauf zu achten, dass das Management der Tochtergesellschaft nicht mit dem der Konzernmutter identisch ist. Es sollte keine gemeinsamen Führungskräfte für Mutter- und Tochtergesellschaft geben und auch an die Spitze der Tochtergesellschaft sollten möglichst keine Führungskräfte berufen werden, die von der Konzernmutter rekrutiert wurden oder mittels eines Arbeitsvertrages an die Konzernmutter gebunden sind und deshalb deren Weisungen unterliegen.[761] Steht eine Restrukturierung der Tochtergesellschaft an, sind diese Aspekte frühzeitig zu untersuchen und gegebenenfalls personelle Änderungen so bald wie möglich vorzunehmen.[762] Ein Wechsel an der Führungsspitze erst während der Restrukturierung kann eine Qualifizierung als Mitarbeitgeberin meist nicht mehr verhindern.

Außerdem sollten Führungskräfte der Muttergesellschaft grundsätzlich Beziehungen zu Arbeitnehmern, Lieferanten und Kunden der Tochtergesellschaft so gering wie möglich halten, um jeglichen Anschein einer exzessiven Einmischung in deren Verantwortungsbereich zu vermeiden.[763] Auch sind beispielsweise Zusammenkünfte für Hauptversammlungen oder Treffen der Geschäftsführungsorgane der Tochter bei der Tochtergesellschaft abzuhalten und nicht bei der Konzernmutter. Für eine spätere Beweisführung ist es ratsam, solche Formalien ausdrücklich in Protokollen festzuhalten. Soll die Konzernmutter tatsächlich einmal als Vertreterin der Tochter fungieren, gilt es, die Vertretung auf eine bestimmte Angelegenheit und einen bestimmten Zeitraum zu beschränken.

---

760 *Basuyaux/Dupoirier/Bonnaud:* Les risques encourus par la société mère en cas de procédure collective d'une filiale française, 23.10.2012, S. 25.

761 *Kömpf/Sihler*, Gesellschafts- und Wirtschaftsrecht 2012, S. 173 ff. (176); *Vincent*, http://www.webcitation.org/6Phv6yVi9, S. 5.

762 *Adam-Caumeil*, RIW 2012, S. 832 ff. (837).

763 *Jeantet et associés*, http://www.webcitation.org/6Phu3DIUr, S. 6.

C. Wirtschaftliche Unabhängigkeit

Die wirtschaftliche Unabhängigkeit der Konzerntochter steht und fällt mit ihrer Finanzierung. Sie sollte deshalb so unabhängig wie möglich von Finanzströmen der Konzernmutter sein.[764] Von einer zentralisierten Konzernfinanzverwaltung beispielsweise in Form eines *Cash Pooling* ist insofern abzusehen.[765] Beim *Cash Pooling* handelt es sich um einen konzerninternen Liquiditätsausgleich durch ein zentrales Finanzmanagement – meist seitens der Konzernmutter, das den Konzernunternehmen überschüssige Liquidität entzieht beziehungsweise Liquiditätsunterdeckungen durch Kredite ausgleicht.[766]

Problematisch an einer zentralen Konzernfinanzverwaltung ist, dass die Konzernmutter dadurch direkt die Liquidität der Tochtergesellschaften steuert und deren Schicksal in der Hand hat. Die Tochtergesellschaft sollte deshalb möglichst aus eigenen Finanzquellen schöpfen, denn nur so kann der Vorwurf entkräftet werden, die Konzernmutter habe plötzlich die Finanzierung der Tochtergesellschaft eingestellt und damit deren Schließung oder Insolvenz hervorgerufen.

Auch sollte grundsätzlich darauf geachtet werden, dass die Tochtergesellschaft ohne die Konzernmutter wirtschaftlich tätig sein kann. Das ist beispielsweise dann nicht mehr möglich, wenn die Konzernmutter einzige Kundin der Tochtergesellschaft ist und deshalb die Produktpreise bestimmen kann[767] oder die Tochtergesellschaft lediglich die Produkte der Konzernmutter vertreibt.[768] Ebenso besteht eine besonderes Abhängigkeitsverhältnis dann, wenn die Konzernmutter wie in Sachen *Jungheinrich-II* über das geschützte Knowhow verfügt und deshalb darüber bestimmen kann, ob die Tochtergesellschaft dieses nutzen darf oder nicht. Es ist deshalb zu empfehlen, dass der Konzern seine Tochtergesellschaften als selbständige wirtschaftliche Akteure betrachtet und auch so behandelt. Von Vorteil ist ein eigener Kundenstamm, eigenes Knowhow und eine selbständige Ressourcennutzung der Tochtergesellschaften.

---

764 Nicht so in Sachen *Métaleurop* und *Briffaz II.*

765 *Basuyaux/Dupoirier/Bonnaud:* Les risques encourus par la société mère en cas de procédure collective d'une filiale française, 23.10.2012, S. 27.

766 *Altmeppen*, ZIP 2006, S. 1025 ff. (1025).

767 So beispielsweise in Sachen *Novoceram.*

768 So in Sachen Cass.soc., Urt. v. 13. 02. 2013 – n° 11–26866, unveröffentlicht.

Teil 4: Alternativen zur Mitarbeitgeber-Rechtsprechung

So wie sich die Rechtsprechung zur Mitarbeitgeberschaft seit *Jungheinrich-I* entwickelt hat, ist sie, abseits juristischer Unwägbarkeiten, außerordentlich problematisch, denn sie führt aus mehreren Gründen zu erheblicher Rechtsunsicherheit. Deswegen sollen hier Alternativen vorgeschlagen werden, mit deren Hilfe sich das Problem lösen ließe.

§ 9 Rechtsunsicherheit

Die Rechtsunsicherheit ergibt sich aus zwei Aspekten: Zum einen eröffnet das Kriterium der dreifachen Vermischung einen erheblichen Interpretationsspielraum. Die Rechtsprechung zur Mitarbeitgeberschaft gerät dadurch zu einer reinen Einzelfallrechtsprechung, deren Ergebnisse für internationale Konzerne nicht vorhersehbar sind. Zum anderen bleibt die Rechtsnatur des Mitarbeitgebers nicht selten unklar. Auch deshalb ist nicht abzuschätzen, welche Konsequenzen eine Konzernmutter als Mitarbeitgeberin in Zukunft zu erwarten hat.

A. Interpretationsspielraum bei der dreifachen Vermischung

Die Qualifizierung einer Mitarbeitgeberschaft erfolgt aufgrund wirtschaftlicher Gesichtspunkte. Sie ist im Vergleich zur Rechtsprechung vor *Jungheinrich-I* losgelöst von rechtlichen Aspekten. Das Kriterium der Vermischung von Interessen, Aktivitäten und der Geschäftsleitung bleibt dabei extrem vage, weil es nur anhand von Indizien bestimmt wird.[769] Es lässt deshalb einen weiten Interpretationsspielraum zu und bietet keinen verlässlichen Anhaltspunkt dafür, wann eine Konzernmutter Mitarbeitgeberin ist und wann nicht.[770]

Hinzu kommt, dass die dreifache Vermischung vom Grundgedanken her dem entspricht, was in internationalen Konzernen vorherrscht. Konzerne sind organisierte Gemeinschaften. Es liegt in ihrer Natur, zu vereinheitlichen, zu zentralisieren und die Kräfte der konzernzugehörigen Gesellschaften zu bündeln.[771]

---

769 *Peskine*, DO 2013, n°776, S. 157 ff. (160).

770 *Antonmattéi*, SSL 2011, n°1484, S. 12 ff. (12).

771 *Cordier/d'Heilly/Pantais*, Droit&Expertise 2011, S. 10 ff. (11).

Gerade das verschafft ihnen entscheidende Wettbewerbsvorteile gegenüber Einzelunternehmen und ist in aller Regel ausschlaggebend dafür, sich für eine Konzernstruktur zu entscheiden. Diese Konzernspezifika aber bringen es mit sich, dass Individualität und Autonomie der einzelnen Tochtergesellschaften beschränkt werden. Einerseits muss die Tochter zum Teil Funktionen an eine andere Konzernebene im Wege der Zentralisierung abgeben. Andererseits wird ihre Geschäftspolitik maßgeblich durch die Konzernmutter bestimmt, weil diese in den meisten Fällen Hauptanteilseignerin ist und dadurch erheblichen Einfluss auf die Entscheidungen der Tochtergesellschaft ausüben kann.[772]

Diese konzernimmanente wirtschaftliche Unterordnung der Tochtergesellschaften reicht dem Kassationshof grundsätzlich noch nicht für die Qualifizierung einer Mitarbeitgeberstellung.[773] Nur eine Pervertierung der Konzernorganisation kann eine solche begründen.[774]

Allerdings geht diese Auffassung des Kassationshofs nicht deutlich genug aus dem Kriterium der dreifachen Vermischung hervor. Wegen seiner interpretativen Weite und seiner Nähe zu konzernspezifischen Strukturen sind die Grenzen fließend, ab wann es sich noch um eine konzerntypische Einmischung der Konzernmutter handelt und ab wann diese so exzessiv und anormal ist, dass eine dreifache Vermischung anzunehmen und die Muttergesellschaft als Mitarbeitgeberin zu qualifizieren ist.[775] Auch *Pierre Bailly* räumt unumwunden ein, dass die dreifache Vermischung ein ziemlich unscharfer Begriff ist.[776]

Das ist problematisch, weil je nach Auslegung des zuständigen Richters eine Konzernmutter mal mehr, mal weniger die Charakteristika einer Mitarbeitgeberin erfüllt.[777] Ist der Richter arbeitnehmerfreundlicher gesinnt, wird er möglicherweise umso akribischer nach Indizien suchen, die dafür sprechen, dass es zu einer Verflechtung der Interessen, Aktivitäten und der Geschäftsleitung gekommen ist. Eine Konzerngesellschaft ist somit einer subjektiven Beurteilung ihrer Konzernorganisation ausgesetzt, deren Ergebnis nicht kalkulierbar ist.[778]

Der Kassationshof versucht dem durch eine restriktive Rechtsprechung entgegenzuwirken. Er betont dabei immer wieder, es sei maßgeblich, ob und inwieweit sich die Konzernmutter in die Personalverwaltung der Tochtergesellschaft

---

772 *Auzero/Lardy-Pélissier*, RDT 2011, S. 634 ff. (635).
773 *Chauvet/Mazeaud/Lyon-Caen/Mazars:* Bulletin d'information, 1.10.2012 (80).
774 *Bailly*, JCPS 2013, n°1441, S. 28 ff. (30).
775 *Loiseau*, Les Cahiers Sociaux 2013, n°253, S. 207 ff. (209).
776 Vgl. Antwort auf Frage 6, Interview vom 12.02.2014.
777 *Mir/Brihi/Lacombe*, JCPS 2013, n°1082, S. 47 ff. (48).
778 *Vincent*, http://www.webcitation.org/6Phv6yVi9, S. 2.

einmischt. Diese zusätzliche Vorgabe, sagt *Pierre Bailly*, sollte das Kriterium der dreifachen Vermischung schärfer fassen und verhindern, dass das Konstrukt des Mitarbeitgebers inflationär gebraucht wird.[779]

Wie wenig die Vorgaben des Kassationshofs allerdings fruchten, zeigt die instanzgerichtliche Rechtsprechung. Hier neigt man in der Tat zu einer extensiven Identifizierung von *co-employeurs*. Die Instanzgerichte haben offenbar nicht verstanden, dass der Kassationshof nur in ganz seltenen Ausnahmefällen einen Mitarbeitgeber qualifiziert sehen möchte.[780] Allzu schnell, weiß *Bailly*,[781] lassen sie sich von den Anwälten der Arbeitnehmerseite überzeugen, die jegliches Konzernverhalten als anormale Einmischung interpretieren. Und schon längst geht es vor den Instanzgerichten nicht mehr nur um Tochterinsolvenzen – der Anwendungsbereich der *co-emploi*-Rechtsprechung wird immer weiter ausgedehnt.[782]

B. Unklare Rechtsnatur des Mitarbeitgebers

Pierre Bailly hält den Mitarbeitgeber für einen vertraglichen Arbeitgeber.[783] Diese Ansicht scheint zunächst plausibel. Bereits die Bezeichnung „Mitarbeitgeber" könnte darauf hindeuten, dass es sich um einen Arbeitgeber handeln muss. Auch die Rechtsfolgen, die mit einer Qualifizierung als Mitarbeitgeber verbunden sind, sprechen dafür, dass auch der Mitarbeitgeber ein richtiger, also ein vertraglicher Arbeitgeber ist. Er muss Arbeitgeberpflichten erfüllen, wie die Pflicht zur Wiedereingliederung oder die Pflicht, einen PSE aufzustellen. Gestützt wird dieser Aspekt durch die bereits erwähnte Entscheidung in Sachen *Flodor*,[784] wonach diese Pflichten nur den Arbeitgeber treffen. Ein weiterer Hinweis zur Rechtsnatur ergibt sich auch aus der Rechtsprechung des Kassationshofs zu Art. 19 Brüssel I VO. Indem der Kassationshof den Mitarbeitgeber unter Art. 19 Brüssel I VO subsumiert, zeigt er, dass er ihn als vollwertigen Arbeitgeber betrachtet.[785]

Diese Einordnung überzeugt aber nur vordergründig. Denn die Voraussetzungen, unter denen ein Mitarbeitgeber qualifiziert wird, unterscheiden sich wesentlich von den Kriterien, die einen normalen Arbeitgeber ausmachen: Die

---

779 Vgl. Antwort auf Frage 7, Interview vom 12.02.2014.

780 *Bailly*, JCPS 2013, n°1441, S. 28 ff. (30).

781 Vgl. Antworten auf Frage 6 und 7, Interview vom 12.02.2014.

782 Siehe insbesondere den Fall *AREVA*, TASS Melun, Urt. v. 11. 05. 2012 – n° 10–00924.

783 Vgl. Antwort auf Frage 40, Interview vom 12.02.2014.

784 Cass.soc., Urt. v. 13. 01. 2010 – n° 08–15776, Bulletin civil V n° 5.

785 *Cesaro*, RJS 2013, S. 3 ff. (7).

Mitarbeitgeberstellung ergibt sich in der Regel[786] aus der dreifachen Verquickung von Interessen, Tätigkeiten und der Geschäftsleitung zwischen Konzernmutter und Tochtergesellschaft. Für die Arbeitgeberstellung ist hingegen ein individuelles juristisches Weisungsverhältnis zwischen Arbeitgeber und Arbeitnehmer entscheidend.[787]

Zudem stellt sich die Frage, ob Mitarbeitgeber und Arbeitgeber auch tatsächlich bei den rechtlichen Konsequenzen gleichgestellt werden. Diese Frage kann selbst das Mitglied des Kassationshofs nicht beantworten. *Pierre Bailly* sagt, eigentlich sei das Instrument des Mitarbeitgebers bisher nur im Fall wirtschaftlich induzierter Kündigungen benutzt worden. Man habe sich noch „nicht mit dem Problem auseinandergesetzt, ob die Arbeitnehmer gegebenenfalls von der Konzernmutter in ihrer Eigenschaft als Mitarbeitgeberin Gehalt verlangen können."[788]

Führte man die rechtliche Einordnung als vertraglicher Arbeitgeber konsequent weiter, so wäre der Mitarbeitgeber letztlich nicht nur Schuldner, sondern auch Gläubiger der Tochter-Arbeitnehmer.[789] Er könnte theoretisch das von den Arbeitnehmern verlangen, was von diesen vertraglich mit der Tochtergesellschaft vereinbart worden ist.

Noch weiter reichend wären außerdem die kollektivrechtlichen Konsequenzen, wenn neben dem ursprünglichen Arbeitgeber ein weiterer vollwertiger Arbeitgeber existierte. Welcher Tarifvertrag gilt, welche Betriebsvereinbarung?[790] Wie viele Arbeitnehmervertretungen muss es bei zwei Arbeitgebern geben?[791] Besonders delikat, sagt *Pierre Bailly*, werden diese Fragestellungen dann, wenn Tochtergesellschaft und Konzernmutter in unterschiedlichen Ländern ansässig sind. Es würde dann unmöglich, die Mitarbeitgeberstellung rechtlich umzusetzen.[792] Und was passiert, wenn sich im Lauf der Zeit die Beziehungen zwischen

786 Die alternative Qualifizierung des Mitarbeitgebers anhand eines individuellen Weisungsverhältnisses kommt in Konzernkonstellationen seit *Jungheinrich I* so gut wie nicht mehr vor.

787 *Auzero*, SSL 2013, n°1600, S. 8 ff. (8).

788 Antwort auf Frage 19, Interview vom 12.02.2014.

789 *Cesaro*, JCPS 2013, n°1081, S. 44 ff. (45).

790 *Pagnerre*, JCPS 2011, n°1423, S. 24 ff. (26).

791 *Favennec-Héry*, JCPS 2013, n°1078, S. 25 ff. (29); *Singer*, Lexbase Hebdo édition sociale 2013, n°537, S. 1 ff. (3).

792 Vgl. Antwort auf Frage 28, Interview am 12.02.2014.

den Gesellschaften verändern und die Konzernmutter deshalb ihre Mitarbeitgeber-Eigenschaft wieder verliert?[793]

Die Gerichte mussten hierüber noch nicht entscheiden. Sie konnten dem Mitarbeitgeber bislang nur Teilaspekte des Arbeitgeber-Daseins zuweisen. Er wurde vor allem immer dann wie ein Arbeitgeber behandelt, wenn es zweckmäßig war, insbesondere um ihn kündigungsrechtlich wie einen vertraglichen Arbeitgeber haften zu lassen.

Das ist schwierig, weil nicht absehbar ist, ob und inwieweit die Rechtsprechung zur Mitarbeitgeberschaft auch abseits kündigungsrechtlicher Konstellationen zum Tragen kommen kann und wie dann der Kassationshof entscheiden wird.[794] Erste Anzeichen, dass der Anwendungsbereich ausgeweitet wird, zeigten sich bereits in der schon erwähnten Entscheidung des Großinstanzgerichts Paris vom 11.12.2012[795] und in Sachen *AREVA*.[796]

Auch im Hinblick auf das abgeurteilte kündigungsrechtliche Pflichtenprogramm des Mitarbeitgebers bleibt vieles unklar und führt deshalb zu Rechtsunsicherheit.

Ginge man, wie der Kassationshof, beim Mitarbeitgeber tatsächlich von einem vertraglichen Arbeitgeber aus, so wären Arbeitgeber und Mitarbeitgeber grundsätzlich gemeinsam verpflichtet, die Arbeitnehmer wieder einzugliedern und einen PSE zu erstellen.[797] Es handelte sich um ein gemeinsames Pflichtenprogramm (*obligations conjoints*). Die Pflichtverletzung eines Arbeitgebers könnte jedoch nicht dem anderen zum Vorwurf gemacht werden und die Kündigung des einen Arbeitgebers würde nicht in das Verhältnis des anderen zu den Arbeitnehmern hineinwirken.[798] Allerdings müssten die Pflichten hierfür notwendigerweise teilbar sein.[799]

Das aber ist bei der Pflicht zur Wiedereingliederung und der Pflicht zur Errichtung eines PSE nicht Fall, weil es sich um Verhaltenspflichten handelt.[800] Arbeitgeber und Mitarbeitgeber können insofern schon der Sache nach keine gemeinsamen Schuldner sein.

793 *Cesaro*, RJS 2013, S. 3 ff. (14).

794 *Cesaro*, JCPS 2013, n°1081, S. 44 ff. (45); *Vincent*, http://www.webcitation.org/6Phv6yVi9, S. 4.

795 TGI Paris, Urt. v. 11. 12. 2012 – n° 12–10413.

796 TASS Melun, Urt. v. 11. 05. 2012 – n° 10–00924.

797 *Auzero*, BJS 2012, n°464, S. 881 ff. (883).

798 *Bénabent:* Droit des obligations, 13. Aufl., 2012, S. 570.

799 *Porchy-Simon:* Les obligations, 7. Aufl., 2012, S. 451.

800 *Favennec-Héry*, DS 2012, S. 987 ff. (993).

Alternativ zur gemeinsamen Haftung kommt eine solidarische Haftung in Betracht. Die Gläubiger können dann von jedem Schuldner jeweils die gesamte Pflichterfüllung verlangen. Die solidarische Haftung bietet sich deshalb vor allem bei unteilbaren Pflichten an und somit auch bei der Pflicht, wiedereinzugliedern und einen PSE aufzustellen.[801] Jedoch regelt Art. 1202 Code civil, dass eine solidarische Haftung nur dann zum Tragen kommt, wenn dies von Gesetzes wegen vorgeschrieben ist oder ausdrücklich vertraglich vereinbart wurde. Bei der Mitarbeitgeberschaft ist dies in aller Regel nicht der Fall.[802]

Dementsprechend müsste man für eine stringente Lösung im Fall der Mitarbeitgeberschaft in den Arbeitsvertrag eine Klausel fingieren, die eine gegenseitige Vertretung und solidarische Haftung vorsieht. Nur so käme man zu einem schlüssigen und konsequenten Ergebnis, das mit der Rechtsprechung des Kassationshofs konsentierte.[803] Dadurch entfernte man sich allerdings noch weiter von geltendem Recht.

Es scheint so, als hätte die französische Rechtsprechung in den letzten Jahren eine Art künstlichen Arbeitgeber erschaffen, der nur äußerlich der ursprünglichen Vorstellung von einem Arbeitgeber ähnelt. Obwohl er als vertraglicher Arbeitgeber gehandelt wird, erfüllt er nicht dessen zentrale Voraussetzung. Er übt nämlich keine individuelle Weisungsmacht gegenüber dem einzelnen Arbeitnehmer aus. Die Rechtsstellung des Mitarbeitgebers entspricht auch nicht der des Arbeitgebers. Bisweilen treffen ihn zwar einzelne Pflichten, Rechte wurden ihm jedoch nicht zugewiesen. Und entgegen dem Grundsatz der Relativität der Schuldverhältnisse muss er diesen Pflichten auch noch vollständig nachkommen.

Um es auf den Punkt zu bringen: Hinsichtlich der Voraussetzungen und der Rechtsfolgen ist der Mitarbeitgeber ein Arbeitgeber „sui generis". Deshalb gestaltet es sich ausnehmend schwierig, verlässliche Aussagen über dieses Rechtskonstrukt zu treffen und Rechtssicherheit zu erreichen.

C. Konsequenzen der Rechtsunsicherheit

Die entstandene Rechtsunsicherheit hat zur Folge, dass der ohnehin angeschlagene Wirtschaftsstandort Frankreich an Attraktivität für multinationale Konzerne verliert.[804] Diese müssen die Rechtsprechung zur Mitarbeitgeberschaft als

801 *Malinvaud/Laszlo-Fenouillet:* Droit des obligations, 12. Aufl., 2012, S. 349.

802 *Morvan*, JCPS 2010, n°1407, S. 15 ff. (18).

803 *Cesaro*, RJS 2013, S. 3 ff. (13).

804 *Favennec-Héry*, DS 2012, S. 987 ff. (994).

schwer zu kalkulierendes Risiko im Rahmen ihrer Expansions- beziehungsweise Investitionsvorhaben bewerten. Das kann dazu führen, dass sie sich letztlich für ein anderes Land als Frankreich entscheiden.[805]

Dies wäre dann das Gegenteil dessen, was die französische Rechtsprechung mit der Mitarbeitgeberschaft eigentlich beabsichtigt. Sie soll ja dazu dienen, missbräuchliche Verhaltensweisen eines Konzerns zu sanktionieren und dadurch Arbeitsplätze in Frankreich für die Zukunft erhalten. So aber läuft Frankreich Gefahr, dass neue Arbeitsplätze hier gar nicht mehr geschaffen werden.[806]

Mit der Rechtsprechung zum Mitarbeitgeber zahlt Frankreich einen hohen Preis dafür, dass es Fehlverhalten zu sanktionieren versucht, das in der Praxis nur selten vorkommt.[807] Denn die wenigsten Konzerne werden ihre französische Tochtergesellschaft schließen, um anschließend etwa in einem Niedriglohnland günstiger produzieren zu können.[808] Auch im Fall *Jungheinrich-I* sollten beispielsweise Arbeitnehmer der *MIC* auf *Jungheinrich France* übergehen – eine weitere französische Tochtergesellschaft.[809]

Auch entspricht die Eröffnung eines Insolvenzverfahrens über eine französische Tochtergesellschaft in der Regel nicht dem Interesse eines multinationalen Konzerns. Denn neben dem bereits erwähnten Imageschaden und dem Risiko einer *dirigeant de fait* – Haftung, kommen im Insolvenzverfahren auch noch Dritte ins Spiel, auf die die Konzernspitze keinerlei Einfluss mehr hat als da wären: Gericht, Liquidator und Staatsanwaltschaft. Und auch die Politik übt enormen Druck auf Konzerne aus, sobald es um die Insolvenz einer Tochtergesellschaft in Frankreich geht. Ein Konzern wird sich deshalb gut überlegen, ob er sich leichtfertig von einer Tochtergesellschaft trennt.

§ 10 Alternativen

Angesichts der genannten Schwächen der Rechtsprechung zum Mitarbeitgeber, stellt sich die Frage, ob es Alternativlösungen gibt. Eine wirkliche Alternative müsste der Zielsetzung besagter Rechtsprechung nahe kommen und sollte möglichst im Einklang mit den Grundsätzen des französischen Rechts stehen.

805 *Adam-Caumeil*, RIW 2012, S. 832 ff. (838).
806 *Drai*, RDT 2011, S. 285 ff.
807 *Morvan*, JCPG 2011, n°254, S. 458 ff. (458).
808 Gerade dies soll aber nach Bailly Motivation für die Rechtsprechung des Kassationshofs sein, *Bailly*, SSL 2011, n°1476, S. 6 ff. (8).
809 *Morvan*, JCPS 2011, n°1065, S. 33 ff. (36).

A. Gesellschaftsrechtliche Alternativen

I. Der Konzern als juristische Person

Der Konzern ist ein wirtschaftliches Konstrukt ohne eigene Rechtspersönlichkeit. Das führt zu mannigfaltigen juristischen Problemen, weil das aktuelle Recht verkennt, dass der Konzern meist wesentlicher Entscheidungsträger für die Konzerngesellschaften ist. Eine Lösung könnte deshalb sein, dem Konzern eine eigene Rechtspersönlichkeit zu verleihen, um ihn haftbar machen zu können. Allerdings hätte dies zur Folge, dass sämtliche konzernzugehörigen Gesellschaften zu potentiellen gemeinschaftlichen Schuldnern, auch möglicher Arbeitnehmeransprüche, würden.[810] Der Konzern als juristische Person definierte sich dann letztlich über den willentlichen Zusammenschluss aller zugehörigen Gesellschaften, deren Vermögen zu Konzernvermögen und deren Arbeitnehmer zu Konzernarbeitnehmern würden. Diese Konsequenz wäre problematisch, weil dadurch genau das ad absurdum geführt würde, was die Konzernstruktur so attraktiv macht.[811] Die Möglichkeit nämlich, durch Aufspaltung eines Unternehmens in mehrere Gesellschaften die Haftung zu begrenzen.

II. Anlehnung an die unité économique et sociale

Statt einer Mitarbeitgeberschaft könnte eine Einheit in Anlehnung an die *unité économique et sociale* („UES") angenommen werden. Die UES ist Ausfluss einer Rechtsprechung des obersten französischen Strafgerichtshofs. Sie soll eine wirksame Arbeitnehmervertretung gewährleisten.[812] Hintergrund dieser Rechtsprechung war: Einige Unternehmer gründeten statt einer einzelnen mehrere kleine Gesellschaften, um die Mindestanzahl an Arbeitnehmern, ab der eine Arbeitnehmervertretung in einer Gesellschaft zu gründen gewesen wäre, zu unterschreiten. Mit der Rechtsprechung zur UES war es nun möglich, diese an sich „selbständigen" Gesellschaften wieder zu einer Einheit zusammenzufassen, um eine Arbeitnehmervertretung installieren zu können.[813] Das Institut der UES fand 1982 Eingang in das Arbeitsgesetz und ist heute unter anderem in Art. L. 2322-4 Code du travail geregelt.[814]

---

810 *Antonmattéi*, SSL 2011, n°1484, S. 12 ff. (13).

811 *Leroy*, DO 2013, n°779, S. 374 ff. (375).

812 *Loiseau*, JCPS 2011, n°1528, S. 8 ff. (9).

813 *Mazeaud:* Droit du travail, 8. Aufl., 2012, S. 83.

814 *Peskine/Wolmark:* Droit du travail, 8. Aufl., 2013, S. 607.

Eine UES wird unter zwei Voraussetzungen angenommen. Die Gesellschaften konzentrieren ihre Leitungsmacht und verfolgen ähnliche beziehungsweise sich ergänzende Geschäftstätigkeiten. Außerdem sind die Arbeitnehmer zwischen den Gesellschaften im Prinzip austauschbar, weil sie den gleichen Sozialstatus haben und zu vergleichbaren Bedingungen arbeiten.[815]

Die UES hat keine eigene Rechtspersönlichkeit. Sie kann deshalb auch nicht als Mitarbeitgeberin qualifiziert werden.[816] Allerdings könnten Mutter- und Tochtergesellschaft unter den Voraussetzungen der dreifachen Vermischung eine der UES ähnliche Einheit bilden, wenn es um bestimmte kündigungsrechtliche Forderungen der Arbeitnehmer geht. Das Kriterium der dreifachen Verflechtung weist erhebliche Ähnlichkeit zu den Voraussetzungen einer UES auf. Auch werden UES und *co-emploi* vom selben Grundgedanken geleitet – einen Missbrauch des Grundsatzes der Selbständigkeit juristischer Personen zu verhindern.

Dieser Ansatz hätte den Vorzug, dass grundsätzlich die Prinzipien der Selbständigkeit juristischer Personen und der Relativität der Schuldverhältnisse gewahrt blieben, weil beide Gesellschaften nur in Bezug auf einen Teilaspekt als Einheit betrachtet würden. Problematisch ist dabei jedoch, dass eine solche Einheit, genau wie die Rechtsprechung zur Mitarbeitgeberschaft, als Rechtsfortbildung Unsicherheiten in sich bergen würde und insbesondere die Rechtsnatur dieser Einheit ebenso konturlos wie die der Mitarbeitgeberschaft wäre. Dementsprechend schwierig und kaum vorhersehbar wären die Rechtsfolgen, die mit einer solchen Einheit verbunden wären.[817]

III. Konzernmutter und Tochtergesellschaft als eine juristische Person

Die Konzernmutter und ihre Tochtergesellschaft könnten unter den Voraussetzungen der dreifachen Vermischung auch als eine juristische Person behandelt werden. Es gäbe nur ein gemeinsames Gesellschaftsvermögen und nur eine gemeinsame Belegschaft, bestehend jeweils aus dem Vermögen und der Belegschaft der Tochtergesellschaft sowie der Konzernmutter.[818]

Die Geschäftsaufgabe einer Tochtergesellschaft würde dann beispielsweise wie die Schließung einer Betriebsstätte erfolgen, weil die Tochtergesellschaft letztlich auch nur eine Art Betriebsstätte wäre. Die Pflicht zur Wiedereingliederung und zur Erstellung eines PSE träfe dann nur noch die Konzernmutter, weil nur noch

---

815 Cass.soc., Urt. v. 18. 07. 2000 – n° 99–60353, Bulletin civil V n° 229.

816 Cass.soc., Urt. v. 16. 12. 2008 – n° 07–43875, Bulletin civil V n° 255.

817 *Cesaro*, RJS 2013, S. 3 ff. (6).

818 *Cesaro*, JCPS 2013, n°1081, S. 44 ff. (45).

sie eine rechtlich selbständige juristische Person und nur noch sie Arbeitgeberin wäre.[819] Das hätte den Vorteil, dass die rechtliche Beurteilung damit auf Basis der realen wirtschaftlichen Gegebenheiten erfolgte.

Der Ansatz ist von den Vorschriften zur Erstreckung des Insolvenzverfahrens inspiriert. Auch im Insolvenzrecht wird der Grundsatz der Selbständigkeit juristischer Personen durchbrochen, wenn die Analyse der wirtschaftlichen Realität ergibt, dass der Entscheidungsträger nicht mehr die Tochtergesellschaft, sondern eine andere Gesellschaft ist.

Drei Gründe sprechen allerdings gegen diese Alternative.

Erstens riefe sie womöglich in Insolvenzverfahren sich widersprechende Entscheidungen der Handels- und der Arbeitsgerichte hervor. Ohne eine Gleichschaltung der Verfahrenserstreckung mit dem Konstrukt der einheitlichen juristischen Person, würden die Handelsgerichte gegebenenfalls restriktiver vorgehen als die Arbeitsgerichte. Trotz gleichem Grundgedankens könnte eine Konzernmutter dann zwar arbeitsrechtlich, nicht aber handelsrechtlich zur Verantwortung gezogen werden. Doch genau dieses Problem besteht schon jetzt bei der Mitarbeitgeberschaft.[820]

Zweitens würde dieser Ansatz zu weit greifen. Denn er würde dazu führen, dass die Konzernmutter uneingeschränkt haftbar gemacht werden könnte und zwar nicht nur bei kündigungsrechtlichen Konstellationen, sondern auch während eines bestehenden Arbeitsverhältnisses.

Drittens zeigen bereits die gesetzliche Regelung der Verfahrenserstreckung und ihre restriktive Handhabung durch die Handelsgerichte, dass vom Grundsatz der Selbständigkeit juristischer Personen nur in ganz seltenen Fällen abgewichen wird. Gerade deshalb stellt ja auch die Mitarbeitgeberschaft eine rechtlich fragwürdige Konstruktion dar. Dieser Kritik setzte sich auch der Ansatz der einheitlichen juristischen Person aus.[821]

B. Schuldrechtliche Alternative

Eine weitere Alternative schlägt *Lucie Bertrand* in ihrer Abschlussarbeit über die arbeitsrechtliche Haftung von Konzernmüttern gegenüber ihren Tochtergesellschaften[822] vor: Ihrer Ansicht nach könnten Kerngedanken der Haftung wegen

819 *Cesaro*, RJS 2013, S. 3 ff. (12).

820 Siehe dazu auch *Métaleurop* unter § 4C.II.1 S. 37 ff.

821 *Cesaro*, RJS 2013, S. 3 ff. (7).

822 *Bertrand:* La responsabilité des sociétés mères vis-à-vis de leurs filiales en droit social, 2013, S. 65–70.

Masseunzulänglichkeit, der Mitarbeitgeberschaft und des ursprünglichen Arbeitgeber-Begriffs zu einem schuldrechtlichen Konzept verbunden werden.

Als Aufhänger diente der Begriff des tatsächlichen außervertraglichen Arbeitgebers (*employeur de fait*). Tatsächlicher Arbeitgeber ist normalerweise jede Person, die – ohne mit dem Arbeitnehmer einen Arbeitsvertrag abgeschlossen zu haben – den Arbeitnehmer anleitet, kontrolliert und Fehlverhalten sanktioniert. Trotz eines fehlenden Arbeitsvertrags besteht ein individuelles juristisches Weisungsverhältnis zwischen Arbeitnehmer und tatsächlichem Arbeitgeber.[823] Der tatsächliche Arbeitgeber wird wie ein vertraglicher Arbeitgeber behandelt und muss auch im laufenden Arbeitsverhältnis Arbeitgeberpflichten nachkommen, weil er sich letztlich wie ein vertraglicher Arbeitgeber verhält.

Diese Definition könnte laut *Bertrand* für Sachverhalte, in denen ein Kollektiv von Arbeitnehmern gegen eine Konzernmutter vorgehen will, modifiziert werden.[824]

Statt eines individuellen Weisungsverhältnisses zwischen dem einzelnen Tochterarbeitnehmer und der Konzernmutter könnte, unter den Voraussetzungen, unter denen auch ein tatsächlicher Geschäftsleiter anzunehmen ist, ein tatsächlicher Arbeitgeber der gesamten Tochterbelegschaft qualifiziert werden.[825] Die Prüfung erfolgte dann aber nicht wie beim tatsächlichen Geschäftsleiter dahingehend, ob es generell zu einer anormalen Einmischung seitens der Konzernmutter gekommen ist. Ausschlaggebend müsste vielmehr sein, ob sich die Konzernmutter auf anormale Weise in das Personalwesen der Tochtergesellschaft eingemischt hat (*confusion sociale*).[826] Gerade dieser Aspekt gebe nämlich Aufschluss über das Verhältnis zwischen Tochterarbeitnehmern und Konzernmutter. Ist das Personalwesen bei der Konzernmutter zentralisiert oder hat die Konzernmutter eigene Leute im Personalmanagement bei der Tochter eingesetzt, so übt die Konzernmutter zumindest indirekt Weisungsmacht gegenüber der Tochterbelegschaft aus.[827]

Auf der Rechtsfolgenseite könnten dem tatsächlichen Arbeitgeber, in Anlehnung an die *dirigeant de fait*-Haftung, nur die haftungsrechtlichen Konsequenzen auferlegt werden, die sich aus seiner exzessiven Einmischung in die

---

823 *Loiseau*, JCPS 2011, n°1528, S. 8 ff. (12).

824 *Bertrand:* La responsabilité des sociétés mères vis-à-vis de leurs filiales en droit social, 2013, S. 66.

825 *Connor:* La société-mère et les salariés de sa filiale, 12.05.2012, S. 14.

826 *Loiseau*, BJS 2012, n°75, S. 168 ff. (171).

827 *Bertrand:* La responsabilité des sociétés mères vis-à-vis de leurs filiales en droit social, 2013, S. 66 f.

Personalverwaltung ergeben. Er müsste aber nicht wie ein vertraglicher Arbeitgeber auch im laufenden Arbeitsverhältnis den üblichen Pflichten nachkommen. Dafür wäre nämlich grundsätzlich ein individuelles juristisches Weisungsverhältnis nötig, das hier aber nicht besteht.[828] In concreto bedeutete dies, dass man die Konzernmutter als tatsächliche Arbeitgeberin aus dem laufenden Arbeitsverhältnis heraushalten, sie aber dennoch für die exzessive Einmischung in die Personalverwaltung haftbar machen könnte.

Dieser Ansatz hätte den großen Vorteil, in insolvenzrechtlichen Konstellationen einen Gleichlauf zwischen Arbeits- und Handelsrecht zu schaffen, weil tatsächlicher Arbeitgeber und tatsächlicher Geschäftsleiter nach ähnlichen Kriterien qualifiziert würden. Widersprüchliche Entscheidungen wie in Sachen *Métaleurop* könnten dadurch vermieden werden.[829] Hinzu kommt, dass dieser Ansatz nur rein haftungsrechtliche Konsequenzen nach sich zöge. Dadurch könnten Unsicherheiten vermieden werden, die durch die Rechtsprechung zur Mitarbeitgeberschaft hervorgerufen werden.

Allerdings ist zu bedenken, dass die Gerichte hierbei erneut in erheblichem Maße rechtsfortbildend tätig werden müssten. Insofern gäbe es wie auch bei der Theorie zum *co-employeur* keine gesetzliche Verortung für diese Konstruktion, was aber für mehr Rechtssicherheit sorgen würde. Außerdem würde dieser Ansatz dazu führen, dass bekannte Institute aus Handels- und Arbeitsrecht aus ihrem eigentlichen Kontext gerissen und in ganz anderen Zusammenhang gebracht würden. Es ist fraglich, ob der Kreativität hier nicht gesetzliche Grenzen gesetzt sind und reine Zweckmäßigkeitserfordernisse zur Begründung dieses völlig neuen Ansatzes wirklich ausreichen.

C. Insolvenzrechtliche Ansätze

I. Subjektive Beurteilung der Zahlungseinstellung

Eine weitere Überlegung wäre, die Zahlungseinstellung der Tochtergesellschaft nach subjektiven statt objektiven Maßstäben zu beurteilen. Bislang kommt es für den Handelsrichter allein darauf an, ob die Tochtergesellschaft ihre Zahlungen einstellen muss oder nicht. Daran ist problematisch, dass diese richterliche Entscheidung letztlich auch tatsächliche Bindungswirkung für die arbeitsrechtliche Frage hat, ob ein wirtschaftlich induzierter Kündigungsgrund vorliegt. Mit

828 *Loiseau*, BJS 2012, n°75, S. 168 ff. (171).

829 *Bertrand:* La responsabilité des sociétés mères vis-à-vis de leurs filiales en droit social, 2013, S. 69.

der Feststellung der Zahlungseinstellung ist also immer auch die Feststellung verbunden, dass ein entsprechender Kündigungsgrund vorliegt. Anders als das Insolvenzrecht sollte das Kündigungsrecht aber eigentlich auch berücksichtigen, ob wirtschaftliche Schwierigkeiten im Umfeld der konzernzugehörigen Tochtergesellschaft bestehen. Diese Anforderung an den Kündigungsgrund kann in insolvenzrechtlichen Konstellationen umgangen werden.

Eine Lösung könnte sein, die Zahlungseinstellung der Tochtergesellschaft auch danach zu beurteilen, wie sich die wirtschaftliche Situation im Konzern insgesamt darstellt und ob das Verhalten der Konzernmutter die Zahlungseinstellung der Tochtergesellschaft womöglich erst herbeigeführt hat. Statt also die Zahlungseinstellung objektiv zu ermitteln, könnten auch subjektive Elemente Berücksichtigung finden. So käme es zu einem Gleichklang zwischen Insolvenz- und Arbeitsrecht. Konzerne hätten nicht mehr die Möglichkeit, die Anforderungen an eine wirtschaftlich induzierte Kündigung zu umgehen, indem sie die Tochtergesellschaft einfach in Konkurs gehen lassen.

Derartige Überlegungen ließen bereits die Verwaltungsgerichte von Cergy-Pontoise[830] und Grenoble[831] in ihre Entscheidungen einfließen. Für das Liquidationsurteil genüge nicht nur die objektive Feststellung der Zahlungseinstellung. Es hätte ebenso geprüft werden müssen, ob der Arbeitsplatzabbau auch auf Ebene des Konzerns wirtschaftlich gerechtfertigt war.[832]

Und auch bei *Sodimédical* stellte das Berufungsgericht Reims[833] darauf ab, dass der Antrag auf Eröffnung des Liquidationsverfahrens nicht nur hinsichtlich der objektiven Zahlungseinstellung der Tochtergesellschaft hätte beurteilt werden müssen, sondern auch danach, ob und inwieweit der Konzern mit der Liquidation der Tochter die Vorschriften zum arbeitsrechtlichen Kündigungsverfahren umging.

Dieser Ansatz ist jedoch ohne Fundament. Genau wie in Sachen *Sodimédical* im Jahre 2012,[834] hatte die Handelskammer des Kassationshofs schon im Jahre 2007[835] entschieden, dass die Zahlungseinstellung immer rein objektiv ermittelt werden muss. Diese Klarstellung ist hilfreich, denn mit der Subjektivierung der Zahlungseinstellung würde andernfalls der Grundsatz durchbrochen, wonach Gesellschaften selbständige juristische Personen mit selbständigem

830 TA Cergy-Pontoise, Urt. v. 9. 03. 2010, DO 2010, S. 598 f.

831 TA Grenoble, Urt. v. 4. 04. 2008, DO 2011, S. 274 f.

832 *Darves-Bornoz*, DO 2011, S. 273 ff. (277).

833 CA Reims, Urt. v. 14. 03. 2011 - n° 11-00313.

834 Cass.com., Urt. v. 3. 07. 2012 - n° 11-18026, Bulletin civil IV n° 146.

835 Cass.com., Urt. v. 26. 06. 2007 - n° 06-17821, Bulletin civil IV n° 177.

Gesellschaftsvermögen sind. Würde die Zahlungseinstellung auch danach ermittelt, über welche finanziellen Möglichkeiten der gesamte Konzern verfügt, so würde die Tochtergesellschaft gerade nicht als autonome Gesellschaft behandelt. Das französische Insolvenzrecht zeigt, dass von diesem Grundsatz nur ganz ausnahmsweise abgewichen werden darf.[836]

Problematisch wäre dieser Ansatz vor allem in Sanierungs- und Liquidationsverfahren. Diese Verfahren sind keine freiwilligen Verfahren. Der Schuldner ist verpflichtet, innerhalb von 45 Tagen seine Zahlungseinstellung zu erklären und einen Antrag bei Gericht zur Eröffnung des jeweiligen Verfahrens zu stellen.[837] Andernfalls wird er sanktioniert. Und auch der Handelsrichter muss das Verfahren eröffnen, wenn der Schuldner objektiv seine Zahlungen einstellen muss. Weder Schuldner noch Handelsrichter haben ein Recht zur freien Würdigung der finanziellen Verhältnisse. Diesem Grundgedanken würde ein subjektives Ermitteln der Zahlungseinstellung entgegenstehen. Außerdem ist es im Insolvenzrecht Aufgabe des Insolvenzverwalters beziehungsweise des Liquidators, die Konzernmutter für ein mögliches Fehlverhalten zur Verantwortung zu ziehen und nicht die Aufgabe des Handelsgerichts bei Eröffnung des Verfahrens.[838]

Hinzu kommt, dass auch praktische Erwägungen gegen eine Subjektivierung sprechen. Denn würde das Insolvenzverfahren nicht eröffnet, weil der Konzern selbst wirtschaftlich gesund ist oder die Insolvenz der Tochter von der Konzernmutter herbeigeführt wurde, so hätte dies gegebenenfalls zur Folge, dass die Schulden der Tochter weiter wüchsen. Leidtragende einer solchen Entwicklung wären letztlich die Gläubiger und damit auch die Arbeitnehmer.

II. Durchbrechung der Bindungswirkung des Insolvenzurteils

Eine weitere Alternative schlägt *Elsa Peskine*[839] vor. Sie setzt zeitlich erst nach Eröffnung des Insolvenzverfahrens an. Die Zahlungseinstellung würde dabei weiterhin objektiv durch das Handelsgericht bestimmt. Allerdings sollte das Arbeitsgericht die Kündigung der Arbeitnehmer daraufhin überprüfen können, inwiefern durch Eröffnung des Insolvenzverfahrens gegebenenfalls gezielt arbeitsrechtliche Bestimmungen umgangen wurden (Vorwurf der „*fraude*“) und

---

836 *Darves-Bornoz/Masanovic*, DO 2013, n°776, S. 199 ff. (200).

837 Für das Sanierungsverfahren gemäß Art. L 631–4 Abs. 1 Code de commerce, für das Liquidationsverfahren gemäß Art. L. 640–4 Abs. 1 Code de commerce.

838 *Dammann/François*, Recueil Dalloz 2012, n°33, S. 2212 ff. (2214); *Vincent*, http://www.webcitation.org/6PhvCDrsC, S. 5.

839 *Peskine*, DO 2013, n°776, S. 157 ff. (163).

die Kündigung deshalb ungerechtfertigt ist. Das durchbricht allerdings die Regel, wonach das Arbeitsgericht normalerweise an die Entscheidung des Handelsgerichts über die Eröffnung des Insolvenzverfahrens gebunden ist. Der Kassationshof hat sich dennoch für eine solche Lösung bereits in einem Urteil vom 27.10.1998 ausgesprochen.[840]

Sobald eine Umgehung festgestellt wird, könnte auch das Verhalten des Konzerns respektive der Konzernmutter gegenüber der Tochtergesellschaft einbezogen werden.

Dieser Ansatz ist jedoch wenig zielführend. Zwar fänden durch ihn dann auch im Insolvenzverfahren Elemente Berücksichtigung, die außerhalb des Insolvenzverfahrens relevant werden, wenn beurteilt werden muss, ob eine wirtschaftlich induzierte Kündigung gerechtfertigt ist. Es käme im Bereich der Gesetzesumgehung gewissermaßen zu einer Gleichbehandlung der Kündigungen – unabhängig davon, ob diese bei einer insolventen oder solventen Tochtergesellschaft erfolgen. Jedoch änderte sich nichts daran, dass die Arbeitnehmer ihre Entschädigungsforderungen lediglich gegen die Tochtergesellschaft richten können. Ist die Tochtergesellschaft aber insolvent und kann sie deshalb den Forderungen nicht nachkommen, müssten sich die Arbeitnehmer mit ihren Ansprüchen letztlich wiederum an den Fonds der AGS wenden. Sie könnten, wie auch in denjenigen Konstellationen, für welche die Mitarbeitgeberschaft bislang relevant wird, nur in gedeckelter Höhe befriedigt werden.

D. Deliktsrechtliche Alternativen

I. Haftung für fremdes Verschulden – Art. 1384 Code civil

Eine weitere Möglichkeit bestünde darin, die Konzernmutter für das Verhalten der Tochtergesellschaft deliktsrechtlich zur Verantwortung zu ziehen.

Als Rechtsgrundlage könnte dafür Art. 1384 Abs. 5 Code civil dienen, der die Haftung des Auftraggebers („*commettant*“) regelt. Zwischen Konzernmutter und Tochtergesellschaft müsste dann ein Auftragsverhältnis bestehen. Ein solches Verhältnis könnte in Anlehnung an die Mitarbeitgeberschaft darin gesehen werden, dass sich Interessen, Geschäftstätigkeit und Geschäftsleitung zwischen Konzernmutter und Tochtergesellschaft vermischt haben.[841] Die Konzernmutter müsste dann verschuldensunabhängig für das Verhalten der Tochtergesellschaft

840 Cass.soc., Urt. v. 27. 10. 1998 – n° 95–42220, Bulletin civil V n° 452.

841 *Cesaro*, JCPS 2013, n°1081, S. 44 ff. (46).

einstehen, beispielsweise wenn diese ihrer Verpflichtung zur Wiedereingliederung oder zur Erstellung eines PSE nicht ordnungsgemäß nachkommt.

Problematisch daran ist, dass dieser Ansatz nicht die Rechtsunsicherheit auflösen könnte, die sich aus dem Kriterium der dreifachen Vermischung ergibt, weil gerade dieses Kriterium dazu herangezogen würde, um ein Auftragsverhältnis zu begründen.

Weitere Rechtsgrundlage könnte Art. 1384 Abs. 1 Code civil sein. Seit dem Urteil in Sachen *Blieck*[842] ist aus Art. 1384 Abs. 1 Code civil der allgemeine Grundsatz abzuleiten, demzufolge jeder, der das Leben einer anderen Person organisiert und kontrolliert, für deren Verhalten einzustehen hat.[843] Wie auch bei Art. 1384 Abs. 5 Code civil handelt es sich um eine reine Gefährdungshaftung. Das bedeutet, dass ein schuldhaftes Verhalten („*faute*") des Anspruchsgegners anders als bei der Haftung für eigenes Verschulden nicht erforderlich ist, wenn der Anspruchsgegner eine irgendwie geartete Aufsichtsbefugnis gegenüber demjenigen ausübt, der durch sein schuldhaftes Verhalten einen Schaden herbeigeführt hat.

Dieser Grundsatz könnte auch auf die Konstellation übertragen werden, in der die Mitarbeitgeberschaft bislang eine Rolle spielt. Kontrolliert eine Konzernmutter ihre Tochtergesellschaft und hat sie selbst ein Interesse an deren Tätigkeit, so muss sie auch das Risiko tragen, dass durch deren Verhalten – beispielsweise durch Kollektivkündigungen – ein Schaden für die Tochter-Arbeitnehmer entsteht.[844] Der Arbeitnehmer könnte dann einerseits gegen seine Arbeitgeberin – die Tochtergesellschaft – wegen schuldhaften Verhaltens vorgehen; andererseits gegen die Konzernmutter auf Grundlage der Gefährdungshaftung.[845]

Für diese Lesart spricht auch der Gesetzesentwurf für die Reform des französischen Schuld- und Verjährungsrechts – auch genannt „Projekt Catala".[846] Dort findet sich in Art. 1360 folgende Regelung wieder:

> *„Soweit kein Auftragsverhältnis besteht, ist derjenige, der die Erwerbstätigkeit einer anderen Person betreut und organisiert und daraus einen wirtschaftlichen Nutzen zieht, für die Schäden verantwortlich, die durch diese andere Person in Ausübung ihrer Tätigkeit verursacht worden ist. […]*
>
> *Außerdem ist derjenige verantwortlich, der die wirtschaftliche oder finanzielle Tätigkeit eines von ihm abhängigen Berufstätigen kontrolliert, obwohl dieser auf eigene Rechnung handelt, wenn das Opfer beweisen kann, dass das schädigende Verhalten im*

842 Cass.ass.plen., Urt. v. 29. 03. 1991 – n° 89–15231, Bulletin 1991 A.P. n° 1.

843 *Favennec-Héry*, JCPS 2013, n°1078, S. 25 ff. (30).

844 *Géa/Fabre*, RDT 2010, S. 230 ff. (233).

845 *Cesaro*, JCPS 2013, n°1081, S. 44 ff. (46).

846 *Peskine*, DO 2013, n°776, S. 157 ff. (161).

Zusammenhang mit der Ausübung der Kontrolle steht. Dies gilt ***ebenso vor allem für Konzernmütter hinsichtlich derjenigen Schäden, die ihre Tochtergesellschaften verursacht haben*** *oder für Konzessionsgeber hinsichtlich solcher Schäden, die ihre Konzessionsnehmer verursacht haben.*"[847]

Dem folgend hatte der Gesetzgeber erwogen, eine spezielle deliktische Haftung der Konzernmutter für das Verschulden der Tochtergesellschaft einzuführen.[848]

Allerdings hatte der Gesetzesausschuss bei Art. 1360 Bedenken. Im Verbesserungsvorschlag Nummer 19 des Berichts n° 558 (2008–2009) vom 15.07.2009 erklärten *Alain Anziani* und *Laurent Béteille* im Namen des Gesetzesausschusses dazu:

„(...) *Deshalb spricht sich die Arbeitsgruppe des Gesetzesausschusses gegen eine Gefährdungshaftung wegen wirtschaftlicher Abhängigkeit aus und würde es vorziehen, das schuldhafte Verhalten desjenigen, der wirtschaftliche Macht über einen anderen ausübt, rechtlich flexibler zu fassen in Form einer ganz normalen Haftung für eigenes Verschulden*".[849]

Außerdem wurde bemängelt, dass die Vorschrift wenig präzise und eine mögliche Haftung dadurch schwieriger abzuschätzen wäre.[850]

Die Bedenken des Gesetzesausschusses sind berechtigt. Das Grundprinzip, das die Vollversammlung des Kassationshofs in Sachen *Blieck* anhand Art. 1384 Abs. 1 Code civil entwickelte, hat vom Ansatz her nur einen kleinen Anwendungsbereich. Denn die Gefährdungshaftung wird bislang vor allem im Rahmen der speziellen Regelungsbereiche des Art. 1384 Code civil relevant, wie beispielsweise bei der verschuldensunabhängigen Haftung der Eltern für ihre Kinder oder bei der erwähnten Haftung eines Auftraggebers. In allen anderen Fällen

---

847 „En l'absence de lien de préposition, celui qui encadre ou organise l'activité professionnelle d'une autre personne et en tire un avantage économique est responsable des dommages causés par celle-ci dans l'exercice de cette activité. [...] De même, est responsable celui qui contrôle l'activité économique ou patrimoniale d'un professionnel en situation de dépendance, bien qu'agissant pour son propre compte, lorsque la victime établit que le fait dommageable est en relation avec l'exercice du contrôle. Il en est ainsi notamment des sociétés mères pour les dommages causés par leurs filiales ou des concédants pour les dommages causés par leurs concessionnaires".

848 *Favennec-Héry*, JCPS 2013, n°1078, S. 25 ff. (30).

849 „Pour toutes ces raisons, le groupe de travail de la commission des lois n'est pas favorable à la consécration de l'existence d'une responsabilité sans faute de fait d'un état de dépendance économique et juge préférable de favoriser une acception plus souple du comportement fautif d'une personne ayant autorité économique sur une autre par le jeu normal de la responsabilité pour faute." *Cesaro*, RJS 2013, S. 3 ff. (9), Fn. 56.

850 *Cesaro*, RJS 2013, S. 3 ff. (9).

muss sie als Ausnahme vom Grundsatz der Haftung für eigenes Verschulden verstanden werden, weil sie ein außerordentlich scharfes Schwert in der Hand des Anspruchsgegners darstellt. Außerdem hat die Rechtsprechung zu Art. 1384 Abs. 1 Code civil seit 1991 auch kaum an Kontur gewonnen. Sie wurde zwar bereits auf Vereine[851] angewendet, jedoch noch nie im Verhältnis Konzernmutter – Konzerntochter. Deswegen ist das in Sachen *Blieck* abgeleitete Grundprinzip noch zu vage, um es bereits auf die Konstellationen der Mitarbeitgeberschaft anzuwenden.[852]

II. Haftung für eigenes Verschulden – Art. 1382 Code civil

Denkbar wäre auch, die Konzernmutter aufgrund ihres eigenen Verhaltens deliktsrechtlich zur Verantwortung zu ziehen.

Im Gegensatz zu den Regelungen in Art. 1384 Code civil, stellt Art. 1382 Code civil eine Haftungsgrundlage für subjektives Verschulden dar. Haftungsvoraussetzungen sind wie bereits dargestellt eine unerlaubte Handlung, ein Schaden – in insolvenzrechtlichen Konstellationen muss dies ein Sonderschaden sein – und ein Kausalzusammenhang zwischen Handlung und Schaden.

Diesen juristischen Zugang haben in der Vergangenheit bereits einige französische Gerichte genutzt, wobei sie zum Teil sehr unterschiedliche Anknüpfungspunkte für die unerlaubte Handlung fanden.

So ist es, laut Sozialkammer des Kassationshofs, eine unerlaubte Handlung, wenn die Konzernmutter ihre Machtposition gegenüber der Tochtergesellschaft missbraucht.[853] Das Berufungsgericht von Versailles entschied in Sachen *Klarius* hingegen, eine unerlaubte Handlung der Konzernmutter sei darin zu sehen, dass diese eine bestimmte Handelsstrategie beschlossen und die Tochtergesellschaft deshalb aufgegeben habe, um günstiger in einem anderen Land produzieren zu können.[854] Die Erstinstanz in Sachen *Flodor*[855] stützte sich wiederum auf die Verletzung von Mithilfepflichten, mit denen andere konzernzugehörige Gesellschaften belastet sind, wenn eine der Gesellschaften wiedereingliedern

851 Cass.civ., Urt. v. 12. 12. 2002 – n° 00–13553, Bulletin civil II n° 289.

852 *Favennec-Héry*, JCPS 2013, n°1078, S. 25 ff. (30).

853 Cass.soc., Urt. v. 3. 04. 1990 – n° 87–44904, RJS 5/90 n° 354.

854 CA Versailles, Urt. v. 31. 10. 2011 – n° 10–00578; *Fleury-Ashurst*, http://www.webcitation.org/6Pht5TYMx.

855 TGI Péronne, Urt. v. 18. 08. 2009 – n° 07–00856; Das Großinstanzgericht stützte sich anders als das Berufungsgericht Paris CA Paris, Urt. v. 10. 04. 2008 – n° 07–10060 auf die Rechtsgrundlage des Art. 1382 Code civil. Das Berufungsgericht griff in selbiger Sache jedoch Art. L. 1235–10 Code du travail als Anspruchsgrundlage auf.

und einen PSE aufstellen muss.[856] Möchte eine Gesellschaft mehreren Arbeitnehmern kündigen, muss sie nach Wiedereingliederungsmöglichkeiten in ihrem Tätigkeitsbereich innerhalb des Konzerns, suchen, beziehungsweise alle Maßnahmen und Möglichkeiten des Konzerns im PSE aufführen. Damit sie diesen Pflichten ordnungsgemäß nachkommen kann, ist sie, nach Ansicht des Großinstanzgerichts Péronne darauf angewiesen, dass ihr die anderen konzernzugehörigen Gesellschaften die notwendigen Informationen zukommen lassen.[857] Tun sie das nicht, könnten sie gemäß Art. 1382 Code civil haftbar gemacht werden.[858] Und erst kürzlich beurteilte das Handelsgericht Orléans folgendes Verhalten als unerlaubte Handlung: Die Konzernmutter trocknete eine ihrer Tochtergesellschaften finanziell aus, indem sie ein Darlehen, das ihr die Tochter gewährt hatte, nicht zurückzahlte.[859]

Neben der Rechtsprechung finden sich auch im Gesetz Anknüpfungspunkte für eine unerlaubte Handlung. In Art. L. 650–1 Code de commerce ist beispielsweise *die missbräuchliche finanzielle Unterstützung* („soutien financier abusif") geregelt, die ebenfalls eine deliktische Haftung auslösen kann.

Die unterschiedlichen Ansatzpunkte für die unerlaubte Handlung der Konzernmutter zeigen, dass ein grundsätzliches Interesse daran besteht, diese auch in deliktsrechtlicher Hinsicht zur Rechenschaft ziehen zu können. Problematisch ist dabei gerade die Vielfalt an verschiedenen Anknüpfungspunkten. Denn dadurch erweist sich auch die deliktische Haftbarmachung als rechtsunsicherer Ansatz.

In der Literatur wird zuweilen vorgeschlagen, eine unerlaubte Handlung der Konzernmutter immer dann anzunehmen, wenn zwischen ihr und der Tochtergesellschaft eine Verquickung von Interessen, Tätigkeiten und Geschäftsleitung

856 *Favennec-Héry*, JCPS 2013, n°1078, S. 25 ff. (29).

857 *Loiseau*, JCPS 2011, n°1528, S. 8 ff. (10).

858 Der Kassationshof verstand die Vorinstanz in Sachen *Flodor* leider miss und entschied deshalb, dass nur den Arbeitgeber und keine anderweitige konzernzugehörige Gesellschaft eine Pflicht zur Wiedereingliederung treffe. Weder den Klägern noch den Vorinstanzen war es aber in der Sache um eine mögliche Wiedereingliederungspflicht anderer Gesellschaften gegangen, sondern allein um bestehende Mithilfepflichten. Dies ergibt sich schon aus dem Antrag der Kläger, die lediglich Schadensersatz verlangten wegen des Verlustes einer Wiedereingliederungsmöglichkeit und eben nicht beantragt hatten, die Kündigung für ungerechtfertigt zu erklären. *Tissandier*, RJS 2010, S. 251 ff. (253–254); *Legrand*, DO 2012, n°767, S. 433 ff. (436).

859 TdC Orléans, Urt. v. 1. 06. 2012 - n° 10–11170.

vorliegt.[860] Dieser Vorschlag ist wenig hilfreich, weil gerade dieses Kriterium in der Rechtsprechung zur Mitarbeitgeberschaft zu erheblicher Rechtsunsicherheit führt. Verwendete man es zusätzlich im Rahmen der deliktischen Haftung, hätte diese Alternative keinen Vorteil gegenüber der Rechtsprechung zum *co-emploi*.

Zu überlegen wäre stattdessen, wie auch schon beim „tatsächlichen Arbeitgeber“, für die unerlaubte Handlung das Verhältnis zwischen Konzernmutter und Tochter daraufhin zu überprüfen, ob sich die Konzernmutter exzessiv in die Personalverwaltung der Tochtergesellschaft eingemischt hat.[861] Man könnte so auf die bereits bestehende Rechtsprechung zum „tatsächlichen Geschäftsleiter“ zurückgreifen und ermöglichte überdies einen Gleichlauf mit dem Insolvenzrecht.[862]

Außerdem würde dadurch eine weitere argumentative Basis geschaffen, um zu begründen, warum die Tochter-Arbeitnehmer letztlich gegen die Konzernmutter vorgehen können, obwohl ihnen nur ein mittelbarer Schaden entstanden ist. Führt die exzessive Einmischung seitens der Konzernmutter dazu, dass die Tochter ihr Geschäft aufgeben oder Insolvenz anmelden muss, ist nämlich nur die Tochtergesellschaft unmittelbar geschädigt.[863] Bislang wurde der mittelbare Schaden der Arbeitnehmer der Konzernmutter mit der Begründung zugerechnet, dass er in direkter Verbindung mit dem schadensstiftenden Verhalten stehe und seinen Ursprung im Schaden des unmittelbaren Opfers habe.[864] Wird nunmehr festgestellt, dass die Konzernmutter direkten Einfluss auch auf die Arbeitnehmer der Tochtergesellschaft ausübt, weil die Mutter sich auf anormale Art und Weise in die Personalverwaltung einmischt, so liegt der Schluss umso näher, dass ein Kausalzusammenhang zwischen ihrem Verhalten und den Arbeitsplatzverlusten der Tochter-Arbeitnehmer besteht.

In insolvenzrechtlichen Konstellationen ist für den Anspruch aus Art. 1382 Code civil, wie bereits dargestellt, ein Sonderschaden erforderlich, der den Arbeitnehmern im Gegensatz zu den anderen Gläubigern entsteht. Bei Kündigungen haben die Gerichte einen solchen Sonderschaden bereits darin gesehen, dass

860 So zum Beispiel *Cesaro*, JCPS 2013, n°1081, S. 44 ff. (46).

861 *Peskine*, RDT 2012, S. 347 ff. (350).

862 In diesem Sinne auch *Bertrand:* La responsabilité des sociétés mères vis-à-vis de leurs filiales en droit social, 2013, S. 82.

863 *Fages:* Droit des obligations, 3. Aufl., 2011, S. 356.

864 So auch in Sachen *Klarius,* CA Versailles, Urt. v. 31. 10. 2011 – n° 10–00578; in diesem Sinne auch zum mittelbaren Schaden Cass.civ., Urt. v. 23. 10. 2003 – n° 01–15391, Bulletin civil II n° 330.

jemand seinen Arbeitsplatz verliert[865] oder sogar darin, dass derjenige psychisch besonders belastet ist, weil nicht weiß, wie es mit ihm beruflich weitergeht.[866]

Gegen den deliktischen Ansatz mit Grundlage in Art. 1382 Code civil spricht, dass die Arbeitnehmer hier keinen Sonderstatus genießen, sondern weitestgehend wie andere Gläubiger behandelt werden.[867] So sind auch nicht mehr die Arbeitsgerichte für den deliktischen Anspruch zuständig, sondern die allgemeinen Zivilgerichte. Außerdem könnten die Arbeitnehmer nur Schadensersatz verlangen und keine schadensunabhängigen Entschädigungen, die bisweilen weit höher ausfallen.

Ein Vorteil des deliktischen Ansatzes wäre hingegen, dass weder gesellschafts- noch vertragsrechtliche Grundsätze durchbrochen werden müssten. Es würde auch keine künstliche arbeitsrechtliche Verbindung zwischen Tochter-Arbeitnehmern und Konzernmutter suggeriert – insofern bliebe auch der ursprüngliche Begriff des Arbeitgebers unberührt.[868] Außerdem wäre es möglich, ausländische Konzernmütter mit Sitz in Europa deliktsrechtlich in Frankreich haftbar zu machen, weil das schädigende Ereignis in diesen Konstellationen immer in Frankreich bei der Tochtergesellschaft eintreten würde und deshalb Art. 5 Nr. 3 EuGVVO Anwendung fände.[869]

E. Gesetzliche Regelung der Theorie zum co-employeur?

Eine Alternative könnte auch sein, die Rechtsprechung zum *co-employeur* als gesetzliche Regelung auszugestalten.

Die Vorschrift könnte gegebenenfalls Klarheit hinsichtlich des Anwendungsbereichs sowie hinsichtlich der Rechtsfolgen der Mitarbeitgeberstellung schaffen. So könnte sie die Mitarbeitgeberschaft beispielsweise auf Fälle der wirtschaftlich bedingten kollektiven Kündigung begrenzen und könnte dadurch eine extensive Anwendung der Theorie zum *co-employeur* in anderen Bereichen, wie beispielsweise im kollektiven Arbeitsrecht, vermeiden. Außerdem könnte eindeutig beschrieben werden, welche Pflichten den Mitarbeitgeber träfen, wie er diese erfüllen müsste und mit welchen Konsequenzen er im Falle eines Pflichtenverstoßes zu rechnen hätte. Diesbezüglich müsste sich der Gesetzgeber

865 Cass.soc., Urt. v. 14. 11. 2007 – n° 05–21239, Bulletin civil V n° 188; *Olivier*, JCPS 2010, n°1225, S. 13 ff. (16).

866 TdC Orléans, Urt. v. 1. 06. 2012 – n° 10–11170; *Dammann/François*, Recueil Dalloz 2012, n°33, S. 2212 ff. (2217).

867 *Cesaro*, RJS 2013, S. 3 ff. (8).

868 *Cesaro*, JCPS 2013, n°1081, S. 44 ff. (46).

869 *Peskine*, RDT 2012, S. 347 ff. (350).

aber zunächst eingehend mit der rechtlichen Natur des Mitarbeitgebers auseinandersetzen und dann klar Position beziehen.

Allerdings bereitete die Qualifizierung eines Mitarbeitgebers auch im Rahmen einer gesetzlichen Regelung erhebliche Probleme. Denn das Verhalten einer Konzernmutter gegenüber ihrer Tochtergesellschaft kann auf verschiedenste Art und Weise exzessiv sein. Es kann deshalb keine greifbaren und pauschalisierenden Qualifikationskriterien geben, die grundsätzlich für eine Mitarbeitgeberschaft sprechen. Diese Problematik könnte auch durch eine gesetzliche Regelung nicht gelöst werden. Auch eine Gesetzesvorschrift könnte nur Anhaltspunkte vorsehen, die die Annahme nahe legen, dass es sich um eine derart anormale Einmischung seitens der Konzernmutter handelt, dass die Konzerntochter über keinerlei Eigenständigkeit mehr verfügt. Dementsprechend müsste die Rechtsprechung auch im Fall einer gesetzlichen Regelung auslegend tätig werden, wodurch es wieder zu einer Einzelfallrechtsprechung käme. Eine gesetzliche Regelung der Theorie zum *co-employeur* hätte deshalb nur sehr begrenzten Mehrwert gegenüber der bisherigen Rechtsprechung.

F. Bewertung

Als Alternativen scheinen nur der deliktsrechtliche Ansatz mit Grundlage in Art. 1382 Code civil und der schuldrechtliche Ansatz zum tatsächlichen Arbeitgeber geeignet und umsetzbar. Dem Deliktsrecht sollte jedoch der Vorzug gegeben werden. Zwar müssten die Arbeitnehmer dann finanzielle Abstriche bei ihren Forderungen hinnehmen, weil sie deliktsrechtlich keine Entschädigungsansprüche geltend machen können. Dafür ermöglichen die einführten Strukturen des Deliktsrechts ein hohes Maß an Rechtssicherheit und Vorhersehbarkeit. Im Vergleich zum tatsächlichen Arbeitgeber wären Voraussetzungen und Rechtsfolgen für einen Anspruch aus Art. 1382 Code civil klar bestimmbar. Es erfolgte lediglich eine gesonderte Überprüfung, ob unter Berücksichtigung des Verhältnisses der Konzernmutter zur Tochtergesellschaft eine unerlaubte Handlung vorliegt.

Darüber hinaus respektiert die deliktsrechtliche Alternative vollumfänglich die französischen Grundsätze des Arbeits- und Gesellschaftsrechts, wohingegen der Ansatz zum tatsächlichen Arbeitgeber den Begriff des Arbeitgebers für bestimmte Konstellationen modifiziert.

Außerdem ist auch aus europarechtlicher Hinsicht der deliktische Ansatz zu bevorzugen. Aus seiner bereits erwähnten Entscheidung in Sachen *Akavan*[870]

870 EuGH, Urt. v. 10. 09. 2009 – C-44/08 Akavan Erityisalojen Keskusliitto, Slg. 2009, I-0000.

ergibt sich nämlich, dass der EuGH eine Gesellschaft, die einen Arbeitgeber kontrolliert, nicht selbst als Arbeitgeberin betrachtet. Dementsprechend würde der EuGH eine Konzernmutter bei Anwendung des „tatsächlichen Arbeitgebers“ aller Wahrscheinlichkeit nach auch nicht unter den Arbeitgeber-Begriff von Art. 19 EuGVVO subsumieren. Ausländische Konzernmütter mit Sitz in Europa könnten dann, anders als beim deliktischen Anspruch, nicht vor französischen Gerichten verurteilt werden.

Für den deliktischen Ansatz spricht auch ein Blick in das niederländische Recht. Auch nach niederländischem Recht gilt, dass Kapitalgesellschaften grundsätzlich eigene Rechtspersönlichkeit besitzen und deshalb auch nur mit dem eigenen Vermögen gegenüber ihren eigenen Gläubigern haften. Allerdings können Gläubiger einer Tochtergesellschaft auch die Konzernmutter wegen unerlaubter Handlung in Anspruch nehmen, wenn die besonderen Umstände so außergewöhnlich sind, dass die Konzernmutter eine Fürsorgepflicht gegenüber den Tochtergläubigern trifft und sie diese verletzt hat. Indizien für eine eventuelle Fürsorgepflicht sind:

- Die Konzernmutter kennt und kontrolliert die Geschäftspolitik der Tochtergesellschaft.
- Enge und intensive Einflussnahme der Konzernmutter in die Geschäftspolitik der Tochter – gegebenenfalls als Geschäftsführer der Tochtergesellschaft.
- Die besondere Organisation und Struktur des Konzerns, insbesondere die wirtschaftliche Abhängigkeit der Tochtergesellschaft von der Konzernmutter.

Diese Grundsätze finden auch in arbeitsrechtlichen Konstellationen Anwendung, wenn eine Tochtergesellschaft ihre Zahlungen einstellen musste. Allerdings sind die niederländischen Gerichte sehr streng und nehmen nur in extremen Ausnahmefällen die Verletzung einer Fürsorgepflicht seitens der Konzernmutter an.[871]

Die Voraussetzungen, unter denen eine Fürsorgepflicht der Konzernmutter nach niederländischem Recht entsteht, ähneln den Kriterien, aufgrund derer eine Mitarbeitgeberstellung nach französischem Recht angenommen werden kann. Der Hauptunterschied zur französischen Rechtsprechung besteht aber darin, dass es sich eben nicht um eine spezielle arbeitsrechtliche Haftung handelt, sondern die Konzernmutter nach allgemeinen deliktischen Grundsätzen in Anspruch genommen wird.

871 Insgesamt zur Situation im niederländischen Recht *Witteveen*, Juriste International 2012, S. 47 ff. (48).

Teil 5: Die Konzernmutter als „Mitarbeitgeberin“ im deutschen Recht – ein Vergleich

Weder in Frankreich, noch in Deutschland gibt es ein eigenständiges Konzernarbeitsrecht. Doch in beiden Rechtsordnungen konzediert man, dass in Konzernstrukturen das grundsätzlich bilaterale Arbeitsverhältnis stärker von Drittverflechtung und Drittbeeinflussung tangiert wird.[872] Allerdings unterscheidet sich das deutsche Recht vom französischen durch seine diesbezüglich extreme Zurückhaltung.

So ist beispielsweise der deutsche Kündigungsschutz prinzipiell nicht konzernbezogen. Allerdings gibt es Literaturmeinungen, die auch für den deutschen Rechtsraum einen pauschalen konzerndimensionalen Kündigungsschutz fordern, so wie es Frankreich bereits hinsichtlich Kündigungsgrund, Wiedereingliederungsverpflichtung und Erstellung eines PSE gesetzlich vorsieht.[873] Als Argument wird genannt, das Risiko, dem der Arbeitnehmer hinsichtlich seines Arbeitsplatzes ausgesetzt ist, sei in Konzernstrukturen grundsätzlich erhöht. Deshalb müsse vor allem eine Weiterbeschäftigung des Arbeitnehmers im Sinne des § 1 Abs. 2 S. 2 Nr. 1 b KSchG auch auf Arbeitsplätzen in anderen Konzernunternehmen möglich sein, sobald der Arbeitgeber konzernzugehörig ist.[874]

Diese Ansicht widerspricht jedoch sowohl dem Wortlaut als auch dem Sinn und Zweck von § 1 KSchG und wird deshalb in der Literatur[875] und von der Rechtsprechung[876] überwiegend abgelehnt. § 1 KSchG bezieht sich eindeutig nur auf „Betrieb“ und „Unternehmen“. Von „Konzern“ ist keine Rede. Außerdem zielt der durch das KSchG gewährte Bestandsschutz darauf ab, das originäre Arbeitsverhältnis zu erhalten und nicht darauf, ein völlig neues Verhältnis mit einer weiteren Konzerngesellschaft zu begründen, in welcher der Arbeitnehmer dann

---

872 *Konzen*, Recht der Arbeit 1984, S. 65 ff. (66).

873 So unter anderem *Coen*, Recht der Arbeit 1983, S. 348 ff., aber auch *Martens*, in: *Gamillscheg/Hueck/Wiedemann*, 1979, S. 376 ff.

874 *Tucci*: Arbeitnehmermobilität im Konzern, 2012, S. 57.

875 So beispielsweise *Bayreuther*, NZA 2006, S. 819 ff. oder auch *Karamarias*, Recht der Arbeit 1983, S. 353 ff.

876 BAG, Urt. v. 23. 04. 2008 – 2 AZR 1110/06, NZA 2008, S. 939 ff.; BAG, Urt. v. 23. 11. 2004 – 2 AZR 24/04, NZA 2005, 929 ff.

weiterbeschäftigt wird.[877] Und letztlich verstieße eine pauschale Erstreckung des Kündigungsschutzes auf den Konzern auch gegen das gesellschaftsrechtliche Trennungsprinzip.[878]

Bei der Weiterbeschäftigungspflicht haben sich jedoch sowohl das Bundesarbeitsgericht[879] als auch ein Großteil der Literatur[880] aber für eine zumindest punktuelle Einbeziehung des Konzerns in den Kündigungsschutz ausgesprochen. Der Konzerntatbestand kann damit also sehr wohl, wenn auch nur ausnahmsweise, berücksichtigt werden, sofern folgende Voraussetzungen gegeben sind:

- Der Arbeitnehmer wurde von Anfang an für den Konzern insgesamt und nicht nur für eine Konzerntochter eingestellt **oder**
- er hat sich im Arbeitsvertrag mit Versetzungen innerhalb des Konzerns einverstanden erklärt **oder**
- der vertragliche Arbeitgeber hat dem Arbeitnehmer eine Übernahme durch ein anderes Konzernunternehmen zugesagt **und**

die Arbeitgeber-Gesellschaft nimmt bestimmend auf die Beschäftigung des Arbeitnehmers im anderen Konzernunternehmen Einfluss.[881]

Das deutsche Recht ist also, wie man sieht, deutlich restriktiver als das französische. Weitere Voraussetzungen als der Konzerntatbestand selbst müssen in Frankreich für Kündigungsgrund, Wiedereingliederung und Errichtung eines PSE nicht hinzutreten.

§ 11 Die Konzernobergesellschaft als Arbeitgeberin – Ansätze

Auch bei der Ermittlung des Arbeitgebers verhält sich das deutsche Recht im Vergleich zum französischen grundsätzlich konzernneutral.

Schließt ein Arbeitnehmer einen Arbeitsvertrag mit einem konzernzugehörigen Unternehmen, ist immer nur dieses Unternehmen Arbeitgeber.[882] Der gesamte Konzern ist hingegen nicht automatisch Arbeitgeber, weil er auch

---

877 *Caspers*, in: *Rieble/Junker/Giesen*, 2010, S. 19.

878 *Bitter/Kiel*, Recht der Arbeit 1994, S. 333 ff. (350).

879 BAG, Urt. v. 14. 10. 1982 – 2 AZR 568/80, AP Nr. 1 zu § 1 KSchG 1969; BAG, Urt. v. 23. 04. 2008 – 2 AZR 1110/06, NZA 2008, S. 939 ff.

880 Beispielsweise *Bayreuther*, NZA 2006, S. 819 ff. oder auch *Henssler*: Der Arbeitsvertrag im Konzern, 1983, S. 125 ff.

881 *Kaiser*, in: *Dornbusch/ Fischermeier/ Löwisch*, 5. Aufl, 2013, § 1 KSchG, S. 1767, Rn. 153; *Caspers*, in: *Rieble/Junker/Giesen*, 2010.

882 *Martens*, in: *Gamillscheg/Hueck/Wiedemann*, 1979, S. 369.

nach deutschem Recht keine eigene Rechtspersönlichkeit hat.[883] Und auch die verschiedenen konzernzugehörigen Gesellschaften sind keine Gesamtarbeitgeber. Denn dies verstieße zum einen gegen den Grundsatz der Privatautonomie, wonach sich die beiden Vertragsparteien ausdrücklich für ein Arbeitsverhältnis miteinander, nicht hingegen automatisch für Arbeitsverhältnisse mit jeder einzelnen Konzerngesellschaft entschieden haben, und es verstieße zum anderen auch gegen das gesellschaftsrechtliche Trennungsprinzip.[884]

Im Konzern kann der Arbeitnehmer aber, nach deutschem wie auch französischem Recht, immer dann zwei oder mehrere Mitarbeitgeber haben, wenn mit jedem einzelnen Unternehmen auch eine vertragliche Beziehung besteht. Das bedeutet, dass eine weitere Gesellschaft entweder dem Arbeitsvertrag beitreten oder einen weiteren Arbeitsvertrag mit dem Arbeitnehmer abschließen muss. Ohne eine solche rechtsgeschäftliche Grundlage kann eine weitere Konzerngesellschaft nicht Arbeitgeber sein.[885]

Allerdings gibt es auch in der deutschen Rechtsliteratur einige Vorschläge, eine weitere Konzerngesellschaft – in aller Regel die Konzernmutter – ohne rechtsgeschäftlichen Anknüpfungspunkt in das Arbeitsverhältnis miteinzubeziehen und die Arbeitgeberstellung auf sie zu erweitern. Statt einer rechtsgeschäftlichen Beziehung zwischen Arbeitnehmer und Zweitgesellschaft sollte demnach relevant sein, ob und inwieweit diese auf die jeweilige Arbeitgeber-Gesellschaft einwirkt und damit auch auf die Arbeitsverhältnisse dort Einfluss nimmt.[886] Anknüpfungspunkt wäre insbesondere die Leitungsmacht der Konzernmutter, die mit ihren Konzerndirektiven die wirtschaftlichen Gegebenheiten einer Tochtergesellschaft und so mittelbar auch die Arbeitsverhältnisse beeinflusst.[887]

A. Arbeitgeber aufgrund von Vertrauenshaftung

Henssler[888] möchte beispielsweise dann ein konzerndimensionales einheitliches Arbeitsverhältnis zwischen Arbeitnehmer, Vertragsgesellschaft und Konzernmutter annehmen, wenn Konzerntochter oder Konzernmutter einen zurechenbaren äußeren Vertrauenstatbestand geschaffen hat und der Arbeitnehmer auf

883 *Fischinger/Richardi,* in: *Von Staudinger/ Fischinger/ Richardi,* 2011, Vorbem zu §§ 611 ff., S. 169, Rn. 541.

884 *Martens,* in: *Gamillscheg/Hueck/Wiedemann,* 1979, S. 368.

885 *Tucci:* Arbeitnehmermobilität im Konzern, 2012, S. 40.

886 *Windbichler:* Arbeitsrecht im Konzern, 1989, S. 168.

887 *Karamarias,* Recht der Arbeit 1983, S. 353 ff. (355).

888 *Henssler:* Der Arbeitsvertrag im Konzern, 1983, S. 43–51.

diesen Tatbestand vertraut. Relevant soll dieser Ansatz vor allem bei Arbeitsvertragsverhandlungen werden.[889] So kann der Vertrauenstatbestand durch die Tochtergesellschaft geschaffen werden, wenn sie den Anschein erweckt, die Konzernmutter würde in das Vertragsverhältnis einbezogen. Dies kann beispielsweise dadurch geschehen, dass sie mit der Größe und Bedeutung des Konzerns wirbt oder den Arbeitsplatz als besonders sicher darstellt aufgrund der konzernweiten Einsatzmöglichkeiten. Die Konzernmutter erzeugt hingegen einen Vertrauenstatbestand, indem sie durch ihr eigenes Verhalten, zum Beispiel durch intensive Einmischung, den Schluss zulässt, dass sie sich neben ihrer Tochtergesellschaft ebenfalls als Arbeitgeberin sieht.[890]

Gegen eine Arbeitgeberstellung aufgrund Vertrauenshaftung spricht jedoch, dass derartige Überlegungen zum Vertrauenstatbestand bereits bei der Auslegung der arbeitsvertragsbegründenden Willenserklärungen angestellt werden. Dementsprechend wäre eine Konzernmutter dann bereits aufgrund Auslegung Vertragspartei. Der Weg über die Vertrauenshaftung muss somit gar nicht erst angestrengt werden.[891]

Außerdem ist es abwegig, den Arbeitnehmer hinsichtlich des Vertrauenstatbestandes für gutgläubig zu halten. Denn der direkte Vertragspartner ergibt sich in aller Regel eindeutig aus der Arbeitsvertragsurkunde. Zudem erkennt der Arbeitnehmer in den meisten Fällen die Trennung der Konzerngesellschaften. Insofern dürfte es so gut wie ausgeschlossen sein, dass der Arbeitnehmer von einer rechtlichen Einheit zwischen Tochter- und Muttergesellschaft ausgeht.[892]

B. Funktioneller Arbeitgeber

Mit der Theorie vom funktionellen Arbeitgeber wird grundsätzlich anerkannt, dass neben dem vertraglichen Arbeitgeber noch eine weitere Person Arbeitgeberin sein kann, wenn sie die oberste Befehlsgewalt über die Arbeitnehmer hat. Die Arbeitgeberstellung ist dann sozusagen „aufgespalten", Arbeitgeberrechte und -pflichten sind auf mehrere Personen aufgeteilt.[893]

Diese Theorie spielt besonders bei juristischen Personen eine Rolle. Die juristische Person kann danach zwar formeller Arbeitgeber sein, wenn in ihrem Namen der Arbeitsvertrag mit dem Arbeitnehmer abgeschlossen worden ist.

---

889 *Henssler*: Der Arbeitsvertrag im Konzern, 1983, S. 47.

890 *Henssler*: Der Arbeitsvertrag im Konzern, 1983, S. 48–49.

891 *Tucci*: Arbeitnehmermobilität im Konzern, 2012, S. 43.

892 *Worpenberg*: Die konzerninterne Arbeitnehmerüberlassung, 1993, S. 77.

893 *Nikisch*: Arbeitsrecht, 1951, S. 66.

Sie selbst kann aber nicht das Weisungsrecht gegenüber den Arbeitnehmern ausüben und nicht ihrer arbeitgeberrechtlichen Fürsorgepflicht nachkommen, weil sie zwar rechtsfähig, aber nicht handlungsfähig ist. Das muss eine natürliche Person für sie übernehmen, beispielsweise der Vorstand oder der Geschäftsführer. Damit tritt neben die juristische Person auch noch die natürliche Person als funktionelle Arbeitgeberin, die diejenigen Handlungen für die Gesellschaft vornimmt, die letztere mangels Handlungsfähigkeit nicht vornehmen kann.[894]

Worpenberg überprüft, ob die Konzernmutter aufgrund gesellschaftsrechtlicher Leitungsmacht funktionelle Arbeitgeberin sein kann, lehnt dies aber mit folgender Begründung ab:[895]

Eine Konzernmutter könne schon deshalb nicht funktionelle Arbeitgeberin der Tochter-Arbeitnehmer sein, weil sie selbst als juristische Person nicht handlungsfähig ist. Nur der Vorstand oder der Geschäftsführer einer Konzernmutter käme als funktioneller Arbeitgeber der Tochter-Arbeitnehmer in Betracht. Anknüpfungspunkt wären außerdem auch nicht das Weisungsrecht und die Fürsorgepflicht des Arbeitgebers, weil die Organe der Muttergesellschaft keine direkten Beziehungen zu den Tochter-Arbeitnehmern unterhalten. Anknüpfungspunkt müsste die gesellschaftsrechtliche Leitungsmacht sein, die die Organe im Namen der Muttergesellschaft über die Tochtergesellschaft ausüben. Nur so können die Organe Einfluss darauf nehmen, wie die Tochter-Arbeitnehmer durch den Vertragsarbeitgeber geführt und angewiesen werden.[896]

Neben diesen Kompatibilitätsproblemen beantwortet die Theorie auch nicht die Frage, welche Rechtsfolgen den funktionellen Arbeitgeber letztlich treffen, sondern beschreibt nur die tatsächliche Situation. Insofern lässt sich nicht klären, ob der funktionelle Arbeitgeber den Arbeitnehmern auch haften muss und welche Pflichten ihn beispielsweise in kündigungsrechtlicher Sicht treffen.[897] Zudem beschreibt diese Theorie eine Selbstverständlichkeit – dass nämlich, mangels eigener Handlungsfähigkeit, eine juristische Person ihren Willen stets durch ihre Organe fassen und ausüben muss.[898] Das bedeutet aber nicht, dass deshalb auch diese Organe zu weiteren Arbeitgebern werden. Ihr Handeln ist vielmehr

894 *Fabricius:* Rechtsprobleme gespaltener Arbeitsverhältnisse im Konzern, 1982, S. 29.
895 *Worpenberg:* Die konzerninterne Arbeitnehmerüberlassung, 1993, S. 85–88.
896 *Worpenberg:* Die konzerninterne Arbeitnehmerüberlassung, 1993, S. 86.
897 *Henssler:* Der Arbeitsvertrag im Konzern, 1983, S. 37.
898 *Zöllner/Loritz/Hergenröder:* Arbeitsrecht, 6. Aufl., 2008, S. 45.

der originären Rechtsträgerin zuzurechnen: der juristischen Person als vertraglicher Arbeitgeberin.[899]

C. Mittelbarer Arbeitgeber

Als Grundlage für eine Arbeitgeberstellung der Muttergesellschaft wird in der deutschen Rechtsliteratur bisweilen auch ein mittelbares Arbeitsverhältnis gehandelt. Ein solches mittelbares Arbeitsverhältnis liegt dann vor, „wenn ein Arbeitnehmer von einem Mittelsmann, der seinerseits selbst Arbeitnehmer eines Dritten ist, beschäftigt wird, wobei die Arbeit mit Wissen des Dritten für diesen geleistet wird."[900] Durch das in sich abgestufte Verhältnis von Arbeitgeber, Mittelsperson und dem Arbeitnehmer ergibt sich ein direktes Weisungsrecht des Arbeitgebers gegenüber dem Arbeitnehmer. Den mittelbaren Arbeitgeber treffen außerdem bestimmte Schutz- und Rücksichtspflichten, weil er sich durch Einschaltung einer Zwischenperson nicht dieser Pflichten entziehen dürfe. Der mittelbare Arbeitgeber haftet aus dem mittelbaren Arbeitsverhältnis für Ansprüche gegen den Mittelsmann nur subsidiär, wenn sich Ansprüche gegen den unmittelbaren Arbeitgeber nicht durchsetzen lassen oder wenn sich die Begründetheit eines mittelbaren Arbeitsverhältnisses als Rechtsmissbrauch darstellt. Originärer Adressat für die arbeitsrechtlichen Schutzgesetze ist jedoch der Mittelsmann.[901]

In Anwendung dieses Ansatzes auf die Konzernkonstellation wäre die Tochtergesellschaft unmittelbare und die Muttergesellschaft mittelbare Arbeitgeberin. Die Parallele zum mittelbaren Arbeitsverhältnis geht jedoch aus mehreren Gründen fehl:[902]

Die Tochtergesellschaft ist nicht Arbeitnehmerin der Muttergesellschaft.[903] Eine arbeitsvertragliche Beziehung zwischen unmittelbarem und mittelbarem Arbeitgeber ist aber zwingende Voraussetzung für das Konstrukt des mittelbaren Arbeitsverhältnisses.[904] Außerdem wird im mittelbaren Arbeitsverhältnis die Arbeitsleistung unmittelbar gegenüber dem mittelbaren Arbeitgeber erbracht. Davon kann aber in der Konstellation, in der die Muttergesellschaft lediglich erheblichen Einfluss auf ihre Tochtergesellschaft ausübt und gegebenenfalls auch

---

899 *Fabricius:* Rechtsprobleme gespaltener Arbeitsverhältnisse im Konzern, 1982, S. 34.

900 *Karamarias*, Recht der Arbeit 1983, S. 353 ff. (355 f.).

901 *Preis*, in: *Müller-Glöge/ Preis/ Schmidt*, 14. Aufl., 2014, § 611 BGB, S. 1431, Rn. 173.

902 *Karamarias*, Recht der Arbeit 1983, S. 353 ff. (355).

903 *Windbichler:* Arbeitsrecht im Konzern, 1989, S. 169.

904 *Preis*, in: *Müller-Glöge/ Preis/ Schmidt*, 14. Aufl., 2014, § 611 BGB, S. 1430, Rn. 172.

auf die Personalverwaltung einwirkt, nicht die Rede sein, weil sie letztlich nur indirekt von der Arbeitsleistung der Tochter-Arbeitnehmer profitiert.[905]

D. Arbeitgeber aufgrund eines Schutzpflichtverhältnisses

Henssler wiederum leitet eine Teilarbeitgeberstellung aus einem gesetzlichen Schutzpflichtverhältnis zwischen der Konzernobergesellschaft und den Tochter-Arbeitnehmern ab.

Anknüpfungspunkt dafür soll die arbeitsrechtliche Fürsorgepflicht des vertraglichen Arbeitgebers sein, unter die sämtliche Nebenleistungspflichten und Schutzpflichten zusammengefasst werden.[906]

Henssler will die arbeitsrechtliche Fürsorgepflicht der Konzernobergesellschaft darin begründet sehen, dass sie faktisch Arbeitgeber-Funktionen gegenüber den Tochter-Arbeitnehmern wahrnimmt, weil sie weitreichende Leitungsmacht besitzt. Durch diese Leitungsmacht könne sie auf die Rechtssphäre der gesamten Konzernarbeitnehmerschaft einwirken.[907]

Allerdings soll dies nur dann gelten, wenn die Konzernverbindungen besonders eng gestaltet sind und die abhängige Konzerngesellschaft kaum mehr selbständig agieren kann. Außerdem müsse die herrschende Konzerngesellschaft Maßnahmen ergreifen, die sich direkt oder mittelbar auf die Rechtssphäre der Arbeitnehmer der abhängigen Gesellschaften auswirken. Nur in diesen Fällen nehme sie nämlich Arbeitgeber-Funktionen wahr. Der Umfang der Schutzpflichten richte sich dann danach, wie stark die herrschende Gesellschaft auf die Lebensverhältnisse der Arbeitnehmer einwirke.[908]

Nach *Henssler* können aus diesem Schutzpflichtverhältnis vermögensrechtliche Ansprüche und sogar der Arbeitslohn gegenüber der Konzernobergesellschaft geltend gemacht werden, wenn sie Einfluss auf die Rechtssphäre der Arbeitnehmer genommen und ihnen auf diese Weise Schaden zugefügt hat.[909]

Hensslers Ansatz konnte sich bis heute nicht etablieren. *Henssler* wird entgegengehalten, dass er den Inhalt des Schutzpflichtverhältnisses überstrapaziert. Zwar sei sehr wohl anerkannt, dass gewisse Nebenpflichten auch ohne wirksamen Vertrag und auch zwischen einem Vertragsteil und Dritten entstehen könnten. Allerdings seien diese Schutzpflichten nicht leistungsbezogen, sondern

905 *Worpenberg:* Die konzerninterne Arbeitnehmerüberlassung, 1993, S. 91.

906 *Thüsing*, in: *Henssler/ Willemsen/ Kalb*, 5. Aufl., 2012, § 611 BGB, S. 1504, Rn. 241.

907 *Henssler:* Der Arbeitsvertrag im Konzern, 1983, S. 80.

908 *Henssler:* Der Arbeitsvertrag im Konzern, 1983, S. 83.

909 *Henssler:* Der Arbeitsvertrag im Konzern, 1983, S. 106.

dienten dem Integritätsinteresse. Sie verstärkten lediglich den Deliktsschutz, wenn engere soziale Beziehungen bestehen als dies normalerweise außerhalb vertraglicher Bindungen der Fall ist.[910] Die Schutzpflichten könnten jedoch keine Arbeitsbeziehungen zur Konzernobergesellschaft begründen, die es nie gab, und Leistungsansprüche der Arbeitnehmer hervorrufen.[911]

Außerdem verstoße *Hensslers* Vorschlag gegen das Verbot eines Vertrages zu Lasten Dritter.[912] Danach ist es mit der Privatautonomie unvereinbar und auch gesetzlich nicht vorgesehen, dass ein Dritter ohne seine Mitwirkung unmittelbar vertraglich verpflichtet wird.[913] Gerade dies geschieht aber, wenn die Konzernobergesellschaft Teil eines Schutzpflichtverhältnisses wird, ohne dass sie zuvor vertragliche Bindungen eingegangen ist.

Darüber hinaus wird kritisiert, dass die vertrauensrelevanten Beziehungen zwischen Konzernobergesellschaft und Arbeitnehmern der abhängigen Gesellschaft auch nicht stark genug sind, um Schutzpflichten der Konzernobergesellschaft hervorrufen zu können. Die beherrschende Stellung der Obergesellschaft kann dafür nicht ausreichen. Und wenn *Henssler* für die Begründung des Schutzpflichtverhältnisses immerhin einen Eingriff in die Rechtssphäre der Arbeitnehmer fordert, so führt dies in eine argumentative Sackgasse. Denn damit würden Anwendungsfall und Bezugspunkt des Schutzverhältnisses auf den gleichen Zeitpunkt fallen. Gerade dies ist bei einem Vertrauensverhältnis aber nicht möglich. Es muss erst über die Zeit und durch einen besonderen Kontakt entstehen, um anschließend eine Berufung auf Schutzpflichten zu ermöglichen.[914]

E. Arbeitgeber aufgrund arbeitsrechtlichen Durchgriffs

Zum Teil wird erwogen, das gesellschaftsrechtliche Instrument der Durchgriffshaftung in einen arbeitsrechtlichen Kontext zu setzen, um so einen direkten Zugriff der Tochter-Arbeitnehmer auf die Konzernobergesellschaft zuzulassen und dieser dadurch eine „Quasiarbeitgeberstellung“ zu verleihen.[915]

Die gesellschaftsrechtliche Durchgriffshaftung ist ein nicht gesetzlich geregelter Ausnahmetatbestand zum Trennungsgrundsatz, wonach jede juristische Person gegenüber ihren Mitgliedern verselbständigt ist und nur ihr eigenes

910 *Worpenberg*: Die konzerninterne Arbeitnehmerüberlassung, 1993, S. 108.
911 *Konzen*, Recht der Arbeit 1984, S. 65 ff. (73).
912 *Windbichler*, Recht der Arbeit 1988, S. 95 ff. (96).
913 *Gottwald*, in: *Säcker/ Rixecker/ Oetker*, 6. Aufl., 2012, § 328 BGB, S. 2262, Rn. 250.
914 *Worpenberg*: Die konzerninterne Arbeitnehmerüberlassung, 1993, S. 108.
915 *Worpenberg*: Die konzerninterne Arbeitnehmerüberlassung, 1993, S. 88.

Vermögen für Schulden haftet. Sie wurde ursprünglich für die GmbH entwickelt, findet aber grundsätzlich auch auf die Aktiengesellschaft Anwendung.[916] Die Durchgriffshaftung erlaubt nun den Gläubigern der juristischen Person, auf die Mitglieder und deren Vermögen unter bestimmten Voraussetzungen „durchzugreifen".[917] Der Bundesgerichtshof hat die Durchgriffshaftung zunächst mit dem Gedanken des Rechtsmissbrauchs begründet und sie dann zugelassen, wenn die Rechtsform der juristischen Person missbräuchlich verwendet wird oder wenn die Berufung auf die rechtliche Selbständigkeit der juristischen Person gegen Treu und Glauben verstößt.[918]

In Konzernkonstellationen stützte er sich vorübergehend auf eine analoge Anwendung der Vorschriften §§ 302 und 303 AktG zur Konzernhaftung.[919] Danach sollte ein direkter Zugriff der Gläubiger einer abhängigen Konzerngesellschaft auf das Vermögen einer herrschenden ausnahmsweise möglich sein, wenn das herrschende Unternehmen im Rahmen dauernder und umfassender Ausübung der Konzernleitungsmacht keine Rücksicht auf die Belange der abhängigen Gesellschaft nahm.[920] Der bloße Konzerntatbestand sollte hingegen nicht für einen Durchgriff genügen.[921]

Mit seiner Entscheidung *Bremer Vulkan*[922] hat der Bundesgerichtshof diesen Ansatz aufgegeben und ersetzte ihn durch ein neues Haftungsmodell. Er stützte sich maßgeblich darauf, ob die Konzernobergesellschaft existenzvernichtend in das Eigeninteresse der juristischen Person auf Bestandswahrung eingriff.[923] Der mit Hilfe der Durchgriffshaftung erweiterte Gläubigerschutz wurde damit auf absolute Ausnahmefälle begrenzt.

Seit einem Urteil aus dem Jahr 2007[924] bildet der „existenzvernichtende Eingriff" einer Konzernobergesellschaft nun keine eigenständige Haftungsgrundlage

916 *Habersack*, in: *Emmerich/ Habersack*, 7. Aufl., 2013, § 317 Anh., S. 655, Rn. 5.

917 *Heidel/Lochner*, in: *Heidel/ Hüßtege/ Mansel, et al.*, 2. Aufl., 2012, Vor §§ 21 ff. BGB, S. 95, Rn. 8.

918 *Ellenberger*, in: *Palandt*, 73. Aufl., 2014, Einführung vor § 21 BGB, S. 26, Rn. 12.

919 *Tucci*: Arbeitnehmermobilität im Konzern, 2012, S. 51.

920 BGH, Urt. v. 16. 09. 1985 – II ZR 275/84, NJW 1986, 188 ff.; BGH, Urt. v. 23. 09. 1991 – II ZR 135/90, NJW 1991, S. 3142 ff.

921 *Konzen*, Recht der Arbeit 1984, S. 65 ff. (68).

922 BGH, Urt. v. 17. 09. 2001 – II ZR 178/99, BGHZ 149, 10.

923 *Heidel/Lochner*, in: *Heidel/ Hüßtege/ Mansel, et al.*, 2. Aufl., 2012, Vor §§ 21 ff. BGB, S. 95, Rn. 8.

924 BGH, Urt. v. 16. 07. 2007 – II ZR 3/04, NJW 2007, 2689 ff.

mehr, sondern ist bei § 826 BGB zu verorten und als reine Innenhaftung ausgestaltet.[925]

Konzen wollte den Gedanken der Durchgriffshaftung im Wege eines erweiterten Arbeitnehmerschutzes aufgreifen und so ein Konzernaußenrecht speziell für Arbeitnehmeransprüche schaffen.[926] Dieser Ansatz konnte nicht überzeugen und auch *Konzen* selbst hat sich inzwischen davon distanziert.[927]

Das Bundesarbeitsgericht selbst zeigt, dass es den gesellschaftsrechtlichen Durchgriff in arbeitsrechtlichen Konstellationen anwendet, ohne eigens einen arbeitsrechtlichen Durchgriff neu erfinden zu müssen.[928] Außerdem entgegnen einige Stimmen in der Literatur, dass Arbeitnehmer, soweit es sich um vermögensrechtliche Ansprüche handelt, sonstigen Gläubigern einer abhängigen Gesellschaft gleichgestellt werden müssten.[929] Sie seien als Gesellschaftsgläubiger jedoch schon ausreichend durch gesellschaftsrechtliche Vorschriften geschützt und benötigten keinen darüber hinausgehenden Arbeitnehmerschutz.[930] Eine besondere Behandlung sei deshalb nur dann erforderlich, soweit das Arbeitsentgelt und damit ein existenzieller Vermögensanspruch betroffen sei, der sich von anderen Gläubigerforderungen unterscheide. Hierfür gebe es jedoch bereits im Insolvenzrecht Regelungen, die den Arbeitnehmern eine hervorgehobene Stellung zukommen ließen, wie beispielsweise das Insolvenzgeld gemäß §§ 165 ff., §§ 323 ff. SGB III oder die Privilegierung nach §§ 123, 124 InsO.[931] Dementsprechend müssen vermögensrechtliche Arbeitnehmeransprüche grundsätzlich über das Gesellschaftsrecht abgewickelt werden.

Wie die von *Konzen* ursprünglich vorgeschlagene arbeitsrechtliche Durchgriffshaftung theoretisch hätte aussehen können, zeigt das US-amerikanische Recht. Auch dort gilt der Trennungsgrundsatz, wonach Kapitalgesellschaften eigene Rechtspersönlichkeit haben und deshalb grundsätzlich nur selbst mit ihrem eigenen Vermögen ihren eigenen Gläubigern haften.[932]

---

925 *Heidel/Lochner*, in: *Heidel/ Hüßtege/ Mansel, et al.*, 2. Aufl., 2012, Vor §§ 21 ff. BGB, S. 95, Rn. 8.

926 *Konzen*, ZfA 1982, S. 259 ff. (260 ff., 263).

927 *Konzen*, Recht der Arbeit 1984, S. 65 ff. (79).

928 BAG, Urt. v. 15. 03. 2011 – 1 ABR 97/09, NZA 2011, S. 1112 ff.; BAG, Urt. v. 4. 10. 1994 – 3 AZR 910/93, NZA 1995, S. 368 ff.

929 *Konzen*, Recht der Arbeit 1984, S. 65 ff. (79).

930 *Worpenberg:* Die konzerninterne Arbeitnehmerüberlassung, 1993, S. 90.

931 *Tucci:* Arbeitnehmermobilität im Konzern, 2012, S. 52.

932 Frank v. U.S. West, Inc. – 10th Circuit 1993 (Court of Appeal), 3 F. 3d 1357, 1362; *Hay:* US-Amerikanisches Recht, 5. Aufl., 2011, S. 209.

Das amerikanische Recht sieht jedoch auch eine Haftung der Konzernmutter gegenüber Gläubigern einer ihrer Tochtergesellschaften nach der sogenannten „*corporate veil piercing doctrine*" („Durchgriffshaftung") vor. Nach dieser Lehre müssen Konzernmutter und Tochtergesellschaft unter bestimmten Voraussetzungen gesamtschuldnerisch haften. Die amerikanischen Gerichte ermitteln anhand von Indizien, ob eine solche Durchgriffshaftung in Frage kommt.[933]

Die Lehre zur Durchgriffshaftung kommt auch im Arbeitsrecht zum Tragen. Die amerikanischen Gerichte haben bereits einige Male zwei unterschiedliche Gesellschaften wie einen einzigen Arbeitgeber behandelt nach der sogenannten *single employer doctrine*. Als Ausprägung der Lehre von der Durchgriffshaftung müssen beide Gesellschaften dann gemeinsam haften, wenn eine der beiden eine arbeitsrechtliche Pflicht verletzt hat.[934]

Die Bundesgerichte überprüfen anhand von vier Faktoren, ob die *single employer doctrine* Anwendung findet:

- Besteht eine Wechselbeziehung zwischen den Geschäftstätigkeiten beider Gesellschaften?
- Gibt es ein gemeinsames Management, gemeinsame Geschäftsführer und gemeinsame Aufsichtsräte?
- Werden die Arbeitsverhältnisse und die Belegschaft zentral kontrolliert?
- Gibt es gemeinsames Eigentum und eine gemeinsame finanzielle Kontrolle?[935]

Bei der *single employer doctrine* ist ausschlaggebend, dass die Entscheidungen bezüglich Belegschaft und Arbeitsverhältnissen zentralisiert getroffen werden.[936]

§ 12 Vergleich der französischen Rechtsprechung zum co-employeur mit dem deutschen Recht

Der Blick nach Deutschland zeigt zwei wesentliche Unterschiede zum französischen Recht auf.

Einerseits hat sich das deutsche Recht im Vergleich zum französischen Recht gegen eine Sonderstellung der Arbeitnehmer entschieden, wenn es um

---

933 *Scott*, Juriste International, S. 49 ff. (49).

934 *Scott*, Juriste International, S. 49 ff. (50).

935 Swallows v. Barnes & Noble Book Stores – 6th Circuit 1997 (Court of Appeal), 128 F. 3d 990, 993–994.

936 Trevino v. Celanese Corp. – 5th Circuit 1983 (Court of Appeal), 701 F. 2d 397, 403–404.

vermögensrechtliche Ansprüche gegen die Konzernobergesellschaft geht. Keiner der soeben erläuterten alternativen Ansätze konnte sich bislang durchsetzen. Die Arbeitnehmer werden somit bis auf einige Ausnahmen im Insolvenzrecht mit den anderen Gläubigern einer abhängigen Gesellschaft gleichgestellt. Sie müssen sich auf den allgemeinen Gläubigerschutz verlassen, der durch das Gesellschaftsrecht eingeräumt wird.

Andererseits zeigen die deutschen Ansätze – auch wenn sie nicht überzeugen konnten – eine von der französischen Lösung grundlegend verschiedene Herangehensweise. Besonders interessant ist der Vergleich der Theorie zum *co-employeur* mit den beiden zuletzt beschriebenen Ansätzen. Denn sie haben, wie die Rechtsprechung zum Mitarbeitgeber, vorrangig die finanzielle Absicherung der Arbeitnehmer einer abhängigen Gesellschaft im Blick. Sie möchten einen Zugriff auf das Vermögen der Konzernobergesellschaft ermöglichen, wenn diese in nicht mehr zu tolerierender Weise die abhängige Tochtergesellschaft beeinflusst und dadurch den Trennungsgrundsatz missbraucht. Es geht also auch hier darum, neben dem vertraglichen Arbeitgeber einen weiteren, vor allem solventen Schuldner zu finden.

In der deutschen Literatur soll dieses Ziel auf direktem Wege erreicht werden: Die Konzernobergesellschaft soll den Arbeitnehmern wegen eines bestimmten Verhaltens gegenüber der von ihr abhängigen Gesellschaft haften, ohne dass zuvor ein vertragliches Verhältnis zwischen Konzernobergesellschaft und Arbeitnehmern bestand. Damit kommt sowohl der Ansatz zum Schutzpflichtverhältnis, als auch der Ansatz zur Durchgriffshaftung mehr einer deliktischen als einer vertraglichen Haftung gleich.

Demgegenüber geht das französische Recht den Umweg über die Qualifizierung als Mitarbeitgeber und erzeugt dadurch erhebliche Rechtsunsicherheit auf mehreren Ebenen:

Zunächst muss festgestellt werden, ob eine Konzernobergesellschaft eine Mitarbeitgeberin ist.

- *Unsicherheit Nr. 1*: Wann ist eine Konzernobergesellschaft Mitarbeitgeberin?

Anschließend müssen dem Mitarbeitgeber Pflichten des Arbeitgebers zugewiesen werden. Damit entsteht

- *Unsicherheit Nr. 2*: Welchen Pflichten muss auch der Mitarbeitgeber nachkommen?

Diese Pflichten muss der Mitarbeitgeber verletzt haben, damit die Kündigung ungerechtfertigt ist und die Arbeitnehmer Anspruch auf Entschädigung haben. Dies wiederum bedingt

- *Unsicherheit Nr. 3*: Welchen Anforderungen muss der Mitarbeitgeber bei der Pflichterfüllung gerecht werden? Diese Frage stellt sich vor allem bei der Aufstellung eines PSE.

Weshalb deutsche Juristen in der Literatur und die französische Rechtsprechung so unterschiedliche Lösungswege einschlagen, lässt sich nachvollziehen, wenn man sich das Hauptanwendungsfeld der Rechtsprechung zur Mitarbeitgeberschaft bewusst macht. Seit *Jungheinrich-I* ging es in den überwiegenden Gerichtsentscheidungen immer wieder um wirtschaftlich bedingte kollektive Kündigungen. Vergleicht man demnach das französische mit dem deutschen Kündigungsrecht, so fällt auf, dass der Anspruch der Arbeitnehmer auf Entschädigungszahlungen im deutschen Kündigungsrecht die Ausnahme bildet.[937] Obwohl auch in Deutschland bei vielen kündigungsrechtlichen Streitigkeiten am Ende Abfindungen durch den Arbeitgeber gezahlt werden, zieht eine ungerechtfertigte Kündigung anders als in Frankreich nicht automatisch Entschädigungsansprüche nach sich.

Auf der Suche nach einem zusätzlichen solventen Schuldner für die Arbeitnehmer der Tochtergesellschaft, ist es also dem französischen Recht möglich, auch über den Weg der arbeitsrechtlichen Entschädigungszahlungen dem Arbeitnehmer eine Konzernmutter als weiteren Schuldner an die Seite zu stellen und damit dem Arbeitsrecht Vorrang vor dem Gesellschaftsrecht zu geben. Für diese Konstruktion ist zwar notwendige Voraussetzung, dass die Konzernmutter Arbeitgeberin ist und Pflichten im Rahmen kollektiver Kündigungen verletzt hat, um Anspruchsgegnerin sein zu können. Dies wird aber durch die rückwirkende Qualifizierung als Mitarbeitgeber ermöglicht.

Damit ist klar, dass die französische Rechtsprechung zum *co-employeur* nicht als Vorlage für eine mögliche deutsche Konstruktion dienen kann. Die Konsequenzen, die eine Qualifizierung der Konzernmutter als Mitarbeitgeberin im französischen Recht nach sich zieht, wären in Deutschland durch einen ähnlichen Ansatz gar nicht erreichbar, denn Entschädigungsansprüche sind hier, wie gesagt, in der Regel nicht vorgesehen.

Unabhängig davon kann aber das deutsche Recht von der französischen Rechtsprechung lernen, dass Arbeitnehmerinteressen in Konzernkonstellationen so weit wie möglich anhand bereits bestehender oder neu zu schaffender gesetzlicher Regelungen Berücksichtigung finden sollten. Andernfalls kann es,

---

937 *Aldea:* Das französische Kündigungsrecht im Spannungsfeld von Abfindungen und Bestandsschutz, 2010, S. 166.

wie bei der Rechtsprechung zur Mitarbeitgeberschaft, zu erheblichen rechtlichen Unklarheiten und Unstimmigkeiten kommen, die im Folgenden zu Rechtsunsicherheit führen. Gerade dies sollte aber im sowieso schon komplexen Konzernarbeitsrecht vermieden werden.

Conclusio

Der französische Kassationshof hat mit der Theorie zum Mitarbeitgeber ein juristisches Konstrukt geschaffen, das multinationale Konzerne fürchten müssen. Wer als Konzern in Frankreich eine Tochtergesellschaft unterhält und auf diese größeren Einfluss ausübt als nach Meinung französischer Arbeitsrichter zulässig, der läuft bei Entlassungen Gefahr als Mitarbeitgeber in die Pflicht genommen zu werden. Das aber kann in Frankreich wegen der dort üblichen Entschädigungsansprüche teuer werden.

Der Kassationshof möchte, das haben seine Entscheidungen in den vergangenen Jahren immer wieder gezeigt, dass dieses scharfe arbeitsrechtliche Schwert nur in Ausnahmefällen eingesetzt wird. Doch die Instanzgerichte ziehen dessen ungeachtet diese Waffe immer häufiger. Für Frankreich ist diese Rechtsentwicklung fatal. Verstärkt sie doch den Eindruck, dass sich dieses große europäische Land nötigem Wandel entgegenstellt.

Während man anderswo, in den USA, aber auch in Deutschland, die hochdynamischen wirtschaftlichen, gesellschaftlichen und technischen Veränderungen akzeptiert und mitgestaltet, lehnt sich Frankreich zurück und beharrt auf dem Vorhandenen. Das Ergebnis: Immer häufiger ist inzwischen von Frankreich als dem kranken Mann Europas die Rede. Die Zahlen stützen die Diagnose: So lag die französische Arbeitslosenquote Anfang 2014 bei rund zehn Prozent, in Deutschland dagegen bei rund fünf Prozent.[938]

Deutschland hatte unter Kanzler Schröder im Rahmen der Agenda 2010 seinen Arbeitsmarkt flexibilisiert. Das scheint sich auszuzahlen. So ließen sich in Deutschland 2013 nach Angaben der Gesellschaft „German Trade & Invest“ (GTAI) so viele ausländische Investoren wie nie zuvor nieder.

Als einen wichtigen Grund für die Beliebtheit Deutschlands nennt die GTAI übrigens die dort herrschende „Rechtssicherheit“.[939]

Unter anderem daran fehlt es in Frankreich. Der ehemalige französische Justizminister Robert Badinter sagt über das Arbeitsrecht seines Landes, es „ist ein Dschungel, ebenso unverständlich wie hemmend und technokratisch, selbst für

938 *Pennenkamp*, Frankfurter Allgemeine Zeitung 10.05.2014, S. 22.
939 O.V., Süddeutsche Zeitung 12.05.2014, S. 21.

einen Juristen".[940] Die Theorie zum Mitarbeitergeber verstärkt die rechtlichen Schwächen und die Rechtsunsicherheit noch weiter.

Warum ist Frankreich wie es ist, warum entscheiden französische Arbeitsrichter anders als etwa in Deutschland? *Denis Jeanson*, in München lebender Franzose und Chef einer deutsch-französischen Beratungsfirma, erklärt sich das so:

„Die Franzosen wachsen in einer stark von Konkurrenz geprägten Welt auf, in der sich folglich der Individualismus als Kulturstandard etabliert hat. In einer solchen Welt zählen der unmittelbare Vorteil oder die Vermeidung des unmittelbaren Nachteils. [...] Sofortige unmittelbare Nachteile zu akzeptieren, um eventuell in Zukunft Früchte zu ernten, ist für Franzosen problematisch. Auch deshalb ist es schwierig zu erklären, dass eine Lockerung des extrem starren Kündigungsschutzes im französischen Arbeitsrecht möglicherweise per saldo Arbeitsplätze schaffen und nicht zwingend zerstören würde."[941] In dieses Verständnis passt eine Rechtstheorie wie die des Mitarbeitgebers perfekt.

Für betroffene Konzerne dagegen bedeutet diese Theorie, man muss es so deutlich sagen, vor allem Rechtsunsicherheit. Und dass von der französischen Justiz in dieser Hinsicht wenig Gutes zu erwarten ist, zeigt sich auch am Unwillen, den EuGH einzubeziehen. Obwohl die *Cour de cassation*, wie oben ausgeführt, verpflichtet wäre, die Frage der Mitarbeitgeberschaft vom EuGH klären zu lassen, hält man sich in Paris vornehm zurück und tut einfach so, als sei die französische Rechtsauffassung mit dem Europarecht kongruent. Es ist höchst unbefriedigend, dass Unternehmen derzeit keine rechtlich wirksame Möglichkeit haben, den EuGH selbst, auf direktem Wege, um Klärung zu bitten.

Die Zukunft der französischen Rechtsprechung lässt sich nicht absehen. Auch ist noch nicht sicher, wie sich die neuen Regelungen zum PSE, die mit dem Gesetz vom 14.06.2013 eingeführt wurden, auf die Rechtsprechung zur Mitarbeitgeberschaft auswirken werden.

Da die Wirksamkeit eines PSE von nun an zunächst von der Arbeitsaufsichtsbehörde überprüft wird und deren Entscheidung anschließend innerhalb von zwei Monaten vor dem Verwaltungsgericht angegriffen werden kann, kommt es nunmehr maßgeblich darauf an, welche Position die Verwaltung zum *co-emploi* bei der Erstellung eines PSE einnehmen wird. Diese könnte sich, theoretisch, von der Position der Arbeitsgerichte unterscheiden.[942] Mit Spannung werden deshalb die ersten verwaltungsgerichtlichen Entscheidungen zum *co-emploi* erwartet.

940 *Pennenkamp*, Frankfurter Allgemeine Zeitung 10.05.2014, S. 22.

941 *Jeanson*, Süddeutsche Zeitung 09.05.2014, S. 2.

942 Vgl. Antwort auf Frage 23, Interview vom 12.02.2014.

Durchaus möglich, dass die Verwaltungsrichter einen Umschwung bei der Theorie zum Mitarbeitgeber einleiten.

Bis dahin haben Konzerne nur drei Möglichkeiten, mit der rechtlichen Situation umzugehen. Entweder sie halten sich von Frankreich ganz fern. Oder sie halten sich peinlich genau an das, was französische Gerichte als den richtigen Umgang zwischen Konzerngesellschaften erachten. Oder aber sie nehmen einfach keine Veränderungen an ihrer französischen Belegschaft vor.

Wer noch keine Tochtergesellschaft in Frankreich hat, wird wahrscheinlich Variante eins wählen, was für Frankreich und seine Arbeitsnehmer aber die schlechteste ist.

Anhang 1: Synopse der Gerichtsurteile zur Mitarbeitgeberschaft

Kassationsurteile

Urteil und Sachverhalt	Hauptaussage
Cass.soc. 06.07.2011[943] - zwei konzernzugehörige Gesellschaften - Arbeitnehmer arbeitet zeitlich nacheinander in befristeten Arbeitsverhältnissen bei beiden Gesellschaften	*Die Annahme eines Mitarbeitgebers setzt eine Vermischung von Interessen, der Tätigkeit und Geschäftsleitung voraus. Für die Annahme eines co-emploi genügt es hingegen nicht, dass zwei Gesellschaften zur selben Konzerngruppe gehören,*[944] der Arbeitnehmer bei beiden Gesellschaften in aufeinanderfolgenden befristeten Arbeitsverträgen die gleichen Aufgaben für dieselben Kunden erledigte, denselben Ansprechpartner hatte, dass die Beziehungen mit einer Gesellschaft unmittelbar dem Arbeitsverhältnis mit der anderen Gesellschaft nachfolgten und dass die Änderung der Firmennamen der Gesellschaften und deren Ähnlichkeit zueinander eine enge Verflechtung beider Gesellschaften miteinander zeigen.[945]
Cass.soc. 03.11.2011[946] - zwei konzernzugehörige Gesellschaften - Arbeitnehmer ist bei beiden Gesellschaften mit jeweils einem eigenständigen Vertrag angestellt	*Eine Gesellschaft ist Mitarbeitgeberin hinsichtlich der Belegschaft einer anderen demselben Konzern zugehörigen Gesellschaft, falls eine Vermischung von Interessen, Aktivitäten und Geschäftsleitung zwischen ihnen gegeben ist,* die sich dadurch äußert, dass sich die eine Gesellschaft in die Beziehungen, die die andere Gesellschaft mit ihrem Arbeitnehmer unterhält,

943 Cass.soc., Urt. v. 6. 07. 2011 – n° 09-69689, Bulletin civil V n° 185.

944 *Chauvet/Mazeaud/Lyon-Caen/Mazars:* Bulletin d'information, 1.10.2012, (81).

945 „(…) Que dès lors en se bornant à relever, pour conclure à l'existence d'un employeur unique, que les sociétés *Synthese et Global Event System* étaient filiales d'un même groupe, que la salariée y avait successivement accompli les mêmes taches pour les mêmes clients et que ces sociétés avaient chacune changé de raison sociale pour choisir des dénominations proches, la Cour d'appel a privé sa décision de base légale au regard de l'article L 1221-1 du Code du travail." *Adam-Caumeil,* RIW 2012, S. 832 ff. (834).

946 Cass.soc., Urt. v. 3. 11. 2011 – n° 10-17533, unveröffentlicht.

Urteil und Sachverhalt	Hauptaussage
- über die eine Gesellschaft wird das Liquidationsverfahren eröffnet - das Arbeitsgericht löst das Arbeitsverhältnis zur insolventen Gesellschaft auf	einmischt. In diesem Fall müssen beide Arbeitgeber die Folgen einer Vertragsauflösung tragen. *Ein co-emploi ergibt sich aber nicht daraus, dass mehrere Arbeitgeber jeweils einen Arbeitsvertrag mit dem Arbeitnehmer geschlossen haben.* Dann muss der eine Arbeitgeber nicht die Folgen tragen, die sich aus der Kündigung des Vertrages mit dem anderen Arbeitgeber ergeben.[947]
Cass.soc. 18.01.2012[948] - Mutter- und Tochtergesellschaft - Arbeitnehmer hat sowohl für Mutter- als auch später für Tochtergesellschaft gearbeitet und war beiden untergeordnet - Arbeitnehmer wird von Muttergesellschaft gekündigt	*Das Subordinationsverhältnis zwischen Arbeitnehmer einer Gesellschaft und einer anderen Gesellschaft ist kein Kriterium zur Qualifizierung eines co-emploi. Vielmehr bedarf es allein der Prüfung einer Vermischung von Interessen, Aktivitäten und Geschäftsleitung zwischen besagten Gesellschaften.*[949]

947 „(…)Qu'ayant constaté que M. X.. était lié aux sociétés PG et PSI par des contrats de travail distincts et que la première ne s'était pas immiscée dans les relations professionnelles unissant la société *PSI* à son salarié et fait ressortir qu'il n'existait aucune confusion d'activités, d'intérêts et de direction entre les deux sociétés, la cour d'appel en a déduit à bon droit que la société PG n'était pas tenue de supporter les conséquences de la résiliation du contrat de travail conclu avec la société *PSI* (…)" O.V., RJS 2012, n°99, S. 99 ff. (100).

948 Cass.soc., Urt. v. 18. 01. 2012 - n° 10-11537, unveröffentlicht.

949 „(…) L'arrêt retient que M. X.., comme d'autres cadres de la société *CPC* Pack, a de fait été conduit à exercer concurremment ses fonctions pour le compte de la société *CPC* Pack, son employeur d'origine, et celui de la société *Biocosm*, nouvellement créée, le tout dans un rapport de subordination juridique vis-à-vis du dirigeant des deux personnes morales, habilité, en sa qualité de mandataire social des deux sociétés, à lui donner des ordres et directives et à sanctionner ses éventuels manquements;(…) qu'en statuant ainsi, par des motifs impropres à caractériser la qualité de co-employeur de la société *Biocosm*, société juridiquement distincte de la société *CPC* Pack, et sans rechercher s'il existait entre ces deux sociétés une confusion d'activités, d'intérêts et de direction, la cour d'appel n'a pas donné de base légale à sa décision." *Querenet-Hahn*, BB 2012, S. 2246 ff. (2247).

Urteil und Sachverhalt	Hauptaussage
Cass.soc. 15.02.2012[950] - Mutter- und Tochtergesellschaft - über Tochtergesellschaft wird Liquidationsverfahren eröffnet - Arbeitnehmer der Tochtergesellschaft werden aus wirtschaftlichem gekündigt	Eine Mitarbeitgeberschaft zwischen zwei demselben Konzern zugehörigen Gesellschaften (*Briffaz* und *LC Maître*) ist aufgrund folgender Feststellungen anzunehmen: *Briffaz ist nicht mehr als eine einfache Betriebsstätte der LC Maître ohne tatsächliche Autonomie auf Finanz- und Verwaltungsebene*; Zwischen *Briffaz* und *LC Maître* besteht eine *Verflechtung von Geschäftstätigkeit, Interessen und Geschäftsleitung, die sich dadurch äußert, dass die einzige Personalführungskraft der Briffaz ihre Weisungen von LC Maître erhält und sie direkt an ihre Teamleiter weiterleiten muss; die Führungskraft hat keinerlei Macht, den Teamleitern direkte Anweisungen zu erteilen; die gesamte Personalverwaltung der Briffaz übernimmt LC Maître.* Aus diesen Gegebenheiten ist zu schließen, dass *LC Maître* Weisungs- und Kontrollmacht über die Belegschaft der Briffaz ausübt *und die Belegschaft sich deshalb in einem Überunterordnungsverhältnis zu LC Maître befindet.*[951] In ihrer Eigenschaft als Mitarbeitgeberin muss *LC Maître alle Folgen der Vertragsauflösung tragen unabhängig davon, dass diese Eigenschaft erst nach den Kündigungen der Belegschaft zuerkannt wurde* und unabhängig davon, dass die Kündigungen durch den Insolvenzverwalter ausgesprochen wurden. Soweit von den Gesellschaften dauerhafte wirtschaftliche Schwierigkeiten behauptet werden, die sich auf alle konzernzugehörige Gesellschaften auswirken, *müssen diese wirtschaftlichen Schwierigkeiten auf Konzernebene auch im Kündigungsschreiben angegeben werden.*[952]

950 Cass.soc., Urt. v. 15. 02. 2012 - 10-13897, RJS 5/12 n° 410.

951 „(...) Que la société Briffaz n'était qu'un simple établissement de la société LC Maitre, sans réelle autonomie financière et de gestion, et qu'il existait entre elles une confusion totale d'activité, d'intérêts et de direction, d'autre part que le seul cadre à l'effectif de la société Briffaz, sous l'autorité duquel se trouvaient les salariés, recevait ses ordres de la société LC Maitre et les transmettait directement à ses chefs d'équipe, qu'il n'avaitaucun pouvoir pour leur donner directement des instructions et que toute la gestion du personnel était faite par la société LC Maitre, ce dont il se déduisait que cette société avait un pouvoir de direction et de contrôle sur l'ensemble des salariés de la société Briffaz et qu'ils étaient à son égard en état de subordination (...)." O.V., RJS 2012, n°410, S. 355 ff. (356).

952 „(...) Que la société LC Maitre, en sa qualité de co-employeur, devait supporter les conséquences de la rupture, peu important que cette qualité ne lui ait été reconnue que postérieurement, et que les licenciements aient été prononcés par le

Urteil und Sachverhalt	Hauptaussage
Cass.soc. 06.03.2012[953] - Mutter- und Tochtergesellschaft - über Tochtergesellschaft wird Liquidationsverfahren eröffnet - Arbeitnehmer der Tochtergesellschaft wird aus wirtschaftlichem Grund gekündigt	*Soweit keine Verquickung von Interessen, Tätigkeiten und der Geschäftsleitung zwischen zwei Gesellschaften vorliegt, kann ein co-emploi nur angenommen werden, wenn ein Subordinationsverhältnis gegeben ist,* das sich durch die Macht Anweisungen zu geben, die Tätigkeit des Arbeitnehmers zu kontrollieren und Fehlleistungen zu sanktionieren, kennzeichnet. Allein die Tatsache, dass ein Arbeitnehmer ab einem gewissen Zeitpunkt Arbeit für eine andere Gesellschaft verrichtete, unabhängig irgendeines Unternehmensübergangs, kann kein derartiges Verhältnis begründen.[954]
Cass.soc. 03.05.2012[955] - zwei Gesellschaften - Arbeitnehmer arbeitet für beide Gesellschaften - Arbeitnehmer wird von einer Gesellschaft gekündigt	Eine Gesellschaft ist nur dann *co-employeur*, wenn zwischen ihr und einer anderen eine confusion d'intérêts, d'activité et de direction festgestellt worden ist. *Allein das Vorliegen eines Subordinationsverhältnisses zwischen dem Arbeitnehmer des formellen Arbeitgebers und einer anderen Gesellschaft genügt für die Qualifizierung eines co-emploi nicht.*[956]

liquidateur;" „(…) qu'après avoir relevé que les sociétés alléguaient devoir faire face à des difficultés économiques persistantes ayant des répercussions sur l'ensemble des sociétés du groupe, la cour d'appel qui a constaté que les lettres de licenciement, muettes sur l'existence de difficultés économiques au niveau du groupe, n'énonçaient pas de motif économique de rupture des contrats de travail, a, par ces seuls motifs, légalement justifié sa décision." O.V., RJS 2012, n°410, S. 355 ff. (356).

953 Cass.soc., Urt. v. 6. 03. 2012 - n° 10-20449, RJS 5/12 n° 409.

954 „Qu'en se déterminant ainsi, alors qu'elle avait constaté que M. X.. était lié par un contrat de travail à ATL qui lui délivrait des bulletins de paie, sans rechercher si SNA avait dans les faits le pouvoir de donner à M. X.. des ordres et des directives relatives à l'exercice de son travail, d'en contrôler l'exécution et d'en sanctionner les manquements, la cour d'appel n'a pas donné de base légale à sa décision." O.V., RJS 2012, n°409, S. 354 ff. (355).

955 Cass.soc., Urt. v. 3. 05. 2012 - n° 10-27461, unveröffentlicht.

956 „(…) Pour le débouter de cette demande, l'arrêt retient que M. X.. ne produit aucun élément caractérisant un lien de subordination à l'égard de la société Longavenne distribution et qu'il est constant qu'il a toujours été rémunéré par la société Adhecoup, qui a prononcé son licenciement. Qu'en se déterminant ainsi, sans rechercher comme il lui était demandé s'il existait entre les sociétés Adhecoup et Longavenne distribution une confusion d'intérêts, d'activité et de direction leur conférant la qualité de coemployeurs, la cour d'appel n'a pas donné de base légale à sa décision".

Urteil und Sachverhalt	Hauptaussage
Cass.soc. 13.02.2013[957] - zwei konzernzugehörige Gesellschaften - Arbeitnehmer der einen Gesellschaft wird wirtschaftlich bedingt gekündigt	Eine Vermischung von Interessen, Aktivitäten und Geschäftsleitung und damit ein *co-emploi* ist unter anderem dann zwischen zwei Gesellschaften anzunehmen, *wenn ihnen dieselbe Führungskraft vorsteht, die eine Gesellschaft nur eine Scheingesellschaft darstellt, weil sie lediglich die Absatzförderung und den Verkauf der Produkte der anderen gewährleistet; diese Scheingesellschaft auch völlig von der anderen kontrolliert wird, die andere außerdem die Tätigkeiten der Scheingesellschaft finanziert, teilweise die Vergütung und Sozialabgaben* für die Arbeitnehmer übernimmt, die Leistungen auf Rechnungen *der Scheingesellschaft entgegennimmt und direkte Anweisungen an den Kläger, den Kommunikationsbeauftragten, erteilt.*[958]
Cass.soc. 20.02.2013[959] - Mutter- und Tochtergesellschaft - über Tochtergesellschaft wird Liquidationsverfahren eröffnet - Arbeitnehmer der Tochtergesellschaft werden aus wirtschaftlichem Grund gekündigt	Eine Vermischung von Interessen, Aktivitäten und Geschäftsleitung und damit ein *co-emploi* ist dann zwischen zwei Gesellschaften anzunehmen, *wenn die Tochtergesellschaft zu 100 % von der Muttergesellschaft desselben Konzerns gehalten wird, der Vorsitzende der Tochter auch die gleichen Funktionen in der Muttergesellschaft ausübt, die Sparte, in der beide Gesellschaften tätig sind dieselbe ist, beide Gesellschaften einen gemeinsamen Kundenstamm, Lieferanten und Leistungserbringer haben, die Muttergesellschaft den Belebungsplan der Tochtergesellschaft entwirft, finanziert und ausführt und ein von der Mutter gewählter Berater die tatsächliche Leitung der Tochtergesellschaft während der Ausführung des Plans sicherstellt und der Konzern die Tochter vor der Eröffnung des Insolvenzverfahrens finanziell unterstützt hat.*[960]

957 Cass.soc., Urt. v. 13. 02. 2013 – n° 11-26866, unveröffentlicht.

958 „(...) Que les deux sociétés avaient le même dirigeant, la cour d'appel a constaté que la société SSI était en réalité une société de façade chargée d'assurer la promotion et la vente des produits de la société Trolem, laquelle la contrôlait entièrement, finançait ses activités, assurait ponctuellement le versement des salaires et charges sociales, encaissait le règlement de ses factures et délivrait directement les instructions à M. X.. ; qu'elle a légalement justifié sa décision".

959 Cass.soc., Urt. v. 20. 02. 2013 – n° 11-19305, unveröffentlicht.

960 „(...) La cour d'appel a retenu que la société Wirth et Gruffat était devenue une filiale à 100 % de la société Autania AG, qui appartenait au Groupe K.., que M. K.., président de la société Wirth et Gruffat, exerçait des fonctions équivalentes dans la société Autania AG, que le domaine exclusif d'activité du Groupe K..comme des

Urteil und Sachverhalt	**Hauptaussage**
Cass.soc. 13.03.2013[961] - Mutter- und Tochtergesellschaft - über Tochtergesellschaft wird Liquidationsverfahren eröffnet - Arbeitnehmer der Tochtergesellschaft wird wirtschaftlich bedingt gekündigt	Eine Verflechtung von Interessen, Aktivitäten und Geschäftsleitung und damit ein *co-emploi* zwischen zwei Gesellschaften ist unter anderem dann anzunehmen, *wenn ein Arbeitnehmer nacheinander oder gleichzeitig bei mehreren Zweigstellen arbeitet, die unterschiedslos von der einen oder der anderen konzernzugehörigen Gesellschaft betrieben werden und unter dem Anschein verschiedener juristischer Personen verschiedenste Vereinbarungen, Briefverkehr und Bevollmächtigungen zwischen den Gesellschaften vorliegen.*[962]
Cass.soc. 25.09.2013[963] - konzernzugehörige Mutter- und Tochtergesellschaft - über Tochtergesellschaft wird Liquidationsverfahren eröffnet - Muttergesellschaft soll als Mitarbeitgeberin einen PSE mitfinanzieren	Folgende Feststellungen *genügen nach Ansicht des Kassationshofs noch nicht für eine Verquickung von Interessen, Tätigkeiten und Geschäftsleitung* und damit für die Qualifizierung als Mitarbeitgeberin:

deux sociétés était identique, à savoir la fabrication de machines-outils et d'outils, que ces sociétés avaient une clientèle commune, ainsi que des fournisseurs et prestataires communs, que la société Autania AG a conçu, financé et mis en oeuvre le plan de relance de la société Wirth et Gruffat, que M. F.., consultant choisi par le Groupe K.., a assuré la direction de fait de la société Wirth et Gruffat pendant la mise en oeuvre de ce plan, que ce groupe a assuré un soutien financier à cette société jusqu'à la fin du mois de juin 2008 ; qu'elle a pu en déduire qu'il existait entre les sociétés Wirth et Gruffat et Autania AG une confusion d'intérêts, d'activités et de direction suffisant à conférer à la société Autania AG la qualité de coemployeur à l'égard du personnel de la société Wirth et Gruffat (…)".

961 Cass.soc., Urt. v. 25. 09. 2013 – n° 11-25733, unveröffentlicht.

962 „(…) Que la cour d'appel ayant constaté que le salarié avait travaillé, successivement ou simultanément, au sein de plusieurs agences indifféremment exploitées par l'une ou l'autre des sociétés du groupe et fait ressortir de différents accords, courriers ou procurations que sous couvert de personnes morales distinctes, il existait entre la société Stell holding et ses filiales, en particulier la société Vistar, une confusion d'activités, d'intérêts et de direction, a, par ces seuls motifs, légalement justifié sa décision".

963 Cass.soc., Urt. v. 13. 03. 2013 – n° 11-26089, unveröffentlicht.

Urteil und Sachverhalt	Hauptaussage
	Die Vereinbarungen im Arbeitsvertrag des Vorsitzenden der Tochtergesellschaft zeigten, dass der Konzern mit diesem in Mitten der Tochtergesellschaft eine Führungskraft platziert hatte, über die er Weisungsmacht besaß; 15 Tage nach der Unterzeichnung dieses Arbeitsvertrages, wurde die Führungskraft durch den Verwaltungsrat zum Verwaltungsratsvorsitzenden gewählt ohne dass jedoch der Direktorenposten, den sie bis dato bekleidet hatte gleichzeitig neu besetzt wurde; der Vorsitzende der Muttergesellschaft ersetzte die Führungsspitze der Tochtergesellschaft, indem er mitteilte, dass der Konzern keinen Weiterführungsplan vorstellen würde, weil er die Tochter im derzeitigen Zustand für nicht mehr existenzfähig halte; der Vorsitzende der Muttergesellschaft teilte außerdem mit, dass er den Konzerntöchtern Anweisungen gegeben habe, damit diese eventuell bestehende offene Stellen dem Insolvenzverwalter mitteilten; er erkannte damit an, dass die Wiedereingliederungspflicht, die den Arbeitgeber trifft, dem Konzern obliegt; die Tatsachenfeststellungen, die im Rahmen eines Streiks der Arbeitnehmer angefertigt worden waren und dazu dienen sollten, mögliche unzulässige Verhaltensweisen der Arbeitnehmer nachzuweisen, wurden sowohl durch die Tochtergesellschaft als auch durch die Muttergesellschaft angefordert.[964]

964 „(…) Que l'ensemble des stipulations du contrat de travail du président de la société Etablissements J. Richard Ducros montrait que le groupe Fayat avait placé au sein de la cette société un cadre dirigeant sur lequel elle conservait un pouvoir de direction, que 15 jours après la signature de ce contrat, celui-ci avait été désigné par le conseil d'administration en qualité de président sans pour autant que le poste de directeur qu'il occupait jusque-là ne soit parallèlement pourvu, que par ailleurs, le président de la société Fayat, se substituant aux organes de direction de la société Etablissements J. Richard Ducros, avait confirmé que le groupe Fayat ne présenterait pas de plan de continuation estimant que l'entreprise n'était pas viable en l'état puis avait indiqué avoir donné des consignes aux filiales du groupe afin que les postes éventuellement ouverts soient communiqués à l'administrateur judiciaire, reconnaissant ainsi que l'obligation de reclassement des salariés incombant à l'employeur pesait sur le groupe, que les constats dressés dans le cadre de la grève des salariés de la société Etablissements J. Richard Ducros, visant à prouver d'éventuelles actions

Urteil und Sachverhalt	Hauptaussage
Cass.soc. 25.09.2013[965] - konzernzugehörige Mutter- und Tochtergesellschaft - Konzern beschließt, Tochtergesellschaft wegen schwerer wirtschaftlicher Probleme zu schließen - Tochtergesellschaft stellt mangels weiterer Bestellungen durch die Muttergesellschaft Geschäftstätigkeit ein - Arbeitnehmer der Tochtergesellschaft werden nicht mehr mit Arbeit versorgt und erhalten kein Gehalt mehr - Arbeitnehmer wollen im Wege eines Eilverfahrens Mitarbeitgeberschaft zwischen Tochter und Mutter festgestellt wissen[966]	Eine Muttergesellschaft ist *nicht schon unter folgenden Gegebenheiten als Mitarbeitgeberin der Tochter-Arbeitnehmer zu sehen:* *Die Muttergesellschaft hält die Tochtergesellschaft zu 100 % und die Produkte, die die Tochtergesellschaft herstellt, werden fast ausschließlich durch die Muttergesellschaft vertrieben.*[967]

illicites de salariés, avaient été demandés par la société Etablissements J. Richard Ducros, représentée par son président, et par la société Fayat; Qu'en statuant ainsi, sans caractériser l'existence d'un co-emploi résultant d'une confusion d'intérêts, d'activités et de direction entre les sociétés, la cour d'appel a violé les textes susvisés".

965 Cass.soc., Urt. v. 25. 09. 2013 - n° 12-14353, unveröffentlicht.

966 Grumbach/Serverin, RDT 2012, S. 574 ff. (575); Auzero, SSL 2011, n°1519, S. 5 ff. (6).

967 „(...) Après avoir relevé que la société Sodimedical est la filiale à 100 % de la société Laboratoires Lohmann & Rauscher et que les produits de la filiale sont commercialisés quasi exclusivement par la maison mère (...). Qu'en se déterminant ainsi, par des motifs inopérants et impropres à caractériser la qualité de codébiteurs de la société Laboratoires Lohmann & Rauscher, la cour d'appel n'a pas donné de base légale à sa décision." Das Ausgangsgericht (CA Reims, Urt. v. 31. 08. 2011 - n° 11-02218) hatte geurteilt, dass es aus oben genannten Gründen beide Gesellschaften im Wege einer Sicherungsmaßnahme als gemeinsame Schuldner verurteilen müssen, um dem eindeutig nicht zulässigen Ärgernis, dass die Arbeitnehmer kein Gehalt erhielten, ein Ende zu bereiten. Grumbach/Serverin, RDT 2012, S. 574 ff. (575).

Instanzgerichtliche Urteile

Urteil und Sachverhalt	Hauptaussage
TGI Lons-le-Saunier 22.08.2012[968] - Mutter- und Tochtergesellschaft - Sanierungsverfahren bezüglich der Tochter-gesellschaft - ein PSE wird aufgestellt - Massenkündigung der Arbeitnehmer der Tochtergesellschaft aus wirtschaftlichem Grund - Der Unternehmensausschuss erhebt Klage vor dem TGI, um die Mitarbeitgeber-Eigenschaft der Muttergesellschaft festgestellt zu wissen und diese zu verklagen, weil sie keinen eigenen PSE aufgestellt hat.[969]	Die Muttergesellschaft eines Konzerns muss zur Mitarbeitgeberin der Belegschaft einer ihrer Tochtergesellschaften erklärt werden, wenn ein Abhängigkeits- und Unterordnungsverhältnis der Tochter- zur Muttergesellschaft besteht, das der Tochter jegliche wirtschaftliche, industrielle und verwaltende Autonomie raubt.[970] Folgende Elemente führen zu dieser Erkenntnis: *Die Mitglieder der Führungsebene im Konzern wurden an die Spitze der Tochter berufen; Der Etat und die kurzfristig verfügbaren Geldmittel der Tochter unterstanden dem Konzern; Aufträge, Buchhaltung und Computerplattform wurden zentral für alle konzernzugehörigen Gesellschaften gesteuert. Die Personalverwaltung und das Management der Arbeitsorganisation wurden ebenfalls auf Konzernebene geleitet; der Konzern war an einem Vorhaben beteiligt, das die Belegschaftsstruktur der Tochtergesellschaft verengen sollte und war Partei an einer Streikbeendigungsvereinbarung, die die Tochter betraf.*[971]

968 TGI Lons-le-Saunier, Urt. v. 22. 08. 2012 – n° 12-01079, RJS 11/12 n° 860.

969 Peskine, DO 2013, n°776, S. 157 ff. (160).

970 „L'ensemble de ces éléments permet de juger qu'il existait un lien de dépendance et de subordination de la société MBF Technologies à l'égard du groupe Arche Industries, qui la privait de toute autonomie industrielle commerciale et administrative." O.V., RJS 2012, n°860, S. 745 ff. (746).

971 „(...) Plusieurs membres de la direction du groupe étaient nommés à des postes de direction à la tête de MBF; (...) les budgets étaient préparés au niveau du groupe; les commandes étaient centralisées par le groupe, étudiées et validées par lui (...); la trésorerie dépendait du groupe; les services comptabilité et la plate-forme informatique étaient centralisés pour l'ensemble des sociétés dépendant du groupe; (...) s'agissant de la gestion des ressources humaines et de l'organisation du travail: toute note rédigée par les directeurs adjoints était systématiquement adressée à la Direction Générale du groupe (...); le groupe Arche participait à la définition du plan de compression des effectifs (...); (..) le groupe Arche était seule partie dans le cadre du protocole de fin de conflit issu de la négociation menée au niveau du ministère des finances (...)" O.V., RJS 2012, n°860, S. 745 ff.; (745-746) ; O.V., http://www.webcitation.org/6PhutDWsN; Carles, RPDS 2012, S. 399 ff. (400).

Urteil und Sachverhalt	Hauptaussage
	Die Muttergesellschaft als Mitarbeitgeberin *muss zwar keinen eigenen PSE aufstellen.* Allerdings muss sie der Tochtergesellschaft *Wiedereingliederungsvorschläge unterbreiten, die klar zu erkennen sind und mindestens die Art des vorgeschlagenen Arbeitsplatzes, die Qualifizierung im Rahmen einer Kollektivvereinbarung, die Vergütung, den Namen der empfangenden Gesellschaft und die Arbeitszeiten beinhalten.* Falls sie keine Wiedereingliederungsvorschläge unterbreitet, *muss sie begründen, weshalb ihr dies unmöglich ist.*[972]
CPH Paris 25.10.2012[973] - zwei konzernzugehörige Schwestergesellschaften - Massenentlassung aus wirtschaftlichem Grund bei einer der Schwestergesellschaften im Rahmen einer Liquidierung	Eine Mitarbeitgeberschaft zwischen den zwei Schwestergesellschaften kann unter anderem deshalb angenommen werden, *weil die insolvente Gesellschaft keine eigene Führungsmannschaft im Bereich Strategie und auch keine eigenen Finanz- und Personalverwaltungsabteilungen aufweisen kann.*[974] Die Kündigungen der Arbeitnehmer waren ungerechtfertigt, weil die Mitarbeitgeberin sich nicht selbst in wirtschaftlichen Schwierigkeiten befand; der PSE war unwirksam, weil er nicht die Mittel der Mitarbeitgeberin umfasste.[975]

972 „(…) Des propositions de reclassement clairement identifiées comprenant à minima la nature du poste proposé, la qualification au regard de la convention collective, la rémunération, le nom de la société d'accueil, les horaires de travail; et à défaut, sous la même astreinte, d'avoir à justifier de son impossibilité de proposer d'autres postes de reclassement (…)." O.V., RJS 2012, n°860, S. 745 ff. (746); Carles, RPDS 2012, S. 399 ff. (402).

973 CPH Paris, Urt. v. 25. 10. 2012 – n° 09-09706.

974 *Mir/Brihi/Lacomble,* JCPS 2013, n°1082, S. 47 ff. (48).

975 *Favennec-Héry,* JCPS 2013, n°1078, S. 25 ff. (25).

Urteil und Sachverhalt	Hauptaussage
TGI Paris 11.12.2012[976] - Mutter- und Tochtergesellschaft - Jährliche Pflichtverhandlungen zwischen Tochtergesellschaft und Gewerkschaften finden statt; es geht auch um Belegschaftsgehälter - Muttergesellschaft äußert, dass sie die Gehälter nicht anheben werde	*Wenn eine Muttergesellschaft gegenüber Gewerkschaften ankündigt, dass keinerlei Gehaltserhöhungen gewährt werden, obwohl gerade die* jährlichen Pflichtverhandlungen der Tochtergesellschaft *stattfinden, dann beeinträchtigt dieses Verhalten das Prinzip der Redlichkeit und zeichnet sie als Mitarbeitgeberin der Belegschaft der Tochtergesellschaft aus.*[977]
CA Toulouse 07.02.2013[978] - Mutter- und Tochtergesellschaft - Betriebsschließung der Tochtergesellschaft durch Muttergesellschaft bestimmt	Die Mitarbeitgeberstellung ergibt sich aus der *dreifachen Vermischung von Interessen, Tätigkeiten und Geschäftsleitung.* Die amerikanische Muttergesellschaft konnte aufgrund folgender Tatsachen als *co-employeur* der Arbeitnehmer der französischen Tochtergesellschaft bezeichnet und damit vor dem französischen Arbeitsgericht verklagt werden: Teilhaber der französischen Tochter waren die anderen Töchter des amerikanischen Konzerns; Auch die Mitgeschäftsführer der Tochtergesellschaft kamen allesamt von dem amerikanischen Konzern.

976 TGI Paris, Urt. v. 11. 12. 2012 – n° 12-10413.

977 „(...) Que la décision de ne pas augmenter les salaires en 2012 arrêtée unilatéralement, en l'absence d'urgence caractérisée, par la société Alcatel Lucent, qui s'est alors comportée comme un coemployeur des salariés de la société Alcatel Lucent France, et annoncée à l'ensemble des salariés par la direction du groupe alors que des négociations étaient en cours sur ce thème au sein de cette dernière société, constitue une violation des dispositions de l'art. L. 2242-3 du Code du travail précité;" Dumure-Lambert: Les groupes de sociétés à l'épreuve du co-emploi, 18.06.2013, Folie 32; Mvelle-Olle, http://www.webcitation.org/6Phuh8tkc.

978 CA Paris, Urt. v. 13. 03. 2013 – n° 12-04640.

Urteil und Sachverhalt	Hauptaussage
- wirtschaftlich bedingte Massenkündigung der Arbeitnehmer der Tochtergesellschaft - Liquidierung der Tochtergesellschaft	Die amerikanische Mutter schrieb der Tochter Entscheidungen hinsichtlich ihrer laufenden Geschäftstätigkeit vor – die Tochtergesellschaft stellte Einzelteile für die Automobilindustrie und den allgemeinen Maschinenbau her. So wies eine Führungskraft den Unternehmensausschuss darauf hin, dass die Konzernmutter eine Kapitaleinbuße seitens der Tochtergesellschaft nicht akzeptieren würde. Jedenfalls wurde die Entscheidung, das Unternehmen der Tochtergesellschaft zu schließen, auf Konzernebene getroffen – die Muttergesellschaft ließ dafür sogar den Produktionsapparat der französischen Betriebsstätte im amerikanischen Betrieb nachbilden, um so die Belieferung der Kunden mit Einzelteilen im Falle eines Streiks gewährleisten zu können. Außerdem war ein Vertrag auf Konzernebene mit einer Gesellschaft für die Produktion und Lagerung der Einzelteile ausgehandelt worden, um der Schließung des französischen Betriebs entgegnen zu können. Einen weiteren Anhaltspunkt für die Vermischung der Geschäftsleitung stellte die Tatsache dar, dass ein Repräsentant der Muttergesellschaft eine Grundsatzvereinbarung unterzeichnete, die von der Tochtergesellschaft, einem Investmentfonds und dem französischen Staat abgeschlossen wurde und die die Verpflichtungen der unterzeichnenden Parteien ergänzend zum PSE bestimmte.[979]
CA Paris 13.03.2013[980] - zwei konzernzugehörige Gesellschaften - Liquidierung der einen Gesellschaft - Kündigung der Arbeitnehmer der insolventen Gesellschaft aus wirtschaftlichem Grund	Wenn zwei Gesellschaften über dieselben Örtlichkeiten und Betriebsanlagen verfügen, wenn sie außerdem dieselbe Geschäftstätigkeit ausüben, dasselbe Management, dieselben Teilhaber, Arbeitnehmer, Kunden und Interessen haben, liegt die Veranlassung vor, anzunehmen, dass sie Mitarbeitgeberinnen der Arbeitnehmer sind.[981]

979 *Saintourens,* BJS 2013, n°158, S. 361 ff. (363).

980 CA Toulouse, Urt. v. 7. 02. 2013 – n° 12-04150.

981 „(…) Que les cogérants successifs de MAS proviennent tous du groupe Molex que les cogérants successifs de MAS proviennent tous du groupe Molex; (…)que la société Molex Inc a imposé à MAS des décisions portant sur son activité courante que la société Molex Inc a imposé à MAS des décisions portant sur son activité courante (…); (…) Que dans une note du 20 mars 2008, William B. , « division tranportation », répond aux questions du comité d'entreprise en indiquant que Molex Inc n'acceptera pas une chute de revenu pour la SARL; (…) que la décision de fermer le site de Villemur sur Tarn a été prise au niveau du groupe; (…) que la société Molex

Urteil und Sachverhalt	Hauptaussage
CPH Nancy 22.03.2013[982] - Mutter- und Tochtergesellschaft - Sanierungsverfahren wird über die Tochtergesellschaft eröffnet - Kündigungen der Arbeitnehmer aus wirtschaftlichem Grund	Der *co-emploi zeichnet sich durch eine dreifache Verflechtung von Interessen, Aktivitäten und Geschäftsleitung aus.* Eine Vermischung der Interessen ergibt sich daraus, dass sowohl Holding als auch Tochter gleichermaßen an Entwicklung und Wohlstand der Tochtergesellschaft interessiert sind; Die Vermischung der Geschäftsleitung lässt sich aus der Kontrolle ableiten, die die Holding über die Tochtergesellschaft hat, insbesondere beansprucht sie deren Personal vor allem in Buchführungsangelegenheiten und hat ein Vetorecht in einer bestimmten Anzahl von Verwaltungsangelegenheiten der Tochtergesellschaft. Überdies gibt die Holding auf ihrer Internetseite an, eine Rolle in der strategischen Ausrichtung der Tochter zu spielen, dieser bei wichtigen Entscheidungen und dem Regelungssystem im Unternehmen zu helfen und stellt insbesondere ihre finanziellen Zielvorgaben zur Schau. Die Vermischung der Tätigkeiten zeigt sich darin, dass alleinige Aufgabe der Holding lediglich die Verwaltung des Konzerns ist. Insofern mussten auch alle laufenden Managementvorgänge zwingend von der Holding erlaubt werden. *Als Mitarbeitgeberin* hätte die Holding den PSE der Tochtergesellschaft miteinrichten und mitumsetzen müssen, zumal sie selbst solvent ist. Da sie dies nicht getan hat, hat sie gegen Art. L. 1233–61 Code du travail verstoßen und der PSE ist unwirksam.[983]

Inc a organisé la fabrication d'une copie de l'outil de production de Villemur sur Tarn sur son site deLincoln aux Etats Unis pour permettre de sécuriser la fourniture des pièces à ses clients dans la perspective d'une grève à Villemur sur Tarn; (...) Qu'au cours de son audition dans le cadre de l'enquête pénale, William B. a répondu à propos de la constitution d'un stock auprès de la société Power & Signal de mai 2008 à janvier 2009 que : « le 20 mars 2008 nous avons indiqué au comité d'entreprise que nous avions signé un contrat avec cette société pour qu'elle stocke des produits dans le but de réduire les coûts vis-à- vis des pièces produites en petite quantité. P&S pouvait toucher plus de clients en tant que distributeur »; (...) qu'un protocole d'accord général a été signé le 14 septembre 2009 entre Molex Automotive SARL, H. Capital France (fonds de commun de placement à risque) et l'Etat français (...); que ce protocole qui engage MAS a été signé par Mme Ana R., senior Vice président global Human Ressources de Molex Inc." Saintourens, BJS 2013, n°158, S. 361 ff. (361-362); O.V., JCPS 2013, n°13, act. 134, S. 10.

982 CPH Nancy, Urt. v. 22. 03. 2013 – n° 13-00657.

983 „Une confusion d'intérêts est en effet établie puisque les deux sociétés ont les mêmes intérêts quant au développement et à la prospérité de la société de quincaillerie. S'agissant de la confusion de direction, la société de quincaillerie était contrôlée par la

Urteil und Sachverhalt	Hauptaussage
CA Colmar 26.03.2013[984] - französische Gesellschaft und deutsche Gesellschaft - Arbeitnehmer ist bei der französischen Gesellschaft angestellt - Arbeitnehmer kündigt und verlangt wegen Versäumnissen des Arbeitgebers Entschädigung[985]	Die deutsche Gesellschaft war Mitarbeitgeberin, *weil beide Gesellschaften derselben Geschäftstätigkeit nachgingen, denselben Geschäftsführer hatten, der Arbeitnehmer in einem Schreiben der französischen Gesellschaft aufgefordert wurde, seine Korrespondenz an den Firmensitz der deutschen Gesellschaft zu richten und der Arbeitnehmer Sozialversicherungsbeiträge in Deutschland gezahlt hatte.*[986]

société gérant le FCPR, laquelle sollicitait directement son personnel, notamment en matière comptable et avait droit de véto (...) sur un certain nombre d'opérations de gestion. D'ailleurs, sur son site internet, elle indique jouer un rôle dans l'orientation de la stratégie, l'aide à la prise de décisions importantes, la gouvernance de l'entreprise, et expose ses objectifs, notamment financiers (...). Enfin, il ne peut qu'être constaté l'existence d'une confusion d'activités, le FCPR ayant pour seul objet la gestion du groupe dont la société de quincaillerie est une filiale. A titre d'exemple, toutes les opérations de gestion courante de celle-ci devaient être autorisées. (...) La société qui a été reconnue co-employeur d'une autre aurait dû être impliquée dans l'établissement et la réalisation du plan de sauvegarde de l'emploi, d'autant qu'elle était in bonis. En n'étant pas partie à ce PSE, elle a contrevenu aux dispositions légales prévues à l'article L. 1233-61 du Code du travail. De ce fait le plan de sauvegarde de l'emploi est nul." CPH Nancy, Urt. v. 22. 03. 2013 - n° 13-00657; O.V., JCPS 2013, n°17, act. 202, S. 12 ff.

984 CA Colmar, Urt. v. 26. 03. 2013 - n° 13-00317.

985 *Loiseau,* Les Cahiers Sociaux 2013, n°253, S. 207 ff. (208).

986 „(...) Attendu que la situation de co-emploi de Monsieur Yves M. par les Sociétés Eltec Alsace et Heldele GmbH résultent des trois fiches de travail de Monsieur Yves M. (...) qui démontrent que les deux sociétés avaient la même activité, de la lettre de 23 décembre 2005 adressée par la Société Eltec Alsace au conseil de Monsieur M. et qui se términe par « Veuillez adresser votre correspondance à l'adresse suivante : Herr Adolf H. Salach Allemagne » et ce alors même que les bulletins de paie mentionnent comme siège de la Société Eltec Alsace (...), de ce que la Société Heldele GmbH et Eltec Alsace ont le même dirigeant, Monsieur Adolf H., ce qui est expressément admis par la Société Heldele dans ses conclusions, de ce que Monsieur M .a cotisé aux régimes sociaux allemands. Attendu que c'est dès lors à juste titre que les premiers juges ont considéréque ces deux sociétés étaient co-employeurs de Monsieur Yves M. (...)" Loiseau, Les Cahiers Sociaux 2013, n°253, S. 207 ff. (209).

Urteil und Sachverhalt	Hauptaussage
CPH Compiègne 30.08.2013[987] - deutsche Mutter- und französische Tochtergesellschaft - Tochter schließt eine Produktionsstätte wegen „wirtschaftlicher Schwierigkeiten, um Wettbewerbsfähigkeit des Konzernbereichs „Reifen" zu erhalten". - Mitarbeiter der Tochtergesellschaft werden aus wirtschaftlichem Grund entlassen	Die Muttergesellschaft war Mitarbeitgeberin, weil *die Einmischung der Muttergesellschaft*[988] *in die Betriebsabläufe der Tochtergesellschaft weit über dem lag, was sonst innerhalb von Konzernen üblich ist.*[989] Die Muttergesellschaft schrieb der Tochtergesellschaft ihre strategischen Entscheidungen vor zur Verwirklichung der Konzerninteressen und gewährleistete auch die Personalverwaltung der Tochter. Die Tochtergesellschaft befand sich in völliger Abhängigkeit von der Muttergesellschaft was die Definition der Strategie, den Umfang der produzierten Reifen, die Art der Preisfestlegung und in die Zentralisierung des Personals betraf (…). Die Muttergesellschaft hatte beschlossen, dass die Tochter die Entlassung ihrer gesamten Belegschaft vornehmen sollte.[990]

987 CPH Compiègne, Urt. v. 30. 08. 2013 – n° 12-00162.

988 „Apparence d'immixtion"; *Champeaux/Renaud,* SSL 2013, n°1597, S. 11 ff. (11).

989 „Dépassaient le degré normal des règles de fonctionnement d'un groupe de sociétés" Champeaux, SSL 2013, n°1597, S. 10.

990 „Continental AG dictait à la SNC Continental ses choix stratégiques en vue de la réalisation des intérêts du groupe y compris en assurant de la gestion des ressources humaine"; (…)„Une absence d'indépendance dans la définition de la stratégie, des volumes de pneus produits, du mode de fixation des prix, que dans la centralisation des ressources humaines (…) quant à la décision prise par la société mère que sa filiale procède à un licenciement collectif de l'ensemble des salariés."; Champeaux/Renaud, SSL 2013, n°1597, S. 12 ff. (12).

Urteil und Sachverhalt	Hauptaussage
	Die Muttergesellschaft konnte die Qualifizierung als Mitarbeitgeberin nicht dadurch vermeiden, dass eine Umstrukturierung der finanziellen Beziehungen innerhalb des Konzerns noch vor Kündigung der Tochter-Arbeitnehmer vorgenommen wurde, die allein zum Ziel hatte, die Muttergesellschaft offiziell nicht mehr als Mutter der kündigenden Gesellschaft aussehen zu lassen, um dadurch die Qualifizierung als Mitarbeitgeberin zu vermeiden.[991]
	Die Kündigungen der Arbeitnehmer waren mangels wirtschaftlichem Grund und wegen Pflichtverletzungen im Rahmen des Kündigungsverfahrens ohne tatsächlichen und ernsthaften Grund: *Ein zeitlich begrenzter Verkaufsrückgang für Reifen (...) stellt noch nicht tatsächliche und ernsthafte wirtschaftliche Schwierigkeiten dar, die eine Kündigung rechtfertigen können.*[992] *Ein wirtschaftlicher Grund war außerdem nicht gegeben, weil die Wettbewerbsfähigkeit des Geschäftsbereichs „Reifen" zum Zeitpunkt der Kündigungen nicht substantiell bedroht gewesen war*[993]. Deshalb war die Schließung der Produktionsstätte nicht zum Erhalt der Wettbewerbsfähigkeit erforderlich.
	Das Kündigungsverfahren war unwirksam, *weil das Kündigungsschreiben nur den Kündigungsgrund des formellen Arbeitgebers enthielt, nicht aber auch den Kündigungsgrund des Mitarbeitgebers.* Auch deshalb war die Kündigung ungerechtfertigt.[994]

991 „Continental AG ne peut utilement opposer la façade juridique d'une société cantonnée dans son rôle de holding en faisant valoir qu'à la date de rupture du contrat de travail, elle n'avait pas le rôle opérationnel, cette nouvelle entité juridique ne consistant qu'en une réorganisation d'apparence qui ne saurait exonérer Continental AG des conséquences liées à la gestion du groupe"; Champeaux/Renaud, SSL 2013, n°1597, S. 12 ff. (12).

992 „(...) D'un simple ralentissement des ventes de pneumatiques et ce sur une période de temps limitée (...) ce qui ne suffit pas à caractériser des difficultés économiques réelles et sérieuses justifiant la rupture du contrat de travail." Champeaux/Renaud, SSL 2013, n°1597, S. 12 ff. (13).

993 „Menacée de façon substantielle et, de ce fait, la fermeture du site de *Clairoix* n'était pas indispensable au maintien de la compétitivité de la division PLT du groupe *Continental* qui a conservé sa place d'acteur principal parmi les équipementiers automobiles à l'échelle mondiale." *Champeaux*, SSL 2013, n°1597, S. 10.

994 „(...) Les griefs formulés dans la lettre de rupture dudit contrat de travail ne concernent que la SNC Continental France, à l'exclusion du co-employeur, qui ne motive pas pour sa part, le motif de rupture du contrat, ce qui emporte, de fait, l'absence de cause réelle et sérieuse." Champeaux/Renaud, SSL 2013, n°1597, S. 12 ff. (13).

Anhang 2: Auszüge aus dem Interview mit Pierre Bailly

(geführt am 12.02.2014 von 10:00 bis 11:00 Uhr im Kassationshof in Paris)

1) Stimmt es, dass der Kassationshof grundsätzlich einen Mitarbeitgeber danach qualifiziert, ob ein individuelles Weisungsverhältnis besteht oder kumulativ oder alternativ danach, ob eine Vermischung der Interessen, Aktivitäten und der Geschäftsleitung vorliegt?

Bailly: Es gibt keine kumulative Qualifizierung. Sobald ein Weisungsverhältnis vorliegt, stellt sich die Frage nach einer dreifachen Vermischung nämlich nicht mehr. Das ist der klassische Ansatz. Dieser findet Anwendung, wenn eine andere Gesellschaft als die der vertraglichen Arbeitgeberin die Belegschaft direkt oder indirekt leitet und Macht ausübt und die Charakteristika einer Subordination vorliegen, wie die Befugnis, die Arbeitnehmer einer anderen Gesellschaft zu kontrollieren, zu sanktionieren und zu leiten.

En fait ce n'est pas cumulatif parce que s'il y a un lien de subordination le problème ne se pose plus. C'est classique. Même si cette une autre société que l'employeur contractuel, si en réalité une autre société dirige le personnel directement ou indirectement, exerce son pouvoir, les caractéristiques de subordination, ça veut dire pouvoir de contrôle, des sanctions, de direction sur les salariés d'une autre. C'est le critère classique qui n'est pas nouveau de la subordination qui caractérise le contrat du travail.

2) Es gibt allerdings zwei Entscheidungen des Kassationshofs, die ich dann nicht verstehe. Es handelt sich um die Entscheidungen vom 18.01.2012 und 03.05.2012. Beide Entscheidungen erklären, dass das Gericht prüfen muss, ob eine dreifache Vermischung zwischen zwei Gesellschaften vorliegt und dass es nicht genügt, dass ein juristisches Weisungsverhältnis zwischen Arbeitnehmer und der außervertraglichen Gesellschaft besteht.

Bailly: Ich weiß nicht, wieso der Kassationshof dies in seiner Entscheidung vom 18.01.2012 getan hat. Vielleicht konnte ein Weisungsverhältnis gerade nicht bestimmt werden.

Concernant l'arrêt de 18.01.2012 je ne sais pas, pourquoi la Cour de cassation a fait ça. Peut-être un lien de subordination n'avait pas été caractérisé.

3) Aber normalerweise ist so, dass es für die Qualifizierung eines Mitarbeitgebers ausreicht, wenn ein Weisungsverhältnis ermittelt wird?

Bailly: Ja, dann ist die Gesellschaft eine zusätzliche Arbeitgeberin. Was die Entscheidung vom 03.05.2012 anbelangt, so ist dies so zu erklären, dass scheinbar die Berufungsrichter die Mitarbeitgeberstellung deshalb abgelehnt haben, weil sie sich darauf stützten, dass kein Weisungsverhältnis vorlag. Der Kassationshof hat daraufhin entschieden, dass die Vermengung zwischen zwei Gesellschaften ein weiteres Kriterium sein kann, um eine Mitarbeitgeberschaft anzunehmen.

Oui, on est un autre employeur. Et concernant l'arrêt 03.05.2012 ça peut s'expliquer par le fait qu'apparemment les juges de la Cour d'appel ont écarté la qualité de co-employeur en se fondant sur l'absence du lien de subordination. Mais la Cour de cassation a retenu comme autre élément pour qualifier une situation de co-emploi la confusion entre les deux sociétés.

4) Nach Ansicht des Kassationshofs muss also in erster Linie nach einem Weisungsverhältnis gesucht werden und, soweit ein solches nicht besteht, nach einer Vermengung der Interessen, Aktivitäten und der Geschäftsleitung?

Bailly: Ja, so ist es, falls sich eine Partei auf letztere Voraussetzung beruft.
Oui c'est ça, si c'est invoqué.

5) Nach den Grundsatzurteilen des Kassationshofs zur Mitarbeitgeberschaft erscheint die Einmischung der Muttergesellschaft in die Personalverwaltung als das ausschlaggebende Kriterium. Warum ist das so?

Bailly: Diese Einmischung ist eigentlich eine Folge der dreifachen Vermischung, die zwischen den beiden Unternehmen besteht. Man muss prüfen, wie die beiden Unternehmen arbeiten und wer die Entscheidungen trifft und dann kann man ganz gut sehen, ob es neben dem offiziellen, vertraglichen noch einen anderen Arbeitgeber gibt. Das muss sich niederschlagen in Form einer tatsächlichen Einflussnahme – durch ein Einmischen in die Betriebsabläufe der Tochtergesellschaft. Eine Einflussnahme, die die Muttergesellschaft am Ende dazu bringt, sich auch in das Betriebs- und Personalmanagement der Tochtergesellschaft einzumischen und damit an die Stelle des formellen Arbeitgebers zu treten.

Ça veut dire que l'immixtion est en fait une conséquence de la confusion qui existe entre les deux entreprises. Alors c'est plus finalement compte tenu de la manière comme elles fonctionnent, c'est plus qui décident et on voit bien que c'est quelqu'un d'autre que l'employeur officiel, contractuel. Donc dans cette situation-là, ça doit se traduire par une ingérence en réalité, une immixtion dans le fonctionnement de la société de la filiale. Une ingérence qui conduit la société mère à se mêler finalement de la gestion économique et sociale, surtout de sa filiale et se substituer à l'employeur origine.

6) Geht es nicht vielmehr darum, dass die Einmischung in die Personalverwaltung als ausschlaggebendes Kriterium das individuelle Weisungsverhältnis auf kollektiver Ebene widerspiegeln soll?

Bailly: Das Kriterium der dreifachen Vermischung ist ein ziemlich unscharfer Begriff. Für bestimmte Anwälte kann es verlockend sein, sich darauf zu berufen, dass zwischen Tochter- und Muttergesellschaft eine dreifache Vermischung besteht, wenn der vertragliche Arbeitgeber wirtschaftlich angeschlagen ist und keine ausreichenden Sicherheiten mehr bieten kann, weil er sich im Insolvenzverfahren befindet. Sie wollen dadurch zusätzliche Sicherheit schaffen, ohne jedoch genau zu wissen, was eine solche Vermischung überhaupt kennzeichnet. Das Kriterium der dreifachen Vermischung kann, die Gefahr besteht, zu unbestimmt sein. Um dieses Risiko zu begrenzen, wurde hinzugefügt, dass es einer Einflussnahme auf die Personalverwaltung der Arbeitgeber-Gesellschaft bedarf, um eine Vermischung festzustellen.

Le critère de la confusion est une notion assez floue. D'où peut-être une tendance pour certains avocats dans des situations où l'employeur est en difficulté et n'offre plus des garanties suffisantes parce qu'il fait l'objet d'une procédure collective la tentation pour certains avocats d'invoquer un état d'une confusion avec une autre société du groupe, en général la société mère ou une société holding pour avoir ainsi un garantie supplémentaire à son égard sans trop finalement savoir ce qui caractérise l'état de confusion. Donc pour limiter finalement les risques d'indétermination que peut produire ce critère de la confusion, il y a été ajouté que la confusion doit se traduire par une immixtion dans la gestion du personnel de la société employeur.

7) Der Kassationshof weiß also um die Unbestimmtheit des Kriteriums der dreifachen Vermischung. Und um für mehr Rechtssicherheit zu sorgen, soll die Einmischung in die Personalverwaltung ausschlaggebendes Kriterium sein?

Bailly: Genau. Das erste Urteil *Jungheinrich* erwähnte dieses Kriterium noch nicht, als es sich auf die dreifache Vermischung stützte. Daraufhin gab es dann die eben erwähnte Tendenz der Arbeitnehmer-Anwälte, einen weiteren Garantiegeber zu suchen und diesem die Folgen einer Vertragsauflösung aufzuerlegen. Denn viele Unternehmen in wirtschaftlichen Schwierigkeiten erklärten, sie hätten ihre Zahlungen einstellen müssen. Die Arbeitnehmer erhielten dadurch nicht mehr alle garantierten Leistungen und konnten auch den Kündigungsgrund nicht mehr angreifen – denn in einem Insolvenzverfahren ist eine Kündigung notgedrungen begründet. Es ging also in diesem Moment darum, den nicht gerade selbsterklärenden Begriff der dreifachen Vermischung einzugrenzen. Daher auch das ergänzende Kriterium der Einmischung. Die dreifache Vermischung muss deshalb durch eine Einflussnahme auf das Betriebs- und das Personalmanagement der Tochtergesellschaft zum Ausdruck kommen. Das zweite *Jungheinrich* Urteil oder mehr noch das Urteil in Sachen *Métaleurop* ist hier beispielshaft. Der dahinterstehende Gedanke ist, dass, obwohl Mutter- und Tochtergesellschaft zwei unterschiedliche juristische Personen sind, die Tochtergesellschaft nicht mehr unabhängig ist, weil sie von der Muttergesellschaft vollkommen bevormundet wird. Diese entscheidet für sie in Betriebs- und Personalangelegenheiten und damit in Bereichen, die zum Machtkern eines Arbeitgebers gehören.

Exactement. Le premier arrêt *Jungheinrich* n'évoquait pas ça en se fondant sur la confusion. Et ensuite il y a une tendance parce que c'est aussi sans doute aux situations économiques et aux difficultés économiques de beaucoup d'entreprises qui déclarent leurs états de cessation des paiements et les avocats-conseillers en tous cas des salariés ne bénéficiant de toutes les garanties et ne pouvant pas discuter en plus sur les causes économiques de leurs licenciements parce que dans une procédure collective, le licenciement est forcément causé – donc on a tendance à chercher un autre garant finalement et lui imputer les conséquences de la rupture de contrat. En ce moment sur cette notion de confusion qui n'est pas si évident que ça de limiter d'où les critères complémentaires de l'immixtion. Alors la confusion doit se traduire par une immixtion dans la gestion économique et sociale de la filiale. Pour ça il y a des exemples comme le deuxième arrêt ou plus caractéristique *Métaleurop*. L'idée est que malgré la différence de la personnalité juridique de la société mère et la filiale, la filiale n'a plus d'autonomie parce qu'elle est totalement sous la tutelle de la société mère qui décident pour elle dans la gestion du personnel ou de l'économie, alors tout ce qui relèverait du pouvoir de l'employeur.

8) Warum kann auch eine deutsche Konzernmutter als Mitarbeitgeberin vor den französischen Gerichten verurteilt werden?

Bailly: In der Sache geht es darum, wie die EuGVVO hinsichtlich der gerichtlichen Zuständigkeit angewendet oder ausgelegt wird und letztlich um die sehr weite Definition, die der EuGH zum Kriterium (Anm. d. Verf. *des „Arbeitgebers"*) gegeben hat, das bei Streitigkeiten zwischen Arbeitnehmer und Arbeitgeber Anwendung findet. Diese Rechtsprechung des EuGH hat der Kassationshof im zweiten *Jungheinrich* Urteil aufgegriffen. Das Kriterium wird meines Erachtens deshalb so weit verstanden, weil es in den verschiedenen europäischen Staaten viele verschiedene Vorstellungen davon gibt, was einen Arbeitsvertrag ausmacht. Deshalb definiert der EuGH den Begriff des Arbeitnehmers und des Arbeitgebers sehr weit, woran sich auch der Kassationshof hält.

Alors, là c'est l'application ou l'interprétation du règlement du Conseil de l'Union européenne sur la compétence juridictionnelle et finalement de la définition très large que la Cour de Justice a donné du critère des litiges entre les travailleurs et l'employeur que la Cour de cassation a repris dans le deuxième arrêt Jungheinrich. Donc c'est dans l'application de ce critère qui finalement est assez extensive. Parce que je pense que la Cour de Justice comme il y a des conceptions différentes quand même du contrat de travail dans les différents pays européens a adopté une définition très large du travailleur et de l'employeur qui se prête à l'interprétation qui a fait la Cour de cassation. Alors certains ont dit qu'il aurait été préférable de poser une question préjudicielle à la Cour de Justice.

9) Es gibt eine Rechtsprechung des EuGH zu Art. 45 AEUV in Sachen *Lawrie Blum*. Der Kassationshof hat die dort vorgenommene Definition des Arbeitnehmers auch für Art. 19 EuGVVO verwendet. Tatsächlich gibt es aber keine EuGH-Rechtsprechung zu Art. 19 EuGVVO?

Bailly: Nein, es wurde tatsächlich der Begriff des Arbeitnehmers aufgegriffen, den der EuGH in einem anderen Zusammenhang geprägt hat.

Non, c'est effectivement une application de la notion du travailleur qui était retenue par la Cour de Justice dans d'autre domaine.

10) Wenn man die Definition liest, die im Urteil *Lawrie Blum* zum Arbeitnehmer gegeben wurde, bemerkt man, dass auch diese Definition auf einem Weisungsverhältnis basiert. Dementsprechend sehe ich folgendes Problem: der Kassationshof hält den europäischen Begriff des Arbeitgebers, der ein Weisungsverhältnis fordert, und den französischen Begriff des Mitarbeitgebers, der lediglich auf der dreifachen Vermischung beruht und kein Weisungsverhältnis voraussetzt, für deckungsgleich, obwohl die beiden Begriffe eigentlich nicht deckungsgleich sind.

Bailly: Die Definition, die der EuGH für den Arbeitgeber nutzt ist folgende: „Das wesentliche Merkmal eines Arbeitsverhältnisses ist der Umstand, dass eine Person während einer bestimmten Zeit für eine andere Person und unter deren Leitung eine Leistung erbringt, für die sie ein Entgelt erhält." Die Richter des EuGH beziehen sich hier ohne Zweifel auf die Leistungserbringung, die zu Gunsten und unter der Leitung des Arbeitgebers erfolgt, was wiederum mit der Tatsache zu vereinbaren ist, dass die Konzernmutter von der Arbeit der Tochter-Arbeitnehmer profitiert und dass sie tatsächlich mittels der dreifachen Vermischung und vor allem aufgrund der Einwirkung in den Betrieb der Tochtergesellschaft regelrecht Leitungsmacht über die gesamte Belegschaft der Tochtergesellschaft ausübt.

La définition qu'a retenu la Cour de Justice pour l'employeur c'est „la caractéristique essentielle de la relation de travail est la circonstance qu'une personne accomplit, pendant un certain temps, en faveur d'une autre et sous la direction de celle-ci, des prestations en contrepartie desquelles elle touche une rémunération." Alors c'est sans doute le fait qu'ils se réfèrent ici à l'accomplissement en sa faveur et sous sa direction c'est qui est évidemment rejoint le fait que la société mère d'abord profite du travail des salariés de sa filiale et qu'elle exerce en réalité à travers la confusion et du fait notamment de son ingérence dans le fonctionnement de la société filiale une véritable direction sur l'ensemble du personnel de la filiale.

11) Aber Sie würden mir sehr wohl zustimmen, dass die Definition in Sachen *Lawrie Blum* nicht wirklich mit der Definition übereinstimmt, die der Kassationshof zum Mitarbeitgeber generiert hat?

Bailly: Ja, aber da es sich hier um ein Zuständigkeitskriterium handelt, muss bestimmt werden, ob aufgrund dieser Definition die französische Gerichtsbarkeit zuständig ist. In einem erst kürzlich ergangenen Urteil des Kassationshofs vom 18.12.2013, erzeugte die Definition genau umgekehrte Ergebnisse. Es ging um eine deutsche Muttergesellschaft. Letztlich kamen die Richter zu dem Schluss, dass es keine dreifache Vermischung vorlag in Form einer Einmischung der Konzernmutter in das Betriebs- und Personalmanagement der Tochtergesellschaft. Das Zuständigkeitskriterium kam deshalb nicht zum Zuge, weil die Konzernmutter den Betrieb und die Personalabteilung der Tochtergesellschaft tatsächlich nicht leitete. Das bedeutet, dass die Mitarbeitgeberschaft dadurch zum Ausdruck kommen muss, dass sich die Gesellschaft in das Betriebs- und Personalmanagement der Tochtergesellschaft einmischen muss. Das Urteil erzeugt damit eine Anknüpfung der Mitarbeitgeberschaft an die gemeinschaftsrechtliche Definition des Arbeitnehmers als Kriterium für die Gerichtszuständigkeit in Rechtsstreitigkeiten der Arbeitnehmer.

Oui, mais comme c'est un critère de compétence, il faut déterminer si évidemment cette définition peut donner compétence à la juridiction française. Dans un arrêt plus récent de 18.12.2013, ça produit les résultats inverses. C'était une société allemande et que là et bien du fait que finalement il n'y a pas de confusion se traduisant par une immixtion de la société mère dans la gestion économique et sociale de la filiale. Ça veut dire en réalité qu'elle ne dirigeait pas finalement la gestion économique et sociale de sa filiale, le critère de compétence ne pouvait pas être mis en œuvre. C'est-à-dire qu'il faut que le co-emploi se traduise par une immixtion de la société dans la gestion économique et sociale de la filiale. Donc, du coup c'est ce qu'il crée finalement est le rattachement entre le co-emploi et la définition communautaire du travailleur comme critère de la compétence dans les litiges des travailleurs.

12) Aber noch einmal: Das bedeutet doch, dass, nach Ansicht des Kassationshofs, die Definition, die der EuGH zum Arbeitnehmer gegeben hat, sehr weit ist und der Kassationshof deshalb auch den Begriff des Mitarbeitgebers unter diese Definition fasst. Mir stellt sich allerdings die Frage, warum der Kassationshof keine Zweifel daran gehegt hat und diese Streitsache nicht im Wege des Vorabentscheidungsverfahren vor den EuGH gebracht hat?

Bailly: Der Kassationshof hätte die Frage, ob der Mitarbeitgeber unter den gemeinschaftsrechtlichen Begriff des Arbeitgebers fällt, dem EuGH vorlegen können. Es gab aber bereits ein früheres Urteil des Kassationshofs dazu, das Urteil in Sachen *Aspocomp*. Der Kassationshof hatte darin schon Position bezogen (Anm. d. Verf. *aber nicht vorgelegt*).

Es gab somit keinen Grund, anders zu entscheiden, weil sich der Kassationshof einerseits bereits zu dieser Frage geäußert hatte und sich andererseits die Rechtsprechung des EuGH hinsichtlich seiner Auslegung seitdem auch nicht weiterentwickelt hatte.

Elle aurait pu mais il y avait déjà un arrêt précédent de la Cour de cassation sur cette question qui était l'arrêt Aspocomp. Donc elle avait déjà pris position là-dessus. Donc dans la mesure où il y avait déjà un cas précédent sur cette question il n'y avait pas des raisons déterminantes en l'absence de toute évolution de jurisprudence communautaire de revenir sur cette interprétation.

13) Zusammenfassend kann man also sagen, dass der Kassationshof in Sachen *Jungheinrich-II* die Position bezogen hat, die er zuvor schon bei *Aspocomp* eingenommen hatte. Man hat sich auf das Urteil in Sachen *Aspocomp* verlassen, in welchem es nicht zu einem Vorabentscheidungsverfahren gekommen war. Meines Erachtens hätte der EuGH jedoch deshalb angerufen werden müssen, um eine einheitliche Auslegung der EuGVVO zu gewährleisten.

Bailly: Es gibt bereits einige einschlägige Urteile des EuGH. Ich denke etwa an das Urteil in Sachen *Pugliese,* in dem sich der EuGH auf ein Kriterium bezieht, das äußert unbestimmt ist (Anm. d. Verf. *Pierre Bailly schildert sodann in aller Kürze die Hintergründe dieses Urteils, siehe dazu* § 7A.I.1, *ab S. 125).* Nach Ansicht des EuGH musste auch das Interesse des ersten Arbeitgebers Berücksichtigung finden, das dieser daran hatte, dass die Arbeit auch für den zweiten Arbeitgeber erbracht worden war. Er ließ damit auch die Umstände des Sachverhalts und die gesellschaftsrechtlichen Beziehungen zwischen den beiden Arbeitgebern einfließen.

Il y avait également dans les arrêts de la Cour de Justice, je crois l'arrêt *Pugliese* où finalement la Cour de Justice a fait référence à un critère qui est extrêmement vague à apprécier. (*Pierre Bailly* explique les fonds du cas *Pugliese*) La Cour de justice invitait la juridiction nationale à apprécier l'intérêt que l'employeur pouvait avoir à l'exécution de prestation de second employeur. En considération des circonstances de l'espèce et du lien organique entre les deux employeurs.

14) Ich kenne die Entscheidung *Pugliese*. Jedoch ging es in diesem Urteil nicht um Art. 19 EuGVVO und das ist meines Erachtens genau das Problem. Es gab bereits Rechtsprechung des EuGH dazu, was er unter dem Begriff des Arbeitnehmers oder des Arbeitgebers verstand, aber niemals im Zusammenhang mit Art. 19 EuGVVO.

Bailly: Letztlich denke ich auch an das Urteil in Sachen *GlaxoSmithKline*. Der Generalanwalt hatte darin ausgeführt, dass man auch die arbeitsrechtlichen und wirtschaftlichen Bindungen zwischen zwei Arbeitgebern berücksichtigen müsse. Die EuGH Entscheidung basierte auf einer Vorlagefrage, die der Kassationshof in einem anderen Zusammenhang gestellt hatte. Der Fall betraf auch hier einen Arbeitnehmer der mehrerer Arbeitgeber hatte. Einer der Arbeitgeber saß in England, der Arbeitnehmer arbeitete aber in Frankreich. In *GlaxoSmith-Kline* ging es nun darum, ob das Kriterium der Konnexität Anwendung auf Arbeitsverträge finde. Genauer gesagt, ob die Konnexität zwischen den Arbeitsverträgen es ermöglichte, den englischen Arbeitgeber vor einem französischen Gericht zu verklagen. Der EuGH führte dazu aus, dass die Konnexität und letztlich auch Kriterien wie geschäftliche Beziehungen nicht anwendbar auf den Arbeitsvertrag seien. Das war für den Arbeitnehmer ärgerlich, weil er dadurch sowohl in England als auch in Frankreich klagen musste.

Finalement je pense que dans l'affaire *GlaxoSmithKline* l'avocat général avait considéré qu'il fallait tenir compte des liens organiques et économiques entre les deux employeurs. Ça c'était une question préjudicielle qui a été posés la Cour de cassation dans une autre situation. Le cas concernait un salarié qui avait plusieurs employeurs mais d'une manière régulière, qui avait un employeur anglais, mais travaillait en France. La question de *GlaxoSmithKline* c'était de savoir si le critère de la connexité pouvait s'appliquer aux contrats de travail, ça veut dire si la connexité entre les contrats permettait d'attraire l'employeur anglais devant la juridiction française. Et la Cour de Justice a dit que la connexité, enfin les critères comme le lien entre les affaires n'était pas applicable au contrat de travail. Ce qui était ennuyeux pour le salarié qui devait assigner à la fois en Angleterre et en France.

15) Noch einmal: Auch das Urteil in Sachen *GlaxoSmithKline* betraf doch nicht Art. 19 EuGVVO.

Bailly: Nein, es geht aber auch um die Schlussfolgerungen des Generalanwalts, auf die ich mich beziehe.

Non, mais c'étaient les conclusions de l'avocat général que j'évoque.

16) War es denn wirklich gar keine Option für den Kassationshof, vorzulegen oder hatte der Kassationshof in Sachen *Jungheinrich-II* sehr wohl darüber nachgedacht?

Bailly: Nein. Die Vorlagefrage stellt man natürlich nur, wenn man meint, nicht genügend Anhaltspunkte zu haben, um im Sinne des Gemeinschaftsrechts auslegen zu können. Im Fall des Mitarbeitgebers hat man die eben genannte Rechtsprechung des EuGH berücksichtigt, die zugegebenermaßen nicht zu Art. 19 EuGVVO ergangen ist, und das Vorgängerurteil *Aspocomp*. Es gab deshalb keinen Grund, dem EuGH die Frage zur Vorabentscheidung vorzulegen.

Non, la question préjudicielle évidemment on la pose quand on estime qu'on n'a pas des éléments suffisants par rapport à une interprétation qui a été fait dans le droit communautaire pour y répondre directement. Et là on a considéré que compte tenu des précédents cas qui certes ne sont pas dans ce domaine de la Cour de Justice et de précédent cas *Aspocomp* il n'y avait pas des raisons particulières de poser la question à la Cour de Justice.

17) Der Kassationshof wusste also, dass der Mitarbeitgeber und der Arbeitgeber im Sinne des Art. 19 EuGVVO nicht ein und dieselbe Sache sind?

Bailly: Da der Begriff des Arbeitgebers in Art. 19 EuGVVO als Anknüpfungspunkt in Zuständigkeitsfragen und, genauer gesagt, auch der Begriff der Weisungsmacht, die der Arbeitgeber über eine andere Person hat, sehr weit zu verstehen sind, ist man davon ausgegangen, dass dies letztlich auch mit dem Begriff des Mitarbeitgebers in Einklang zu bringen ist, wenn es bei der Mitarbeitgeberschaft diese Einmischung in die Personalverwaltung gibt und letztlich deshalb auch ein Weisungsverhältnis zwischen dieser anderen Gesellschaft und dem Arbeitnehmer.

Comme le critère de l'art. 19 est un critère large de la définition de la juridiction compétente plus précisément de rattachement à la compétence de la juridiction, c'est-à-dire cette espèce de notion très distendue de l'autorité qu'exerce l'employeur sur une autre personne, à son profit, on a considéré que ça rejoignait finalement la notion de co-emploi dans la mesure où, dans le co-emploi, il y a cet élément d'ingérence dans la gestion sociale de l'entreprise et en définitive, d'autorité qu'exercée par une autre société sur le salarié, ça rentrait dans la définition de l'art. 19 du règlement de Bruxelles.

18) Aus Ihrer jetzigen Perspektive: Denken Sie, dass der Kassationshof in Sachen *Aspocomp* verpflichtet gewesen wäre, ein Vorlageverfahren anzustrengen?

Bailly: Das wäre damals eine Möglichkeit gewesen, aber letztlich ging man damals davon aus, dass es ausreichend gemeinschaftsrechtliche Anhaltspunkte gab, um eine Anwendung an Art. 19 EuGVVO rechtfertigen zu können.

Ça aurait été une possibilité mais bon, à l'époque on estimait qu'il y avait des éléments suffisants pour justifier le rattachement.

19) Bewirkt die Qualifizierung als Mitarbeitgeberin, dass die Konzernmutter in das Arbeitsverhältnis zwischen Tochtergesellschaft und Arbeitnehmer eintritt und dadurch auch Teil des Arbeitsvertrages wird?

Bailly: Bislang hat man sich nur bei wirtschaftlich bedingten Kündigungen auf das Konstrukt des *co-emploi* berufen.

Es wurde behauptet, dass ein wirtschaftlich induzierter Kündigungsgrund nicht bei beiden Arbeitgebern vorlag, von denen einer beschlossen hatte, sein Geschäft aufzugeben oder von denen einer seine Zahlungen eingestellt hatte, und es wurde darauf abgestellt, dass zwar ein Kündigungsgrund bei diesem Arbeitgeber vorlag, aber eben kein gemeinsamer Kündigungsgrund bei beiden Arbeitgebern.

Außerdem hat die Mitarbeitgeberschaft Auswirkung auf die Anforderungen an die Erstellung eines PSE, weil der PSE dann nicht nur die Situation bei der Tochtergesellschaft, sondern auch die Situation bei der Konzernmutter berücksichtigen muss. Wenn beide Gesellschaften Mitarbeitgeber sind, ist der Plan ungenügend und die Kündigungen nichtig.

Bis jetzt sind das die einzigen Aspekte, bei denen eine Mitarbeitgeberschaft geltend gemacht wurde. Wir mussten uns nicht damit auseinanderzusetzen, ob die Arbeitnehmer gegebenenfalls von der Konzernmutter in ihrer Eigenschaft als Mitarbeitgeberin Gehalt verlangen können. Fest steht, dass der Mitarbeitgeber den Vorzug hat, für den Arbeitnehmer einen weiteren Schuldner zu generieren.

En fait, le co-emploi n'a été invoqué que dans le cadre de licenciement économique. Donc il a été invoqué pour soutenir que la cause économique n'existait pas dans la personne des deux co-employeurs dont l'un avait décidé de cesser d'activités ou l'un était en état de cessation de paiements et qu'il y avait une cause économique qui lui était propre mais pas une cause commune de deux co-employeurs. Ça a aussi une incidence sur les licenciements économiques pour l'élaboration du PSE puisqu'il doit être adapté non seulement à la situation de la filiale mais de la société mère. Et si elles sont des co-employeurs, le plan est insuffisant alors il entraîne la nullité de licenciements. Et c'est tout jusqu'à maintenant, ce sont uniquement ces aspects qui ont été invoqués en matière de co-emploi. On ne s'est pas penché sur le problème de savoir si les salariés pourraient éventuellement demander à la société mère le salaire ou quelque chose comme ça en qualité de co-employeur. Mais c'est sûr que la qualité de co-employeur a priori est de rendre débitrice à un salarié

20) Bedeutet das letztlich, dass der Kassationshof Urteile zur Mitarbeitgeberschaft fällt, ohne die Rechtsnatur des Mitarbeitgebers zu kennen?

Bailly: Eine Gesellschaft wird als Mitarbeitgeberin betrachtet aufgrund dreifacher Vermischung. Weitere Rechtsfolgen, die sich aus der Qualifizierung als Mitarbeitgeber ergeben, sind natürlich denkbar, aber wir hatten bislang noch keinen Fall dazu. Ich glaube, der *co-emploi* wurde bislang hauptsächlich als Mittel angesehen, mit dessen Hilfe man sich gegen die Konsequenzen absichern kann, die wirtschaftlich bedingte Kündigungen nach sich ziehen.

Bien, elle est considérée comme co-employeur de fait de cette confusion. D'autres conséquences de cette qualification comme co-employeur sont envisageables mais on n'avait pas eu des contentieux là-dessus. Je crois que le co-emploi était essentiellement envisagé comme un moyen finalement de se garantir contre de conséquences de licenciements économiques.

21) Aber halten Sie den Mitarbeitgeber für einen vertraglichen oder außervertraglichen Arbeitgeber?

Bailly: Der Mitarbeitgeber gilt als vertraglicher Arbeitgeber aufgrund dreifacher Vermischung.

Le co-employeur est considéré comme un employeur contractuel du fait de la confusion.

22) Muss die Konzernmutter einen zweiten PSE erstellen oder genügt es, dass sie dem vertraglichen Arbeitgeber bei der Erstellung hilft?

Bailly: Es würde ein gemeinsamer Plan genügen. Problematisch daran ist allerdings, dass die Konzernmutter zum Zeitpunkt, zu dem ein PSE erstellt werden muss, nicht weiß, dass sie Mitarbeitgeberin ist. Sie würde einen Plan also nie erstellen.

Oui, ça suffirait, s'il y a un plan commun aux coemployeurs. Mais le problème est toujours que la société mère ne va pas considérer qu'elle est co-employeur. Elle n'établirait jamais un plan. Alors a priori elle ne va pas le faire.

23) Würde es denn auch genügen, wenn nur der vertragliche Arbeitgeber einen ordnungsgemäßen PSE erstellte?

Bailly: Natürlich, wenn der PSE auch alle Mittel und Möglichkeiten berücksichtigt, über die die Mitarbeitgeber-Gesellschaft und der Konzern verfügen. Es wäre meines Erachtens sogar zulässig, wenn der PSE nur den Mitteln und Möglichkeiten der Konzernmutter gerecht würde. Aber genau an dieser Stelle gibt es im Moment einen noch völlig unbekannten Aspekt wegen des neuen Gesetzes zur Sicherung des Arbeitsplatzes. Ich weiß nicht, welche Position die Verwaltungsgerichte zur Frage des *co-emploi* einnehmen werden. Von nun an läuft das PSE-Verfahren wie folgt ab: Der Plan wird der Arbeitsaufsichtsbehörde vorgelegt, die den Plan dann bestätigt oder genehmigt. Anschließend gibt es die Möglichkeit, diese Entscheidung der Arbeitsaufsichtsbehörde, aber nicht den PSE selbst, vor den Verwaltungsgerichten anzugreifen.

Bien sûr. Par exemple un PSE qui tient compte de tous les moyens dont dispose la société co-employeur et le groupe. Je dirai qu'il est justifié si un plan était adapté aux moyens de la société mère. Mais là, il y a maintenant un inconnu, comme vous le savez à cause de la loi de sécurisation de l'emploi. Je ne sais pas quelle sera la position de la juridiction administrative sur cette question de co-emploi. La manière dont la procédure se déroule désormais est la suivant: le plan est soumis à l'Administration du travail qui le valide ou l'homologue et ensuite on fait un recours éventuel devant la juridiction administrative mais pas contre le plan lui-même mais contre la décision de l'Administration.

24) Steht diese Möglichkeit denn auch den Arbeitnehmern zur Verfügung?

Bailly: Ja, auch die Arbeitnehmer oder der Unternehmensausschuss können gegen die Entscheidung der Arbeitsaufsichtsbehörde vorgehen.

Oui, ce recours est aussi ouvert aux salariés ou au comité d'entreprise.

25) Wenn die Tochtergesellschaft einen PSE erstellt, muss die Arbeitsaufsichtsbehörde dann immer überprüfen, ob es eine Mitarbeitgeberschaft gibt?

Bailly: Das könnte sie tun, wenn etwa die Arbeitnehmervertreter, sobald sie zum PSE konsultiert werden, oder eine Gewerkschaft oder sogar ein Arbeitsinspektor, der die Arbeit im Unternehmen kontrolliert, bemerken, dass das Unternehmen tatsächlich von anderer Stelle aus geleitet wird und sie deshalb von einer Mitarbeitgeberschaft ausgehen. Unterbreiten sie der Arbeitsaufsichtsbehörde diese Einschätzung und lehnt die Arbeitsaufsichtsbehörde daraufhin eine Mitarbeitgeberschaft ab und bestätigt deshalb den PSE und würde das Verwaltungsgericht anschließend ebenfalls so entscheiden wie die Arbeitsaufsichtsbehörde, dann gäbe es keine Möglichkeit mehr, vor der Arbeitsgerichtsbarkeit die Kündigungen anzugreifen wegen eines fehlenden PSE in einer Mitarbeitgeberschaft-Situation. Denn die Verwaltungsentscheidung bindet dann die Arbeitsgerichte hinsichtlich der Gültigkeit des PSE.

Elle pourrait si par exemple les représentants du personnel puisqu'ils sont consultés sur le plan ou un syndicat ou même un inspecteur du travail qui fera un contrôle du travail dans l'entreprise perçoivent qu'en réalité l'entreprise est dirigée ailleurs que sur place et considéré qu'il y avait co-emploi et donc si cette question serait soumises à l'Administration du travail et si l'Administration du travail prenait position là-dessus en disant: on invoque un co-emploi qui n'existe pas et je donc valide le plan et en recours juridictionnel la juridiction administrative dit la même chose à ce moment il aurait aucune possibilité pour un contestation devant une juridiction prud'homale puisque il y aurait l'autorité de la chose soit décidée par l'Administration soit de la chose jugée par la juridiction administrative sur la validité même du plan.

26) Wenn sich die Arbeitsaufsichtsbehörde aber nicht zur Mitarbeitgeberschaft äußerte und den Plan genehmigte und die zweimonatige Rechtsbehelfsfrist ablaufen würde, gäbe es auch dann keine Möglichkeit mehr für die Arbeitnehmer sich auf eine Mitarbeitgeberschaft zu berufen und damit den PSE anzuzweifeln?

Bailly: Es gibt dann keine Möglichkeit mehr, wenn entweder die Arbeitsaufsichtsbehörde oder das Verwaltungsgericht abschließend Stellung dazu bezogen hat, ob eine Mitarbeitgeberschaft vorliegt oder nicht. Wurde dazu nie etwas gesagt, weil entweder kein PSE vorgelegt wurde oder nie behauptet wurde, dass es eine Mitarbeitgeberschaft gibt, kann dieser Frage sehr wohl noch vor dem Arbeitsrichter nachgegangen werden. Das heißt, dass sie sich vor den Arbeitsgerichten darauf berufen könnten, dass zwar zugegebenermaßen der PSE genehmigt und daraufhin nicht angegriffen wurde, es aber einen Mitarbeitgeber gab und der PSE nicht von diesem Mitarbeitgeber erstellt wurde, weswegen die Kündigungen unwirksam sind.

Das wäre eine Möglichkeit, jedoch vorbehaltlich dessen, was nun in Zukunft die Verwaltungsgerichte und die Zivilgerichte dazu sagen. Sie könnten ausführen, dass es ja sehr wohl ein Rechtsmittel gegen die Bestätigungs- oder Genehmigungsentscheidung, nämlich den Weg zum Verwaltungsgericht, gibt. Wenn die Arbeitnehmer und die Gewerkschaften des Unternehmens also bereits zum

Zeitpunkt, zu dem sie die Entscheidung der Arbeitsaufsichtsbehörde hätten angreifen müssen, wussten, dass es einen Mitarbeitgeber gab, können sie die Mitarbeitgeberschaft dann nicht mehr vor den Zivilgerichten geltend machen. Man könnte also tatsächlich den Arbeitnehmern entgegenhalten, dass sie bereits die Möglichkeit hatten, die Unwirksamkeit des PSE vor dem Verwaltungsgericht innerhalb zweimonatiger Frist geltend zu machen, weil ein zusätzlicher Mitarbeitgeber existierte und dass, wenn sie von dieser Möglichkeit keinen Gebrauch machten, sie auch nicht mehr vor das Zivilgericht ziehen dürften. Zu dieser Diskussion wird es sicher kommen.

Il n'y a pas de possibilité si dans le cadre de la procédure administrative de contrôle de plan, l'Administration ou la juridiction administrative a pris position sur cette question du co-emploi. Mais si elle n'a pas pris position parce que le plan n'a pas été soumis, parce qu'elle n'a jamais soutenu qu'il y a un co-emploi, la contestation peut se poser devant le juge au contrat du travail. C'est-à-dire devant le Conseil de prud'homme ils peuvent soutenir que certes il y a un plan homologué et qui n'a pas été contesté, mais comme il y avait un co-employeur du coup le plan n'était pas établi par ce co-employeur et du coup les licenciements sont nuls.

Alors ça serait une possibilité – sous réserve de ce qui décidera la juridiction administrative et de ce qui décidera aussi le juge judiciaire parce qu'on pourrait aussi dire puisqu'il y a d'autre recours contre la décision d'homologation du plan alors que les salariés et les syndicats de l'entreprise savaient qu'il y avait un co-employeur on ne peut plus discuter sur ca devant le juge judiciaire. Ça serait peut-être une autre possibilité de l'opposer aux salariés en disant vous avez la possibilité de faire une contestation devant le juge administratif dans le délai de deux mois pour soutenir que le plan était nul parce qu'il ne tenait pas compte de co-emploi, vous ne le pouvez plus faire et pas aujourd'hui. Alors, c'est une discussion qui se posera.

27) Wie sehen Sie die Zukunft der Theorie des Mitarbeitgebers? Denken Sie, dass die Instanzgerichte diese Theorie weiterhin derart extensiv anwenden werden?

Bailly: Das kommt darauf an, was vor diese Gerichte gebracht wird. Sicher gibt es eine Tendenz bei den Anwälten der Arbeitnehmer, nach einem anderen Schuldner als dem vertraglichen Arbeitgeber selbst zu suchen und es wird inzwischen auch die Gültigkeit des PSE angegriffen, was wiederum Auswirkung auf die Kündigungen hat. Allerdings schätzen die Arbeitnehmer die Rechtsfolgen, die eine Annullierung des Plans nach sich zieht, nicht immer richtig ein. Denn sobald sie sich auf die Unwirksamkeit ihrer Kündigungen berufen, weil kein Plan erstellt wurde und der PSE deshalb unwirksam ist, müssen sie auch das zurückerstatten, was sie aufgrund des PSE erhalten haben. Manchmal berücksichtigen sie dabei nicht, dass der Betrag, den sie zurückerstatten müssen, sehr interessant ist und möglicherweise höher ausfällt als die Schadensersatzzahlungen, die sie aufgrund unwirksamer Kündigungen erhalten.

Ça dépend de ce que va être soutenu devant eux. C'est sûr qu'il y a une tendance chez les défenseurs des salariés à vouloir chercher un autre garant/ débiteur que l'employeur lui-même et il y ait contesté par-là aussi la validité du plan. Ce qui est évidemment une incidence sur les licenciements. Des salariés ne mesurent pas toujours les conséquences de l'annulation du plan parce que comme ils invoquent la nullité des licenciements à cause de l'absence de plan, le plan est nul et alors à ce moment-là il faut restituer ce qu'ils ont reçu dans le plan. Quelques fois ils ne se rendent pas compte de ce qu'ils vont avoir restitué dès le plan est très intéressant et ça serait supérieur à ce qu'on a aperçu comme dommage-intérêts.

28) In welchem Anwendungsfeld wird man die Theorie des Mitarbeitgebers in Zukunft überwiegend antreffen?

Bailly: Die Theorie des Mitarbeitgebers wird weiterhin ein Problem bei Kündigungen bleiben. Ich glaube nicht, dass sie auch in anderen Bereich wie der Arbeitnehmervertretung Anwendung finden wird. Es würde zu kompliziert werden wenn es beispielsweise nur eine gemeinsame Arbeitnehmervertretung gäbe oder nur einen Tarifvertrag. Das kann ich mir nicht vorstellen. Es gibt zu viele rechtliche Unterschiede zwischen den verschiedenen Ländern und Frankreich. Wenn es zwei Mitarbeitgeber in Frankreich gibt, mag sich das noch einfacher gestalten, selbst wenn es um kollektives Arbeitsrecht geht.

Beispielsweise ist Anknüpfungspunkt dafür, welcher Tarifvertrag anwendbar ist, die Haupttätigkeit des Arbeitgebers. Falls also der Mitarbeitgeber eine andere Haupttätigkeit ausübt als der vertragliche Arbeitgeber und ist der Tarifvertrag, der deshalb Anwendung findet, vorteilhafter, kann der Arbeitnehmer ein Interesse daran haben, sich dies Tatsache zunutze zu machen und sich deshalb darauf berufen, dass er unter den Tarifvertrag des Mitarbeitgebers fällt und nicht unter den der Tochtergesellschaft, der weniger interessant für ihn ist. In Unternehmen, die in unterschiedlichen Ländern sitzen, ist es aber unmöglich das tatsächlich umzusetzen.

Ça va rester un problème des licenciements, des ruptures du contrat de travail. On ne pense pas qu'on en va en d'autres domaines comme la représentation du personnel ça va être trop compliquée comme on a une institution ou une convention collective. Je n'imagine pas, on a trop différence entre des pays différents et en France, c'est très différent. Si on a deux co-employeurs en France, c'est plus facile, même du point du vue du statut collectif parce qu'on peut soutenir en ce moment-là que comme on y a deux co-employeurs, comme les critères au rattachement aux conventions collective c'est l'activité principale de l'employeur et si le co-employeur est beaucoup plus important et a une activité différente relative à son statut collectif plus avantageux, ça le salarié peut avoir un intérêt de se prévaloir de ça pour dire qu'on relève le statut collectif du co-employeur et non pas de celui de notre filiale qui est moins intéressante. Mais quand ça s'emporte dans les entreprises qui sont dans des pays différents c'est impossible de mettre en œuvre.

29) Danke für das Interview.

Entscheidungsverzeichnis

Europäische Gerichte

Europäischer Gerichtshof, Urt. v. 4. 03. 1982 – C-38/81 Effer, Slg. 1982, I-825

Europäischer Gerichtshof, Urt. v. 23. 03. 1982 – C-53/81 Levin, Slg. 1982, I-1035, 1048 Rn. 9

Europäischer Gerichtshof, Urt. v. 13. 11. 1984 – C-283/83 Racke, Slg. 1984, I-3791, Rn. 7

Europäischer Gerichtshof, Urt. v. 3. 07. 1986 – C-66/85 Lawrie Blum, Slg. 1986, 2121, 2144, Rn. 17

Europäischer Gerichtshof, Urt. v. 25. 07. 1991 – C-221/89 Factortame, Slg.1991, I-3905, Rn. 20

Europäischer Gerichtshof, Urt. v. 19. 11. 1991 – C-6/90 und C-9/90 Francovich, Slg. 1991, I-5357

Europäischer Gerichtshof, Urt. v. 13. 07. 1993 – C-125/92 Mulox IBC, Slg. 1993, I-4075, Rn. 11

Europäischer Gerichtshof, Urt. v. 30. 11. 1995 – C-55/94 Gebhard, Slg. 1995, I-4165, Rn. 37

Europäischer Gerichtshof, Urt. v. 15. 12. 1995 – C-415/93 Bosman, Slg. 1995, I-4921

Europäischer Gerichtshof, Urt. v. 5. 03. 1996 – C-46/93 und C-48/93 Brasserie du Pêcheur, Slg. 1996, I-1029

Europäischer Gerichtshof, Urt. v. 9. 07. 1997 – C-383/95 Rutten, Slg. 1997, I-57 Rn. 12

Europäischer Gerichtshof, Urt. v. 13. 04. 2000 – C-251/98 Baars, Slg. 2000, I-2787, Rn. 22

Europäischer Gerichtshof, Urt. v. 27. 02. 2002 – C-37/00 Weber, Slg. 2002, I-2013, Rn. 60

Europäischer Gerichtshof, Urt. v. 5. 11. 2002 – C-208/00 Überseering, Slg. 2002, I-9919, Rn. 92

Europäischer Gerichtshof, Urt. v. 10. 04. 2003 – C-437/00 Pugliese, Slg. 2003, I-3573, Rn. 27 ff.

Europäischer Gerichtshof, Urt. v. 30. 09. 2003 – C-224/01 Köbler, Slg. 2003, I-10239, Rn. 53 ff.

Europäischer Gerichtshof, Urt. v. 17. 03. 2005 – C-109/04 Kranemann, Slg. 2005 I-2421, 2438, Rn. 12

Europäischer Gerichtshof, Urt. v. 2. 05. 2006 – C-341/04 Eurofood, Slg. 2006 I 3813, Rn. 34, NZI 2006, 360, 361

Europäischer Gerichtshof, Urt. v. 10. 05. 2007 – C-492/04 Lasertec, Slg. 2007, I-3775

Europäischer Gerichtshof, Urt. v. 22. 05. 2008 – C-462/06 Glaxosmithkline, Slg. 2008, I-3965, Rn. 28

Europäischer Gerichtshof, Urt. v. 10. 02. 2009 – C-110/05 Kommission/ Italien, Slg. 2009, I-519

Europäischer Gerichtshof, Urt. v. 10. 09. 2009 – C-44/08 Akavan Erityisalojen Keskusliitto, Slg. 2009, I-0000

Europäischer Gerichtshof, Urt. v. 21. 10. 2010 – C-242/09 Albron Catering, Slg. 2010, I-10309

Europäischer Gerichtshof, Urt. v. 15. 12. 2011 – C-191/10 Rastelli Davide, NZI 2012, 147

Europäischer Gerichtshof, Urt. v. 7. 03. 2013 – C-577/11 DKV Belgium, noch nicht in der amtl. Slg.

Französische Gerichte

Conseil constitutionnel, Urt. v. 16. 01. 1982 – n° 1982–141 DC

Conseil constitutionnel, Urt. v. 22. 01. 1990 – n° 1989–269 DC

Conseil constitutionnel, Urt. v. 2. 01. 2002 – n° 2002–455 DC

Conseil constitutionnel, Urt. v. 12. 01. 2002 – n° 2001–455 DC

Conseil constitutionnel, Urt. v. 13. 01. 2005 – n° 2005–509 DC

Cour de cassation Assemblée plenière, Urt. v. 29. 03. 1991 – n° 89–15231, Bulletin 1991 A.P. n° 1

Cour de cassation chambre civile, Urt. v. 6. 07. 1931, GADT n° 1

Cour de cassation chambre civile, Urt. v. 12. 12. 2002 – n° 00–13553, Bulletin civil II n° 289

Cour de cassation chambre civile, Urt. v. 23. 10. 2003 – n° 01–15391, Bulletin civil II n° 330

Cour de cassation chambre commerciale, Urt. v. 12. 02. 1980 – n° 78–12872, Bulletin civil V n° 73

Cour de cassation chambre commerciale, Urt. v. 24. 05. 1982 – n° 81–11268, Bulletin civil V n° 195

Cour de cassation chambre commerciale, Urt. v. 11. 05. 1993 – n° 91–10569, Bulletin civil IV n° 187

Cour de cassation chambre commerciale, Urt. v. 2. 04. 1996 – n° 94–16380, Bulletin civil V n° 113

Cour de cassation chambre commerciale, Urt. v. 15. 02. 2000 – n° 97–18821, unveröffentlicht

Cour de cassation chambre commerciale, Urt. v. 6. 06. 2000 – n° 96–21134, unveröffentlicht

Cour de cassation chambre commerciale, Urt. v. 5. 05. 2004 – n° 01–02041, Bulletin civil IV n° 82

Cour de cassation chambre commerciale, Urt. v. 19. 04. 2005 – n° 05–10094, Bulletin civil IV n° 92

Cour de cassation chambre commerciale, Urt. v. 2. 11. 2005 – n° 02–15895, unveröffentlicht

Cour de cassation chambre commerciale, Urt. v. 7. 03. 2006 – n° 04–20355, unveröffentlicht

Cour de cassation chambre commerciale, Urt. v. 13. 02. 2007 – n° 05–12261, unveröffentlicht

Cour de cassation chambre commerciale, Urt. v. 26. 06. 2007 – n° 06–17821, Bulletin civil IV n° 177

Cour de cassation chambre commerciale, Urt. v. 3. 07. 2012 – n° 11–18026, Bulletin civil IV n° 146

Cour de cassation chambre commerciale, Urt. v. 10. 07. 2012 – n° 11–18973, unveröffentlicht

Cour de cassation chambre commerciale, Urt. v. 19. 11. 2013 – n° 12–28367, unveröffentlicht

Cour de cassation chambre sociale, Urt. v. 31. 05. 1956 – n° 56–04323, Bulletin civil V n° 499

Cour de cassation chambre sociale, Urt. v. 23. 06. 1960, GADT n° 18

Cour de cassation chambre sociale, Urt. v. 1. 02. 1961, Bulletin civil IV n° 146

Cour de cassation chambre sociale, Urt. v. 15. 06. 1966 – n° 65–40384, Bulletin civil V n° 587

Cour de cassation chambre sociale, Urt. v. 13. 05. 1969 – n° 68–40415, unveröffentlicht

Cour de cassation chambre sociale, Urt. v. 10. 04. 1975, Bulletin civil V n° 188

Cour de cassation chambre sociale, Urt. v. 9. 11. 1978, Bulletin civil V n° 760

Cour de cassation chambre sociale, Urt. v. 3. 02. 1983 – n° 80–41819, Bulletin civil V n° 760

Cour de cassation chambre sociale, Urt. v. 3. 10. 1989 – n° 88–42835, Bulletin civil V n° 559

Cour de cassation chambre sociale, Urt. v. 3. 04. 1990 – n° 87–44904, RJS 5/90 n° 354

Cour de cassation chambre sociale, Urt. v. 15. 05. 1991 – n° 89–44928, Bulletin civil V n° 238

Cour de cassation chambre sociale, Urt. v. 1. 04. 1992 – n° 89–43494, Bulletin civil V n° 228

Cour de cassation chambre sociale, Urt. v. 25. 06. 1992 – n° 90–41244, Bulletin civil V n° 420

Cour de cassation chambre sociale, Urt. v. 5. 04. 1995 – n° 93–42690, Bulletin civil V n° 123

Cour de cassation chambre sociale, Urt. v. 17. 05. 1995 – n° 94–10535, GADT n° 108

Cour de cassation chambre sociale, Urt. v. 22. 02. 1996 – n° 93–40523, Bulletin civil V n° 65

Cour de cassation chambre sociale, Urt. v. 13. 11. 1996, GADT n° 2

Cour de cassation chambre sociale, Urt. v. 13. 02. 1997 – n° 96–14874, Bulletin civil V n° 64

Cour de cassation chambre sociale, Urt. v. 26. 06. 1997 – n° 94–45173, unveröffentlicht

Cour de cassation chambre sociale, Urt. v. 27. 10. 1998 – n° 95–42220, Bulletin civil V n° 452

Cour de cassation chambre sociale, Urt. v. 17. 03. 1999 – n° 97–40515, Bulletin civil V n° 127

Cour de cassation chambre sociale, Urt. v. 6. 07. 1999 – n° 97–41547, Bulletin civil V n° 328

Cour de cassation chambre sociale, Urt. v. 1. 03. 2000 – n° 98–40340, Bulletin civil V n° 81

Cour de cassation chambre sociale, Urt. v. 28. 03. 2000 – n° 98–21870, Bulletin civil V n° 131

Cour de cassation chambre sociale, Urt. v. 11. 07. 2000 – n° 98–40146, unveröffentlicht

Cour de cassation chambre sociale, Urt. v. 18. 07. 2000 – n° 99–60353, Bulletin civil V n° 229

Cour de cassation chambre sociale, Urt. v. 19. 12. 2000, GADT n° 3

Cour de cassation chambre sociale, Urt. v. 16. 01. 2001 – n° 98–44647, Bulletin civil V n° 10

Cour de cassation chambre sociale, Urt. v. 17. 01. 2001 – n° 98–46447, Bulletin civil V n° 13

Cour de cassation chambre sociale, Urt. v. 14. 03. 2001 – n° 99–40889, unveröffentlicht

Cour de cassation chambre sociale, Urt. v. 11. 12. 2001 – n° 99–42586, Bulletin civil V n° 378

Cour de cassation chambre sociale, Urt. v. 28. 02. 2002 – n° 99–17201, Bulletin civil V n° 81

Cour de cassation chambre sociale, Urt. v. 15. 10. 2002 – n° 01–46240, Bulletin civil V n° 311

Cour de cassation chambre sociale, Urt. v. 16. 03. 2004 – n° 01–44477, unveröffentlicht

Cour de cassation chambre sociale, Urt. v. 1. 06. 2004 – n° 01–47165, unveröffentlicht

Cour de cassation chambre sociale, Urt. v. 9. 06. 2004 – n° 01–43802, unveröffentlicht

Cour de cassation chambre sociale, Urt. v. 8. 12. 2004 – n° 02–43963, unveröffentlicht

Cour de cassation chambre sociale, Urt. v. 12. 07. 2005 – n° 03–45394, Bulletin civil V n° 244

Cour de cassation chambre sociale, Urt. v. 28. 09. 2005 – n° 04–60517, nicht veröffentlicht

Cour de cassation chambre sociale, Urt. v. 14. 12. 2005 – n° 03–44380, Bulletin civil V n° 365

Cour de cassation chambre sociale, Urt. v. 17. 01. 2006 – n° 04–40740, Bulletin civil V n° 16

Cour de cassation chambre sociale, Urt. v. 25. 01. 2006 – n° 04–45341, unveröffentlicht

Cour de cassation chambre sociale, Urt. v. 10. 10. 2006 – n° 04–43453, Bulletin civil V n° 296

Cour de cassation chambre sociale, Urt. v. 19. 06. 2007 – n° 05–42551, Bulletin civil V n° 109

Cour de cassation chambre sociale, Urt. v. 19. 06. 2007 – n° 05–42570, DO 2007, S. 522 ff.

Cour de cassation chambre sociale, Urt. v. 4. 10. 2007 – n° 06–44486, unveröffentlicht

Cour de cassation chambre sociale, Urt. v. 31. 10. 2007 – n° 06–43535, unveröffentlicht

Cour de cassation chambre sociale, Urt. v. 14. 11. 2007 – n° 05–21239, Bulletin civil V n° 188

Cour de cassation chambre sociale, Urt. v. 27. 11. 2007 – n° 06–42745, unveröffentlicht

Cour de cassation chambre sociale, Urt. v. 27. 03. 2008 – n° 07–40229, unveröffentlicht

Cour de cassation chambre sociale, Urt. v. 28. 05. 2008 – n° 06–45395, unveröffentlicht

Cour de cassation chambre sociale, Urt. v. 19. 06. 2008 – n° 07–42547, unveröffentlicht

Cour de cassation chambre sociale, Urt. v. 26. 06. 2008 – n° 07–41294, unveröffentlicht

Cour de cassation chambre sociale, Urt. v. 26. 06. 2008 – n° 07–41294 - 07–41316, RJS 10/2008 n° 955

Cour de cassation chambre sociale, Urt. v. 22. 10. 2008 – n° 07–42230, unveröffentlicht

Cour de cassation chambre sociale, Urt. v. 16. 12. 2008 – n° 07–43875, Bulletin civil V n° 255

Cour de cassation chambre sociale, Urt. v. 8. 07. 2009 – n° 08–41644, unveröffentlicht

Cour de cassation chambre sociale, Urt. v. 13. 01. 2010 – n° 08–15776, Bulletin civil V n° 5

Cour de cassation chambre sociale, Urt. v. 28. 09. 2010 – n° 09–41243, BJS 2010, n° 217, S. 995 ff.

Cour de cassation chambre sociale, Urt. v. 18. 01. 2011 – n° 09–69199, Bulletin civil V n° 23

Cour de cassation chambre sociale, Urt. v. 1. 02. 2011 – n° 10–30334, unveröffentlicht

Cour de cassation chambre sociale, Urt. v. 22. 06. 2011 – n° 09–69021, BJS 2011, n° 454, S. 906

Cour de cassation chambre sociale, Urt. v. 6. 07. 2011 – n° 09–69689, Bulletin civil V n° 185

Cour de cassation chambre sociale, Urt. v. 28. 09. 2011 – n° 10–12278, unveröffentlicht

Cour de cassation chambre sociale, Urt. v. 3. 11. 2011 – n° 10–17533, unveröffentlicht

Cour de cassation chambre sociale, Urt. v. 3. 11. 2011 – n° 10–15176, unveröffentlicht

Cour de cassation chambre sociale, Urt. v. 30. 11. 2011 – n° 10–22964, Bulletin civil V n° 284

Cour de cassation chambre sociale, Urt. v. 13. 12. 2011 – n° 10–21745, unveröffentlicht

Cour de cassation chambre sociale, Urt. v. 18. 01. 2012 – n° 10–11537, unveröffentlicht

Cour de cassation chambre sociale, Urt. v. 15. 02. 2012 – 10–13897, RJS 5/12 n° 410

Cour de cassation chambre sociale, Urt. v. 6. 03. 2012 – n° 10–20449, RJS 5/12 n° 409

Cour de cassation chambre sociale, Urt. v. 27. 03. 2012 – n° 11–14223, Bulletin civil V n° 108

Cour de cassation chambre sociale, Urt. v. 3. 05. 2012 – n° 10–27461, unveröffentlicht

Cour de cassation chambre sociale, Urt. v. 12. 09. 2012 – n° 11–12351, unveröffentlicht

Cour de cassation chambre sociale, Urt. v. 13. 02. 2013 – n° 11–26866, unveröffentlicht

Cour de cassation chambre sociale, Urt. v. 20. 02. 2013 – n° 11–19305, unveröffentlicht

Cour de cassation chambre sociale, Urt. v. 13. 03. 2013 – n° 11–26089, unveröffentlicht

Cour de cassation chambre sociale, Urt. v. 25. 09. 2013 – n° 11–25733, unveröffentlicht

Cour de cassation chambre sociale, Urt. v. 25. 09. 2013 – n° 12–14353, unveröffentlicht

Cour d'appel de Bordeaux, Urt. v. 1. 07. 2008 – n° 06–05137

Cour d'appel de Chambéry, Urt. v. 27. 01. 2009, RDT 2010, S. 532

Cour d'appel de Colmar, Urt. v. 26. 03. 2013 – n° 13–00317

Cour d'appel de Douai, Urt. v. 2. 10. 2003, Recueil Dalloz 2003 AJ 2571

Cour d'appel de Lyon, Urt. v. 18. 12. 2006 – n° 06–07912

Cour d'appel de Lyon, Urt. v. 6. 02. 2008 – n° 06–06013

Cour d'appel de Nîmes, Urt. v. 13. 12. 2011 – n° 11–02640

Cour d'appel de Paris, Urt. v. 1. 07. 2005 – n° 05–05274

Cour d'appel de Paris, Urt. v. 10. 04. 2008 – n° 07–10060

Cour d'appel de Paris, Urt. v. 25. 11. 2008 – n° 08–01336

Cour d'appel de Paris, Urt. v. 13. 03. 2013 – n° 12–04640

Cour d'appel de Paris, Urt. v. 24. 10. 2013 – n° 12–05650

Cour d'appel de Reims, Urt. v. 14. 03. 2011 – n° 11–00313

Cour d'appel de Reims, Urt. v. 31. 08. 2011 – n° 11–02218

Cour d'appel de Rouen, Urt. v. 22. 03. 2005 – n° 04–02545

Cour d'appel de Toulouse, Urt. v. 7. 02. 2013 – n° 12–04150

Cour d'appel de Versailles, Urt. v. 26. 07. 2007 – n° 06–03812

Cour d'appel de Versailles, Urt. v. 31. 10. 2011 – n° 10–00578

Conseil de prud'hommes Aubenas, Urt. v. 15. 04. 2008, DO 2008, S. 478

Conseil de prud'hommes Compiègne, Urt. v. 30. 08. 2013 – n° 12–00162

Conseil de prud'hommes Lens, Urt. v. 27. 06. 2008 – Cahiers sociaux 2009, n° 210, S. 110

Conseil de prud'hommes Nancy, Urt. v. 22. 03. 2013 – n° 13–00657

Conseil de prud'hommes Paris, Urt. v. 25. 10. 2012 – n° 09–09706

Tribunal administratif de Cergy-Pontoise, Urt. v. 9. 03. 2010, DO 2010, 598 f.

Tribunal administratif de Grenoble, Urt. v. 4. 04. 2008, DO 2011, 274 f.

Tribunal de commerce Orléans, Urt. v. 1. 06. 2012 – n° 10–11170

Tribunal de grande instance Lons-le-Saunier, Urt. v. 22. 08. 2012 – n° 12–01079, RJS 11/12 n° 860

Tribunal de grande instance Paris, Urt. v. 11. 12. 2012 – n° 12–10413

Tribunal de grande instance Péronne, Urt. v. 18. 08. 2009 – n° 07–00856

Tribunal des affaires de sécurié sociale de Melun, Urt. v. 11. 05. 2012 – n° 10–00924

Amerikanische Gerichte

Frank v. U.S. West, Inc. – 10th Circuit 1993 (Court of Appeal), 3 F. 3d 1357, 1362

Swallows v. Barnes & Noble Book Stores – 6th Circuit 1997 (Court of Appeal), 128 F. 3d 990, 993–994

Trevino v. Celanese Corp. – 5th Circuit 1983 (Court of Appeal), 701 F. 2d 397, 403–404

Deutsche Gerichte

Bundesarbeitsgericht, Urt. v. 14. 10. 1982 – 2 AZR 568/80, AP Nr. 1 zu § 1 KSchG 1969

Bundesarbeitsgericht, Urt. v. 19. 11. 1992 – 10 AZR 290/91, Der Betrieb 1993, S. 843 ff.

Bundesarbeitsgericht, Urt. v. 9. 06. 1993 – 5 AZR 123/92, Der Betrieb 1994, 787

Bundesarbeitsgericht, Urt. v. 4. 10. 1994 – 3 AZR 910/93, NZA 1995, S. 368 ff.

Bundesarbeitsgericht, Urt. v. 21. 01. 1999 – 2 AZR 648/97, NZA 1999, 539

Bundesarbeitsgericht, Urt. v. 23. 11. 2004 – 2 AZR 24/04, NZA 2005, 929 ff.

Bundesarbeitsgericht, Urt. v. 23. 04. 2008 – 2 AZR 1110/06, NZA 2008, S. 939 ff.

Bundesarbeitsgericht, Urt. v. 15. 03. 2011 – 1 ABR 97/09, NZA 2011, S. 1112 ff.

Bundesgerichtshof, Urt. v. 16. 09. 1985 – II ZR 275/84, NJW 1986, 188 ff.

Bundesgerichtshof, Urt. v. 23. 09. 1991 – II ZR 135/90, NJW 1991, S. 3142 ff.

Bundesgerichtshof, Urt. v. 17. 09. 2001 – II ZR 178/99, BGHZ 149, 10

Bundesgerichtshof, Urt. v. 16. 07. 2007 – II ZR 3/04, NJW 2007, 2689 ff.

Kammergericht Berlin, Urt. v. 24. 09. 2009 – 8 U 250/08, NZG 2010, 71 ff.

Literaturverzeichnis

Monographien:

Aldea, Oliver E.: Das französische Kündigungsrecht im Spannungsfeld von Abfindungen und Bestandsschutz, 2010.

Auzero, Gilles; Dockès, Emmanuel: Droit du travail, 28. Aufl., 2014.

Bataille, Etienne; Savatier, Jean: La procédure prud'homale, 2009.

Bénabent, Alain: Droit des obligations, 13. Aufl., 2012.

Betz, Alexander: Die verfassungsrechtliche Absicherung der Vorlagepflicht. Zum Bedürfnis einer nationalen Nichtvorlagerüge, 2013.

Bezelgues, Sarkis: Konzerninsolvenzen in der Europäischen Union, 2008.

Bioy, Xavier: Libertés fondamentales et droits de l'homme, 2011.

Bonnard, Jérôme: Droit des sociétés, 9. Aufl., 2012.

Chaput, Yves: Droit des sociétés, 1. Aufl., 1993.

Constantin, Alexis: Droit des sociétés, 5. Aufl., 2012.

Cozian, Maurice; Viandier, Alain; Deboissy, Florence: Droit des sociétés, 25. Aufl., 2012.

Decocq, Georges: Droit commercial, 4. Aufl., 2009.

Desoutter, Vanessa: La responsabilité civile de la société mère vis-à-vis de sa filiale. Comparaison entre l'Aktiengesetz allemande et le droit français des groupes, 2012.

Dondero, Bruno: Droit des sociétés, 2. Aufl., 2011.

Fabricius, Fritz: Rechtsprobleme gespaltener Arbeitsverhältnisse im Konzern, 1982.

Fages, Bertrand: Droit des obligations, 3. Aufl., 2011.

Falcke, Günther: Konzernrecht in Frankreich. Abhängigkeit und einheitliche Leitung im französischen Recht der Gesellschaftsgruppen, 1. Aufl., 1996.

Favennec-Hery, Françoise; Verkindt, Pierre-Yves: Droit du travail, 3. Aufl., 2011.

Fleck, Klaus: Wörterbuch Recht. Dictionaire de droit : Französisch-Deutsch, Deutsch-Französisch, 2. Aufl., 2013.

Foerste, Ulrich: Insolvenzrecht, 5. Aufl., 2010.

Hanau, Peter; Steinmeyer, Heinz-Dietrich; Wank, Rolf: Handbuch des europäischen Arbeits- und Sozialrechts, 2002.

Haratsch, Andreas; Koenig, Christian; Pechstein, Matthias: Europarecht, 8. Aufl., 2012.

Hay, Peter: US-Amerikanisches Recht. Ein Studienbuch, 5. Aufl., 2011.

Henssler, Martin: Der Arbeitsvertrag im Konzern, 1983.

Herdegen, Matthias: Europarecht, 15. Aufl., 2013.

Hromadka, Wolfgang; Maschmann, Frank: Arbeitsrecht Band 1. Individualarbeitsrecht, 2012.

Junker, Abbo: Arbeitnehmereinsatz im Ausland. Anzuwendendes Recht und internationale Zuständigkeit, 2007.

Kaufmann, Otto: Wörterbuch Arbeits- und Sozialrecht. Französisch-Deutsch, Deutsch-Französisch = Dictionnaire de droit du travail et de droit de la sécurité sociale : français-allemand, allemand-français, 2004.

Keggenhoff, Carsten: Internationale Zuständigkeit bei grenzüberschreitenden Insolvenzverfahren. Der Mittelpunkt der hauptsächlichen Interessen gemäß Art. 3 Abs. 1 EuInsVO bei Gesellschaften und juristischen Personen, 2006.

Lefebvre, Francis: Mémento social, 2013.

Lefebvre, Francis; Gouthière, Bruno: Sociétés civiles, Edition 2014, 2013.

Liebmann, Sandra: Der Schutz des Arbeitnehmers bei grenzüberschreitenden Insolvenzen, 2005.

Malinvaud, Philippe; Laszlo-Fenouillet, Dominique: Droit des obligations, 12. Aufl., 2012.

Mazeaud, Antoine: Droit du travail, 8. Aufl., 2012.

Merle, Philippe: Sociétés commerciales. Droit commercial, 16. Aufl., 2012.

Mestre, Jacques; Velardocchio-Flores, Dominique; Mestre-Chami, Anne-Sophie: Lamy sociétés commerciales, 2013.

Miné, Michel; Marchand, Daniel: Le droit du travail en pratique, 24. Aufl., 2012.

Mouly, Jean: Droit du travail, 6. Aufl., 2012.

Münch, Thomas: Der Sozialplan im französischen Arbeitsrecht. Der plan de sauvegarde de l'emploi unter der Geltung des Loi de modernisation sociale und des französischen Insolvenzrechts, 2006.

Nikisch, Arthur: Arbeitsrecht, 1951.

Peifer, Markus: Das Recht der Kapitalgesellschaften in Frankreich, 2009.

Pélissier, Jean; Auzero, Gilles; Dockès, Emmanuel: Droit du travail, 27. Aufl., 2012.

Peskine, Elsa; Wolmark, Cyril: Droit du travail, 8. Aufl., 2013.

Porchy-Simon, Stéphanie: Les obligations. Droit civil, 2e année, 7. Aufl., 2012.

Radé, Christoph: Droit du travail, 5. Aufl., 2011.

Ray, Jean-Emmanuel: Droit du travail. Droit vivant, 22. Aufl., 2013.

Rivinius, Leo: Der Konzernkonkurs in Frankreich, 2000.

Saint-Alary-Houin, Corinne: Droit des entreprises en difficulté, 8. Aufl., 2013.

Schällig, Hagen: Insolvenzverwaltung in Deutschland und Frankreich, 2004.

Schuster, Ulrike: Betriebsbedingte Kündigung in Deutschland und Frankreich. Übereinstimmungen und Unterschiede, 1. Aufl, 2008.

Sonnenberger, Hans Jürgen; Dammann, Reinhard: Französisches Handels- und Wirtschaftsrecht, 3. Aufl., 2008.

Streinz, Rudolf: Europarecht, 9. Aufl., 2012.

Teyssié, Bernard: Code du travail 2014, 29. Aufl., 2013.

Thomy, Patricia: Individualrechtsschutz durch das Vorabentscheidungsverfahren, 1. Aufl., 2009.

Thüsing, Gregor: Europäisches Arbeitsrecht, 2. Aufl., 2011.

Tucci, Marco: Arbeitnehmermobilität im Konzern. Unter besonderer Berücksichtigung der Möglichkeiten und Grenzen konzerninterner Arbeitnehmerüberlassung, 2012.

Verdier, Jean-Maurice; Coeuret, Alain; Rotschild-Souriac, Marie-Armelle: Droit du travail, 16. Aufl., 2011.

Westpfahl, Lars; Götker, Uwe; Wilkens, Jochen: Grenzüberschreitende Insolvenzen, 2008.

Wiederkehr, Georges; Henry, Xavier; Tisserand-Martin, Alice; Venandet, Guy; Jacob, François: Code civil, 113. Aufl., 2013.

Windbichler, Christine: Arbeitsrecht im Konzern, 1989.

Worpenberg, Stephan: Die konzerninterne Arbeitnehmerüberlassung, 1993.

Ziegler, Katharina: Arbeitnehmerbegriffe im Europäischen Arbeitsrecht, 1. Aufl., 2011.

Zöllner, Wolfgang; Loritz, Karl-Georg; Hergenröder, Curt W.: Arbeitsrecht. Ein Studienbuch, 6. Aufl., 2008.

Gesetzeskommentare und Beiträge in Gesetzeskommentaren:

Bauerreis, Jochen: Länderbericht Frankreich, in: *Kindler/Nachmann.* Insolvenzrecht in Europa, 2013.

Baumbach, Adolf; Hopt, Klaus J. (Hrsg.): Handelsgesetzbuch, 36. Aufl., 2014.

Berg, Werner: Art. 340 AEUV, in: *Schwarze.* EU-Kommentar, 2012.

Calliess, Christian; Ruffert, Matthias (Hrsg.): EUV / AEUV. Das Verfassungsrecht der Europäischen Union mit Europäischer Grundrechtecharta; Kommentar, 4. Aufl., 2011.

Cremer, Wolfgang: Art. 258 AEUV, in: *Calliess/Ruffert.* EUV / AEUV, 2011.

Di Fabio, Udo: Art. 2 Abs. 1 GG, in: *Maunz/Dürig/Herzog, et al.* Grundgesetz, 2013.

Dornbusch, Gregor; Fischermeier, Ernst; Löwisch, Manfred (Hrsg.): Fachanwaltskommentar Arbeitsrecht, 5. Aufl, 2013.

Dreier, Horst: Art. 1 Abs. 3 GG, in: *Dreier.* Grundgesetz-Kommentar, 2013.

ders.: Grundgesetz-Kommentar, 3. Aufl., 2013.

Ehricke, Ulrich: Art. 267 AEUV, in: *Streinz.* EUV/AEUV, 2012.

Ellenberger, Jürgen: Einführung vor § 21 BGB, in: *Palandt.* Bürgerliches Gesetzbuch, 2014.

Emmerich, Volker; Habersack, Mathias (Hrsg.): Aktien- und GmbH-Konzernrecht. Kommentar, 7. Aufl., 2013.

Fischinger, Philipp S; Richardi, Reinhard: Vorbem zu §§ 611 ff., in: *Von Staudinger/Fischinger/Richardi.* J. von Staudingers Kommentar zum Bürgerlichen Gesetzbuch, mit Einführungsgesetz und Nebengesetzen, 2011.

Forsthoff, Ulrich: Art. 49 AEUV Niederlassungsfreiheit, in: *Grabitz/Nettesheim/Bandilla, et al.* Das Recht der Europäischen Union, 2013.

ders.: Art. 52 AEUV, in: *Grabitz/Nettesheim/Bandilla, et al.* Das Recht der Europäischen Union, 2013.

Geiger, Rudolf (Hrsg.): EUV, AEUV. Vertrag über die Europäische Union. Vertrag über die Arbeitsweise der Europäischen Gemeinschaft, 5. Aufl, 2010.

Geimer, Reinhold; Geimer, Ewald; Geimer, Gregor: Art. 18 EuGVVO, in: *Geimer/Schütze.* Europäisches Zivilverfahrensrecht, 2010.

Geimer, Reinhold; Schütze, Rolf A. (Hrsg.): Europäisches Zivilverfahrensrecht. Kommentar zur EuGVVO, EuEheVO, EuZustellungsVO, zum Lugano-Übereinkommen und zum nationalen Kompetenz- und Anerkennungsrecht, 3. Aufl., 2010.

Gottwald, Peter: § 328 BGB, in: *Säcker/Rixecker/Oetker.* Münchener Kommentar zum Bürgerlichen Gesetzbuch, 2012.

Grabitz, Eberhard; Nettesheim, Martin; Bandilla, Rüdiger; Hilf, Meinhard (Hrsg.): Das Recht der Europäischen Union. Kommentar, 51. Ergänzungslieferung, 2013.

Habersack, Mathias: § 317 Anh., in: *Emmerich/Habersack.* Aktien- und GmbH-Konzernrecht, 2013.

Heidel, Thomas; Hüßtege, Rainer; Mansel, Heinz-Peter; Noack, Ulrich (Hrsg.): BGB, 2. Aufl., 2012.

Heidel, Thomas; Lochner, Daniel: Vor §§ 21 ff. BGB, in: *Heidel/Hüßtege/Mansel, et al.* BGB, 2012.

Henssler, Martin; Willemsen, Heinz Josef; Kalb, Heinz-Jürgen (Hrsg.): Arbeitsrecht Kommentar, 5. Aufl., 2012.

Kaiser, Dagmar: § 1 KSchG, in: *Dornbusch/Fischermeier/Löwisch.* Fachanwaltskommentar Arbeitsrecht, 2013.

Khan, Daniel-Erasmus; Eisenhut, Dominik: Kapitel 2: Niederlassungsrecht, in: *Vedder/Heintschel von Heinegg.* Europäisches Unionsrecht, 2012.

Kindler, Peter; Nachmann, Josef (Hrsg.): Insolvenzrecht in Europa, 3. Aufl., 2013.

Kirchhof, Hans-Peter (Hrsg.): Münchener Kommentar zur Insolvenzordnung, 2. Aufl., 2008.

Kotzur, Markus: Institutionnelle Bestimmungen und Finanzvorschriften, in: *Geiger.* EUV, AEUV, 2010.

Leible, Stefan: Abschitt 2 Besondere Zuständigkeiten, in: *Rauscher.* Europäisches Zivilprozess- und Kollisionsrecht, 2011.

Mankowski, Peter: Abschnitt 5: Zuständigkeit für individuelle Arbeitsverträge, in: *Rauscher.* Europäisches Zivilprozess- und Kollisionsrecht, 2011.

Maunz, Theodor; Dürig, Günter; Herzog, Roman; Scholz, Rupert; Herdegen, Matthias; Klein, Hans H. (Hrsg.): Grundgesetz. Kommentar, 2013.

Müller-Glöge, Rudi; Preis, Ulrich; Schmidt, Inge (Hrsg.): Erfurter Kommentar zum Arbeitsrecht, 14. Aufl., 2014.

Müller-Graff, Peter-Christian: Art. 49 AEUV, in: *Streinz.* EUV/AEUV, 2012.

Niggemann, Friedrich: Länderbericht Frankreich, in: *Kirchhof.* Münchener Kommentar zur Insolvenzordnung, 2008.

Oetker, Hartmut: § 1 KSchG, in: *Müller-Glöge/Preis/Schmidt.* Erfurter Kommentar zum Arbeitsrecht, 2014.

Pache, Eckhard: Der Gerichtshof der Europäischen Union, in: *Vedder/Heintschel von Heinegg.* Europäisches Unionsrecht, 2012.

Palandt, Otto (Hrsg.): Bürgerliches Gesetzbuch, 73. Aufl., 2014.

Preis, Ulrich: § 611 BGB, in: *Müller-Glöge/Preis/Schmidt.* Erfurter Kommentar zum Arbeitsrecht, 2014.

Rauscher, Thomas (Hrsg.): Europäisches Zivilprozess- und Kollisionsrecht. EuZPR / EuIPR, 2011.

Roth, Markus: Einleitung vor § 105, in: *Baumbach/Hopt.* Handelsgesetzbuch, 2014.

Ruffert, Matthias: Art. 340 AEUV, in: *Calliess/Ruffert.* EUV / AEUV, 2011.

Säcker, Franz Jürgen; Rixecker, Roland; Oetker, Hartmut (Hrsg.): Münchener Kommentar zum Bürgerlichen Gesetzbuch, 6. Aufl., 2012.

Schwarze, Jürgen: Art. 258 AEUV, in: *Schwarze.* EU-Kommentar, 2012.

ders.: Art. 267 AEUV, in: *Schwarze.* EU-Kommentar, 2012.

ders.: EU-Kommentar, 3. Aufl., 2012.

Sedlaczek, Michael; Züger, Mario: Art. 63 AEUV, in: *Streinz.* EUV/AEUV, 2012.

Staudinger, Ansgar: Einleitung Brüssel I-VO, in: *Rauscher.* Europäisches Zivilprozess- und Kollisionsrecht, 2011.

Streinz, Rudolf (Hrsg.): EUV/AEUV. Vertrag über die Europäische Union und Vertrag über die Arbeitsweise der Europäischen Union, 2. Aufl., 2012.

Thüsing, Gregor: § 611 BGB, in: *Henssler/Willemsen/Kalb.* Arbeitsrecht Kommentar, 2012.

Vedder, Christoph; Heintschel von Heinegg, Wolff (Hrsg.): Europäisches Unionsrecht. EUV, AEUV, Grundrechte-Charta, 1. Aufl., 2012.

von Hein, Jan (Hrsg.): Europäisches Zivilprozessrecht. Kommentar - Internationale Zuständigkeit, Anerkennung und Vollstreckung von Entscheidungen in Zivil- und Handelssachen, 9. Aufl., 2011.

Von Staudinger, J; Fischinger, Philipp S; Richardi, Reinhard (Hrsg.): J. von Staudingers Kommentar zum Bürgerlichen Gesetzbuch, mit Einführungsgesetz und Nebengesetzen, 2011.

Wegener, Bernhard W.: Art. 267 AEUV, in: *Calliess/Ruffert.* EUV / AEUV, 2011.

Sammelwerke:

Caspers, Georg: Konzerndimensionaler Kündigungsschutz, in: *Rieble/Junker/Giesen.* Arbeitsrecht im Konzern, 2010, 15.

Dauses, Manfred A. (Hrsg.): Handbuch des EU-Wirtschaftsrechts, 34. Aufl., 2013.

Dupays, Alain (Hrsg.): Lamy social. Droit du travail, Charges sociales, 2013.

Eidenmüller, Horst: § 3 Beschränkungen der Niederlassungsfreiheit und ihre Rechtfertigung, in: *Eidenmüller.* Ausländische Kapitalgesellschaften im deutschen Recht, 2004, 46.

ders.: Ausländische Kapitalgesellschaften im deutschen Recht, 2004.

Ferrand, Frédérique: Zivilrechtspflege, in: *Sonnenberger/Classen.* Einführung in das französische Recht, 2012.

Filiol de Raimond, Marina (Hrsg.): Lamy droit commercial. Fonds de commerce, baux commerciaux, marques, brevets, dessins et modèles, entreprises en difficulté, 2013.

Gamillscheg, Franz; Hueck, Götz; Wiedemann, Herbert (Hrsg.): 25 Jahre Bundesarbeitsgericht, 1979.

Gottwald, Peter (Hrsg.): Europäisches Insolvenzrecht - Kollektiver Rechtsschutz, 2008.

Großerichter, Helge: Arbeits- und Sozialrecht, in: *Sonnenberger/Classen.* Einführung in das französische Recht, 2012a.

ders.: Unternehmenssanierung und handelsrechtliche Schuldenregulierung, in: *Sonnenberger/Classen.* Einführung in das französische Recht, 2012b.

Huber, Peter: Probleme der Internationalen Zuständigkeit und des forum shopping aus deutscher Sicht, in: *Gottwald.* Europäisches Insolvenzrecht - Kollektiver Rechtsschutz, 2008.

Leible, Stefan; Reichert, Jochem (Hrsg.): Münchener Handbuch des Gesellschaftsrechts. Band 6 Internationales Gesellschaftsrecht, Grenzüberschreitende Umwandlungen, 4. Aufl., 2013.

Martens, Klaus-Peter: Das Arbeitsverhältnis im Konzern, in: *Gamillscheg/Hueck/Wiedemann.* 25 Jahre Bundesarbeitsgericht, 1979.

Martin, Jean-François: Entreprises en difficulté, in: *Filiol de Raimond.* Lamy droit commercial, 2013.

Pache, Eckhard: § 10 Grundfreiheiten, in: *Schulze/Zuleeg/Kadelbach.* Europarecht, 2010.

Rieble, Volker; Junker, Abbo; Giesen, Richard (Hrsg.): Arbeitsrecht im Konzern. 2. ZAAR-Tagung, Hamburg, 10. September 2010, 2010.

Röller, Jürgen: Arbeitgeber, in: *Röller.* Personalbuch 2013, 2013.

ders.: Personalbuch 2013. Arbeitsrecht, Lohnsteuerrecht, Sozialversicherungsrecht, 20. Aufl., 2013.

Roth, Wulf-Henning: E.I. Grundregeln, in: *Dauses.* Handbuch des EU-Wirtschaftsrechts, 2013.

Schulze, Reiner; Zuleeg, Manfred; Kadelbach, Stefan (Hrsg.): Europarecht. Handbuch für die deutsche Rechtspraxis, 2. Aufl, 2010.

Sonnenberger, Hans Jürgen; Classen, Claus Dieter (Hrsg.): Einführung in das französische Recht, 4. Aufl., 2012.

Süß, Rembert: Gesellschaftsformen ausgewählter Staaten - Frankreich, in: *Leible/Reichert.* Münchener Handbuch des Gesellschaftsrechts., 2013.

Zeitschriftenaufsätze:

Adam-Caumeil, Judith: Die Mitarbeitgeberstellung der deutschen Muttergesellschaft bei Unternehmen mit Frankreichbezug, RIW 2012, S. 832 ff.

Altmeppen, Holger: Die Grenzen der Zulässigkeit des Cash Pooling, ZIP 2006, S. 1025 ff.

Amri, Eugénie; Jebbour, Sami: L'incompatibilité du mécanisme d'extension de procédure collective pour cause de confusion des patrimoines avec le règlement n° 1346/2000, RLDA 2012, n°691, S. 21 ff.

Antonmattéi, Paul-Henri: Groupe de sociétés. la menace du co-employeur se confirme!, SSL 2011, n°1484, S. 12 ff.

Arseguel, Albert: Droit du travail, droit décapant: à propos du co-employeur, RPC 2012, S. 62 ff.

Arseguel, Albert; Méteyé, Thierry: Les aspects sociaux de la procédure de sauvegarde, RPC 2008, Dossier 10, S. 116 ff.

Aubonnet, Florence: De l'utilité de la notion de coemployeur, JCPE 2011, n°1291, S. 45 ff.

Auzero, Gilles: Plan de sauvegarde de l'emploi et groupe de sociétés, SSL 2009, n°1416, S. 6 ff.

ders.: Coemployeurs: qualification et effets sur la validité des licenciements économiques, Lexbase Hebdo édition sociale 2011, n°426, S. 1 ff.

ders.: De quelques difficultés des relations mère-fille, SSL 2011, n°1519, S. 5 ff.

ders.: Les effets d'une situation de co-emploi, BJS 2012, n°464, S. 881 ff.

ders.: La nature juridique du lien de co-emploi, SSL 2013, n°1600, S. 8 ff.

Auzero, Gilles; Lardy-Pélissier, Bernadette: La qualité de co-employeur, RDT 2011, S. 634 ff.

Bailly, Pierre: Actualité des licenciements économiques, SSL 2011, n°1504, S. 6 ff.

ders.: Les limites de la cessation d'activité, SSL 2011, n°1476, S. 6 ff.

ders.: Les objectifs du droit des procédures collectives en matière d'emploi, RLDA 2012, n°75, S. 56 ff.

ders.: Le co-emploi: une situation exceptionnelle, JCPS 2013, n°1441, S. 28 ff.

Basuyaux, Bruno; Theris, Christopher: Les risques encourus par la société mère en cas de procédure collective d'une filiale française (Partie I), Droit & Expertise 2012, S. 8 ff.

dies.: Les risques encourus par la société-mère en cas de procédure collective de sa filiale française (Partie II), Droit & Expertise 2012, S. 10 ff.

Bauer, Jobst-Hubertus; Von Medem, Andreas: § 613 a BGB: Übergang von Leiharbeitsverhältnissen bei Übertragung des Entleiherbetriebs?, NZA 2011, S. 20 ff.

Bayreuther, Frank: Die Durchsetzbarkeit des konzernweiten Kündigungsschutzes, NZA 2006, S. 819 ff.

Bitter, Walter; Kiel, Heinrich: 40 Jahre Rechtsprechung des Bundesarbeitsgerichts zur Sozialwidrigkeit von Kündigungen, Recht der Arbeit 1994, S. 333 ff.

Bon, Antoine: Restructuration au sein des groupes des sociétés. La Chambre sociale rattrape la holding, JSL 2011, n°294, S. 14 ff.

Brissy, Stéphane: Le liquidateur judiciaire peut défendre seul à l'action engagée par d'anciens salariés, JCPS 2010, n°1518, S. 46 ff.

Calice, Laure; Diriart, Marie-Charlotte: Les nouveaux fronts contentieux du licenciement économique. L'impossible équation entre l'existence du groupe et l'autonomie juridique de la société, Cahiers de droit de l'entreprise 2012, S. 40 ff.

Carles, Mélanie: Fermetures de filiales: faire payer les co-employeurs, RPDS 2012, S. 399 ff.

Carpentier, Christine: Areva condamnée pour la mort d'un salarié d'une mine nigérienne: une décision en demi-teinte, Droit de l'environnement 2012, S. 182 ff.

Cesaro, Jean-François: Le Coemploi, RJS 2013, S. 3 ff.

ders.: Le coemploi, un phénomène de paramnésie juridique, JCPS 2013, n°1081, S. 44 ff.

Champeaux, Françoise: La notion de co-employeur s'étend à la faute inexcusable, SSL 2012, n°1540, S. 13 ff.

dies.: De la loyauté à la désinvolture, en passant par le co-emploi, SSL 2013, n°1567, S. 11.

dies.: Les prud'hommes donnent gain de cause aux Conti, SSL 2013, n°1597, S. 10.

Champeaux, Françoise; Marcon, Agathe: Les critiques sur le co-emploi sont excessives, SSL 2012, n°1557, S. 3.

Champeaux, Françoise; Renaud, Anais: Le Conseil des prud'hommes de Compiègne ouvre les vannes du co-emploi, SSL 2013, n°1597, S. 11 ff.

dies.: Une avancée de la notion de co-employeur. Entretien avec Alexandra Soumeire, Avocat au Barreau de Paris, SSL 2013, n°1597, S. 12 ff.

Cheval, Julien: Responsabilité de la maison mère en cas de déconfiture de la filiale. Analyse comparée de l'appréciation par la chambre commerciale et la chambre sociale de l'autonomie de la filiale dans le cadre de la procédure collective, RLDA 2012, S. 92 ff.

Chezlemas, Marie-Hélène: La directive sur le transfert d'entreprise appliquée aux groupes. La CJUE distingue l'employeur contractuel de l'employeur non contractuel, SSL 2011, n°1485, S. 12 ff.

Coen, Martin: Der Kündigungsschutz im Konzern, Recht der Arbeit 1983, S. 348 ff.

Cordier, Jérôme; d'Heilly, Amélie; Pantais, Cécile: Les groupes doivent-ils trembler devant la notion de coemploi, Droit&Expertise 2011, S. 10 ff.

Couret, Alain: La cessation d'activité d'une filiale: le droit des sociétés à l'épreuve du droit social, RDS 2011, S. 154 ff.

Coursier, Philippe: Conflit de juridictions. La dualité d'employeurs permet d'élargier la compétence internationale, JCPS 2007, n°1618, S. 32 ff.

Couturier, Gérard: La fermeture d'une filiale: les recours des salariés licenciés, DS 2011, S. 372 ff.

Couturier, Gérard; Lokiec, Pascal; Tarasewicz, Yasmine; Masanovic, Pierre: Le licenciement économique toujours en débat, SSL 2013, n°1571, S. 33 ff.

Dammann, Reinhard: Das neue französische Insolvenzrecht, RIW 2006, S. 16 ff.

Dammann, Reinhard; François, Samuel: Le droit social à l'épreuve de l'instrumentalisation des procédures collectives, Recueil Dalloz 2012, n°33, S. 2212 ff.

Dammann, Reinhard; Undritz, Sven-Holger: Die Reform des französischen Insolvenzrechts im Rechtsvergleich zur InsO, NZI 2005, S. 198 ff.

Darves-Bornoz, Paul: Note, DO 2011, S. 273 ff.

Darves-Bornoz, Paul; Masanovic, Pierre: L'après Sodimedical: que faire?, DO 2013, n°776, S. 199 ff.

Dedessus-le-Moustier, Gilles: Qualification de co-employeur et application des règles de compétence juridictionnelle prévues par le règlement «Bruxelles 1», JCPG 2012, n°110, S. 201 ff.

Dedessus-le-Moustier, Nathalie: La responsabilité du dirigeant de fait, RDS 1997, S. 499 ff.

dies.: Reconnaissance de la qualité de coemployeur et appréciation de la cause économique des licenciements, JCPG 2011, n°149, S. 269 ff.

Desbarats, Isabelle: Co-emploi et faute inexcusable: une rencontre explosive pour les groupes de sociétés, RLDA 2012, n°74, S. 81 ff.

Devers, Alain: Compétence internationale du juge français en présence de coemployeurs, DS 2012, S. 140 ff.

D'hoir-Lauprêtre, Catherine: Les groupes de sociétés: vers une meilleure corrélation entre pouvoirs et responsabilités, Petites affiches 2012, n°122, S. 5 ff.

Dietz, Sarah; Streinz, Thomas: Das Marktzugangskriterium in der Dogmatik der Grundfreiheiten, EuR 2014 - noch nicht erschienen.

Dondero, Bruno: Entreprise et personnalité morale, DO 2013, n°776, S. 151 ff.

d'Ornano, Pierre-Henri: Le coemployeur, JCPS 2010, n°1533, S. 14 ff.

Drai, Laurent: Cessation activité: l'immixtion du juge est-elle excessive? Une appréciation moralisatrice et inadaptée, RDT 2011, S. 285 ff.

Driguez, Laetitia: Licenciements économiques et procédures collectives: une nouvelle articulation gage de sécurisation?, DS 2013, S. 995 ff.

Favennec-Héry, Françoise: Le groupe de reclassement, DS 2012, S. 987 ff.

dies.: Motif économique, reclassement et groupe de sociétés, JCPS 2013, n°1078, S. 25 ff.

Fin-Langer, Laurence: La réforme du licenciement pour motif économique dans la loi de sécurisation de l'emploi, Lettre d'actualité des procédures collectives civiles et commerciales 2013, n°12, alerte 173.

Fishelson, Mary-Daphné: Coemploi et groupes de sociétés en droit français, Juriste International 2012, S. 52 ff.

Forst, Gerrit: Massenentlassung, Konzern, Konsultationspflicht/ „Akavan Erityisalojen Keskusliitto AEK ry", EWiR 2009, S. 725 ff.

Froehlich, Philippe: La mise en oeuvre des règles par les mandataires de justice, RLDA 2012, n°75, S. 64 ff.

Frouin, Christophe; Frouin, Jean-Yves: La sanction de l'insuffisance du plan de sauvegarde de l'emploi établi dans le cadre d'une procédure collective, RJS 2006, S. 251 ff.

Gall-Heng, Évelyne: Le PSE et la procédure collective, RLDA 2012, n°75, S. 60 ff.

Géa, Frédéric: La cessation d'activité d'une filiale: quel contrôle des licenciements?, RDT 2011, S. 168 ff.

Géa, Frédéric; Fabre, Alexandre: Groupe de sociétés et responsabilité. Les implicites et le non-dit de l'arrêt Flodor, RDT 2010, S. 230 ff.

Gottwald, Peter; Nagel, Heinrich: Internationales Zivilprozessrecht, Internationales Zivilprozessrecht 2013.

Grumbach, Tiennot; Serverin, Evelyne: Promouvoir la recevabilité des actions délictuelles à l'égard des sociétés-mères des gropues dans les contentieux engagés devant les conseils de prud'hommes, RDT 2010, S. 529 ff.

dies.: La longue route de la liquidation de la SARL Sodimédical, RDT 2012, S. 574 ff.

Guillon, Cédric; Janin, Denis: Le co-emploi: Les moyens de riposte, JCPS 2013, n°1442, S. 32 ff.

Guyot, Henri: Confusion d'intérêt, d'activité et de direction = coemploi, JCPS 2011, n°1548, S. 28 ff.

Hautefort, Marie: Reclassement: seul l'employeur est débiteur de l'obligation, SSL supplément 2010, n°1432, S. 12 ff.

Jacotot, David: Les apports de la loi de sécurisation de l'emploi applicable aux entreprises en difficultés, RPC 2013, n°5, étude 24.

Jault-Seseke, Fabienne: Droits d'ici/ Droits d'ailleurs. Délocalisation d'activité et détermination de l'employeur dans un groupe de sociétés, RDT 2007, S. 543 ff.

Junker, Abbo: Internationale Zuständigkeit und anwendbares Recht in Arbeitssachen, NZA 2005, S. 199 ff.

Karamarias, Stylianos D.: Bundesdeutsches Individualarbeitsrecht im Konzern, Recht der Arbeit 1983, S. 353 ff.

Kettenberger, Karoline: Der konzerninterne Mitarbeitgeber in der französischen Rechtsprechung - eine Bedrohung für deutsche Konzerngesellschaften und/ oder Wegweiser für ein künftiges deutsches Konzernarbeitsrecht?, EuZA 2013, S. 405 ff.

Klein, Christian: Länderreport Frankreich, RIW 2013, S. 62 ff.

Kömpf, Nicola; Sihler, Marion: Die Schließung französischer Tochtergesellschaften - Haftungsfalle für deutsche Muttergesellschaften, Gesellschafts- und Wirtschaftsrecht 2012, S. 173 ff.

Konzen, Horst: Arbeitsrechtliche Drittbeziehungen - Gedanken über Grundlagen und Wirkungen der „gespaltenen Arbeitgeberstellung", ZfA 1982, S. 259 ff.

ders.: Arbeitnehmerschutz im Konzern, Recht der Arbeit 1984, S. 65 ff.

Kort, Michael: Matrix-Strukturen und Betriebsverfassungsrecht, NZA 2013, S. 1318 ff.

Lacoste-Mary, Valérie: Note sur l'arrêt Aspocomp, DO 2007, S. 523 ff.

Latzel, Clemens; Streinz, Thomas: Das richtige Vorabentscheidungsersuchen, NJOZ 2013, S. 97 ff.

Le Mesle, Laurent: Groupes de sociétés et procédures collectives: rigueur et contradictions, BJEED 2014, n°1, S. 18 ff.

Legrand, Pierre-François: Licenciement pour motif économique et responsabilité des groupes de sociétés, DO 2012, n°767, S. 433 ff.

Leroy, Yann: Un pas de plus vers la responsabilisation des sociétés-mères, DO 2013, n°779, S. 374 ff.

Loiseau, Grégoire: Coemploi et groupes de sociétés, JCPS 2011, n°1528, S. 8 ff.

ders.: Le co-emploi, nouveau virus des groupes de sociétés?, BJS 2012, n°75, S. 168 ff.

ders.: Le risque de co-emploi dans les groupes de sociétés: critères, conséquences pratiques et remèdes, Option Finance 2012, S. 33 ff.

ders.: Les débordements du co-emploi, Les Cahiers Sociaux 2013, n°253, S. 207 ff.

Lucas, François-Xavier: Extension de procédure à une société étrangère fictive, L'Essentiel Droit des entreprises en difficulté 2014, n°2, S. 1.

Mélin, François: Compétence internationale des tribunaux français et co-employeurs, Lettre d'actualité des procédures collectives civiles et commerciales 2012, repère 19.

Mir, Jean-Michel; Brihi, Rachid; Lacomble, Jean-Paul: Table ronde sur le coemploi, JCPS 2013, n°1082, S. 47 ff.

Monsérié-Bon, Marie-Hélène: Le dirigeant étranger peut-il échapper à l'action en comblement pour insuffisance d'actif?, BJS 2004, n°268, S. 1349 ff.

Morand, Michel: Plans sociaux et procédures collectives, JCPE 1997, n°691, S. 422 ff.

Morelli, Nicolas: Propos commercialistes sur la «confusion d'intérêts, d'activité et de direction», JCPE 2009, n°2173, S. 29 ff.

ders.: Confusion d'activité, d'intérêts et de direction: un éclairage en demi-teinte, BJS 2010, n°217, S. 997 ff.

ders.: Confusion d'activités, d'intérêts et de direction: la notion se précise, BJS 2011, n°454, S. 906 ff.

ders.: Co-emploi: enfin l'arrêt Métaleurop, BJS 2012, n°15, S. 59 ff.

Morvan, Patrick: Le contrôle judiciaire des licenciements pour motif économique prononcés au cours d'une procédure collective, DS 1998, S. 442 ff.

ders.: Le licenciement des salariés d'une filiale (action Aspocomp) - Entre employeur et co-employeurs, JCPS 2010, n°1407, S. 15 ff.

ders.: Coemploi et licenciement économique dans les groupes de sociétés: des liaisons dangereuses, JCPS 2011, n°1065, S. 33 ff.

ders.: La mise à mort du motif économique de licenciement tiré de la cessation d'activité d'une filiae, JCPG 2011, n°254, S. 458 ff.

ders.: La mort du motif économique de licenciement tiré de la cessation d'activité d'une filiale dans un groupe, BJS 2011, n°117, S. 215 ff.

ders.: Coemploi dans les groupes, JCPS 2012, n°1052, S. 24 ff.

ders.: Droit du travail. Chronique, JCPE 2012, n°1279, S. 47 ff.

ders.: L'identification du coemployeur, JCPS 2013, n°1438, S. 17 ff.

O.V.: Observations, RJS 2007, n°1105, S. 859 ff.

O.V.: Observations, RJS 2011, n°207, S. 199 ff.

O.V.: Observations, RJS 2011, n°742, S. 672 ff.

O.V.: Observations, RJS 2011, n°929, S. 822 ff.

O.V.: Observations, RJS 2012, n°99, S. 99 ff..

O.V.: Observations, RJS 2012, n°182, S. 150 ff.

O.V. Observations, RJS 2012, n°409, S. 354 ff.

O.V.: Observations, RJS 2012, n°410, S. 355 ff.

O.V.: Observations, RJS 2012, n°860, S. 745 ff.

O.V.: En région - Sélection de jurisprudence: premier trimestre 2013, JCPS 2013, n°13, act. 134, S. 10.

O.V.: Notion de coemploi: les CPH au diapason de la jurisprudence de la Cour de cassation - Veille, JCPS 2013, n°17, act. 202, S. 12 ff.

Olivier, Jean-Michel: L'affaire Flodor: suite et presque fin, JCPS 2010, n°1225, S. 13 ff.

Pagnerre, Yannick: L'extension de la theorie des coemployeurs, source de destruction du droit du travail?, JCPS 2011, n°1423, S. 24 ff.

Pares, Céline: Cessation d'activité: l'immixtion du juge est-elle excessive? Une immixtion nécessaire mais encore insuffisante, RDT 2011, S. 288 ff.

Pelletier, Nicolas: L'influence des groupes de sociétés sur les droits de salariés d'une filiale en difficultés, BJS 2012, S. 631 ff.

Peskine, Elsa: L'imputation en droit du travail, RDT 2012, S. 347 ff.

dies.: La responsabilisation des sociétés mères, DO 2013, n°776, S. 157 ff.

Pétel, Philippe: Sauvegarde, redressement et liquidation judiciaires des entreprises, JCPE 2012, n°1000, S. 25 ff.

Querenet-Hahn, Bénédicte: Arbeitsrechtliche Probleme in Konzernen mit Frankreichbezug und Matrixstruktur, BB 2012, S. 2246 ff.

dies.: Neue Rechtsprechung zur Thematik Mitarbeitgeber, CONTACT 2012, S. 58.

Querenet-Hahn, Bénédicte; Dublineau, Stanislas: Nouvelle jurisprudence au sujet des co-employeurs, La Revue de l'Avocat Conseil d'Entreprises 2011, n°118, S. 27.

Raab, Thomas: Betriebsübergang und Leiharbeit - Rechtsfolgen der Übernahme des Entleiherbetriebs für die dort beschäftigten Leiharbeitnehmer. Urteil des Europäischen Gerichtshofs vom 21.10.2010 - Rechtssache Albron Catering, EuZA 2011, S. 537 ff.

Reynès, Brigitte: Groupes de sociétés: la theorie du coemploi, JCPS 2012, n°1292, S. 8 ff.

Ringe, Wolf-Georg; Willemer, Charlotte: Zur Anwendung von § 64 GmbHG auf eine englische Limited, NZG 2010, S. 56 ff.

Ronin, Caroline: Faute inexcusable dans les groupes de sociétés: la responsabilité de la société mère retenue en cas de co-emploi, RLDA 2012, S. 88 ff.

Saintourens, Bernard: Gestion juridique des groupes de sociétés et qualification de co-employeur, BJS 2013, n°158, S. 361 ff.

Savatier, Jean: La cessation d'activité de l'entreprise, motif économique de licenciement, DS 2001, S. 413 ff.

Scott, Jacqueline R.: Corporations face expanded liabilities for employment law violations. How the parent and sub can be jointly liable as a single entity when the corporate veil is pierced, Juriste International, S. 49 ff.

Seibt, Christoph H; Wollenschläger, Bernward: Trennungs-Matrixstrukturen im Konzern, AG 2013, S. 229 ff.

Singer, Grégory: Co-emploi: à la recherche d'un employeur ou d'un payeur, Lexbase Hebdo édition sociale 2013, n°537, S. 1 ff.

Teichmann, Christoph: Konzernrecht und Niederlassungsfreiheit, ZGR 2014, S. 45 ff.

Tissandier, Hélène: Sociétés à structure complexe et droit du travail - du LBO au groupe, retour sur quelques audaces judiciaires, RJS 2010, S. 251 ff.

Trébulle, François-Guy: Entreprise et développement durable - Chronique rédigée par François-Guy Trébulle, JCPE 2013, n°1246, S. 28 ff.

Ulrich, Stephan; Poertzgen, Christoph; Pröm, Catherine: Einführung in das französische Insolvenzrecht, ZinsO 2006, S. 64 ff.

Vallender, Heinz; Heukamp, Anna: Alte Ziele und neue Verfahren: Die Reform des französischen Unternehmensinsolvenzrechts, EuZW 2006, S. 193.

Vallens, Jean-Luc: Cessation d'activité d'une filiale et licenciements économiques: une nouvelle donne, BJEED 2011, n°72, S. 140 ff.

Vigouroux, Marie-Luise: Co-employeur de fait, Chroniques du Bulletin d'actualités Lamy Social 2011, n°262, S. 1 ff.

Windbichler, Christine: Arbeitnehmermobilität im Konzern, Recht der Arbeit 1988, S. 95 ff.

Witteveen, Paul A.M.: A parent company's exposure to the employer's liability of a subsidiary: the situation in the Netherlands, Juriste International 2012, S. 47 ff.

Wurmnest, Wolfgang: Das neue Internationale Arbeitsvertragsrecht der Rom I-Verordnung, EuZA 2009, S. 481 ff.

Internetseiten:

Soweit möglich, wurden die zitierten Internetseiten unter www.webcitastion.org archiviert und können dort unter der jeweils zugewiesenen Internetadresse dauerhaft eingesehen werden.

Béal, Stéphane, http://www.webcitation.org/6Phri8P8z (zuletzt abgerufen am 20.05.2014).

Berjot, Xavier, http://www.webcitation.org/6PhsHqnyb (zuletzt abgerufen am 20.05.2014).

Boily, David, http://www.webcitation.org/6PhsOQTl7 (zuletzt abgerufen am 20.05.2014).

Cour de Cassation, http://www.webcitation.org/6PhsTnTcm (zuletzt abgerufen am 20.05.2014).

Danis, Marie; Szekely, Alexandra, http://www.lesechos.fr/26/05/2005/LesEchos/19421-59-ECH_le-role-de-la-societe-mere-en-cas-de-defaillance.htm (zuletzt abgerufen am 20.05.2014).

Dupiré, Rémi, http://www.webcitation.org/6Pht1UdtX (zuletzt abgerufen am 20.05.2014).

Fleury-Ashurst, Nataline, http://www.webcitation.org/6Pht5TYMx (zuletzt abgerufen am 20.05.2014).

Hautefort, Marie, http://www.webcitation.org/6PhtQIQ7W 27.02.2013.

Jeantet et associés, http://www.webcitation.org/6Phu3DIUr (zuletzt abgerufen am 20.05.2014).

Kosal, Koray, http://www.webcitation.org/6Phu9pEgV (zuletzt abgerufen am 20.05.2014).

Kosal, Koray; Gossmann, Sophie, http://www.webcitation.org/6PhuJqOwQ (zuletzt abgerufen am 20.05.2014).

Léger, Jessy; Weise, Almut, http://www.webcitation.org/6PhuQHp1j (zuletzt abgerufen am 20.05.2014).

Mvelle-Olle, René-Yves, http://www.webcitation.org/6Phuh8tkc (zuletzt abgerufen am 20.05.2014).

O.V., http://www.webcitation.org/6PhrUGufJ (zuletzt abgerufen am 20.05.2014).

O.V., http://www.webcitation.org/6PhreA6p5 (zuletzt abgerufen am 20.05.2014).

O.V., http://www.webcitation.org/6PhutDWsN (zuletzt abgerufen am 20.05.2014).

Vigneau, Christophe, http://www.webcitation.org/6Phv0rL0D (zuletzt abgerufen am 20.05.2014).

Vincent, Véronique, http://www.webcitation.org/6Phv6yVi9 (zuletzt abgerufen am 20.05.2014).

dies., http://www.webcitation.org/6PhvCDrsC (zuletzt abgerufen am 20.05.2014).

Wider, Emilie, http://www.webcitation.org/6PhvGob7G (zuletzt abgerufen am 20.05.2014).

Abschlussarbeiten:

Bertrand, Lucie: La responsabilité des sociétés mères vis-à-vis de leurs filiales en droit social. Abschlussarbeit, 2013.

Ranc, Sébastien: Les licenciements pour motif économique dans les entreprises en difficulté. Abschlussarbeit, 2012–2013.

Vorträge:

Basuyaux, Bruno; Dupoirier, Clément; Bonnaud, Emmanuel: Les risques encourus par la société mère en cas de procédure collective d'une filiale française, 23.10.2012.

Connor, Christian: La société-mère et les salariés de sa filiale, 12.05.2012.

Dumure-Lambert, Laurence: Les groupes de sociétés à l'épreuve du co-emploi, 18.06.2013.

Querenet-Hahn, Bénédicte: Haften Mütter für ihre Töchter? Konzernhaftung aus der französischen Perspektive, 07.07.2012.

Bericht:

Chauvet, Bernhard; Mazeaud, Antoine; Lyon-Caen, Antoine; Mazars, Marie-France: Bulletin d'information. Modifications et rupture du contrat de travail: faut-il sortir du périmètre de l'entreprise?, 1.10.2012.

Amtsblatt der Europäischen Union:.

Empfehlungen an die nationalen Gerichte bezüglich der Vorlage von Vorabentscheidungsverfahren, Amtsblatt der Europäischen Union 06.11.2012, C 338/01.

Zeitungsartikel:

Jeanson, Denis: Den Kindern ein Vorbild. Warum eine Agenda 2010 für die Franzosen ein Kulturbruch wäre und sie sich von den Deutschen sogar vor roten Ampeln unterscheiden, Süddeutsche Zeitung 09.05.2014, S. 2.

O.V.: Deutschland lockt Investoren, Süddeutsche Zeitung 12.05.2014, S. 21.

Pennenkamp, Johannes: Der deutsch-französische Rollentausch, Frankfurter Allgemeine Zeitung 10.05.2014, S. 22.

Schriften zum Arbeitsrecht und Wirtschaftsrecht

Herausgegeben von Abbo Junker

Band 1 Christoph-N. Lerche: Der Europäische Betriebsrat und der deutsche Wirtschaftsausschuß. Eine vergleichende Analyse der betrieblichen Mitwirkung der Arbeitnehmer vor dem Hintergrund der Globalisierung der Märkte. 1997.

Band 2 Christian Walter Mecke: Zur rechtlichen Verbindlichkeit kollektiver Vereinbarungen in England. 1997.

Band 3 Katja Francke: Die betriebliche Mitwirkung der Arbeitnehmer in Belgien. Unter Berücksichtigung vergleichender Aspekte zum deutschen Betriebsverfassungsrecht. 1997.

Band 4 Christian Schulze: Die Zulässigkeit einstweiliger Verfügungen gegen Betriebsänderungen. 1998.

Band 5 Stefan Miersch: Die Rechtsfolgen mitbestimmungswidriger Maßnahmen für das Arbeitsverhältnis. Eine zivilrechtsdogmatische Untersuchung. 1998.

Band 6 Heike Wegner: Internationaler Verbraucherschutz beim Abschluß von Timesharingverträgen: § 8 Teilzeitwohnrechtegesetz. 1998.

Band 7 Julia Wichmann: Dienstleistungsfreiheit und grenzüberschreitende Entsendung von Arbeitnehmern. 1998.

Band 8 Johann-Volker Peter: Société par actions simplifiée (S.A.S.). Die Vereinfachte Aktiengesellschaft in Frankreich, eine Rechtsform für die Kooperation von Unternehmen. 1999.

Band 9 Sylvia Schnelle: Der Europäische Betriebsrat in Spanien. Zugleich eine Einführung in das spanische Recht der Arbeitnehmervertretung. 1999.

Band 10 Viktoria Bornhagen: Die Zumutbarkeit als Rechtsgedanke im Arbeitsrecht. 1999.

Band 11 Thorsten Schacht: Der Übereilungsschutz beim arbeitsrechtlichen Aufhebungsvertrag. Arbeitnehmerschutz bereits de lege lata? 2000.

Band 12 Marcus Hellmann: Immobilienkauf nach spanischem Recht. 1999.

Band 13 Nicolaus Johannes Ehinger: Die juristischen Personen des öffentlichen Rechts als herrschende Unternehmen. 2000.

Band 14 Alexander Lentz: Das kollektive Arbeitsrecht der Republik Südafrika. Eine Untersuchung mit Bezügen zum deutschen Recht. 2000.

Band 15 Michaela Brunssen: Der Arbeitgeberverbandswechsel. Tarifrechtliche und arbeitskampfrechtliche Konsequenzen. 2000.

Band 16 Morten Petersenn: Das Recht des Grundstückskaufs in Südafrika. 2000.

Band 17 Stefan Krüger: Die umwandlungsrechtliche Haftungsregelung bei der Betriebsaufspaltung und ihre Analogiefähigkeit. 2001.

Band 18 Jürgen Kitzinger: Der GmbH-Geschäftsführer zwischen Arbeits- und Gesellschaftsrecht. Im Blickpunkt: Zuständigkeit der Arbeitsgerichte. 2001.

Band 19 Anja Ruge: Die Lohnersatzansprüche ehemaliger Zwangsarbeiter gegen deutsche Industrieunternehmen. 2001.

Band 20 Michael Knoll: Die Sozialauswahl im Arbeitsrecht. 2001.

Band 21 Britta Albrecht: Mediation im Arbeitsrecht. Individualarbeitsrecht und Betriebsverfassungsrecht. 2001.

Band 22 Annusch Barten: Das System der Arbeitnehmervertretung in Frankreich. 2001.

Band 23 Diane Westera: Der Wiedereinstellungsanspruch nach wirksamer Kündigung. 2001.

Band 24 Kristin Doerlich: Die Tariffähigkeit der Gewerkschaft. Eine Analyse der Mächtigkeitsrechtsprechung des Bundesarbeitsgerichts im Lichte neuerer Erfahrungen. 2002.

Band 25 Tina Witten: Vertragsgestaltung und Gesetzesbindung im Recht der Zeitarbeit. 2002.

Band 26 Martin Hellfeier: Die Leistungszeit im Arbeitsverhältnis. Eine Untersuchung zum Fixschuldcharakter der Arbeitspflicht und zu den Folgen ihrer Nichterfüllung. 2003.

Band 27 Almut Maulshagen: Betriebliche Arbeitskampfregelungen. 2003.

Band 28 Maren Band: Tarifkonkurrenz, Tarifpluralität und der Grundsatz der Tarifeinheit. 2003.

Band 29 Manuela Schulz: Der Bereitschaftsdienst in öffentlich-rechtlich organisierten Krankenhäusern. Eine rechtliche Bewertung. 2003.

Band 30 Felix Benedikt: Die Kürzung von Tariflöhnen zur Sanierung. Eine verfassungskonforme Auslegung des § 3 III TVG entsprechend § 626 BGB. 2003.

Band 31 Tim Kaden: Individuelle Bündnisse für Arbeit und Günstigkeitsprinzip. 2003.

Band 32 Simone Kreiling: Die Erstreckung betrieblicher und betriebsverfassungsrechtlicher Tarifnormen auf Außenseiter. 2004.

Band 33 Carsten Beck: Betriebliche Mitbestimmung und Kündigungsschutz. Die Funktionen betrieblicher Mitbestimmung im und deren Einfluß auf den Kündigungsschutz nach dem KSchG. 2004.

Band 34 Jost Eder: Die Regelungsabrede als Alternative zur Betriebsvereinbarung bei der Gestaltung materieller Arbeitsbedingungen. 2004.

Band 35 Christian Pfab: Wirkungsweise und Reichweite tarifvertraglicher Öffnungsklauseln. 2004.

Band 36 Julia Amlang: Die unternehmerische Entscheidungsfreiheit bei „betriebsbedingten Kündigungen" im europäischen Rechtsvergleich. Kündigung aus wirtschaftlichen Gründen in Deutschland, Frankreich, Spanien, Großbritannien und Schweden. 2005.

Band 37 Alida Milthaler: Das Fragerecht des Arbeitgebers nach den Vorstrafen des Bewerbers. 2006.

Band 38 Doreen Peter: Nebentätigkeiten von Arbeitnehmern. Interessenkollisionen von Arbeitgebern und Arbeitnehmern. 2006.

Band 39 Julia V. C. Bartlog: Das Verhältnis von Gesetz und Tarifvertrag. 2006.

Band 40 Michael Fuhlrott: Der geschädigte Arbeitnehmer. Zur Verfassungsmäßigkeit des Ausschlusses von Schmerzensgeld in der Unfallversicherung sowie zur Herleitung der Haftung bei Eigenschäden im Hinblick auf das Verschuldensprinzip. 2006.

Band 41 Femke Reinecke: Leistungsbestimmung des Arbeitnehmers. 2006.

Band 42 Maria M. Bausback: Der Bestandsschutz des Arbeitsverhältnisses auf europäischer und internationaler Ebene. Entwicklungen vom Mittelalter bis zur Gegenwart. Teil 1 / Teil 2. 2007.

Band 43 Jens Günther: AGB-Kontrolle von Arbeitsverträgen. Analyse der deutschen Rechtslage nach der Schuldrechtsreform und vergleichende Betrachtung des österreichischen Kontrollsystems. 2007.

Band 44 Claudiana Triskatis: Ethikrichtlinien im Arbeitsrecht. 2008.

Band 45 Annette Bruder: Die Weitergabe von Insiderinformationen durch Arbeitnehmervertreter. 2008.

Band 46 Ute Dietrich: Nichtraucherschutz am Arbeitsplatz. 2008.

Band 47 Markus Ebert: Übertragung und Zuordnung von Versorgungsverpflichtungen gegenüber Arbeitnehmern im Rahmen einer umwandlungsrechtlichen Spaltung. 2008.

Band 48 Susanne Schneider: Broad-based Black Economic Empowerment in der Republik Südafrika. 2008.

Band 49 Mandy Reichel: Die Einbeziehung des Außenseiter-Arbeitgebers in den Verbandsarbeitskampf. 2008.

Band 50 Abbo Junker (Hrsg.): Betriebsübergang in Europa. Symposion aus Anlass des 10-jährigen Bestehens der Schriften zum Arbeitsrecht und Wirtschaftsrecht am 10.10.2008 in München. 2009.

Band 51 Till Bender: Vorschläge zur Neuordnung des Sonderkündigungsschutzes nach MuSchG und SGB IX. 2009.

Band 52 Manuela Rauch: Die geschlechtsbezogene Diskriminierung am Arbeitsplatz nach kalifornischem Recht. 2009.

Band 53 Tina Luise Allenberg: Das französische règlement intérieur d'entreprise. Die Arbeitsordnung im französischen Arbeitsrecht. 2009.

Band 54 Bernd Haas: Anwaltliches Mandatsverhältnis zum Betriebsrat. 2009.

Band 55 Martin Fröhlich: Die erweiterte Weisungsbefugnis des Arbeitgebers im spanischen Recht. 2009.

Band 56 Stefanie Lorenzen: Inhaltskontrolle beim Betriebsübergang. Die Anpassung tariflicher Arbeitnehmerpflichten nach Privatisierungen. 2009.

Band 57 Oliver E. Aldea: Das französische Kündigungsrecht im Spannungsfeld von Abfindungen und Bestandsschutz. 2010.

Band 58 Wolfgang Stock: Die Einsetzung einer Transfergesellschaft. Unter besonderer Berücksichtigung betriebsverfassungs- und arbeitsförderungsrechtlicher Vorgaben. 2010.

Band 59 Claudia Hagedorn: Zulässigkeit und Grenzen von Tarifsozialplänen. 2010.

Band 60 Daniela Quink: Inhaltskontrolle von Freiwilligkeitsvorbehalten in Arbeitsverträgen. 2010.

Band 61 Kathrin Kentner: Arbeitskampfmittel der Arbeitgeber. 2010.

Band 62 Angela Nunes Fernandes Gil Wolf: Arbeitnehmereinsatz im Ausland. Das auf doppelte Arbeitsverhältnisse anwendbare Recht am Beispiel der Vertragsgestaltung eines internationalen Konzerns. 2010.

Band 63 Annemarie Berthold: Whistleblowing in der Rechtsprechung des Bundesarbeitsgerichts. 2010.

Band 64 Malte Koch: Die Beteiligung von Arbeitnehmervertretern an Aufsichtsrats- und Verwaltungsratsausschüssen einer Europäischen Aktiengesellschaft. 2011.

Band 65 Agnes Maria Kollerbaur: Die französische Arbeitsinspektion. Eine Untersuchung unter besonderer Berücksichtigung ihrer Rolle bei Kündigungen. 2011.

Band 66 Marcus Christian Leinenweber: Landesschlichtungsgesetze? 2011.

Band 67 Frederike Cathérine Gärtner: Die gesetzliche Regulierung von Bahnstreiks in Frankreich. Arbeitskampf vs. Kontinuität öffentlicher Dienstleistungen. 2011.

Band 68 Carolin van Straelen: Der Rollenkonflikt des Arbeitnehmervertreters zwischen Betriebsratsmitglied und Gewerkschaftsfunktionär. 2012.

Band 69 Anna Maria Jordan: Entgeltdiskriminierung in Frauenberufen? 2012.

Band 70 Dominic Köstner: Compliance-Richtlinien im Unternehmen. Arbeits- und datenschutzrechtliche Implementierungsaspekte. 2012.

Band 71 Michael Kobler: Fremdeinflüsse auf die tarifliche Willensbildung. 2012.

Band 72 Anne Kraas: Zulässigkeit und Grenzen der arbeitsvertraglichen Entgeltflexibilisierung. 2012.

Band 73 Melanie Amann: Die Belegschaftsabstimmung. 2012.

Band 74 Christina Mennemeyer: „Dritter Weg" und rechtliche Grenzen der Flexibilisierung des Arbeitsrechts der katholischen Kirche. 2012.

Band 75 Joël Philipp Hofmann: Rechtsmissbrauch und Verwirkung bei Widerspruch gegen den Übergang des Arbeitsverhältnisses nach § 613a BGB. 2013.

Band 76 Jennifer Junker: Das Recht der Arbeitnehmerüberlassung in Japan. 2013.

Band 77 Gabriele Geiselhart: Tarifliche Regelungsmacht bei Haustarifverträgen und Unternehmerfreiheit. Dargestellt am Beispiel von Standortgarantien und Zeitarbeitsquoten. 2013.

Band 78 Lorenz Sylvester Mitterer: AGB-Korrektur in Dauer- und Langzeitschuldverhältnissen. 2013.

Band 79 Janina Morgenweck: Die Arbeitsgerichtsbarkeit in England. 2013.

Band 80 Christoph B. Kistler: Die Rechtmäßigkeit von Spartenstreiks. Alte Kriterien in neuem Licht. 2013.

Band 81 Julia Strasser: Die Haftung bei Lohnwucher im Arbeitsrecht der USA. 2014.

Band 82 Stephanie Amschler: Constructive dismissal. Fingierte Arbeitgeberkündigung im englischen Kündigungsschutzrecht. 2014.

Band 83 Felix Berding: Die Urabstimmung im britischen Arbeitskampfrecht im Licht der EMRK. 2014.

Band 84 Christine Kumpf: Multinationalität der SE-Mitbestimmungsordnung. 2014.

Band 85 Florian Schiffer: Der Leistungsmaßstab im Arbeitsverhältnis. 2014.

Band 86 Stefan Hoffmann: Unterrichtungspflicht und Widerspruchsrecht bei Betriebsübergang gemäß § 613a Abs. 5 und 6 BGB – Grenzen, weitere aktuelle Rechtsprobleme und Strategien zur Risikominimierung. 2015.

Band 87 Marie-Theres Boetzkes: Die Konzernmutter als Mitarbeitgeberin im französischen Recht. 2015.

www.peterlang.com